U0496379

THE INNOVATION OF URBAN REGENERATION INSTITUTIONS IN CHINA SECOND EDITION

EXPERIENCE FROM
GUANGZHOU, SHENZHEN AND SHANGHAI

城市更新制度建设 第二版
广州、深圳、上海的比较

唐燕 杨东 祝贺 著

清华大学出版社
北京

版权所有，侵权必究。举报：010-62782989，beiqinquan@tup.tsinghua.edu.cn。

图书在版编目（CIP）数据

城市更新制度建设：广州、深圳、上海的比较 / 唐燕，杨东，祝贺著. —2 版. —北京：清华大学出版社，2023.10

ISBN 978-7-302-63124-8

Ⅰ.①城… Ⅱ.①唐…②杨…③祝… Ⅲ.①城市发展—研究—中国 Ⅳ.① F299.2

中国国家版本馆 CIP 数据核字（2023）第 047559 号

责任编辑：	张　阳
封面设计：	吴丹娜
版式设计：	谢晓翠
责任校对：	薄军霞
责任印制：	杨　艳

出版发行：清华大学出版社
　　网　　址：https://www.tup.com.cn，https://www.wqxuetang.com
　　地　　址：北京清华大学学研大厦 A 座　　邮　　编：100084
　　社 总 机：010-83470000　　邮　　购：010-62786544
　　投稿与读者服务：010-62776969，c-service@tup.tsinghua.edu.cn
　　质量反馈：010-62772015，zhiliang@tup.tsinghuan.edu.cn
印 装 者：小森印刷（北京）有限公司
经　　销：全国新华书店
开　　本：170mm×240mm　　印　张：24.5　　字　数：407 千字
版　　次：2019 年 8 月第 1 版　2023 年 10 月第 2 版　　印　次：2023 年 10 月第 1 次印刷
定　　价：139.00 元

产品编号：098995-01

序 一

城市是一个鲜活的生命体。城市的生命力在于其不断更新并持续迸发的活力。城市的更新是持续不断的常态化的生命活动，因此城市更新本来就是城市永恒的主题。但这种生命活动应该是细胞层面的，亦即小规模渐进式的，而非大规模断裂式的。手术式的更新改造只能是极特殊情况下的短期的暂时的行为。在中国已经持续了三十余年的快速大规模城市改造与建设活动作为一段特殊的历史必将迅速转型，城市建设与发展亟须从非常时期逐步转向正常轨道，即从粗放型增量发展走向精致型存量发展的有机更新轨道。这种城市有机更新更多地表现为小尺度改造、城市功能的不断优化和城市空间品质的不断提升。从客观规律上说，城市的增量型发展阶段是城市的初步建设阶段，城市的存量型发展阶段是城市的维护和提升阶段。就城市发展的全生命周期而言，增量型发展阶段是短期的、非常态化的，而存量型发展阶段是长得多的、常态化的。

然而，我国现有的城市建设与管理体制，是改革开放以来为适应大规模快速建设活动而逐步建立起来的。面对目前城市发展的快速转型，这种既有的管理体制显示出越来越多的不适应性，亟需新的制度建设。

本书作者针对当下我国城市更新的新形势，选择广州、深圳和上海三个在城市更新实践中走在全国前面的城市，围绕城市更新中的核心与难点——制度建设，试图对当下我国城市更新的制度建设困境进行破解。这三个城市都较早地发现大规模增量式发展的不可持续性，又都面临城市功能和品质进一步提升的迫切需求，针对各自实际情况，率先提出了城市更新的新理念。一个非常值得注意的现象是，这三个城市几乎都是在进行城市更新实践初探的同时，提出了与之相关联的制度建设问题。这充分说明，摆在城市更新面前的困难，除了发展理念的转变外，还集中体现在现有的制度障碍上。就广州、深圳和上海的实践来看，这三个城市都做了极为有益的探索。从这个意义上说，本书非常及时地为全国各城市的城市更新提供了亟需的宝贵经验。

当然，我们也必须看到，上述城市除了在发展观念上领先全国一步，认识到城市发展转型的迫切性，并及时推出相应的政策措施并进行制度设计，也并不排除部分城市领导把城市更新看成新一轮"大干快上"的大规模城市建设的新说法。于是一方面是大量粗制滥造、形象气派却毫无便民服务内容的建成区仍整天出现在炫耀建设成就的形象宣传媒介中，很少有人关心其亟需完善的功能和亟待提升的品质，另一方面却又热衷于对那些富有活力的成熟城区进行"更新"，说穿了，就是看上了这些区域仍未获得最大化的土地产出效益。对于这一类伪"更新"，我们必须旗帜鲜明地站出来反对。由此说到城市更新的制度建设，我们应该鼓励那些出于发展转型的需要而设计的新政策、新制度；但对于那些以"城市更新"为名，想着法儿对那些原本不属于棚改对象、老百姓也不愿离开的老街坊进行拆迁的"制度设计"，我们要坚决反对。我们要把城市更新这本经念好，让我们的城市在持续更新中不断地得到功能和品质的提升。更重要的，也许是最重要的，是要通过城市更新让老百姓的生活更便利，让城市与老百姓更亲近，让我们的城市更有温情！

　　以上是我在阅读本书时的体会，愿意以其与读者分享，且为序。

同济大学原常务副校长、教授
中国城市规划学会副理事长

2019 年 6 月

序 二

在经过三十余年的城市快速发展和迅猛扩张后，我国的城镇化已经从高速增长转向中高速增长，进入以提升质量为主的转型发展新阶段，城市更新日益成为我国当代城市发展的重要主题。随着城市更新实践工作的积极推进，其内涵和外延亦不断深化与扩展，人们越来越清楚地认识到：城市更新不仅是战略层面的重大问题，也涉及每一个市民和相关利益人的切身利益；不仅与土地存量规划和市场运作有关，更重要的是还与棚户区、城中村、旧居住区改造等民生工程紧密相连，是一项十分复杂的社会系统工程，需要综合协调和行之有效的实施机制作为保障。

由于缺乏系统的理论指导和顶层的制度设计，目前我国城市更新工作仍存在诸多问题：（1）受单一经济价值观影响，更新目标以空间改造、提升土地效益为主，更新方式以见效显著的拆除重建为主，仅注重存量土地盘活、土地供应方面以及短期经济利益的再分配，忽视了城市品质、功能与内涵提升。（2）缺乏城市功能结构调整的整体考虑，单个零散的更新项目往往背离城市更新的宏观目标，无法从本质上解决城市布局紊乱、城市交通拥堵严重、环境质量低下，以及交通设施、市政设施、公共设施利用效率低下等问题。（3）受经济利益驱动以及错误的文化遗产保护观念的影响，一些地方出现了不少"大拆大建""拆旧建新"和"拆真建假"等破坏现象，给城市文化遗产造成巨大损失。（4）忽略了更新地段中丰富的社会生活和稳定的社会网络，引发了利益格局扭曲、利益分配不公、公益项目落地困难、社会矛盾加剧等问题。（5）规划、国土、发改、房产与民政等主管部门分别从相应的领域开展相关工作，部门与部门之间缺乏联动，项目行政审批程序、复建安置资金管理以及政府投资和补助等相关配套政策仍缺乏有机衔接。

因此，下面这些问题成为我国新时期城市更新面临的重大挑战：如何运用集体的智慧加强政府的宏观调控，完善和健全城市更新的实施运作机制；如何遵循市场运行规律，充分发挥市场的积极作用；如何保障城市的公共利益，避免和克服市场的某些弊端和负能量；以及如何搭建多方合作和共同参与的常态化制度平台，加强相关部门的通力协调与合作，等等。

年轻有为的唐燕教授带领研究团队针对城市更新的现实需求，通过对广州、深圳、上海近年来更新制度建设的比较研究，从更新机构设置、管理模式、规划编制、空间管控、政策配套等多方面，探讨了城市更新制度体系建构的目标、路径与方向，对促进我国城市更新的持续健康发展具有重要的学术价值与现实意义。通读此书，总体感觉有以下几个突出特点：

（1）视野开阔。全面介绍了亚洲地区中国香港、中国台北、东京和新加坡四地的城市更新制度建设的历程与趋势，并对我国城市发展时期与宏观背景环境进行了解读，为更好地理解广州、深圳、上海三个典型城市的城市更新制度打下基础。

（2）调查深入。通过典型案例的实证研究，介绍了广州、深圳、上海在功能引导、强度管控、公共设施配置和公共要素清单等方面的创新，对三个城市的更新实施成效进行了评估，揭示了其城市更新工作的实践经验与问题、挑战。

（3）针对性强。重点探讨了当前城市更新制度创新涉及的空间、主体、资金、运维四大关键要素，从流程再造、主体明确、利益界定、目标引导和多元机制引入等方面提出我国城市更新制度创新的未来走向与建议。

期望今后有更多的学者和部门以务实求真的态度，共同来探讨研究城市更新的制度建设与创新，为我国城市更新走向科学化、规范化和制度化做出积极的贡献。

东南大学建筑学院教授
中国城市规划学会理事
中国城市规划学会城市更新分会主任委员
2019 年 1 月

序 三

经历了改革开放四十年我国城市建设的快速发展，以高质量发展为目标的新型城镇化路径对城市规划建设和社会治理提出了新的要求。经过多年的理论研究和实践探索，我国城市更新的多元实践和制度建设已经进入了一个新的阶段。以广州、深圳、上海等先行城市为代表的一众城市已经建立起了较为完善的基本制度框架，虽仍有不足之处，但总体上承担起了规范与指导的基本职能，制度建设进入查缺补漏、完善打磨的阶段。与此同时，更多的后发城市仍处在基本制度确立的初期，这些先行城市实践所得到的经验与教训对它们而言至关重要。

值此之际，《城市更新制度建设：广州、深圳、上海的比较》一书的面世，可谓具有承前启后的意义，是对具有代表性的三个地区过往探索中存在的经验与不足的一次剖析与审视。该书打破了诸多制度研究一地一议的语境，构建起了三地基本制度横向比较的通用框架，这种研究论述方式可以让读者更加清晰地看到不同城市如何根据自身特点形成差异化的制度保障，同时也适用于未来更多后发城市间的比较和相互借鉴。在比较基本制度框架的基础上，该书进一步剖析了三地不同的空间管控手段，从更新方式、更新强度等的管控和引导延伸至公共要素清单、政策性住房、地价补缴、容积率转移等专项制度安排，为不同年代相对碎片化的制度政策梳理出了逻辑主线。在此基础上，该书分析了三地城市更新的实施路径，追踪了从三地的总体城市更新计划到阶段性调整，再到具体项目实施全流程中的各个环节。

在全面的政策与制度分析后，该书对三地城市更新实施的成效进行了评价，除了对相关统计数据的解读外，并不局限于数字，而是从多角度评价了政策目标的达成情况，归纳总结了三地长期以来的经验得失，进而指出未来我国城市更新制度创新的方向。在对未来发展的建言中，该书紧紧抓住了产权、功能、容量三个关系更新成败的关键要素进行构想，指出了流程再造、主体明确、利益界定、目标引导、多元机制五个主要方向，并为政府下一步制度建设的实操提出了工作内容和步骤建议。

当前，我国的城市更新工作时不我待，这是我国社会经济发展阶段的客观要求，在理论研究和原则性探讨过后，围绕真实背景下的制度体系，明确不足并提出制度建设的硬货、干货是学界的责任与使命所在。在我国六百余个各级城市中，只有少数正在完善其城市更新制度建设，绝大多数仍在摸索，甚至处于空白。因此，城市更新制度层面的基础研究不仅具有重要的理论价值，而且对于目前我国城乡建设中不断增长的多元城市更新实践建立起科学完善的制度体系具有极强的借鉴意义。我相信并期望《城市更新制度建设：广州、深圳、上海的比较》一书能够引发更多的有效讨论，催生更多的经世济用之学，助力我国未来美好人居环境建设的伟大事业。

清华大学建筑学院教授
中国城市规划学会常务理事
中国城市规划学会城市更新分会副主任委员

2019 年 6 月

再版前言

城市作为社会、经济、政治和文化等关系在物质空间的集中映射，其演进过程中会不断产生各种更新改造诉求。在我国发展迈入新常态和转型期的当前，城市更新已真正成为国家与社会关注的重中之重。近年来，中央和地方的城市更新制度探索势头强劲；与此同时，受2018年国家新一轮机构改革的影响，已有更新制度和管理实践的探索积累在短期内发生了重大调整，亟需依托新的变革背景加以梳理和总结。

具体来看，自本书首版面市以来的三年间，中央层面对城市更新频频发声，2020年国家"十四五"规划明确提出"实施城市更新行动"，各部委相关政策密集出台，促使城市更新成为国家政策创新的重要领域。在地方层面，广州、深圳、上海三地经历长期探索之后，其城市更新制度体系为响应国家机构改革要求和新时代诉求，已经开始新一轮的升级换代，纷纷以"地方立法"取代"地方规章"来强化城市更新制度的法律地位。随着三地《城市更新条例（含征求意见稿）》在2021年的先后施行，2021年正式成为我国城市更新的立法"元年"。同时期，越来越多的其他城市纷纷加入在地化的城市更新制度探索大潮中。辽宁、北京、重庆、天津、杭州等省市借助制度建设的后发优势，百花齐放地出台了各类城市更新纲领性政策文件或具体规定，针对自身城市发展特点形成差异化的城市更新制度设计。

在全国如火如荼的城市更新制度建设过程中，本书首版成果有幸能恰逢其时地贡献其对更新制度体系和具体政策做法的系统性思考，自出版以来不断重印以响应社会所需。但随着广州、深圳、上海城市更新制度建设的日新月异，特别是国家机构改革引发的重大变革，我们发现首版内容已和三地的最新探索有所出入，无法及时为当下各地城市的制度创新提供最为契合的镜鉴。各地城市更新制度建设在当下越来越关注"痛点"攻坚，直面产权收拢、资金来源、主体参与、空间运维等深层次城市更新运作难题，进行针对性政策探索；城市更新的思想理念也持续演进，不仅仅关注物质空间的修补，转而强调城市更新对社会经济等的综合带动作用；"微更新"和"自主更新"等实践做法亦在逐步取代曾经风行的"大拆大建"和政府"大包大揽"。

在学界和业界诸多师长、同行和亲友的鼓励下，我们对广州、深圳、上海的城市更新制度展开持续性跟踪研究，力图通过第二版的内容增补和信息更新，来紧跟时事地反映三地城市更新制度建设实践的最新进展。历经三年沉淀，本书第二版终于付梓，其在首版基础上展现了国家机构改革后三地城市更新在制度体系、机构分工、政策措施上的新变革；分析了三地在城市更新空间管控和实施路径上的新举措；总结了当前各地仍面临的实施困境与制度难题，并研判城市更新制度建设的关键要素与未来走向。

　　我们深切期待本书第二版能够为我国不同城市和地区推进城市更新制度建设提供更加前沿、更加系统的做法参照。政策的"以旧代新"时时刻刻在发生，因此尽管我们已竭尽所能去梳理三地制度的最新动态，但难免还会存在疏漏和不足，望得到同行们的持续指点。

首版前言

我国在经历了改革开放四十年的增长奇迹之后，经济发展进入结构性减速时期，并联动引起社会、政治、空间、文化发展等的全面转型。在这个城市发展由"增量扩张"迈向"存量优化"的变革期，为了促进城市功能提升、产业结构升级、人居环境改善、空间品质优化等，广州、深圳、上海、南京等诸多大城市积极开展城市更新的管理与实践改革，在城市更新制度建设、规划编制、项目实施与行动计划等方面取得显著进展。

本书选取走在城市更新制度改革前沿的广州、深圳、上海三座城市作为研究对象，通过分析三地城市更新的核心政策及其演进，对比三地城市更新制度的体系建构、运作特点与形成原因，总结三地城市更新的实施情况与实施路径，得出三地城市更新制度建设的经验与挑战等，来揭示当前我国代表性地方城市更新制度建设的具体进展、创新成就、潜在问题及改进方向，展示三地在更新机构设置、管理模式、规划编制、空间管控、政策配套上的异同，为新时期破解城市更新难题提供方向指引和经验借鉴，为未来更多城市和地区推进城市更新制度建设提供实证参考。

著作成稿历时四年，感谢曾在北京市规划和国土资源管理委员会朝阳分局任职的王雪梅与孙文伟，是他们出于对国内城市更新需求与趋势的敏锐判断，才在2014年邀请我们承担了国内城市更新制度建设各地经验与案例研究的专项课题，这是本书成果得以形成的重要契机与基石。感谢华南理工大学的王世福教授、国家发改委投资司城市建设处的邰挺博士，2015年在MIT（麻省理工学院）访学期间与他们就广州、深圳城市更新制度特点的交流加深了本研究的维度与深度。感谢上海社会科学院城市与房地产研究中心的万勇博士，在他为《城乡规划》杂志组织的城市更新沙龙活动中获得的关于上海城市更新制度建设和规划设计的一手信息和释惑，为丰富和理解上海的近期行动提供了支撑。感谢深圳市城市规划设计研究院有限公司城市更新规划研究中心的王嘉主任，他同意我们使用其单位编制的城市更新单元规划方案作为案例，极大地丰富了著作内容。感谢课题组的唐静娴同学，她在早期项目研究过程中，做出了关于比较框架、政策和数据分析上的开篇积累。

同时，还要特别感谢北京清华同衡规划设计研究院对我们在2017年城市发展与规划大会"城乡规划体系改革与城市转型发展"分论坛上所做的关于《城市更新制度的转型发展——广州、深圳、上海三地比较》报告的微信报道，这篇小小的微信文章获得的大量转载和累计几万的阅读量给了我们至关重要的信心和信念支持，使我们方有勇气来完善和推进研究成果的出版。感谢北京市委办公厅信息综合室的冯明，他邀请我们将对相关制度的实证分析整理成文并报送北京市领导参阅，从而获得了副市长的批复和肯定，认为北京进行城市更新制度建设也是大势所趋。感谢中国城市规划学会城市更新学术委员会的伍江教授、阳建强教授、边兰春教授以及其他同行，持续的学术交流和支持是本书后期出版的重要动力。其他在不同阶段曾对本书研究给予不同帮助、提点和肯定的诸多同行和师长们，无法一一提及，在此一并致谢。谢谢清华大学出版社的编辑，他们为著作夜以继日的打磨是本书出版品质的重要保证。

在对书稿进行调整与优化的过程中，我们发现广州、深圳和上海的城市更新制度、配套政策、实践模式等方方面面都在日新月异地发生着变化，已经远远超过了我们能及时对原有研究进行随时扩充和全面更新的速度。特别是新一轮国家机构改革的推行，引发了各地城市更新管理机构的新变革，一些新趋势无法及时反映到主要成稿于2018年年底的本书中，例如广州市城市更新局组建与撤并等详细信息。因此，对于本书存在的各种不足以及对最新政策解读不到位的地方，我们深感遗憾，也期待在后续研究中能再接再厉地跟踪提升。

目 录

第 1 章 绪论：新时代背景下的城市更新 1

1.1 城市更新再认识 2
1.2 城市更新的十个特征维度 4
1.3 时代转型与中国城市更新需求的崛起 6
1.4 困境突围：资源约束倒逼下的广州、深圳、上海制度创新背景 8
1.5 广州、深圳、上海三地比较研究的内容与框架 12

第 2 章 亚洲视野下的城市更新制度建设 15

2.1 香港城市更新制度 16
2.2 台北城市更新制度 20
2.3 东京城市更新制度 27
2.4 新加坡城市更新制度 32
2.5 亚洲地区城市更新制度建设的趋势与特点 34

第 3 章 广州、深圳、上海的城市更新演进历程 39

3.1 广州城市更新演进历程 40
3.2 深圳城市更新演进历程 44
3.3 上海城市更新演进历程 48

第 4 章 机构改革前的三地城市更新政策演进与办法解读 55

4.1 机构改革前的三地城市更新政策体系比较 58
4.2 机构改革前的三地城市更新核心政策演进 60
4.3 《城市更新（实施）办法》的三地比较 68

第 5 章　机构改革后的三地城市更新政策变化与条例解读　　79

5.1　国家机构改革与实施城市更新行动的影响　　80
5.2　机构改革后的三地城市更新政策体系调整　　83
5.3　《城市更新条例》的三地比较　　87

第 6 章　广州、深圳、上海城市更新制度体系建构　　97

6.1　广州、深圳、上海的城市更新制度体系　　98
6.2　城市更新机构设置　　104
6.3　城市更新规划编制体系　　114
6.4　城市更新单元／区域划定　　125
6.5　城市更新管理的阶段与流程　　129

第 7 章　广州、深圳、上海城市更新空间管控　　145

7.1　广州城市更新空间管控举措　　146
7.2　深圳城市更新空间管控举措　　157
7.3　上海城市更新空间管控举措　　172

第 8 章　广州、深圳、上海城市更新实施路径　　179

8.1　广州城市更新实施路径　　180
8.2　深圳城市更新实施路径　　201
8.3　上海城市更新实施路径　　231

第 9 章　广州、深圳、上海城市更新执行与经验得失　　259

9.1　广州、深圳、上海的城市更新目标及执行情况　　260
9.2　三地城市更新制度建设的经验与反思　　276

第 10 章　城市更新制度创新的关键领域与工作走向　　299

10.1　城市更新制度创新中的主体保障（Multiple Stakeholders）　　301

10.2　城市更新制度创新中的资金来源（Capital Source）　　308

10.3　城市更新制度创新中的空间利用（Physical Space）　　316

10.4　城市更新制度创新中的运作维护（Operation Servic）　　327

10.5　我国城市更新制度创新的工作走向　　329

10.6　城市更新制度创新的工作内容与步骤建议　　337

附录　　339

附录 1　广州市城市更新条例（征求意见稿）　　340

附录 2　深圳经济特区城市更新条例　　350

附录 3　上海市城市更新条例　　360

参考文献　　368

广州

第1章

绪论：新时代背景下的城市更新

1.1 城市更新再认识

城市更新活动古已有之,从古罗马共和国与帝国时期的城市中心广场群改建、巴黎的奥斯曼大改造到我国南京、扬州、杭州等古城基于历史原址的不断重建与改扩建等,形式多样且不胜枚举。不同时期、不同国别和不同发展背景下,城市更新的概念内涵、实践方式和价值导向等表现出明显的差异性,而当代城市更新的概念和理论发展则与现代城市规划学科的发展相伴而生,大抵可以追溯到"二战"后的欧洲。

"二战"后的世界满目疮痍,为解决严峻的住房短缺问题、恢复饱受战争创伤的传统城市,欧洲许多国家在开展大规模新城建设的同时,也在积极更新旧城。由此,西方国家涌现出了很多相关概念,如城市更新(Urban Regeneration)、城市复兴(Urban Renaissance)、城市振兴(Urban Revitalization)、城市再开发(Urban Redevelopment)、城市重建(Urban Renewal)等,这些术语常常被频繁使用或者相互替换,但实质上却各自具有不同的内涵倾向,表现出不同背景环境下城市更新活动的思维侧重(表1.1)。

表 1.1 城市更新相关术语的演进

城市更新相关术语	时间阶段	语义侧重点	术语的主体
城市重建	普遍存在于"二战"后,在某些国家开始于19世纪末期	推土机式的大拆大建,带有一定的贬义色彩	政府机构为主导,到后期逐渐演化为多方合作
城市再开发	集中于20世纪50年代的美国	带有主体色彩的术语,一般指政府与私人机构联合	政府及私人开发商
城市振兴	20世纪70—80年代	赋予新生,常常指一定的区域	城市开发集团,也有社会团体的介入
城市复兴	20世纪80—90年代	重生,带有乌托邦色彩的城市理想	政府、私人开发商、社会团体、公众等
城市更新	20世纪90年代后	主要是针对城市衰退现象而言的城市再生	政府、私人开发商、社会团体、学者、公众等多方的协作

资料来源:丁凡,伍江. 城市更新相关概念的演进及在当今的现实意义[J]. 城市规划学刊,2017(11):87–95.

整体来看，城市更新的实践发展阶段从"二战"结束后可以简单分为推倒重建、社区更新、旧城开发、有机更新四个基本阶段（表1.2），在这个演进过程中，更新目标从解决单一问题走向综合目标体系，行为特征从大拆大建转变为因地制宜的大小结合，更新机制从政府主导发展为多元共治，价值导向从物质空间改善迈向公共利益的保护与提升。

正是曾经的短视行为导致的社会经济困境推动了城市更新理念的发展，现代主义思潮鼓动下的大拆大建造成的历史空间破坏、郊区化与旧城衰败、社会网络解体等现象，在20世纪七八十年代遭到广泛的批判与反思。与此对应，强调社会、经济、生态、历史、文化等多维度可持续发展的新观念逐渐上升为认识主流；主张通过多方参与和综合手段来更新和改造城市空间，实现以人为本的空间环境与社会经济改善等思想，也获得越来越多的社会认同和倡导。因此，当代的城市更新概念，不仅指物质空间的演替，更强调其对城市社会、经济、文化等领域的整体优化作用，以及更新过程中多元主体的共同治理。

表1.2 西方城市更新发展历程

	第一阶段	第二阶段	第三阶段	第四阶段
时期	20世纪60年代之前	20世纪60—70年代	20世纪80—90年代	20世纪90年代后期
发展背景	"二战"后繁荣时期	普遍的经济增长和社会富足	经济增长趋缓和自由主义经济盛行	人本主义和可持续发展观念深入人心
主要政策和计划	英国：《格林伍德住宅法》（1930年）美国：《住宅法》（1937年）	美国：现代都市计划（1965年）英国：《地方政府补助法案》（1969年）加拿大：邻里促进计划（1973年）法国：邻里社会发展计划（1981年）	英国：城市开发公司、企业开发区（1980年）美国：税收奖励措施、授权区、税收增值筹资、商业改良区（1980年）	英国：城市挑战计划（1991年）美国：综合更新预算（1995年）欧盟：结构基金（1999年）
更新特点	推土机式重建	国家福利主义色彩的社区更新	地产开发导向的旧城再发展	物质环境、经济和社会多维度的社区复兴
战略目标	清理贫民窟；清除快速增长城市中的破败建筑，提升城市物质形象	向贫穷开战；提升已有房屋居住环境，通过提高社会服务水平解决人口社会问题	市场导向的旧城再开发：市中心修建标志建筑和豪华服务娱乐设施吸引中产阶级回归，复兴旧城经济活力	高度重视人居环境：提升城市多样性和多用途性，注重社区历史价值保护和社会肌理保持

续表

	第一阶段	第二阶段	第三阶段	第四阶段
更新对象	贫民窟和物质衰退地区	被"选择的"旧城贫民社区	城市旧城区域	城市衰退地区和规划欠佳的非衰退地区
空间尺度	强调地方性的宗地尺度	宗地和社区级别	宗地尺度向区域尺度转变	社区和区域尺度
参与者	中央政府主导	中央政府与地方政府合作，社区和私有部门参与度低	政府与私有部门的双向伙伴关系，社区居民的意愿被剥离	政府、私有部门和社区的三方合作，强调社区的参与和作用制衡
资金来源	公共部门投资和少量私人投资	主要来自中央财政，地方财政补充	大量私人企业和个人投资者；政府少量启动资金	公共部门补贴，大量私人企业和个人投资
管治特点	政府主导；自上而下	政府主导；自上而下	市场主导；自上而下	三方合作；自上而下与自下而上相结合

资料来源：董玛力，陈田，王丽艳.西方城市更新发展历程和政策演变[J].人文地理，2009（10）：42–46.

1.2 城市更新的十个特征维度

城市更新在国内外都是社会和学界关注的焦点，1997年英国新工党上台后，将城市更新与经济增长密切联系在了一起，制订计划确定将城市更新作为促进国内一批传统城市再开发的国家级战略；2001年，日本在内阁官房中设立了由首相兼任本部长的"都市再生本部"，将对城市更新的重视提到前所未有的高度。我国关于城市更新的理论探索相比西方起步较晚[①]，例如：20世纪80年代，陈占祥先生引介并发展了来自日本的"新陈代谢"理论，指出应正视城市空间从繁荣到相对衰败再到重新繁荣的客观规律[1]；20世纪90年代，吴良镛先生提出"有机更新"理念，同时注重对城市历史环境的保护和再利用，以促进新旧片区的和谐统一[2]，张杰教授提倡采用小规模渐进的方式改造与整治城市等[3][4]。

---

① 西方国家的城市更新制度建设相对完善，在关注城市更新的物质环境处置、经济文化带动、社会与就业提升等之外，还关注深层次社会问题的讨论，如绅士化、空间正义、少数群体的利益保障等。

社会、政治、经济、文化等制度共同组成了影响和制约城市更新实践开展的外部环境，从城市更新的内部运作来看，更新目标、更新导向、产权主体、更新规模、更新对象、参与主体、改造方式、功能变更、土地流转、安置模式这十个方面，成为理解和认识当代城市更新特征的重要维度（表1.3）。例如：单一与多元的更新目标之分；供给（自上而下）与需求（自下而上）的更新导向之分；公共与私有的产权属性之分；局部空间与城市片区的更新规模之分；旧厂房、旧村、旧城镇的更新对象之分；政府、市场、社会的参与主体之分；拆除、改造、维护的更新方式之分；征收、转让和划拨的土地流转之分；原址回迁、异地搬迁、货币补偿的安置模式之分等。

这十个维度之下的不同分类组合可以基本描述出一个特定时期、特定地方的城市更新实践形式，并更深一层地映射出其对应的制度背景和运作环境。例如：针对上海市20世纪90年代的住房更新运动，用上述维度概括，其基本特点便是"以物质空间修补和住房专类空间供给为目标、自上而下为导向、政府为参与主体，通过功能不变更的拆除重建对私人产权对象进行的连片环境改造"。

表1.3 城市更新的十个维度

认识角度	核 心 要 素
更新目标	物质空间修补；专类空间供给；土地资源效率提升；历史文化保护；城市功能结构调整；区域活力复兴；生态环境修复等
更新导向	供给导向（自上而下）、需求导向（自下而上）、供需双向对接
产权主体	公有产权（集体、国有）、私人产权、混合产权；单一产权人、多产权人等
更新规模	微空间、单体建筑、成片环境、城市片区等
更新对象	旧城镇、旧工厂、旧村落等
参与主体	政府、私有/国有企业、产权人、社会组织、规划师、学者等
改造方式	拆除重建、改造整治、保护维护等
功能变更	功能不变、功能植入、功能置换等
土地流转	征收、租赁、出让、划拨、补差价转换等
安置模式	原址/就近回迁、异地回迁、货币补偿等

1.3
时代转型与中国城市更新需求的崛起

我国经济在经历了40多年高速发展的"中国奇迹"之后,开始逐渐转向中速、中高速的新常态,带来社会政治、经济文化、规划建设的全面转型需求[5][6]。从国家宏观经济和城乡建设用地倒逼现状来看,以珠三角、长三角等为代表的城市地区,其建设用地已经占到区域总用地的40%~50%,这迫切需要城乡建设实现从粗放到集约、从增量到存量、从制造业到服务业、从生态破坏到环境友好、从追求速度到普适生活等的全方位变革[7]。

具体来说,旧有"粗放型"的城市建设和经济发展模式将逐步终结,取而代之的是以"存量挖掘"和"内生依托"为特征的新型城镇化模式;城市产业带动经济迈进的主要动力由原来的第二产业逐步转向二、三产业并重,并最终实现以第三产业为主导的新经济结构;高速建设时期对生态环境造成的破坏和欠账需要在新时期竭力加以修复,迈向生态、资源、环境"友好型"的城市建设与发展道路;走出以往对以GDP（国内生产总值）为代表的奇迹式增长的过度依赖和追求,转而关注城乡百姓,即"人"的生存和发展,实现平常心态下的城乡大众的安居乐业[7]。

城市更新作为当前城市存量发展的重要途径,强调用综合的、整体性的观念和行动计划来解决城市存量发展过程中遇到的各种问题,促进城市可持续发展。2013年,中央城镇化工作会议明确提出"严控增量,盘活存量,优化结构,提升效率""由扩张性规划逐步转向限定城市边界、优化空间结构的规划"等政策方针,从而将城市更新工作提高到了国家战略高度。2015年,中央城市工作会议再次指出城市"要坚持集约发展,框定总量、限定容量、盘活存量、做优增量、提高质量"。国土部门①也相继发布了有关"严格控制城市建设用地规模"的多项通知,设法利用好城市现有已建设土地,而非继续圈地开发成为城市建设的大势所趋。2019年12月,中央经济工作会议提出"加强城市更新和存量住房改造提

---

① 2018年3月,第十三届全国人民代表大会第一次会议表决通过了关于国务院机构改革方案的决定,批准成立中华人民共和国自然资源部。自然资源部整合了国土资源部、国家发改委、住建部、水利部、农业部、国家林业局、国家海洋局、国家测绘地理信息局等部门的全部或部分职责。

升,做好城镇老旧小区改造",表明城市更新进一步成为国家关注重点。2020年,党的十九届五中全会通过《中共中央关于制定国民经济和社会发展第十四个五年规划和二〇三五年远景目标的建议》,明确提出"实施城市更新行动",由此引发全国城市更新工作热潮。2021年,住房和城乡建设部发布《关于开展第一批城市更新试点工作的通知》(建办科函〔2021〕443号),决定在北京等21个城市(区)探索城市更新统筹谋划机制、可持续模式及配套制度政策,城市更新成为新时期城市发展与建设的核心内容。因此,如何科学全面地理解城市更新的内涵,建立完善的城市更新制度体系,有效推进城市更新工作的有序开展,是新常态下各大城市亟待解决的现实问题与面临的重大挑战。

国家政策对地方实践产生了直接影响,北京、上海等一线城市已率先在总体规划中明确"用地规模不增加":北京在城市总体规划(2016年—2035年)中要求到2020年实现"城乡用地规模减量";上海在城市总体规划(2017—2035年)中明确要集约利用土地,实现规划建设用地总规模负增长。这是当前城市发展方式从"增量扩张"转向"存量挖潜"的直接信号,表明存量盘活、紧凑集约发展的日益重要,对城市产业发展、活力塑造、形象建设等方面影响深远。

2010年前后,广州、深圳、上海、南京、厦门等许多大城市开始积极开展和推进新时期的城市更新改革工作,在城市更新制度建设、机构设置、更新管理等方面取得显著进展。截至2022年3月,全国已有5个省、自治区出台了省(自治区)级城市更新指导政策(表1.4),约34个城市出台了城市更新管理办法或条例等(表1.5),从制度维度较为综合、全面地规定了城市中不同类型城市更新项目开展的具体管控要求。然而由于长期缺少有效的实施机制保障,"摸着石头过河"仍然是各地城市更新制度体系建设的现状写照。

表1.4 省(自治区)级城市更新指导政策出台情况(截至2022年3月)

省(自治区)	文件名称(发布时间)
辽宁	《辽宁省建设城市更新先导区"十四五"期间项目建设方案》(2021年4月) 《辽宁省城市更新条例》(2021年11月)
云南	《云南省人民政府关于统筹推进城市更新的指导意见》(2020年8月) 《云南省城市更新工作导则(试行)》(2021年2月)
内蒙古	《内蒙古自治区人民政府办公厅关于实施城市更新行动的指导意见》(2021年9月)
安徽	《关于实施城市更新行动推动城市高质量发展的实施方案》(2021年10月)
贵州	《贵州省城市更新行动实施方案》(2021年12月)

表 1.5　城市更新管理办法和条例出台情况（截至 2022 年 3 月）

分类		城市名称（政策出台时间）
条例（3个）		深圳（2021年3月）、广州（征求意见稿，2021年7月）、上海（2021年8月）
办法	管理办法（8个）	中山（2020年11月）、珠海（2021年6月）、重庆（2021年6月）、延安（2021年6月）、湛江（2021年9月）、石家庄（2021年9月）、沈阳（2021年12月）、大连（2021年12月）
	实施办法（10个）	景德镇（2016年4月）、成都（2020年4月）、福州（2021年4月）、宁德（2021年6月）、安阳（2021年7月）、亳州（2021年9月）、德阳（2021年9月）、西安（2021年11月）、唐山（暂行，2021年12月）、兰州（征求意见稿，2021年12月）
意见	指导意见（6个）	东莞（2020年3月）、南京（2020年5月）、北京（2021年6月）、青岛（2021年6月）、徐州（2021年6月）、昆明（2021年9月）
	实施意见（8个）	宁波（2018年10月）、佛山（2019年11月）、贵阳（2020年11月）、徐州（2021年3月）、长沙（2021年3月）、无锡（2021年4月）、南阳（2021年9月）、楚雄（2021年9月）
规划/行动方案/通知（6个市、2个县）		市：武汉（2020年7月）、天津（2021年6月）、银川（2021年8月）、长春（2021年9月）、莆田（2021年11月）、乌海（2021年11月） 县：嘉善县（2021年4月）、溧泗县（2021年12月）

注：徐州同时出台指导意见和实施意见。

1.4
困境突围：资源约束倒逼下的广州、深圳、上海制度创新背景

鉴于广州、深圳、上海在城市更新制度建设方面的先驱地位及深远影响，本书选定这三座城市作为城市更新制度建设的比较研究对象，通过解剖三只"麻雀"来透析我国城市更新制度建设的基本情况与进展。广州、深圳、上海三地在国家和区域发展战略中一直具有重要意义。经济上，三地GDP位居国内前列，总量分别在2010年、2011年、2006年突破万亿元，且仍保持着充足的增长动能（表1.6）。2017年广州开始新一轮总体规划编制，确定了国内重要中心城市的

表1.6 广州、深圳、上海GDP（2010—2016年）

单位：亿元

城市	2010年	2011年	2012年	2013年	2014年	2015年	2016年
上海	17 165.98	19 195.69	20 181.72	21 818.15	23 567.7	25 123.45	28 178.65
广州	10 748.30	12 423.44	13 551.2	15 420.14	16 706.87	18 100.41	19 547.44
深圳	9581.50	11 505.53	12 950.10	14 500.23	16 001.82	17 502.86	19 492.60

资料来源：国家统计局.查数[DB/OL]. [2018-10-22]. http://data.stats.gov.cn/search.htm.

发展目标，且要"对标全球城市，落实国家战略"[①]；深圳在国家"十三五"规划纲要中首次被确立为"国际科技、产业创新中心"；国务院于2017年12月批复《上海市城市总体规划（2017—2035年）》，确立了"国家历史文化名城，国际经济、金融、贸易、航运、科技创新中心"的目标定位。可见，广州、深圳、上海在新时期的城市战略地位不断增强，为实现设定发展目标和应对"资源日趋稀缺""环境约束加大""城市问题日益突出"等挑战，三地在迈入存量挖潜的城市发展过程中，无疑需要充分利用和发挥城市更新的作用，使其成为城市建设有效的推进方式和引导工具。

（1）广州：土地资源紧缺，城乡用地低效粗放，存量利用潜力大。 广州经过三十多年的快速城市化进程，城乡用地低效粗放利用与土地资源供应不足的矛盾逐渐凸显出来。自2009年起，广州城乡建设用地已占合理开发规模的75%左右，土地资源十分紧缺[8]。此外，2015年广州单位建设用地产出为10.13亿元/km²，低于深圳16.5亿元/km²的单位建设用地产出，更不及国际性大都市香港（58.9亿元/km²）及城市国家新加坡（45.21亿元/km²）的城市用地效益水平，土地利用效率有待提高[②]。据统计，2015年广州建设用地总面积达到1787.14km²，其中城乡建设用地为1433.25km²，交通水利用地为322.82km²，其他用地为31.07km²，建设用地规模距2020年规划目标[③]仅剩余161.86km²。根据建设项目与重点开发区域建设用地需求预测，广州2016—2020年拟新增建设用地总需求约为240km²，规模需求

[①] 2017年10月，广州市召开新一版城市总体规划编制工作部署推进大会，对新一轮城市总体规划编制工作进行部署。
[②] 广州市人民政府办公厅.广州市土地利用第十三个五年规划（2016—2020年）[Z]. 2017.
[③] 根据《广东省土地利用总体规划（2006—2020年）调整方案》（粤国土资规划发〔2016〕122号），广州市至2020年城乡建设用地规模控制在1581 km²以内，建设用地总规模控制在1949 km²以内。

缺口约为 80km² [①]。而广州 2012 年"三旧"用地总面积约为 399.52km²，占广州城乡建设总用地的 1/3 左右，这些土地普遍存在使用效率不高甚至闲置的问题，具备一定的再开发潜力，如果重新利用，则可以有效缓解土地供需矛盾 [9]。

（2）深圳：人口、土地、资源、环境紧约束，历史遗留问题突出。 深圳很早就遭遇了"四个难以为继" [②] 的严峻挑战，率先受困于空间资源的硬约束，发展方向逐渐由"速度深圳"向"效益深圳"转变。《深圳市城市总体规划（2010—2020 年）》确定了城市发展向存量挖潜的转型。2015 年，深圳建设用地总量已经超过 940km²，2016 年起平均每年仅有 6km² 的新增建设用地配额，至 2020 年深圳只有 30km² 的新增建设用地指标。《深圳市国土空间总体规划（2020—2035 年）》（草案）显示，至 2035 年，全市目标建设用地规模仅 1105km²。深圳在改革开放后四十年的城市化进程中，保障性住房的供给没有跟上城市发展步伐。一方面，民间通过非正式自发建设途径来解决紧迫的住房问题，另一方面，政府长期以来缺乏有效的监督管理，导致大量"模糊产权"用地的遗留。在土地资源紧缺背景下，违法建筑权属不清、权责不明、利益关系复杂等，使得深圳的大量存量用地难以再次开发利用 [10]，亟须制度创新进行解答和应对。据 2008 年建筑普查，深圳总建筑面积约 7.52 亿 m²，其中违法建筑面积约 4 亿 m²，违法建筑面积总量约占深圳全市建筑面积总量的 53.19%，而在城中村中，大约有 70% 的违章建筑 [11]。失控的违法建筑为深圳快速崛起做出了贡献，同时也成为深圳转型发展的严重束缚。

（3）上海：用地规模逼近资源环境极限，工业用地利用低效粗放，旧区改造任务艰巨。 与广州、深圳一样，上海同样经历了快速城市化进程（图 1.1）。2017 年 5 月，上海颁布《上海市土地资源利用和保护"十三五"规划》，指出：到"十三五"末，全市建设用地总规模不超过 3185km²，其中工业用地规模要从目前的 27% 降到 17% 左右。2017 年 12 月，《上海市城市总体规划（2017—2035 年）》颁布，要求将建设用地总量控制在 3200km² 以内。但早在 2015 年，上海建设用地规模就已经突破 3145km²，约占全市陆域面积的 45%，逼近现有资源环境承载力的极

---

① 广州市人民政府办公厅. 广州市土地利用第十三个五年规划（2016—2020 年）[Z]. 2017.
② 2005 年前后，深圳市政府用"四个难以为继"概括深圳城市发展面临的状况，分别是：（1）土地、空间有限，按照传统的速度模式难以为继；（2）能源、水资源难以为继；（3）按照速度模式，实现万亿 GDP 需要更多的劳动力投入，而城市已经不堪人口重负，难以为继；（4）环境容量已严重透支，环境承载力难以为继。

2005年上海城市化区域   2010年上海城市化区域

图1.1 上海城市化区域（2005年、2010年）
资料来源：加州大学伯克利分校. 全球都会区域观测[EB/OL]. [2018-10-22]. http://metropolitan.ced.berkeley.edu/.

限[12]。上海曾经是老工业基地，工业用地为上海的发展做出了巨大贡献，但是目前上海的工业用地普遍存在比重偏大、布局分散、绩效偏低、使用粗放等问题。2011年，上海地均工业总产值为40.9亿元/km^2，与国际大都市对比，上海的工业用地效率偏低。《〈上海市城市总体规划（1999年—2020年）〉实施评估报告》（2013年）指出，截至2012年年底，上海工业用地面积约占全市建设用地面积的29%，约880km^2，是国际同类城市的3~10倍（国外同类城市平均占比约为15%~17%，其中大阪占15.35%，纽约占7.48%），规划工业区块外还存在大量工业用地（占总量的50%以上），且主要分布在郊区村镇。截至2015年，规划建设区外现存低效工业用地约198km^2，占全市工业用地的1/4左右，但工业总产值占比不到10%，且这类地区大部分为改革开放早期的镇、村集体或私营企业，产值低效，能耗、环境、安全等问题日益突出[13][14]。上海工业用地的更新需求旺盛，更新活动伴随政策的时松时紧波动推进，同时老旧小区等的更新改造也成为越来越凸显的城市问题。

1.5 广州、深圳、上海三地比较研究的内容与框架

综上可见，在土地资源瓶颈和产业转型双重压力下，广州、深圳和上海开展的城市更新制度创新与地方实践，其成功经验十分值得研究和总结。与此同时，这些改革探索也面临着土地利用方式依然粗放，公共利益界定不明，公共设施难以保障，历史文化建设性破坏，社会网络断裂等挑战，需要进一步寻找制度变革的方向和举措。

本书聚焦三地城市更新的制度建设进展，共分为10章（图1.2），通过对比总结三地城市更新制度建设的经验与挑战，来揭示当前我国代表性城市的城市更新制度建设的政策过程、创新成就、潜在问题及改进方向，为新时期破解城市更新难题以及吸引更多城市和地区开展城市更新制度建设提供实证参考：

第1章"绪论"在简要梳理城市更新相关概念与理论发展的基础上，转向对我国城市发展时期与宏观背景环境的解读，确定以先驱开展城市更新制度建设与创新的广州、深圳、上海三地作为比较研究的对象。第2章将视野放到亚洲维度，介绍了中国香港、中国台北、东京和新加坡四地的城市更新制度建设经验，总结了中国及其邻近地区的城市更新制度建设趋势和特点。

第3章到第6章是三地城市更新制度对比研究的核心章节：第3章从历史角度出发梳理了三地城市更新发展的演进历程；第4章和第5章，分别比较了2018年国家机构改革前后三地城市更新的政策体系，分析了三地城市更新核心政策演进的趋势特点，并系统对比了三地《城市更新（实施）办法》《城市更新条例》的内容与结构；第6章详细解读了三地城市更新的制度体系构成，包括更新机构设置、项目管理、规划编制、实施机制等。

第7章从空间管控措施入手，解析了三地城市更新在功能引导、强度管控、公共设施配置和公共要素清单等方面的工具创新。第8章展示了三地城市更新制度与相关政策的实施路径，以典型案例为基础，分析以城市更新计划、多元主体模式、更新评估与检讨等为途径的更新项目实施。第9章汇总了三地城市更新目标的执行和完成情况，对比揭示三地城市更新工作的实践经验与问题挑战。

第10章将对三地城市更新制度的审视上升到一般规律层面，总结归纳了城市

更新制度创新的关键要素，即围绕主体保障、资金来源、空间利用和运作维护四方面的制度供给，并基于此展望了我国城市更新制度创新的未来走向、工作内容与步骤建议。

绪论: 理论发展 → 认识维度 → 宏观环境 → 三地背景

经验借鉴: 亚洲视野下的城市更新制度建设
- 香港 | 台北 | 东京 | 新加坡

制度建设: 广州、深圳、上海城市更新演进历程

机构改革前的三地城市更新政策演进与办法解读

- 城市更新制度建设的政策演进
  - 城市更新政策环境
  - 广州、深圳、上海城市更新政策演进
  - 城市更新政策体系
- 《城市更新办法》的三地比较
  - 《城市更新办法》结构框架
  - 城市更新内涵与方式
  - 城市更新规划与计划
  - 资金筹措与使用
  - 监督管理与公众参与
- 城市更新制度的体系建构
  - 城市更新机构设置
  - 城市更新项目管理
  - 城市更新规划编制
  - 城市更新空间管控
  - 城市更新制度体系

机构改革后政策和制度体系变化与条例解读
- 机构改革与实施城市更新行动 | 三地城市更新政策体系调整 | 《城市更新条例》的三地比较

管控: 广州、深圳、上海城市更新的空间管控
- 更新功能引导 | 专项控制指引 | 空间资源统筹 | 治理主体创新
- 更新强度指引 | 历史文化保护 | 公共利益保障 | 产业发展指引

实施: 广州、深圳、上海城市更新实施路径
- 更新计划的推进 | 更新模式的探索 | 更新评估与检讨 | 更新典型案例

总结: 广州、深圳、上海城市更新执行与经验得失
- 三地城市更新"目标及执行情况" → 三地城市更新"经验与启示"

展望: 城市更新制度创新的关键要素与未来走向
- 主体保障 | 空间利用 | 我国城市更新制度创新的未来走向、工作内容与步骤建议
- 资金来源 | 运作维护

图1.2 研究框架

上海里弄

第 2 章

亚洲视野下的城市更新制度建设

地缘接近和历史交往带来的文化影响与传承，使得亚洲的国家和城市——特别是我国境外邻近地区，在城市更新制度建设与运作方法上的实践探索，可为我国新时期的城市更新发展提供重要的经验参照。因此，在学界普遍关注西方发达国家城市更新历程与得失启示的当前，对中国香港、中国台北、东京、新加坡等亚洲城市或地区的城市更新制度的探索，无疑具有特殊意义。无论是我国的香港和台北，还是日本东京或新加坡，这些地方普遍在20世纪经历了一个快速发展时期，实现了城市社会经济的突飞猛进发展以及城市扩张建设的急速推进。这期间，历史保护与资源约束导致的物质空间更新需求在四地逐渐变得日益强烈，城市更新活动慢慢积累形成了规范化、制度化的运作体系。尽管因文化习俗、地缘关系、政治经济体系等的不同，四地的城市更新制度呈现出各自独到的实践方式和运作特点，但都整体表现出法规政策相对完善、重视公众参与、倡导公私协作、引导与强制手段相结合、注重历史文化和地域特色保留、以点带面活化区域等发展趋势。这四个案例为分析、理解和评判我国广州、深圳、上海的城市更新制度建设提供了有效的比对参照系。

2.1 香港城市更新制度

2.1.1 香港城市更新发展历程

作为世界金融中心和全世界人口最密集的地区之一，快速的城市发展演变与建设日趋饱和给香港带来了极强的城市更新需求，因此香港的城市更新工作起步较早，历时较长，制度发展相对完善。香港的城市更新历程可以简要地分为三个阶段：第一阶段，是从被英国占领早期到20世纪80年代，香港成立非营利组织"房屋协会"，协助政府对老旧城市地区进行更新改造，以应对人口爆炸式增长带来的卫生环境危机；第二阶段，是从20世纪80年代到21世纪初，香港政府成立半官方组织"土地发展公司"，以企业化、市场化的运营模式积极探索可持续的城市更新路径，应对香港经济腾飞时期房价和更新成本高企的问题；第三阶段，是从21世纪初至今，随着一系列法规和政策的出台以及政府统一主管部门"市区重建局"的建立，香港城市更新工作逐步迈入成熟期，表现出城市综合治理的特征。

2.1.2 香港城市更新制度框架

当前，香港的城市更新机制主要依托于香港特区政府在2001年根据《市区重建局条例》成立的市区重建局（以下简称"市建局"）开展①。2001年，特区政府颁布了《市区重建策略》，为市建局的工作提供整体政策指引，市建局的核心职责聚焦四大"业务策略"，即重建发展、楼宇复修、旧区活化与文物保育[15]。2007年到2009年，香港特区政府出台了一系列关于文物保护建筑更新的管理办法，并于2008年开展"市区重建策略检讨"活动。根据检讨反馈结果，市建局对诸如租户补偿、自住业主及空置业主区别补偿、非住宅物业（停车位等产权单位）收购与补偿标准等相关制度的空白或不足进行了补充与改良[16]。2010年，针对更新项目中产权难以集中的问题，香港特区政府发布了《土地为重新发展而强制售卖（较低百分比）公告》。2011年，新版《市区重建策略》公布。作为指导市建局开展城市更新工作的原则性文件，其进一步完善了更新项目的社会影响评估等工作要求，并沿用至今。新版《市区重建策略》界定了市建局的责权范围和行政程序，一般程序为：由香港特区政府（发展局）制订包含城市更新目标的发展计划，并将发展计划公示于《宪报》，在公示与咨询期过后，经过城市规划委员会的审核予以颁布[17]；市建局根据发展计划制订面向实施的更新计划并加以执行，市建局需要拟定"业务性纲领草案"，列明未来五年计划实施的更新项目以及下一年度将实施的项目，并呈交香港财政司批准；执行程序包含市区更新地区咨询平台建设，冻结人口（更新项目利益相关方）调查，社会影响评估，土地协议收购，为住宅业主和租户、商铺经营者和业主提供补偿，上述流程结束后方可进行工程建设。同时，《市区重建策略》明确

---

① 香港市区重建局（市建局）是根据《市区重建局条例》（2001年第92号法律公告）于2001年5月成立的法定机构，取代前土地发展公司负责实施、鼓励、推广及促进香港城市更新。2002年6月，香港立法会财务委员会批准政府由2002—2003财政年度起，分5年向市建局共注资港币100亿元；香港特区政府亦以豁免补地价形式批地给市建局作为补助措施。香港市建局依《市区重建局条例》，应按照审慎理财原则推行城市更新计划。

了上级政府应为市建局提供100亿港币的资金支持、减免更新重建地段的地价、减免更新过程中安置用地的地价，并为城市更新提供贷款的义务。但值得注意的是，截至2021年6月底，香港市区重建局20年间推动的项目仅72个，重建或已公布重建的楼宇数量为1543栋，城市改造面积为21万余m²，发放楼宇修复贷款及自主金额仅17.4亿港元[①]。上述规模与内地以广州、深圳、上海为代表的特大城市的更新项目规模和政府投资量相比要少得多，这与香港小政府、大市场的基本特征有关。其他大多数更新改造前后收益显著的项目主要由市场主体在香港发展局（城市规划主管部门）相关政策法规的管理之下自发完成，与政府主导推动下的更新改造形成互补。

2.1.3 香港城市更新的制度特点

（1）构建起专业化、统筹性的治理平台。市建局作为城市更新的主管部门，实际为法定的半官方机构，既行使统筹规划、项目评估、项目审批报送等传统行政职能，还具有较强的平台性质。一方面，市建局自身的机构组成中包含了较大比重的非公职人员，由各学科专家和地区议员代表组成，直接面向学界与民众群体常态化地征询意见；另一方面，市建局针对不同城市更新项目，采取一事一议的模式，负责搭建面向现有业主、未来业主、其他政府部门、开发商、融资方等主体的多元议事平台。在不同项目中，对于权益主体的细分是市建局因时而异采取不同更新策略的基础，例如：当项目中少数业主握有待更新空间多数产权且有意愿进行更新改造时，市建局会将他们与握有分散产权的其他业主进行区分，促进双方进行谈判协商。如果协商不成功，市建局将援引香港立法会于1998年制定的《土地（为重新发展而强制售卖）条例》，强制分散产权业主出售不动产权益——但必须以市场公开拍卖的方式进行出售，以保证小业主的利益不受到损害[18]。这种做法既能兼顾社会公平，又可避免内地常见的"产权集中难题"和"谈判僵局"，提高了城市更新的效率。由此，依托的《土地（为重新发展而强制售卖）条例》在维护多元治理基础的同时，实现了精准化的制度供给。

（2）自下而上的"需求主导"模式。市建局正在逐步推进"自上而下"城市更

---

① 具体参见：市区重建局. 市建局年报2020—2021［R/OL］.（2021-12-27）. https://www.ura.org.hk/tc/publication/annual-report.

新规划和"自下而上"的需求申请之间的握手对接。"需求主导"重在打通老旧空间业主自发申请进行城市更新的制度途径，市建局在对老旧空间进行评估后予以批准立项[15]。立项后，根据不同情况，市建局的介入程度有所不同：在有些项目中，其会作为实施主体，完全统筹负责协议签订、安置补偿、规划设计、工程施工等一系列环节；而当前市建局更加鼓励市场主体进行自主实施，政府则充当监管者和辅助者的角色。为此，市建局设立了市区更新地区咨询平台、市区更新信托基金、市区重建中介服务有限公司等针对更新项目特定环节的专职部门，用以提供政策协调、融资服务和技术咨询等支持。"需求主导"模式的好处在于由业主自身的需求出发，避免了机械行政指令强加于民，在更新项目立项之时，往往政府与业主之间的共识就已经形成，大大降低了城市更新规划作为一种制度供给难以精准对接需求的难度。

（3）建立了相对全面的项目影响评估机制。市建局在主导多年的城市更新实践后，于2008年针对过往更新项目中发现的不足开展了为期两年的"香港市区重建策略检讨"，在此过程中对已完成的城市更新项目进行后续评估调查，并向社会各界开展意见征询[16]。在此基础上，香港建立了当前相对全面的城市更新项目影响评估机制，以求对城市更新项目的全过程进行把握。评估机制包括经济影响评估和社会影响评估两大板块：经济影响评估不仅是对项目建设周期内开发成本与收益的简单估算，更着眼于项目完成后对本地与所在区域的长期影响、政府财政税收规模和结构的变化、创造的本地就业机会和收入水平提升等问题；社会影响评估则关注更新项目是否会对特定群体产生不可逆的影响，进而破坏当地社会结构，以及能否延续保留城市历史文化、风貌特色等内容[19]（表2.1）。

表2.1 香港城市更新社会影响评估内容

阶 段	社会影响评估内容
第一阶段（公布建议项目前）	建议项目范围的人口特点、社会经济特点、居住环境、经济活动特点、人口挤迫程度、社区和福利设施、历史背景、文化和地方特色、项目对社区的潜在影响
第二阶段（公布建议项目后）	受建议项目影响的居民人口特点、社会经济特点、租户安置需求、商户搬迁需求、业主和租户的住屋意愿、业主和租户的就业状况、业主和租户的工作地点、业主和租户的社区网络、家庭子女的教育需求、长者的特殊需求、弱能人士的特殊需求、单亲家庭的特殊需求以及建议项目对社区的潜在影响

资料来源：香港市区重建局. 市区重建策略[EB/OL]．（2011）．[2018-10-22]．https://www.ura.org.hk/f/page/8/4835/URS_chi_2011.pdf.

（4）从物质空间更新到城市活化复兴的转变。基于全面的社会影响评估和反思，香港十分注重通过对历史文化资源的挖掘来复兴所在地区。2016年，香港特区政府《施政报告》宣布拨款5亿港币设立保育历史建筑基金，其职责就包括通过城市更新手段，发挥文物古迹对当前城市发展的引领作用。对涉及有历史文化价值的项目，市区重建局将联合发展局下辖的古物古迹办公室、活化历史建筑咨询委员会、非政府公益组织卫奕信勋爵文物信托等多方主体进行协同工作。在功能上，香港特区政府鼓励在不影响文物保护的基础上，对原有古建筑功能进行拓展，通过文化创意产业和商业功能的植入，最大程度激活古迹自身的"造血能力"。在运营模式上，政府通过公开市场选择私营企业进行管理运作。在更新过程中，香港发展局和市区重建局还将城市设计作为常用手段，采取设计竞赛和邀请的方式努力提高空间质量，尽可能突出地区特色。

（5）法律保障下的公众参与平台。香港新版《市区重建策略》提出在旧区设立"市区更新地区咨询平台"（以下简称"咨询平台"），以加强地区层面市区更新的规划[20]。香港特区政府于2011年6月在九龙城成立首个试点咨询平台，原因是该区有不少失修的楼宇，而市建局在该区进行的重建项目为数不多。在推进全面及综合的城市更新工作时，咨询平台会履行以下的职能：①就相关地区的市区更新计划，配合市区重建局的核心业务来建议重建及修复的范围，以及就保育和活化的项目提出建议；②通过"市区更新信托基金"开展及监督广泛的公众参与活动、规划研究、社会影响评估及其他相关研究；③监察已选定的重建、复修、保育和活化项目的落实进度；④担当公众教育的角色，与地区建构市区更新合作伙伴关系。咨询平台于2012年5月开展九龙城市更新计划规划研究工作，于2014年2月完成，历时22个月，为完善新的城市更新工作与规划提供了经验（图2.1）。

2.2
台北城市更新制度

2.2.1 台湾与台北的都市更新发展历程

台湾有制度与政策指导下的城市更新工作起步于20世纪70年代，1973年修订的"都市计划法"首次对"旧市区的更新"做出了专门规定。1998年，台湾当局

图2.1 香港九龙城市更新计划规划研究工作流程图
资料来源：九龙城市区更新地区咨询平台．九龙城市区更新计划[EB/OL]．（2014）[2018-10-22]．https://www.durf.org.hk/klcity/index.php．

21

颁布专门的《都市更新条例》，进一步明确相关操作流程，并与"都市计划法"互为补充、共同作用。《都市更新条例》于2008年再次修订并沿用至今。2009年制订的"爱台12建设都市更新推动计划"，独立设置"都市更新基金"为地方实践提供资金支持，并在台湾省级领导层面设置"都市更新推动小组"，在省级规划建设主管部门"营建署"内设置"都市更新推动办"，共同组成省级城市更新领导体系[21]。

台北市作为台湾岛内的政治、经济、文化中心，在近现代先后经历了两次快速发展：第一次为20世纪40年代末，诱因是国民党200万军民逃往台湾形成的人口爆炸；后一次是20世纪70年代到80年代，台湾经济腾飞带来的大发展。此后，为适应经济与人口变化，城市更新需求强烈，为此台北于1983年在岛内率先实施《台北都市更新实施办法》，此后一段时间，内城市更新项目主要为市政府主导。1993年，《台北都市更新实施办法》修订，开始探索公私合作，甚至是以私营部门为主的更新模式。此外，台北市还陆续颁布了《台北市公办都市更新条例实施办法》《台北市都市更新单元规划设计奖励容积评定标准》《台北市划定更新地区标准作业程序》《台北市自行划定更新单元重建区段作业须知》《台北市协助民间推动都市更新事业经费辅助办法》等配套文件，规范城市更新的实施[17]。

早在1977年，台北市就设有都市更新科。当前，负责城市更新工作的主管部门是台北市都市发展局下设的都市更新处。都市更新处成立于2004年，除主导更新地区的划定、相关计划的拟订与监督实施外，还负责协助私营机构投资城市更新项目[22]。都市更新处之外的另一个重要机构是城市更新审议委员会，其职能是审查更新计划的技术及法律事宜，并就是否符合市政府规定做出决定，并负责更新中的调停事务和调解争议。

最初的都市更新处由企划科（主要负责全市城市更新规划与政策制定）、事业科（主要负责城市更新项目审核）、工程科（主要负责工程技术标准制定、审核和政策制定）三个业务科室，以及秘书室、人事室、会计室、政风室四个一般职能科室组成。2012年，新增经营科，专门负责社区相关的规划制定、公私合作更新、物业活化利用等事宜。同年，台北市都市更新基金捐助成立"财团法人台北市都市更新推动中心"，成为辅助民间市场主体自发更新的专业组织。2016年，台北市都市更新处正式将该年确定为"公办都更元年"，即将城市更新全面视为台北市主管职责，以当局主导项目带动民间主动实施项目的推进。2020年，《台北市都市更新自治条例》《台北市公办都市更新实施办法》两项重要的制度文件出台，标志着台北市的城市更新活动从接受台湾省的政策引导，迈向了地方核心法规的进一步成熟期。2021年，台北都市更新处新成立开发科，专门负责当局主导项目的相关推进工作。

2.2.2 台北市都市更新框架

当前，台北都市更新所依托的核心规定为台湾省出台的《都市更新条例》，该条例确定了以市场为主导实施城市更新的详细监管框架。根据该条例规定，城市更新有三种方式：①重建。指拆除更新地区内原有建筑物，并变更土地使用性质或者使用密度，完善公共服务设施；②整建。指改建、修建更新地区内建筑物或者完善其相关设施，完善公共服务设施；③维修。指加强更新地区内管理，维护公共服务设施。在重建项目中，市政府主要扮演协助者及监管者的角色；整建改建项目中，市政府还需负责批准资助项目的实施经费（经费来自市政府设立的城市更新基金）。台北城市更新有两种情形：①市政府自行划定更新区；②市民主动申请重建项目，并自行划定重建区。在以上两种情形中，土地权属人或政府可自行委托私营企业针对该地区草拟更新计划，发起更新项目。如果市政府委托私营企业，必须进行公众评估及投票程序。通常台北的都市更新流程主要分为三个部分（图2.2）：①划定都市更新地区及拟订都市更新计划；②拟订都市更新事业计划；③计划执行。其中，都市更新计划的内容主要包括：更新地区范围、目标与策略、划定更新单元或明确其划定标准、地区现状、土地使用计划及整体环境规划思想、事业及财务计划、公共设施用地及公共服务设施提供、居民更新意愿调查等[23]。

除台湾当局出台的《都市更新条例》外，台北市还主要根据《台北市都市更新自治条例》所规定的其他条款推进城市更新实践。台北市将前期项目调查作为项目流程中的必要环节，内容包含每宗土地及建筑物的使用性质、强度、权属、人口组成、公共设施、地区环境及居民意愿等信息。台北对拆迁补偿和无住宅低收入户的住宅贷款利息补贴、权利变换最小分配面积单元基准、城市更新单元划定基准等内容都给出了详细的具体规定。这些规定通常还配有专门的支撑性政策

图2.2 台北都市更新流程
根据相关资料整理：严若谷，闫小培，周素红. 台湾城市更新单元规划和启示[J]. 国际城市规划，2012，27（1）：99-105.

文件，从计算方法、认定标准、具体流程等方面进行了规范。截至2021年年底，台北市出台的都市更新政策文件已有36项。

2.2.3 容积率转移的两种声音

容积率转移是指在制度监督的前提下，将特定土地上未开发建设的规划面积转移到其他土地的做法。在台湾尤其是台北，容积率转移已经成为诱导城市更新投资的主要做法，转移的容积率抵消掉了城市更新的成本，甚至产生了盈余。从公共资源的角度来看，容积率转移是在保证土地所有权不变的基础上，对土地发展权这一公共权益的再分配，具有较强的行政指令特性。为了鼓励土地权属人积极开展更新工作，施行容积率奖励计划，台湾省先后出台了《都市计划容积移转实施办法》《古迹土地容积移转办法》等专门规定，台北市出台了《台北市都市更新单元规划设计奖励容积评定标准》[24]。相关规定指出，容积率送出的土地多为在都市计划中被限定的文物古迹用地、公共设施保留地，此类土地因为自身特点不应进行高强度开发。这些用地未用满的指标，被转移给同一都市计划区内的住宅、商业、公共设施更新所用，故保证了同一都市计划区总体开发强度不变。转移的过程应使用"价值转换公式"，因为移出和移入指标的用地区位不同，所以要对土地价值进行评估，而非简单的同等开发面积转移。同时，被移入的指标不得超过原用地按都市计划规定的基准开发强度的30%[25]。

在土地价值较高、增量用地有限的台北市，因为有容积率转移制度，众多私营开发商和待更新土地上的业主通常乐于参与都市更新。自20世纪90年代以来，这种做法一度被认为是大幅减少市政府再开发成本、促进公私协作的都市更新的捷径。但是，近年来岛内社会各界却开始出现截然相反的声音，主要可分为两类：第一，容积率转移被看作对城市空间这一公共资源的严重透支。因为房价高企，私营开发商将大量资本投向台北的住宅和商业市场。这两类用地抢夺走了绝大部分可转移的存量指标，逐渐造成了更新成本高、收益少的公共空间再开发困难。有学者认为，长此以往，只会让台北的公共服务供给更加捉襟见肘，到头来倒逼市政府重新制订都市计划、提高区域开发强度。第二，在利益驱使下，强大的资本力量催生了社会公平危机。台湾与香港相似，都规定只要更新项目涉及三分之二业主同意更新，那么剩余业主就必须接受。在现实中，开发商会通过不断重划扩大更新区，寻找三分之二这个数量临界点。这就意味着在房价不断上涨的背景下，开发商可以无限使用金融杠杆扩大项目投资，清退所有不同意更新项目的业主，并做到稳赚不赔[26]。

2.2.4 台北URS计划

URS是英文Urban Regeneration Station的缩写，即"都市再生前进基地"。所谓"都市再生前进基地"是台北市政府将自身拥有的公有用地和产权单位提供给私营企业和社会组织，以使用权诱导非政府主体进行更新的老旧空间。这一计划已经成为国际上公私协作进行城市更新的典范，同时也代表了从物质空间更新向城市复兴和活化的理念转变。

2010年，台北市发布"台北市都市再生前进基地助推计划"，都市更新处签约收拢了一定数量产权属于市财政主管部门的空置用房，以及土地和房屋的所有权单位委托都市更新处代为管理的闲置用房作为"都市再生前进基地"。私营企业和机构可以申请免费使用这些老旧空间，申请的前提是向都市更新处提交符合政策引导的更新计划。根据"台北市都市再生前进基地推动计划补助要点"规定，对于那些有利于塑造地区风貌特色、具有社区复兴效果的更新计划，每年最高可提供120万新台币的资金补助[27]。这就要求更新计划本身不仅应包含物质空间建设的设想，还应当包括社区参与式规划、后续运营计划、活动事件安排等内容。在实践中，URS计划已经催生出了一批极具特色的创意空间，如迪化街区玩艺工厂、中山创意基地等，为老旧空间改造以及周边区域的整体复兴做出了贡献[28]。

总的来看，台湾城市更新起步较早，出台的相关法规制度连续性较强，从早期的官方主导到21世纪初开始积极探索公私协作的更新模式，更新途径不断调整以适应经济发展环境。当前，台北以《都市更新条例》为核心，依托相关配套政策开展城市更新工作，确定了"重建、整建、维修"三种更新方式，并通过"容积率奖励"引导土地权属人积极开展城市更新工作，借助URS计划强调更新过程中的文化保护、公共空间提供以及与周边环境的协调。尽管如此，台北的容积率转移等制度安排仍旧存在弊端，近年来反对之声不断，需要探索更加可持续的、公平的都市更新模式。由此可见，城市更新没有万灵药，只有在基本框架的基础上根据外部环境不断调整做法，才能保证不误入歧途，同时也需切实严守底线，应用好城市规划这一空间资源再分配手段来保护好空间更新的公平正义。

2.3 东京城市更新制度

2.3.1 日本国家层面的城市更新发展

日本国土相对狭小，为节约土地资源，其经济发展高度重视城市更新工作。日本自"二战"后先后经历了经济快速发展时期和经济增长长期低迷时期，在快速发展期中城市更新为城市快速扩张提供土地供给，而低迷期中又成为刺激城市经济、调整经济空间格局的手段。1969年，日本整合《市街地改造法》和《防灾建筑街区造成法》，颁布《都市再开发法》，标志着日本城市更新活动进入有法可依的全新阶段，该法后经多次修订。2001年，小泉纯一郎政府设立都市再生本部，独立于主管城市规划与建设的建设省来统筹全国范围内的相关管理、促进城市更新的工作[29]。小泉纯一郎以首相身份出任第一任本部长，组织成员无一例外由内阁大臣组成，表现出国家层面对城市更新的高度重视。该部门旨在提升包括经济、文化、环境及居住方面在内的城市功能[30]。这也是日本政府通过开展都市再生项目来吸引私营机构投资，从而刺激国家经济复兴的策略体现。

2014年，安倍晋三政府主导在内阁官房下设特别机关——地方创生推进事务局，将原有都市再生本部的职能纳入其中，该部门不仅聚焦于城市地区尺度的更新建设，还将视野放到更大尺度的大都市圈和区域层面；同时，更新活化的对象也从土地和物质空间，扩大到了基础设施、生态环境、人力资源等问题，力图从宏观层面改善日本全境的国土空间布局。无论是都市再生本部，还是当前的地方创生推进事务局，都是国家层面领导城市更新工作的最高机关，起到了跨部门协调、战略原则制定、资金统筹安排的作用。而具体项目中的操作则是以地方行政部门为主导，是多元主体共同参与的过程。2018年，首相安倍晋三在总理官邸举办了第37届都市再生会议，对自2001年都市再生本部设立以来的全国范围内的城市更新工作进行了总结。过去十余年间，日本全国共有53个地区根据《城市再生特别措置法》进行了更新，采取了特别的城市规划、税收、融资和公共设施政策，使得相关地区更新后人口平均增长了44%，土地升值52%，改善效果显著。在回顾过去成就的基础上，日本制定了名为《致力于城市再生的基本策略——支撑强大地方经济的世界最先进城市更新》的新目标，旨在从国土平衡发展角度推进城市更新，应用未来技术，将日本主要城市的竞争力提高到世界最高水平，并通过城市更新全面提高城市经济水平和可持续发展能力。可见，日本的城市更新政策一直延续其作为国家战略的重要地位，相较于应对物质空间衰败的问题，城市更新更多是吸引人口与刺激产业发展的手段。

2.3.2 东京首都圈城市更新框架

东京首都圈是日本乃至全世界的经济中心之一，聚集了全日本约三分之一的人口，贡献了近四成的国民生产总值。东京都市圈在《首都圈整备法》《首都圈城市开发区域整备法》的基础上，先后五次编制《首都圈基本计划》，随之而来的城市结构调整与城市开发高度依赖城市更新。2002年，日本政府颁布《都市再生特别措施法》（以下简称"特别措施法"），指定东京、横滨、名古屋及大阪四大都市为"优先都市再生地区"。作为回应，大东京政府设置了"提升都市再生项目委员会"对城市更新活动进行计划与研究。2005年，东京城市发展局开始领导划分并制定不同城市片区的更新策略[31]。

根据日本《都市计划法》的界定，所有的城市开发可以归结为"土地区划整理、都市再开发（都市再生）、新建开发"三类，其中前两类都指向城市更新，有着系统的制度设计[32]。三类中的都市再开发活动主要遵循1980年修订的《都市再开发法》，定期根据都市计划修订都市再开发方针。东京都市发展局（Bureau of Urban Development，BUD）负责房屋政策、基础设施发展、城市规划及市区发展，还负责土地区划整理及都市再生的规划及实施。土地区划整理实际上就是根据城市更新需求进行土地利用规划变更的具体制度途径，以整合土地产权以及变更用地功能性质和指标；而都市再生不仅面向土地调整，还要对更新改造项目进行全方位介入，包括区域空间的规划设计、产权变更、经济补偿、建设运营。当前，东京都市发展局下属市区开发部的再开发科负责具体更新项目的推动与审批。2021年发布的东京都市再开发方针显示，东京都市圈内东京、八王子、多摩、西东京等18个都市计划区域内包含再开发促进地区364个，总面积超过1.5万公顷。

在官方部门外，由政府支持的半正式机构成为都市再生工作的有益补充。

2004年成立了都市再生机构（UR都市机构）[①]，其前身是都市基盘整备公团（Urban Development Corporation）。都市再生机构的业务领域包括城市复兴、居住环境、灾害复兴、郊外环境四个方面（表2.2）。该组织由中央政府出资9986亿日元，地方政府出资20亿日元共同成立，目的是协助地方政府在具体更新项目中协调多元主体利益诉求、筹措更新资金、对相关利益方提供技术与经验支持。目前，UR都市机构的东京事务所所参与的都市再生项目已经占到首都圈全部项目的约十分之一。

表2.2 都市再生机构业务内容

业务范围	核心内容
城市复兴	从"闲置社区"到复合型城市的复兴
	创建人、物、文化相融合，面向下一个世纪的新据点
	以创建防震防火的安全城市为目标
	实现通勤便利的便捷生活
	改建老旧住宅，更新城市生活方式
居住环境	提供丰富多彩的生活空间
灾害复兴	还推进了抗灾性的城市建设，推进城市的复兴
郊外环境	"新郊外居住"式城市建设

资料来源：都市再生机构. 都市再生机构指南[EB/OL]. （2007-02-01）[2018-05-12]. https://www.ur-net.go.jp/.

2.3.3 都市再生的模式创新[②]

东京都都市整备局网站[③]显示，自20世纪70年代至2017年，东京的城市再开发项目累计230项。由于日本严格的土地私有化制度，都市再生工作高度有赖于多数业主的共识能否顺利产生，一个项目少则十年，多则数十年才能完成。所以项目在经由政府规划立项，或是业主自发申请并审核通过立项后，根据项目的具体情况，后续更新机制是很不相同的。在这种一事一议的缓步推进中，不断产生着多种模式创新，避免了政府单一政策下的"一刀切"流程。以东京大手

---

① 具体参见：https://www.ur-net.go.jp/。
② 根据相关资料整理：施媛. "连锁型"都市再生策略研究：以日本东京大手町开发案为例［J］.国际城市规划，2018（8）：132-138.
③ 具体参见：http://www.toshiseibi.metro.tokyo.jp/。

町地区都市再生项目为例，其摸索出了一条以国有用地腾退为触媒来激发连锁式更新的模式[33]。

该项目所在地域早在1986年就被大东京政府确定为"东京车站周边都市更新诱导地区"，并开展相关前期规划。经过13年的规划论证，直到1999年，政府才委托日本都市计划研究学会组成"东京车站周边再生整备研究委员会"编制进一步的研究报告，形成了指导该地区更新工作的基本原则。2003年，政府相关部门与本地业主组织"大手町地区再生推进会议"，正式提出连锁式更新策略。同年，日本都市再生本部提出了"活化国有土地作为都市开发据点"的政策，在政策支持下，大手町中央合署办公厅腾退搬迁。该单位占地1.3公顷，只占大手町待更新区40公顷的很小一部分。其后，UR都市机构出资买下该土地，作为"种子基地"，周边十余座建筑的产权方同意与"种子基地"置换产权，并签订了协议。"种子基地"在建设时，签订协议的业主仍可使用原有建筑。2009年，"种子基地"顺利完成施工建设，签约业主直接搬入新建筑，做到了无缝衔接，极大降低了安置成本，同时其原有土地就变成了新的"种子基地"来重复上一个过程。2012年，第二批业主成功完成置换。时至今日，连锁更新的进程仍在继续，这种模式创新已经被证实为可持续的成功范式。

2.3.4 成熟的土地区划整理制度

不同于都市再生模式的不断革新，日本的土地区划整理制度已经趋于系统化、稳定化。1888年的《东京市区更新条例》首次明确土地重划是一种合法的市区发展手段。面对"二战"后迅速兴起的城市化进程和重建，日本于1954年颁布《土地重划法》以监管土地重划的执行。权利转换的目的在于保障土地及建筑权属人的合法利益，因为核心地区地价高，利益关系复杂，权利转换按照更新前权利价值及提供资金比例来分配更新后的土地及建筑物应有部分或资金，以克服无法更新的障碍[34]（图2.3）。目前，日本约三分之一以上的城市开发建设项目需要运用土地区划整理得以实现，同时土地区划整理也适用于农田整理，甚至是农村宅基地与农田的混合整理[35]。不论待更新土地的规模有多大，也不论更新需求来自土地原所有者、投资开发商、地方政府、专业部门（建设省）或者带有政府背景的城投公司的任何一方，只要用地范围边界明确，且已经征得三分之二产权人

图2.3 日本城市更新中权利转换制度的原则示意图
资料来源：台湾省"内政部"营建署. 都市更新权利变换估价准则及作业手册之研究[Z]. 2010.

的同意，用地就可向规划主管部门提出土地区划整理的申请。申请获批后，可通过产权集中和再开发来最终实现城市更新。在土地区划整理的规划中，通常会通过"指标杠杆"的方式，提高土地开发强度，保证原产权人利益不受损，同时预留出相应比例的"抵费地"用以出售来填补整理和再开发成本。东京都都市整备局网站显示，2011年至今，东京都市圈内共完成土地区划整理414项，累计释放土地资源13 673.43公顷，这些项目的尺度差别很大，从0.2公顷到394.3公顷不等（另有一例土地整理面积为0.03公顷，较为特殊）[①]。

总体而言，东京的城市更新上有国家层面的宏观指导，本地有模式灵活的都市再生和制度完善的土地整理两大工具相互补充，共同构成了从战略到实施的有效传导的制度路径。即便如此，仍有相关学者评价认为东京城市更新项目推进周期漫长，难以满足首都圈空间结构调整的需求。长周期意味着行政管理方和规划设计方的长期持续跟踪，这得益于日本政府和部分企业的终身聘任制。但这种稳扎稳打的"慢更新"却常能见到实效，避免了我国城市更新中常见的高成本、政府大包大揽与主体矛盾激化，以及更新后空间不能真正满足使用需求等弊端。

---

① 具体参见：http://www.toshiseibi.metro.tokyo.jp/。

2.4 新加坡城市更新制度

2.4.1 新加坡城市更新框架

新加坡国土面积仅有719km^2，国家即城市，土地资源匮乏，单位土地人口高度密集。直至20世纪60年代，新加坡才真正成为拥有独立主权的国家，并经过艰难的经济改革一跃成为当时的"亚洲四小龙"之一，步入发达国家行列。短短数十年中，新加坡经历的剧变也带来了住房短缺、城市老化等问题，需要借助城市更新手段加以应对。国土资源有限的现实情况，要求新加坡对空间资源施行严格控制，因此新加坡的城市规划体系相对健全，城市更新工作作为空间管制的一部分由政府强势主导，并先后颁布了《新加坡土地管理局法案》《市区重建局法案》《住房发展部法案》等法规文件来管理更新活动[36]。在新加坡最新编制的2019版城市总体规划中，建设宜居与包容性社区、可持续与韧性城市等五项发展主题均要通过城市更新来达成。新版城市总体规划还对新加坡全域6大片区提出了重点更新内容，明确了8个支撑经济发展和就业的城市转型项目。

1964年，新加坡国家住房和发展委员会成立了城市更新部（Urban Renewal Department，URD），标志着有专属部门主管和政策法规依托的城市更新工作正式诞生。1974年，城市更新部分离成为独立机构，更名为城市重建局（Urban Redevelopment Authority，URA），其职责除管理旧城更新外，还兼具文物和历史建筑保护职能。1989年，城市重建局与国家开发部下属的城市规划部门、城市研究和统计部门进行整合，新的"城市再开发局"成为统筹城市规划、城市更新、历史保护、土地出让、基础设施建设的大空间管理部门[37]。此外，与城市更新密切相关的机构还有土地管理局（Singapore Land Authority）、住房和发展委员会（Housing and Development Board），前者的职责是整合土地产权交付城市重建局加以使用，后者则负责公共租赁住房的建设和更新。

2.4.2 公私分治的更新模式

与香港、东京和台北以私有土地产权为主的安排不同，新加坡全国的国有土地占比超过90%，国有土地仅出让使用权而非所有权，使用权租约要求分为30年、50年、75年、99年、999年，租约年限的确定依据来自城市总体规划。用地租约到期后，政府会根据土地价值评估与城市规划要求，重新考虑是否续约，并制定新的出让价格；对于那些租约未到期的土地，政府仍有权在依法支付赔偿的前提下进行强制收回。这种制度安排，使政府可以相对灵活地收回土地进行更新，而无须付出过高成本收拢产权。当前，新加坡超过85%的人口居住在组屋（公共住房）内，这些住房由政府统一管理，有着完善的保障体系，房屋重新粉刷、电路重新装配、电梯大修或更换等都按周期年限进行更新[38]。大型商业、基础设施的更新则由土地管理局根据城市规划进行收拢、重划，由城市重建局设定出让条件，通过市场招标的方式出让给私人开发商进行更新或重建。

新加坡政府对剩余的约10%私有土地的更新，很少采取与香港、东京和台北类似的激励与补贴制度，反而更多地采用了倒逼的政策。在新加坡，私人产权单位的出租并非完全的市场行为，租金不得高于政府评估得出的标准金额，想提高租金的途径之一便是更新或重建房屋，切实提高空间质量，而后向政府申请加租[39]。同时，新加坡政府认为自身对这些私有土地并不具有更新重建的责任，并明确其自发更新项目的申请必须以城市概念规划和总体规划为依规。对那些物质空间破损严重或不符合相关安全法规的私人住宅，政府会使用行政手段强制勒令翻新，更新费用来自私人业主提前交付的公共维修基金。对于自发进行的城市更新，新加坡政府重视保护个体产权业主的权益，20世纪末最初的城市更新项目需征得所有相关业主的同意方可实施，后放宽至10年楼龄以上的建筑更新需80%以上业主同意[40]。

在历史文化的保护和传承上，新加坡高度重视通过设计塑造有辨识度的节点空间，唐人街、阿拉伯区、小印度、阿尔卡夫清真寺等城市更新项目被认为是成功保留文化特征的范例，新版城市总体规划又将荷兰村、惹兰加油（Jalan Kayu）和实龙岗花园（Serangoon Gardens）划定为正待更新的特色节点空间①。

总体而言，新加坡的城市更新体系建立在土地国有化这个大前提之下的，与之前介绍的三个案例大不相同。但这并不意味着政府对公众诉求的漠视，因为其更新工作以城市规划为依据——而新加坡的城市规划体系完善且具有权威性，有着

---

① 具体参见：https://www.ura.gov.sg/Corporate/.

系统化的公众参与制度安排，较好地平衡了社会共识与国家意志。新加坡的城市更新经验，对于以公有制经济为主体、实行土地公有制的我国具有很强的借鉴意义。

2.5 亚洲地区城市更新制度建设的趋势与特点

香港、台北、东京、新加坡四地的发展起步相比中国内地改革开放后的经济腾飞，先行一步且地缘临近，具有地区参考意义。前三地在城市更新制度上共性更多，新加坡较为特殊，采用了不一样的管理思路，但四地基本都殊途同归地展现出以下城市更新的趋势与特点：

（1）法规政策完善。从历史进程上看，通过制度建设引导城市更新并非一蹴而就，其间政策法规的完善需要循序渐进，方向不断调整、措施做法不断改进。在四个案例中，城市更新都经已上升为国家或者地区的最高战略和政策要点，在国家或地区的最高权力机关内设有相应领导机构，形成了综合统筹的顶层设计，对城市更新的战略模式、主管部门、协作部门、资金安排等进行了明确。从制度体系上看，城市更新活动通常以城市更新管理法规为核心，进而根据地方特点衍生出一系列专项配套法规，使土地出让、产权收拢、公众参与、实施管理等关键环节都有法可依。核心法规和配套法规之间的关系，也表明了四地以核心主管部门为主导，跨部门联动共治的责权分配体系。

（2）重视公众参与。四个案例所在的国家或地区，在城市更新项目的各个阶段都以法规保障了公众参与，包括更新计划的编制、更新项目的设计与实施，以及后续运营反馈阶段。通常，组织公众参与的主体具有多样性，以香港为例，不仅有主导更新工作的市区重建局，其他的市区更新信托基金以及受特区政府委托的多个民间组织等也是开展公众参与的常态化主体。公众参与的客体也打破了政府、业主和开发商的常规范围，更新项目的周边居民、全市范围内的其他民众以及学者、行业协会等也成为参与和征询对象。公众参与的形式近年来越来越多元，除了座谈会、调查问卷等常见传统参与方式外，一方面，当地政府会邀请业主与周边民众直接参与规划设计工作,另一方面,网络 PC（个人计算机）端和移动端的公众咨询平台也在大幅提高公众参与的效率,降低政府组织成本。新加坡相对特殊,由于其城市更新高度依循城市规划指导,因此公众参与更多存在于规划过程中。

(3) 积极引导公私协作式更新。除新加坡"官办为主、官督民办为辅"的城市更新思路外,其他三地从 20 世纪末以来都表现出逐步从"官办为主"走向了"官促民办"的趋势。政府让位给私人开发商等作为更新实施者,同时将"民申官审"与政府先行制订更新计划相结合,疏通了自下而上的需求导向的城市更新制度路径。在这一过程中,政府并非退出而是将职责转向如何更好地服务于市场主体,更多地承担起了监督管理、信息汇总、利益协调、法律救济、资金补助、融资支持、少数群体利益保障、历史文化保护等责任。台北的 URS 计划更是直接将政府所持有的土地交托私人部门,以空间使用权换取更新成本,进而提升更新区域和城市活化效应。公私协作式更新大幅降低了政府更新的经济成本、减少了政府与私人业主的矛盾,避免了行政"一刀切"的弊端,提高了更新效率。但同时,我们也必须看到私人资本的逐利性,在公私协作中既要守住公共利益的底线,又要合理让利给资本激发其积极性实际上很难平衡,需要根据各地实际情况一地一议、密切监督和适时调整。

(4) 引导与强制手段相结合。四地都采用了激励引导和强制手段相结合的更新策略。激励手段包括资金补助、容积率奖励、专项融资贷款等方式,已为大家所熟知。相比之下,四地采用的强制手段在中国内地尚缺少引入,如基于多数原则的产权和土地的强制出售,可以有效避免常见的"钉子户"现象,提高更新效率;而利益相关人的冻结调查、合理的补偿标准、剩余产权的公开市场拍卖等制度安排,可在一定程度上保证业主的合法权益。尽管台北的多数原则和更新区域重划共同构成的漏洞造成了新的社会不公平,亟待更正,但也从侧面表明：任何一项公共政策都难以保证百分之百的公平,更难以让所有相关利益人都满意,尤其在城市更新这样一个利益纠葛复杂的领域,其决策往往是平衡集体效率和个体诉求的结果。大陆因为缺少相关制度安排,在产权收拢这一关键环节无可奈何的常见做法有：强拆,导致社会矛盾激化和业主产权受到侵犯;加码施行高额补偿,将更新成本转嫁给全社会;延长更新周期,孤立剩余业主以达到迫迁的目的,这同时增加了政府和业主双方的机会成本。因此,通过平衡利弊,确定引导与强制手段相结合的城市更新制度十分必要。

（5）注重历史文化和地域特色保留。四个案例在经济高速发展时期对具有历史文化价值的空间都有不同程度的损害，后续城市更新进程逐步意识到文化保育和地域特色保留的重要性。中国香港、中国台北和新加坡在历史上都经历过殖民统治，普遍存在文化认同感危机，能否塑造代表自身独立特征的物质空间成为政府考量城市更新的重点。尽管历史文化保护和城市更新经济性之间的矛盾普遍难以调和，但四地政府都认识到风貌特色所带来的附加价值、以点带面对周边区域的活化作用，以及不能简单用直接经济收益来评价的对城市核心竞争力的提升。在新加坡，城市重建局兼具城市更新和历史风貌保护的责任。对具有历史价值的建筑和地区，城市重建局制定了系统化的评估体系，在综合评价的基础上通过城市设计手段指导更新实施，并根据片区自身特点选择诸如整体保护、再生利用、仿制重建等不同策略。

在存量转型时期，我国的城市更新活动需要向规范化和制度化的建设方向迈进。四个案例在城市更新的管理机构设置、管理办法建立、多元角色参与、更新运作模式设定和配套政策建设等维度上已经有相对成熟的做法，对我国广州、深圳、上海的城市更新制度建设产生了积极影响，一些政策规定在三地的城市更新策略中可见踪迹，如独立的城市更新管理机构、城市更新计划、城市更新专项规划、三分之二业主同意原则、城市更新容积率奖励等。

上海

第3章
广州、深圳、上海的城市更新演进历程

以深圳2009年10月颁布我国历史上第一部《城市更新办法》作为标志性节点，研究此后广州、深圳、上海三地的城市更新制度建设特点与实施效果，其前提需将"2009年至今"这一特殊时期的各种城市更新工作放到更为漫长的历史进程中去分析和理解，方能形成基于历史、动态、综合维度下的客观结论和认知判断。本章关于广州、深圳、上海城市更新演进历程的相关研究，在时间范畴上除了对上海追溯到1949年前之外，其他两地都以改革开放后的20世纪八九十年代作为起点——这是广州、深圳城市经济步入快速发展的起步期，也是中华人民共和国成立后不断孕育城市更新需求，同步开展城市更新活动的重要时期。

3.1 广州城市更新演进历程

广州的城市更新大致上经历了自由市场摸索、政府强力主导、"三旧"改造运动、城市更新系统化建构、城市更新制度建设提升五个时期。不同时期的制度特点都在尽力适应当时当地的更新需求，解决城市更新的部分棘手难题，但也不乏失败的教训。总体而言，广州城市更新制度演进的各个阶段之间呈现出跨越式发展特征，制度导向差异大。其优点在于可以通过根本性变革，一次性打破固有桎梏，对旧制度框架存在的弊端进行较为彻底的消除；缺点则是政策连贯性不足，限制了通过渐进式改善纠偏制度框架的可能性，部分刚性政令造成市场参与者无所适从，降低了城市更新市场参与的积极性。

（1）自由市场摸索期（20世纪80—90年代）：该阶段起始于中国改革开放后的住房改革，结束于1999年广州市政府明令禁止私人开发商直接参与旧城改造项目。当时，广州的人均住宅面积不足 $3m^2$，旧城的建筑与设施老化严重、人居环境恶劣，同时政府财政资金十分有限，无力推动城市更新，因此希望借助市场力量的参与来改善城市空间品质。1978年改革开放后,我国开始逐步结束长期施行的"福利分房制度"，转向商品化住房开发，鼓励地方政府支持私人企业进入房地产市场。1981年，全国第一个商品房居住区——"东湖新村"经过两年的谈判与建设在广州落成，对于广州乃至全国的旧城更新起到了重要的示范作用。该项目位于广州旧城东山区（后并入越秀区）的大沙头，临近珠江，是历史上广州老城的核心地区。1979年，广州市政府正式决定引入港资进行城市更新，新建商品房部分在市场上公开出售，部分用于本地拆迁户回迁。此类项目初步奠定了之后广州市政府提供土地吸引私人资本进行开发建设，并通过谈判预留一定比例回迁房作为回报的更新模式[41]。在自由市场摸索期的后半程，"四六分成"的做法逐步变成了约定俗成的共识，即开发商分得更新后的建设面积的六成用以销售盈利，政府分得四成用以安置回迁、平衡账面。在此之后，广州同时期的"五羊新城""江南新村"等商品房小区和大型商业项目"荔湾广场"都采用了这种开发建设模式，在很大程度上缓解了政府的资金压力。然而这种模式也存在一定弊端：第一，新建设商品房的价格对于当时社会人均收入水平而言可谓天价。以"东湖新村"为例，其上市销售单价为700元/m^2，而当时的广州市每月人均收入仅为40元。这些商品房成为当时在粤港商、外商的居所，而非一般民众消费的对象，从本质上看，并没有缓解广州旧城的人居环境质量低下问题。第二，更新项目大拆大建，缺少开发强度管控。该时期政府权力大而资本少，对土地资源分配处于绝对支配地位，在看到上述模式对成片旧城更新带来的"短、平、快"的实施效应后，政府急于拉拢私人资本，对"增量更新"不断放任。原本低容积率的旧城转瞬变为高楼耸立的新区是当时政府所乐见的，而旧城地区交通和基础设施的短板在此时更显捉襟见肘，"增量更新"不断加剧了旧城的公共设施危机，也对历史风貌造成了"建设性破坏"。

（2）政府强力主导期（21世纪初）：该阶段起始于1999年对私人开发商参与更新项目的禁入，结束于2009年广州市以出台《关于加快推进"三旧"改造工作的意见》为标志的城市更新运动的开始。这一时期，广州市看到了城市更新在自由市场主导下产生的严峻问题，决定由政府主导更新项目的投资、安置和建设，摒弃了单纯房地产开发的操作方式。这种转变也在于政府受益于20世纪90年代的经济快速发展，以及通过土地出让充实了自有财政资金，并且在与私企的合作中学习到了相关的开发和融资方式，具备了一定的独立主导更新的资本实力和操作能力。该时期，政府以非营利或微营利为原则，更新前后开发强度基本不变，资金来源于广州市、区两级财政以及改造范围内的业主出资。2000年，广州安排专项资金50亿元对7座城中村进行更新改造。2002年出台的《关于"城中村"改制工作的若干意见》（穗办〔2002〕17号）进一步明确了旧村更新中"谁收益、谁投资"的原则，对产权人按政府制定的单位面积标准征收复建费，复建费不足以覆盖项目成本的部分由政府补全。2008年，广州市出台《广州市区产业"退二进三"企业工业用地处置办法》，划定"退二"更新范围，范围中的工业企业可申请纳入政府储备用地并给予补偿，未列入政府储备计划的工业用地在不改变原址土地的用地性质、权属的前提下，也可用于除房地产开发以外的第三产业[42]。这一时期，政府的更新表现出很强的计划性，无论是旧城、旧村和旧厂都有对应的政策文件指导，相关原则较好地保护了公众利益。但在实际操作中，因为广州城市更新所面对的旧区总量庞大，并且20世纪90年代以来增量更新给业主带来的高额收益不断推升旧区居民对拆迁安置经济收益的期望值，所以单靠政府力量依然捉襟见肘。于是，后期为了平衡政府投资，相应原则都有所突破，拆建比例放宽至1∶1.2，甚至1∶1.5。2008年动工的猎德村改造更是建立在农村集体改制和超高拆迁补偿基础之上，拆建比例高达1∶2.65[41]，其后产生的改制企业管理等问题，均说明该模式并非尽善尽美。

（3）"三旧"改造运动期（21世纪最初10年末至2015年）：该时期起始于2009年，以广州市出台《关于加快推进"三旧"改造工作的意见》并于2010年成立主管机构"三旧改造办公室"为标志，结束于2015年中国首个"城市更新局"的成立。"三旧"改造之所以被称为"运动"，是因为在短短的5年时间中，大量政策性文件密集出台，《广州市旧城更新改造规划》《广州市旧厂房改造专项规划》《关于加快推进"三旧"改造工作的补充意见》等规划和地方法规在短时间内构建起了针对三类用地的常态化更新机制。其间，通过摸排，广州查清了全市待更新土地的总量与具体范围，截至2014年，低效用地占全市建设用地的三分之一，存量潜力巨大[43]。政府在此基础上编制了《广州市"三旧"改造规划（2010—2020年）》，自上而下地统筹起全市范围内的旧城镇、旧厂、旧村三类空间的更新改造，大量改造项目快速上马，城市更新工作大大提速。"三旧"改造运动在制度框架的监督下重新引入社会资本，不同于自由市场探索阶段重在逐利的导向，政府以"互利共赢、适度让利"为原则。"三旧"改造除了释放低效利用的土地并对污染企业进行"腾笼换鸟"，还解决了历史遗留的部分顽疾，为缺少合法手续但实质上一直在使用中的土地设计了特别的制度途径，允许其纳入城市更新范围。但是，"三旧"改造同样表现出了明显的弊端：第一，"增量更新"卷土重来，超高容积率项目比比皆是；第二，根生于国土资源管理系统的制度设计缺少与城市规划的协调。"三旧"更新的诞生来源于广东省与国土资源部的试点行动，旨在提高土地利用效率，加大土地资源对经济发展的支撑力度，过程中重视指标调控，而多忽略城市规划作为空间管控"龙头"的作用——更新时序、范围等安排未能体现城市规划所明确的发展策略，对更新后用地和空间的使用功能和一些开发控制指标也缺乏长远思考。

（4）城市更新系统化建构期（2015—2018年）。该时期起始于2015年广州市政府机构改革成立城市更新局作为常设机构取代临时性的"三旧办"，结束于2018年国家机构改革后广州对城市更新主管部门的系统调整。2016年，《广州市城市更新办法》出台，标志着广州从土地更新向综合城市空间更新的思路转变，工作方式也从大拆大建盛行走向全面改造与微改造相结合的模式。广州城市更新局的权责清单①显示，该机构的核心工作可归为七项，分别为：①城市更新范围内存量土地的征收、协商收购、整合归宗；②集体建设用地转国有建设用地审核报批；③完善历史用地手续报批；④城市更新改造项目方案审核；⑤政府安置房的统筹和分配；⑥复建安置资金的监督；⑦城市更新项目的实施监督。由此可见，城市更新局的职能设置对历史演进中暴露的难点问题，以及当前城市更新工作的关键环节进行了有针对性的制度设计。在城市更新局的领导下，《广州市城市更新总体规划（2015年—2020年）》编制完成，明确到2020年基本建立政策稳定、流程规范、体系完整的城市更新长效制度。在此基础上，《广州市城市更新项目报批程序指引》《广州市城市更新片区策划方案编制指引》等5个配套操作指引和技术标准文件相继出台，《广州市城市更新条例》初步列入广州市2018年立法预备计划。总体来看，城市更新局作为对土地、规划、建设三个城市更新核心要素进行统筹平衡的跨部门、协调性平台机构初步建成，对全国的城市更新制度建设具有开创性的示范作用。

（5）城市更新制度建设提升期（2019年以来）。随着新一轮国家机构改革确定组建自然资源部后，广州市城市更新局面临新的机构调整要求并于2019年撤并。广州市城市更新局撤销后，相当一部分主要职能并入市住房和城乡建设局，由其负责：①组织城市更新政策创新研究，拟定城市更新项目实施有关政策、标准、技术规范；②组织编制城市更新中长期建设规划及年度计划；③城市更新项目标图建库工作；④城市更新项目基础数据普查工作；⑤统筹组织城市更新片区策划方案、项目实施方案的编制和审核工作；⑥全市城市更新项目的统筹实施、监督和考评；

---

① 具体参见：http://www.gdzwfw.gov.cn/portal/affairs-public-duty-list?region=440100&deptCode=550590033。

⑦统筹城市更新中政府安置房的筹集与分配等管理工作。近年来，区级住建局[①]在"强区放权"过程中成为具体城市更新项目实施监督和项目审核的主体。同时，城市更新局撤销后，由广州市规划和自然资源局负责城市更新土地整备和用地报批工作，以及城市更新规划和用地管理等相关工作。2020年，《中共广州市委 广州市人民政府关于深化城市更新工作推进高质量发展的实施意见》（以下简称《实施意见》）出台，提出"塑造高质量发展新空间、优化城乡功能结构布局、传承历史文脉、营造国际一流人居环境、促进社会协同治理"五项总体要求，指出广州要"深化改革创新，推动城市更新工作提质增效"，标志着广州市城市更新制度体系建设的新一轮全面提升。同年，与该意见配套的《广州市深化城市更新工作推进高质量发展的工作方案》发布，明确了广州市城市更新的"三年实施计划"、"五年行动方案"和"十年改造规划"，形成了具体的广州市城市更新近、中、远期目标。该工作方案同时厘清了除市住建局和规自局外，市发改委、市生态环境局等十余个委办局和区政府的职责，构建起跨部门的城市更新协同管理体系。2021年，《广州市城市更新条例（征求意见稿）》（以下简称《条例》）向社会公示，与原有的《广州市城市更新办法》相比，此条例不仅体现出城市更新规定在法律地位上的提升，而且对其内涵做出重大调整，过去的"'三旧'改造"分类被更为全面的"微改造、全面改造、混合改造"所取代。在《实施意见》的指引下，以《条例》为核心的广州城市更新规则的增补、调整、废止等行动仍在紧锣密鼓地进行中。

3.2 深圳城市更新演进历程

深圳的城市更新大致经历了自发分散改造、政府推动专项改造、核心制度确立、制度转型完善四个时期。深圳与广州同属广东省，所以在城市更新的演进

[①] 为便于阅读，本书依据日常习惯对政府相关管理部门或机构进行了名称上的简写或简化，如"住房和城乡建设部/局"简称"住建部/局"，"自然资源部"简称"自资部"，"规划和自然资源局"简称"规自局"（部分城市因单位名称用词顺序的不同，也经常简称"自规局"），"发展和改革委员会"简称"发改委"，"经济和信息化局"简称"经信局"等。

上有相似之处，都从专项的"三旧"改造走向了综合全面、统一的城市更新。但是深圳的制度和政策更具连续性，对于市场主体参与的态度不似广州那样生硬变化，演进过程呈螺旋式上升。此外，因为深圳的崛起始于改革开放后的短短40年间，城市中并没有与广州、上海相似的诸多连片历史地区，但是随着城镇化进程，以及城市功能结构的调整，产生了大量城中村，所以相较另外两地的城市更新演进更具特殊性。

（1）自发分散改造期（20世纪90年代至2003年）。 该时期起始于改革开放后深圳成立经济特区，结束于2004年一系列针对城中村和旧工业区的改造政策出台前。深圳在特区成立后的近20年间，城市建设以增量拓展为主，不存在有计划的存量更新。该时期仅有的城市更新为业主自发的零星分散改造与拆除重建，而这些改造通常是违法的——由于城市的快速发展，原本位于城市边缘的传统农业村落，迅速加建成了城边村和城中村，用以容纳快速涌入的务工人口。尽管深圳在发展早期就先后经历过两次土地统征，名义上已经不存在农村集体建设用地，而都已经化归国有[44]。但是，因为征收后的土地城镇化发展不充分，这些村落的原住民没有真正转变为城市就业人口，城中村也成了建设监督缺失的法外之地。事实上这些区域的非正式更新十分活跃，为赚取租金不断改建，形成了开发强度高、水平低，又在一定程度上很好地适应了低收入阶层生活需求的灰色空间。此外，因为深圳早期产业以劳动密集型的加工制造业为主，所以在诸如八卦岭、上步等工业区利用旧厂房改造形成了一些专业性的、销售本地商品的商贸集散空间，这些行为同样是自发的，缺乏政府许可。用辩证的态度来审视该时期非正式的自发更新改造可以发现，在城市更新制度尚不健全的城市建设初期，深圳政府没有"一刀切"地严格禁止一切改造行为，利用市场力量弥补了正式化城市更新的真空，通过多样化的城市空间供给支撑起了当时特殊的发展需求，但同时也留下了诸多难以解决的历史遗留问题。

（2）政府推动专项改造期（2004—2009年）： 该时期起始于2004年《深圳市城中村（旧村）改造暂行办法》的出台，结束于2009年《深圳市城市更新办法》的出台。早在20世纪90年代末，深圳市政府就已经开始注意到单纯增量发展的不可持续性，快速发展造成土地资源趋于紧张，政府开始限制特区内的新增工业发展，并加大对违法建设的管控力度。但是深圳在严控增量的同时，却没有找到适宜的存量更新途径，反而间接推高了地价、房价。2004年《深圳市城中村（旧村）

改造暂行办法》的出台标志着深圳城市更新探索拉开序幕，大规模有组织的城市更新正式纳入政府权责范畴。该办法恢复了"三旧"改造土地协议出让的制度安排，不必采取招拍挂程序，简化并放宽了更新流程，对调动社会资本进入旧改市场起到了一定作用。同年，《关于坚决查处违法建筑和违法用地的决定》颁布，在一定程度上杜绝了城中村违法加建骗取高额拆迁补偿的行为。此后，政府又制定了《深圳市城中村（旧村）改造总体规划纲要（2005年—2010年）》《深圳市城中村（旧村）改造专项规划编制技术规定》等政策法规，至此使城中村改造在管理制度、规划引导、技术规范三者共同作用下逐步实现有序开展。2007年，《关于工业区升级改造的若干意见》出台，旧工业区更新成为"腾笼换鸟"支持深圳产业升级的重要抓手。2008年，《关于加快推进我市旧工业区升级改造的工作方案》印发，进一步明确了不符合工业布局规划和现代工业发展要求的工业区，不符合安全生产和环保要求的工业区，建筑容积率偏低、土地利用率低的工业区，内部规划不合理、基础设施不完善、建筑质量差的工业区四种更新类型，以及相关工作方法和12个试点项目。政府依据该工作方案，组织编制了《深圳市工业区升级改造总体规划纲要（2007年—2020年）》。该时期，深圳从城中村和旧工业区两个症结入手，在短时间内运动式地推动完成了一批更新项目，如渔农村、岗厦村、水库新村等。这些项目多以大拆大建方式为主，也有部分项目因拆迁补偿、土地流转等问题难以推动，这让深圳市政府意识到城市更新工作需要更加系统化、长期化的制度建设。

（3）**核心制度确立期（2009—2018年）**。2009年，在国土部与广东省联合开展"三旧"改造试点的背景下，深圳市政府颁布的《深圳市城市更新办法》成为全国首个系统化指导城市更新工作的地方政府专项法规。2012年，《深圳市城市更新办法实施细则》出台，该年度深圳市的存量建设用地供应首次超过增量用地。这一年，深圳市征地拆迁办改制成立常设副局级机构——深圳市土地整备局，由市规划国土委员会副主任兼任局长，后于2015年再次改制为城市更新（土地整备）局。这一时期，深圳确立了以城市更新单元为核心管控手段的城市更新制度体系，明确了拆除重建、功能改变、综合整治三类更新模式及配套制度，拓展了旧村、旧城、旧厂以外的更新对象范围。之后，以《深圳市城市更新办法》为核心的制度体系不断完善，相关法规、政策、技术标准和规范流程不断充实[45]。在基本制度框架的基础上，深圳市政府根据外围环境还适时出台了调整政策，《关于加强和改进城市更新实施工作的暂行措施》于2012年、2014年、2016年先后修订，并形成了每两年一更新的惯例，对诸如地价测算、小地块更新、城市更新计划清理机制等具体工作方式进行改进。值得注意的是，长期以来深圳的城市更新也存在开发强度越改越高，市场逐利导向下用地功能多转为居住和商业，而公共服务用地越发紧张的情况。2013年以后，深圳启用新版《深圳市城市规划标准与准则》，城市更新项目的开发强度受到了新规定中密度分区的管控，在一定程度上有助于遏制这种情况。总体而言，深圳核心更新制度的确立改变了专项改造时期政府主导的模式，转为"政府引导、市场主导"。政府只在更新意愿征集、计划申报、规划制定等前期关键环节起主导作用，在项目实施过程中主要发挥监督作用。这种制度架构，保证了既有自上而下的规划引导，也有自下而上需求导向的更新项目申请。

（4）制度转型完善期（2019年以来）。 到2019年，《深圳市城市更新办法》和《深圳市城市更新办法实施细则》已出台约10年之久。深圳市长期推行市场主导的自下而上城市更新模式，近期政策重点在于提升基本制度的法律层级、落实新的中央精神、丰富城市更新目标内涵、加强空间与时间统筹、推动关键环节改革等方面。2019年，面对深圳大拆大建型项目占据主导地位、市场调节功能失灵的弊病，以及粤港澳大湾区建设等新情况，深圳市政府出台《关于深入推进城市更新工作促进城市高质量发展的若干措施》。该文件旨在推动深圳城市更新工作从"全面铺开"向"有促有控"、从"改差补缺"向"品质打造"、从"追求速度"向"保质提效"、从"拆建为主"向"多措并举"转变[①]。文件提出，要搭建由"中长期规划"及"年度计划"组成的城市更新目标传导机制，增加规划期至2035年的全市城市更新规划，并在城市更新单元规划中增加历史文化保护专项等新的空间管控举措。同年，原深圳市城市更新局、土地整备局二者合并为深圳市城市更新和土地整备局，城市更新与土地整备局归属市规划和自然资源局领导和管理。

2021年，深圳市充分利用"特区立法权"出台《深圳经济特区城市更新条例》（以下简称《条例》），成为全国第一部城市更新领域的地方性法规。《条例》强化了城市更新制度的法律地位，为破解拆迁难、物业权利人不签约等长期存在的各项难题提供了法律支撑，并将城市更新单元划定、实施主体确认、用地协议出让等过往实践中行之有效的规则进一步法定化，提升其政策层次和效力。针对城市更新单元面积较小、腾挪空间有限、大型公共设施和部分厌恶型设施无

[①] 具体参见《关于深入推进城市更新工作促进城市高质量发展的若干措施》解读文件。

法落实的问题，《条例》提出开展次行政区级别的片区统筹，运用容积率奖励、容积率转移、异地建设等政策工具，推进片区整体开发建设，来解决独立城市更新单元内无法协调的矛盾。针对深圳市工业用地数量多、分布散、政府掌握产业空间有限、重大项目引进困难等问题，《条例》提出提升政府主导作用，推进工业区连片改造升级。《条例》合理简化流程，鼓励"工改工"的拆除重建类城市更新，支持产业用地综合运用加建、改建、扩建等手段提高容积率。此外，《条例》还在综合整治类项目免审批和走简易程序、优化市场主体选择程序、历史文脉保护激励等方面做出创新，每项约定都直指过去10年深圳城市更新暴露出的难点和痛点。

3.3 上海城市更新演进历程

上海的城市更新大致经历了开埠到1949年前、计划经济时代、住房改善和功能重构、思路转型、城市综合战略、城市更新制度深化改革六个时期。上海作为中国近代以来最大、最发达的城市，亦即中国现代城市规划的起源地，其实从开埠之初就一直经历着城市更新。不同于广州、深圳两地早期的自发探索，上海有计划的城市更新可以追溯到19世纪40年代。改革开放以后，上海的城市更新活动起步早，与城市规划体系联系密切，演进过程连续度高，从最初关注解决住房问题逐步上升为城市发展战略。

（1）开埠到1949年前（19世纪40年代至1949年）。上海在19世纪40年代开埠后一跃成为当时的世界级城市，工业、商业、运输业发达，在从传统的封建城市走向现代化大都市的过程中伴随着大量城市更新。早期的更新活动以各租界独立规划进行重建、加建为主，建设各自为政，片区生硬拼接。租界内商业店铺、现代工厂、仓库码头等新功能空间的产生是依靠对老城的拆除重建完成的。1880年，上海市人口规模突破100万，1930年增至300万以上，1945年更是达到600万的历史峰值。经济发展与人口激增，催生了自发的里弄改造，传统的中国低层院落被大量加建成为密集的联立式住宅。1924年编制的《上海地区发展规划》、1931年编制的《大上海计划》、1937年编制的《新都市建设计划》，开始对城市的总体发展进行构想。抗战胜利后，国民党政府组织编制了三次《大上海都市计划》，已经明确认识到城市中心区过于密集和物质空间老化的问题，故提出"卫星城镇""有机疏散"等规划思想，旨在统筹城市宏观层面的老城更新和新区建设。

(2) 计划经济时代时期（1949—1978年）。该时期起始于1949年中华人民共和国成立，结束于1978年改革开放伊始。中华人民共和国成立后，上海市于1953年编制的《上海总图规划》和1959年编制的《上海市总体规划》提出"逐步改造旧市区，严格控制近郊工业区，有计划发展卫星城镇"的城市发展建设方针[46]。1963年，上海市"三五"计划又提出"改善风貌地段、需拆迁住宅建设地段、加层地段、辟通改建道路、改善交叉口、扩建市政基础设施"等城市更新工作重点。该时期，由于政府财政紧张，真正得以实施的更新项目不多，多为重点城市公共活动中心，如人民广场、人民公园等项目，以及部分棚户区改造、社会住宅项目。这一时期，城市更新的方式是直接通过强制性行政命令来达成的，当时虽未建立城市更新制度，但利益矛盾、经济成本、拆迁补偿等当前城市更新工作的常见问题在计划经济时代也并没有显现。

(3) 住房改善和功能重构期（1978—1999年）。1978年，中央城市住宅建设会议的召开拉开了全国住房改革的序幕。1980年，上海市政府召开住宅建设工作会议，指出上海市要将"住宅建设与城市建设相结合，新区建设与旧城改造相结合，新建住宅与改造修缮旧房相结合"，通过城市更新来解决人均住房面积小、环境质量水平差的局面。同时，政府提出"旧改"工作要秉持"相对集中，成片改造"的原则。在这一号召下，上海市开启了为期近20年的大规模住房改善运动。1987年，上海市出台《上海市土地使用权有偿转让办法》，该办法为社会资本参与"旧改"工作扫平了制度障碍。1991年，上海市提出"365棚改计划"，对全市范围内成片的"危棚简屋"进行拆迁重建，这一行动在短时间内极大地改变了上海旧区的城市面貌，解决了住房短缺困境[47]。1993年，上海市颁布《关于同意市建委〈关于简政放权，完善土地批租两级管理的请示〉的通知》，使上海下属区县有权保留批租土地的经济所得，该决定极大地调动起了下级政府参与旧改的积极性。至此，政府负责拆迁安置、产权收拢、土地一级开发、评估出让，开发商负责重建、销售盈利的基本模式确立，众多大拆大建项目上马。此外，1986年编制的《上海城市总体规划方案》指出上海应从改革开放前以工业为单一功能的内向型生产中心城市向多功能的外向型经济中心城市发展[46]。在总体规划的引导下，城市功能结构根据经济发展需要得到重构，城市中心由单一的行政管理职能向兼具商业、文化、休闲的综合职能转变，中心城区大量历史遗留工业区为植入新功能供给了必需的土地资源。这些遗留性的工业企业多数归属国有，故拆迁意向和安置问题相对容易解决，属于政府内部协调解决的范畴。

（4）思路转型期（2000—2013年）。 在反思过往的基础上，本时期上海城市更新工作表现出三个特点：①城市规划对城市更新的引导作用趋于强化；②大拆大建的理念得到转变；③旧区改造高度注重历史文化保护。2000年，《上海城市总体规划（1999年—2020年）》编制完成，并在此基础上实现了上海中心城区控规全覆盖，城市更新工作受到总体规划、分区规划，特别是控制性详细规划的引导和监督。2002年，上海在总结"365计划"经验与教训后，开启了新一轮旧区改造，提出"拆、改、留、修"四类更新方式：要求对结构简陋、环境较差的旧里弄拆除重建；对一些结构尚好、功能不全的房屋进行改善性改造；对那些具有历史文化价值的街区、建筑及花园住宅、新式里弄等加以保留；对物质空间部分破损的进行修复[48]。2009年，上海出台《关于进一步推进本市旧区改造工作的若干意见》，提出"零星改造"与成片改造相结合的工作思路。同年颁布的《关于开展旧区改造事前征询制度试点的工作意见》指出：要推进群众改造意愿强烈的旧里弄更新，疏通自下而上的城市更新项目立项渠道，同时针对拆迁补偿安置要求开启第二轮征询，同意业主超过规定比例，项目方可实施。在历史保护方面，实际上从20世纪90年代末起，诸如新天地、田子坊等一批带有历史文化保护意义的城市更新项目就已启动，但是政府层面的思路转变发生在21世纪初。2003年，《上海市历史文化风貌区和优秀历史建筑保护条例》施行，旧城改造中的历史空间保护终于有法可依。2004年，《关于进一步加强本市历史文化风貌区和优秀历史建筑保护的通知》发布，体现出政府对历史建筑和历史风貌保护前所未有的重视。2005年前后，上海开展了历史风貌区保护规划编制工作，充分摸排划定了"应保尽保"范围，使城市更新与历史保护、城市复兴联系起来。从总体上来看，这个时期上海的城市更新在多个方面的工作思路都产生了重大变化，是从狭义的面向指标的"旧改"走向综合性的"城市更新"的过渡期。

（5）城市综合战略期（2014—2018年）。 2014年，上海第六次规划土地工作会议召开，标志着城市更新不仅是应对土地供应紧张的手段，更成为上海全面提升城市环境水平的综合战略。在这次会议上，时任市委书记韩正提出"上海规划建设用地规模要实现负增长"，时任市长杨雄提出"通过土地利用方式转变来倒逼城市转型发展"，时任上海市规划和国土资源管理局书记兼局长的庄少勤认为上海至此已经进入了更加注重品质和活力的"逆生长"发展模式[49]。2015年，《上海市城市更新实施办法》颁布，此后《上海市城市更新规划土地实施细则》《上海市城市更新规划管理操作规程》《上海市城市更新区域评估报告成果规范》等一批配套性规章制度相继出台，上海城市更新的专项制度体系已初步建成。在此过程中，政府确立了城市更新的工作原则，包括："规划引领，有序推进，发挥规划的引领作用，统筹落实更新要求，实现动态、可持续的有机更新；公益优先，注重品质，以更新评估和实施计划为抓手，落实公共要素补缺要求，提升城市功能和品质；多方参与，共建共享，搭建多方参与平台，促使多元主体、社会公众、多领域专业人士共同参与，实现多方共赢。"在此原则指导下，2016年上海启动城市更新"四大行动计划"，共享社区计划、创新园区计划、魅力风貌计划、休闲网络计划成为城市更新工作的核心内容，城市建设及发展正告别以往的大拆大建，转入以改善建成区空间形态和功能为核心的综合更新阶段。"四大行动计划"圈定了12个重点项目，计划三年完成实施，项目包含社区微更新、历史风貌保护、休闲空间塑造等不同主题，兼具实效性和示范性。2017年发布的《上海市城市总体规划（2017年—2035年）》指出："中心城区从拆改留转向留改拆，以保护保留为主，不断拓展保护对象体系。推动城市更新，更加关注城市功能与空间品质，更加关注区域协同与社区激活，更加关注历史传承与魅力塑造，促进空间利用集约紧凑、功能复合、低碳高效。"由此可见，尽管相关制度建设尚在建立和完善中，但此时上海的城市更新工作已经被置于城市最高发展战略的地位，成为推动人居环境综合发展的"目标集"和"政策库"。

（6）城市更新制度深化改革期（2019年以来）。2019年，上海市政府决定将上海市旧区改造工作领导小组、上海市大型居住社区土地储备工作领导小组、上海市"城中村"改造领导小组、上海市城市更新领导小组合并，成立上海市城市更新和旧区改造工作领导小组，由市长应勇担任组长，全市20余个委办局主要领导作为成员。该举措标志着过去分散的城市更新活动开始强化统一的集中领导，施政方式逐渐打破部门间的横向分割，制度建设重点转向跨部门的公共政策协同。同年，上海市依托市属国企上海地产（集团）有限公司成立"上海市城市更新中心"来统筹全市市更新活动，全市各部门、各区领导的城市更新项目均纳入该中心信

51

息系统，实现了市一级对城市更新活动的全面服务保障和动态监管。2020年，时任上海市委书记李强、市长龚正调研上海城市更新中心时肯定了上海"旧改"与城市更新的成绩，指出下一步面临的更新改造都是"攻坚战"，重点是做好体制机制的进一步创新。2021年，《上海市城市更新条例》（以下简称《条例》）正式出台，相较于原本的《上海市城市更新实施办法》，实现了城市更新规则在法律地位上的提高。《条例》从治理体系维度对政府责权进行重新分工，进一步保障了城市更新中心、城市更新专家委员会、权利相关人等的法律地位。同时，《条例》明确建立起"城市更新指引—更新行动计划—更新方案"三级规划管理体系，由市、区、实施主体分别编制，空间管控由此得到强化。此外，长期以来上海城市更新中存在的建设指标、公共服务配套指标刚性过强，以及少数产权征收难、实施难等问题，在本轮制度更新中随着区域统筹机制、强制征收、行政诉讼制度的完善而得到更好的破解。2020年，上海地产（集团）有限公司牵头，与招商蛇口、中交集团、万科集团、国寿投资等国资地产、保险企业共同成立了800亿元的城市更新基金。这项金融保障成为上海推动城市更新的重要举措，也使得国企担当、金融助力成为上海深化探索城市更新体制机制改革的主要特征之一。

综上所述，由于所处社会发展阶段不同、地方制度体系差异、理念认识不一、政府与市场的角色变化等原因，城市更新在不同时期表现出不一样的运作特点和实施模式。广州在依托市场力量进行城市更新方面探索较早，也颇有先见之明地意识到社会资本的逐利性容易造成再开发强度过高、盈利能力低的公共服务功能无人问津等问题，从而转向了由政府大包大揽的另一极端，之后又在发现两种方式都无法做到可持续时，选择了"政府主导、多方参与"的中间路径。深圳因为城市发展时间较晚，到21世纪初才开始对基于制度保障的城市更新进行积极探索。但作为改革开放的最前沿，深圳的城市扩张是最快的，从20世纪70年代末到21世纪初的短短20余年间，增量土地资源就已近枯竭。资源困境问题在短期内的集中爆发倒逼着深圳相关制度的建设步伐，使得深圳在三地中最早出台了作为城市更新制度核心的《深圳市城市更新办法》，最早成立了常态化的主管机构"土地整备局"。上海在1949年之后就开始了有计划的城市更新，但虽有规划和计划却缺少常态化的机制保障，即便是20世纪90年代的"365棚改计划"本质上也只是项目运作而非制度建立。进入21世纪以后，当广州、深圳进行"三旧"改造运动，将城市更新单纯看作提高土地使用效率的途径时，上海开始全面转变思路，探求城市更新对于综合提升城市环境水平、促进历史文化保护和生态保育等方面的作用。

  2019年后，随着国家层面机构改革的落地以及城市更新实践需求的发展，三地普遍对城市更新的市级领导机制、主管部门、协同管理架构等进行了调整。虽然三地城市更新制度建设开始早、市场化程度相对高，但长期以来普遍存在逐利导向下更新方式与功能转换偏好单一、政府统筹不足导致项目碎片化、权利下沉过程中治理水平不高等问题。因此在经过多年的制度探索后，三地近年来几乎同时迈入了政策检讨、机制调整和新一轮制度体系重构的新阶段，步入"城市更新制度优化的2.0时代"。以《条例》替代《办法》成为三地的共同选择，《条例》对城市更新的内涵与目标进行了丰富、明确与矫正，绿色发展、微更新、历史保护、多元主体参与等原则和指引得到强化。城市更新制度法律地位的提升，也为应对三地长期以来存在的多头管理、规划周期协同难、拆迁实施难等问题，提供了更为有力的破解之道。

  三地在演进历程上有着明显差异，但亦有着殊途同归的趋势，其共性主要表现在五点：①参与主体从政府专责逐步转向政府主导下的多元共治；②改造方式从大拆大建转向因地制宜的拆、改、留、修、保等多措并举；③更新导向从政府制订更新计划自上而下、层层分解的供给导向，转为产权人可以自发申请的供需双向对接；④更新目标从增加住房供给、提高土地使用效率转向促进城市全面发展的综合目标体系；⑤制度建设以三地《城市更新（实施）办法》《城市更新条例》等为基础不断拓展出新的政策法规，逐步系统化、精细化。

广州高第街

第4章

机构改革前的三地城市更新
政策演进与办法解读

在2018年国家推进新一轮机构改革前，深圳、广州、上海分别于2009年与2015年颁布了地方《城市更新（实施）办法》，这是三地城市更新制度建设迈上新台阶的里程碑（表4.1）。广州和深圳全面规范化的城市更新工作开展，得益于2008年国土资源部在广东试点的土地集约、节约化利用优惠政策及随之引发的"三旧"改造行动[①]，大跨步地实施了一系列有针对性的改革，例如：化解土地流转的路径和指标问题；经营性用地可以协议出让；土地出让纯收益可返还给村集体用于发展集体经济等。上海没有此类大力度的土地制度变革支持，其城市更新工作更多地基于多年实践的日积月累，逐步借助规范化的政策办法与"试点试行"推进城市更新的制度体系建构与实践发展。

表4.1 广州、深圳、上海《城市更新（实施）办法》颁布概况

城市	核心政策	城市更新目的	发布日期	实施日期
广州	《广州市城市更新办法》	促进城市土地有计划开发利用，完善城市功能，改善人居环境，传承历史文化，优化产业结构，统筹城乡发展，提高土地利用效率，保障社会公共利益	2015年12月1日	2016年1月1日
深圳	《深圳市城市更新办法》	完善城市功能，优化产业结构，改善人居环境，促进经济社会可持续发展，推进土地、能源、资源的节约集约利用	2009年10月22日	2009年12月1日
上海	《上海市城市更新实施办法》	提升城市功能、激发都市活力、改善人居环境、增强城市魅力，节约集约利用存量土地	2015年5月15日	2015年6月1日

资料来源：广州市人民政府办公厅秘书处. 广州市城市更新办法[Z]. 2015. 深圳市政府. 深圳市城市更新办法[Z]. 2009. 上海市政府. 上海市城市更新实施办法[Z]. 2015.

三地《城市更新（实施）办法》颁布的基本情况如下：

（1）广州。改革开放使得广东省逐步形成全面开放的新格局，城镇化进程迅速铺开。为了能够在增量紧缩的情况下，探索新型城镇化阶段的存量土地供给模式，2009年，国土资源部与广东省协作，颁布了《关于推进"三旧"改造促进节约集约用地的若干意见》[②]，推进旧城、旧村、旧厂改造（以下简称"三旧"改造）。

---

① 2008年，根据时任国务院总理温家宝同志提出的希望广东成为全国节约集约利用土地示范省的重要指示精神，国土资源部和广东省决定联手共建节约集约用地试点示范省。
② 广东省国土资源厅. 关于推进"三旧"改造促进节约集约用地的若干意见（粤府〔2009〕78号）[Z]. 2009.

同年，广州结合实际情况，颁布《关于加快推进"三旧"改造工作的意见》（穗府〔2009〕56号），标志着"三旧"改造工作在广州的正式开展。随着广州经济转型的深化发展，"三旧"改造实施过程中不断出现新情况和新问题，2012年，广州颁布《关于加快推进"三旧"改造工作的补充意见》（穗府〔2012〕20号），针对前三年"三旧"改造中出现的症结，对改造政策进行阶段性优化，使得广州"三旧"改造在产业结构调整、土地利用效率提升、人居环境优化方面取得了较大成绩。2015年12月，广州颁布《广州市城市更新办法》及其相关配套文件[①]，正式将"三旧"改造升级为综合性的城市更新。

（2）深圳。 在空间资源硬约束倒逼土地利用方式转型的背景下，深圳于2009年10月正式颁布《深圳市城市更新办法》（深府〔2009〕211号）；2012年1月，与办法相配套的《深圳市城市更新办法实施细则》（深府〔2012〕1号）得以实施。至此，深圳市初步形成了有关城市更新的相对完整的立法政策体系。2016年，深圳作出关于修改《深圳市城市更新办法》的决定，对2009年颁布的《深圳市城市更新办法》进行阶段性修改，出台了新版《深圳市城市更新办法》（深府〔2016〕290号）。2016年11月，深圳印发新一阶段的覆盖全市的城市更新专项规划（《深圳市城市更新"十三五"规划（2016—2020）》），深化指引城市更新工作开展。

（3）上海。 上海在《上海市城市更新实施办法》颁布之前，早就针对亟待解决的工业转型、旧区改造等问题，颁布了诸如《关于本市盘活存量工业用地的实施办法（试行）》（2014）等政策文件，只是规则处在时松时紧的变化中，未形成体系化的政策建构。2015年5月，上海正式颁布《上海市城市更新实施办法》（沪府〔2015〕20号），并出台了一系列配套文件，正式系统化地规范城市更新工作。《上海市城市更新实施办法》施行后，上海开展了大约50个城市更新试点项目，以试点带动城市更新发展，例如：2015年，上海开始推行17项城市更新计划；2016年，在此基础上推出"12+X"城市更新四大行动计划，选取12个典型的区域作为城市更新试点。上海浦东、杨浦等区还通过启动"缤纷社区"计划，推动社区微更新，试行"社区规划师制度"等安排，探索了"自下而上"结合"自上而下"的多种城市更新实践模式。

---

① 相关配套文件即《广州市旧城镇更新实施办法》《广州市旧村庄更新实施办法》《广州市旧厂房更新实施办法》（穗府办〔2015〕56号）

4.1 机构改革前的三地城市更新政策体系比较

2018年前,广州、深圳、上海的城市更新建设工作逐步明确了法制化、常态化的思路,既立足于当地实践需求,亦追求渐进的制度创新与优化提升,逐渐形成具有地方特色的政策体系。

(1)广州:"1+3+N"政策体系。经过多年的政策与实践探索,广州逐步形成了"1+3+N"的城市更新政策体系(图4.1):"1"为《广州市城市更新办法》这一核心文件;"3"为广州市旧城镇、旧村庄、旧厂房三类《更新实施办法》配套文件;"N"为其他丰富细致的规范性文件。广州城市更新的政策导向经历了多次修改和调整,自2009年施行"三旧"改造起,城市更新的主导力量从早期的"市场"逐步转向"政府",推行政策收紧管理,强化政府管控作用,并日渐重视管理细节和实施成效。

图4.1 广州城市更新政策体系

(2)深圳:"1+1+N"政策体系。经过2009年以来的城市更新实践和政策创新,深圳形成了以《深圳市城市更新办法》《深圳市城市更新办法实施细则》为核心的多层次"1+1+N"政策体系:两个"1"分别为《城市更新办法》和《城市更新办法实施细则》,"N"为覆盖了法规政策、技术标准、实际操作等不同方面的一系列配套文件。深圳城市更新政策始终坚持以《城市更新办法》和《城市更新办法实施细则》为核心,通过《关于加强和改进城市更新实施工作的暂行措施》(以下简称《暂行措施》)等更为细致的配套政策来规范地方城市更新的工作开展(图4.2),借助《暂行措施》的定期修订优化,深圳可以灵活应对城市更新实践中出现的各种问题。

```
"1+1"  法规层面    《深圳市城市更新办法》(深府〔2016〕290号)
                  《深圳市城市更新办法实施细则》(深府〔2012〕1号)

       政策层面    《关于加强和改进城市更新实施工作的暂行措施》(深府办〔2016〕38号)
                  《深圳市人民政府关于施行城市更新工作改革的决定》(深府办〔2016〕32号)
                  《关于规范城市更新实施工作若干问题的处理意见(一)(二)》(2017)
                  《深圳市城市更新历史用地处置暂行规定》(深规土〔2013〕294号)

"N"    技术标准层面 《深圳市拆除重建类城市更新单元规划编制技术规定》(深规土〔2018〕708号)
                  《深圳市城市更新项目保障性住房配建规定》(深规土〔2016〕11号)
                  《深圳市城市更新项目创新型产业用房配建规定》(深规土〔2016〕2号)
                  《深圳市宗地地价测算规则(试行)》(深规土〔2013〕12号)

       操作指引层面 《深圳市拆除重建类城市更新单元计划管理规定》(深规划资源规〔2019〕4号)
                  《城市更新单元规划审批操作规则》(深规土〔2013〕786号)
                  《拆除重建类城市更新项目实施主体确认工作》(深规土〔2010〕207号)
                  《深圳市城市更新单元规划容积率审查技术指引(试行)》(2015)
```

图4.2 深圳城市更新政策体系
根据相关资料改绘:邹兵.存量发展模式的实践、成效与挑战:深圳城市更新实施的评估及延伸思考[J].城市规划,2017,41(1):89-94.

(3)上海:"1+N"政策体系。上海于2015年颁布《上海市城市更新实施办法》,即城市更新政策体系中的"1"之后,为保证城市更新工作的有序开展,规土局随后又颁布了《上海市城市更新规划土地实施细则》(2017年11月,修订后正式颁布执行),以及《上海市城市更新规划管理操作规程》《上海市城市更新区域评估报告成果规范》等系列配套政策和规划文件,即为"N"(图4.3)。值得注意的是,《上海市城市更新实施办法》的适用范围小,主要针对物业权利人自主发起以及政府引导推动的城市更新类型,其他政府认定的较大规模的旧厂、旧区等的更新改造依然按照原有政策要求和管理模式执行,这与广州和深圳有着显著的区别。

整体上就政策构成体系而言,广州、深圳、上海都以《城市更新(实施)办法》为核心,同时颁布多套配套文件来指导和规范城市更新工作。广州的城市更新政策在很大程度上继承了原来的"三旧"改造体系,因此在配套文件的设置上,分别针对旧城、旧村、旧厂颁布有《实施细则》,体现出管理方式的特殊性。深圳的城市更新政策体系以《城市更新办法》为核心,通过《实施细则》《暂行措施》等配套文件对"办法"进行补充和扩展。上海推行《城市更新实施办法》,

图4.3 上海城市更新政策体系

更加突出城市更新的实施性，其配套文件有《规划土地实施细则》《规划管理操作规程》《区域评估报告成果规范》等，覆盖了城市更新实施过程的各个环节。

4.2 机构改革前的三地城市更新核心政策演进

4.2.1 广州：从放开市场到政府主导

2009年以来，广州城市更新核心政策变革的大趋势是从"市场"转向"政府"，从"放开市场"（56号文件）到强化"政府管控"（20号文件），再到当前政府主导下的"市场运作"（134号文件，6号文件）。其中，政府公布的56号、20号、134号文件（《广州市城市更新办法》）分别成为不同时期政策转变的风向标（表4.2）。

表 4.2 广州城市更新核心政策的主要变化

政策变化	56号文件（2009年）	20号文件（2012年）	134号文件（2015年）
实施导向	市场主动，政府让利	政府主导，市场参与	政府主导、市场运作

续表

政策变化	56号文件（2009年）	20号文件（2012年）	134号文件（2015年）
改造特点	①改造特点：支持自主改造，支持市场参与 ②土地处理：依法征收或者流转，即公益征收，合理补偿；公开出让与协议出让，收益获取等	①改造特点：支持多主体，政府统筹；强调成片改造，避免碎片化 ②土地处理：强调政府优先收储再出让	①改造特点：全面改造、微改造（整治修缮与局部改造） ②土地处理：征收储备、自主改造、合作改造相结合的多种模式
实施效果	极大调动市场主体和业主参与改造的积极性，城市更新爆发式增长	调整补交地价的比重和收益分配方式，约束市场逐利开发，城市更新速度放缓，一些处于停滞状态	将"三旧"改造上升为更加综合的"城市更新"，城市更新进展缓慢，微改造类型增多

（1）"三旧"改造试行期（56号文件）。 "56号文件"为2009年广州颁布的《关于加快推进"三旧"改造工作的意见》（穗府〔2009〕56号），文件极大地调动了市场主体和业主参与更新改造的积极性，使得"三旧"改造工作迅速开展。为激发业主与市场的改造动力，政策明确了政府大幅度让出土地的出让收益给业主和市场[8]，并且历史用地在通过完善手续、明晰产权后可以开展"三旧"改造。"56号文件"指出：要坚持市场运作、多方共赢的方针；在市的权限范围内实行税收减免和返还优惠政策，营造富有吸引力的经济条件和政策环境；要拓宽融资渠道，以土地有形市场为平台，公开吸引市场主体全面投资"三旧"改造；要积极探索选择有社会责任、有品牌、有实力、有经验的开发企业参与"三旧"改造；在符合政策法规和一定条件的前提下，允许"三旧"改造项目的原用地主体采取合作合资等方式自主实施改造。2009—2012年，"三旧"政策获得市场主体和业主的积极响应，"三旧"改造面积达到 19.48km^2。政府3年中一共批复了25个旧村改造项目，大大快于"三旧"政策实施前政府主导的改造进度[50]。截至2012年年底，约有220多宗国有用地的旧厂改造获得批复[42]。当时，国有土地的旧厂房可以通过两种方式进行改造：一是按照常规途径由政府公开组织土地出让，并按照一定比例实现各方利益共享；二是自主改造，原业主可以通过补缴土地差价变换用地性质之后进行改造。旧村改造中，村集体土地可采取"协议出让、自行改造"的方式进行，这在赋予村集体土地转变用途和强度的发展权①的同时，还保留了村集体的土地开发权[42]。旧村改造的主体逐渐由以前的政府转向村集体，改造模式也变得更加多元，

---

① 土地发展权通常是指土地利用和再开发的用途转变和通过利用强度的提高而获利的权利。

包括村集体主导、市场主导和半市场主导等，村集体可以根据自己的经济实力和经营能力采取适合自己的方式[51]。

（2）"三旧"改造调整期（20号文件）。 "56号文件"通过政府让利给了市场等主体很大的更新主动权，降低了改造难度，提高了市场和业主的收益，但这也导致部分"三旧"改造项目一味追求经济利益，背离了政府"三旧"改造的初衷。国有旧厂房由于产权清晰且盈利空间大，业主与市场偏好对这类用地进行改造，但这对公共服务设施和公共空间的供给有限，且一些大规模的经营性开发（如工改商等）没有有效促进现代服务业、高新技术产业的发展，反而导致了办公和商业用房过剩的局面。同样，在旧村的改造中，市场也偏爱产权清晰且盈利空间大的集体旧厂房；旧村的住宅产权处理过程复杂，市场改造积极性降低，这使得区位偏差、运作低效、环境不好的旧村空间难以纳入改造中。在反思中，广州决定城市更新项目不能"直接由市场来搞"①，市场需要在政府确定的利益分配框架下参与"三旧"改造。于是，广州于2012年颁布"20号文件"，即《关于加快推进"三旧"改造工作的补充意见》（穗府〔2012〕20号），对"三旧"改造进行方向性调整，将原来政府让利形成的"市场主动、效率优先"调整为强化"政府主导"，加强政府对"三旧"改造的管控。由此，"20号文件"确立了"政府主导、市场运作、成片更新、规划先行"的原则，对"三旧"改造的一些新要求体现在：①强化政府土地收储，特别是加强重点功能区块的土地收储和整体开发，提出重点地区"应储尽储"；②防止业主与市场"挑肥拣瘦"，更新项目要更加突出"片区改造"，重点转向国企及其周边地区的成片改造；③调整国有旧厂改造的收益分配，调整补交地价的比重和分配方式；④提高旧村改造的门槛（村民同意率提高为90%以上）；⑤要求集体物业、集体旧厂须与旧村住宅捆绑同步改造[42]。在这种严格管控之下，2012年之后广州的"三旧"改造进展马上放缓，一些更新活动甚至陷入停滞。整体上，2013—2015年，广州的"三旧"政策处于优化调整阶段，除纳入"退二"名单的市属国资旧厂仍由广州土地开发中心实施收储外，"三旧"改造基本处于举步不前状态[42]。

（3）"三旧"改造向城市更新转型期（134号文件）。 广州"三旧"改造经过2009—2015年的实施运作，发现新时期城市更新需要更加综合的

---

① 在2012年广州市人大常委会专题咨询会上，时任广州市常务副市长陈如桂强调：旧城区改造必须由政府主导，必须由政府统筹实施，不得由开发商直接来搞。

管理手段，而"三旧"改造体系对不同类型的政策尚缺乏有效的整合，适应不了日益复杂的工作需要。因此，广州在 2015 年正式成立城市更新局，设立专职机构整体负责广州的城市更新工作。2015 年年底，广州颁布"134 号文件"，即《广州市城市更新办法》（穗府〔2015〕134 号）以及广州旧城、旧村、旧厂《更新实施办法》3 个配套文件（表 4.2）。这套"1+3"政策文件正式将"三旧"改造更名为城市更新，并按照更新力度的不同提出了"全面改造"和"微改造"①两种方式。新的政策文件整合了"三旧"改造、危旧房改造、棚户区改造等多项政策，建立了更新规划与方案编制、用地处理、资金筹措、监督管理等制度相结合的整体政策框架。2016 年，国土资源部和广东省对土地集约利用提出了新的要求，要求加快推进"三旧"改造工作，提升"三旧"改造水平②。2017 年，《广州市人民政府关于提升城市更新水平促进节约集约用地的实施意见》（穗府规〔2017〕6 号）颁布，主要内容有：①适当放开政策，增加业主自行改造的积极性；②推进成片连片改造，促进产业转型升级，推进产城融合，提高土地储备。基于此，广州城市更新由"三旧"改造的分散改造方式转向系统化、网络化、差异化的城市更新。"134 号文件"将利益关系更复杂、改造成本高、时间周期长、实施难度较大的"全面改造"与利益关系相对简单、改造成本相对较低、实施相对容易的"微改造"进行了区别化管理，兼顾了城市更新提升人居环境的基本职责和协调土地再开发的拓展职责[42][43]。新政策出台前，村集体旧厂、物业需要与住宅物业"捆绑"改造，均摊旧村现状容积率，实现旧村整体改造[51]，但实施过程中发现捆绑改造难度较大，旧村不改造则村集体的旧厂、经营性物业也无法改造。新政策对此适当放宽条件，提出在满足政府统一招商、抵扣留用地指标、无偿移交部分物业面积等前提下，允许村集体旧厂、物业先行改造。目前，"134 号文件"和"6 号文件"正在推进广州城市更新活动的规范及回暖，特别是在政府推动下，广州围绕"微改造"开展了许多新形式的更新活动，但城市更新步伐整体依旧缓慢。

---

① 微改造是指在维持现状建设格局基本不变的前提下，通过建筑局部拆建、建筑物功能置换、保留修缮，以及整治改善、保护、活化，完善基础设施等办法实施的更新方式，主要适用于建成区中对城市整体格局影响不大，但现状用地功能与周边发展存在矛盾、用地效率低、人居环境差的地块。
② 2016 年 9 月，广东省为加快推进"三旧"改造工作，提升"三旧"改造水平，颁布《广东省人民政府关于提升"三旧"改造水平促进节约集约用地的通知》（粤府〔2016〕96 号）。

4.2.2 深圳：从政府推动到市场运作

深圳的城市更新核心政策相对稳定，演进方向是自2009年之前的"政府推动"迈向"市场选择"，从曾经的政府主导转向市场主导与多方协作。"政府引导、市场运作"是当前深圳城市更新的基本导向，确定了政府为市场充当"守夜人"的主要实践方式，通过市场选择开展城市更新，推进城市空间改善和产业升级。

（1）城市更新政策初创期（211号文件）。继广东省提出"三旧改造"后，深圳市于2009年颁布国内第一个《城市更新办法》（211号文件），对城市更新工作建章立制，开始了城市更新制度建设的全面探索进程。211号文件明确界定了城市更新的概念，指出"城市更新"是符合本办法规定的主体对特定城市建成区的特定情况，根据城市规划和本办法规定程序进行综合整治、拆除重建或者功能改变的活动，其适用范围覆盖深圳全市城市建成区的各类旧区。办法同时指出，城市更新的基本原则与运作方法是"政府引导、市场运作、规划统筹、节约集约、保障权益、公众参与"，并在规划编制方面引入"城市更新单元"规划制度①，在主体方面确定业主可以作为更新实施主体进行自行改造，而不一定要引入市场力量的参与。

（2）城市更新政策完善期（1号文件）。2012年，深圳颁布《城市更新办法实施细则》（1号文件），与《城市更新办法》一起构成城市更新的两大核心政策。1号文件在211号文件的基础上，进一步规范了深圳城市更新活动的开展，界定各方职能分工，完善了更新计划和规划的编制要求，针对综合整治、拆除重建、功能改变三类改造模式提出具体详细的实施规定。自此，深圳城市更新政策开始形成具有自身特点的地方性法规体系，逐步建立起长效、有序的城市更新机制，有助于推进城市空间资源集约利用、历史用地问题处置与城市产业发展转型等目标的实现。针对城市更新实施过程中涌现出的不同问题和新的社会需求，深圳还重点通过发布2012年版、2014年版《暂行措施》②来及时完善和补充城市更新政策中存在的不足与空白。

---

① 更新单元规划是涵盖范围界定、空间控制、利益平衡、实施计划等的综合性开发控制规划。
② 分别是《关于加强和改进城市更新实施工作的暂行措施》（深府办〔2012〕45号）、《关于加强和改进城市更新实施工作的暂行措施》（深府办〔2014〕8号）。深圳分别于2012年、2014年、2016年颁布了三版《暂行措施》，《暂行措施》是城市更新的具体行动指南和管理纲要，是对城市更新政策进行阶段性补充优化，应对城市更新实践问题的政策文件。

（3）城市更新政策发展期（290号文件，38号文件）。2016年，深圳城市更新工作可谓全线提速：全年共发布了六批97个城市更新单元计划，项目总数创历年之最；全年通过城市更新实现用地供应2.39km^2；2016年1月至11月，城市更新项目完成投资达589亿元[52]。2016年11月，深圳发布《深圳市城市更新"十三五"规划（2016—2020）》，提出深圳"十三五"期间的城市更新总体目标和发展策略。至此，《深圳市城市更新办法》已经经过了约7年的实施检验，针对实践过程中暴露的问题和反馈意见，深圳于2016年12月出台修订版的《深圳市城市更新办法》（290号文件），主要实现了两方面政策变革：①对接深圳的"强区放权"，实现城市更新管理和审批权力的持续下沉，市政府可以根据工作需要创新工作机制，调整市区的职责分工；②简化地价体系，删除原211号文件中有关地价缴纳的规定，地价计收放入《暂行措施》中进行具体规定。与此对应，深圳于2016年12月颁布"38号文件"，即新版的《暂行措施》（深府办〔2016〕38号），在创新实施机制、简化地价体系、提升公共服务设施水平、拓展筹建保障性住房渠道、试点重点城市更新单元开发等内容上更新了相关规定，以促进城市更新工作增速提效。

4.2.3 上海：政府引导下的减量增效，试点试行

上海在20世纪末已经针对旧工业、旧区开展了大量更新工作，进入21世纪，在总结20世纪90年代"365棚改计划"等大拆大建更新行动的教训后，上海开始转变以拆迁重建为主要手段的单一更新做法，转向强调多方参与、历史保护、多尺度、多类型的城市更新运作，城市更新的核心政策突出政府引导探索下的"减量增效，试点试行"，强调政府和市场力量的"双向并举"。实践中，物业权利人提出的自主更新是目前《上海市城市更新实施办法》的施政重点，开发商主导的市场力量介入型更新通常不在办法覆盖的范畴内。因此，以"小步慢跑"的方式探索城市更新制度建设和政策创新是上海的路径选择。

（1）城市更新政策试探期：以项目试点探索更新路径。上海城市更新实践开展早，自开埠之初就已施行。改革开放后不同时期，针对老旧住房、旧工业区的改造行动活跃。2014年，《关于本市盘活存量工业用地的实施办法》（沪府办〔2016〕22号）引导工业用地更新走向正式更新的发展路径；截至2015年年底，旧区方面共计拆除危旧房约7300万m^2，改善约120万户家庭的居住条件[48]。然而，上海的商业、

商办类用地更新长期缺乏政策，产业类用地更新的政策时松时紧，住宅类用地更新缺少资金，并且不同类型更新改造活动之间缺少政策统筹平台，因此城市更新制度建设需求十分迫切[①]。2012年前后，上海在"减量增效"背景下开始有意识地进行城市更新项目试点（表4.3），探索新的更新制度建设途径，为后期出台《城市更新实施办法》奠定基础。许多试点旨在通过城市更新促进地区功能与公共服务设施的完善，例如[②]：①地区功能优化，如徐家汇西亚宾馆改造（图4.4）。项目试行了用地性质转换和建筑高度与容积率增加。业主负责出资对需要更新的地块或建筑进行改建，提供公共停车位、公共开放空间、公共服务设施以满足公共需要；作为回报，业主可以得到"容积率增加"和"局部用地功能变更"的奖励。通过这样的做法，西亚宾馆转型升级为高级办公楼，同时改善了周边交通的混乱情况，增加了公共空间和停车位。②空间品质提升，如徐家汇教堂周边地区改造。通过将教堂、气象广场、档案馆整体考虑，调整一部分办公设施为文化设施，整合优化周边公共开放空间，试点实现了开放空间的面积增加，提升了地区空间品质。③公共绿地增补，如静安区上海火车站北广场附近地区改造。项目通过城市更新增加了附属公共空间、社区级公共服务设施与公共绿地（公共绿地增加约9000m^2）。④鼓励历史建筑保护，如静安区"东斯文里"。试点项目重新梳理了该区域的历史建筑资源，经过评估与专家认定后将一批有价值的建筑纳入历史建筑保护目录，更新实施时这些历史建筑可以不计入区域开发总量控制指标。简单归纳起来，上海各区自发探索的符合自身实际的更新实施机制，主要涉及[53]：①建立政府与企业之间的协作平台。静安区曹家渡地区位于三区（静安区、普陀区、长宁区）交界处，三区通过建立曹家渡企业联合会，有效增强三区企业间的相互沟通和协作，与政府共同推进城市更新。②设置联动开发机制。徐汇区探索了风貌保护区、待更新地区与其他区域项目的联动更新，通过建立新的利益平衡机制，将保护地区的开发指标补偿转移到另外一个地区。③开拓融资途径。静安区通过成立静安区城市更新投资基金，充分发挥基金管理公司的运作优势、市场的资金优势、企业的开发优势、专业代理机构的运营管理经验，在拓宽融资途径的同时，形成合力推动城市更新工作开展。

---

① 观点来自：葛岩. 从"有限参与"到"共同决策"：上海城市更新的社会公平与社区治理［R］. 2018年中国城市规划学会城市更新学委会年会（报告），重庆，2018.
② 具体参见：《上海市城市更新实施办法》相关情况新闻发布会[EB/OL].（2015-04-30）[2018-03-22]. http://www.scio.gov.cn/xwfbh/gssxwfbh/fbh/Document/1432931/1432931.htm.

表4.3 上海城市更新试点典型案例

项目	目标	更新方式	基本情况
徐家汇西亚宾馆	提升地区功能	①用地性质转换：商业转型为商业办公；②高度增加：建筑高度由现状35m提升至70m	①将酒店功能调整为办公，提升建筑高度；②规划将底层架空，衔接二层连廊建设，提供开放空间2000余m²，产权移交政府，三四层提供公共停车位65个，经营面积不变
徐汇教堂广场、气象广场、档案馆地区	提升空间品质	①综合整治：整合公共开放空间；②功能变化：部分办公设施调整为文化设施	①各个建筑之间联系弱，公共空间碎片化，品质不佳，通过规划对公共空间进行整体优化；②拆除原徐汇区档案馆，更新为文化地块，建筑面积减少400m²
静安区上海火车站北广场	增加公共绿地	综合整治：整合开放空间，增加公共绿地	增加公共空间、社区服务设施、公共绿地（面积约9000m²）
东斯文里	保护历史建筑	将部分建筑纳入历史保护性建筑范围	确定为历史保护建筑，可以不计入地区开发总量

资料来源：上海市规划和国土资源局．上海市城市更新案例：徐家汇西亚宾馆，徐汇教堂广场、气象广场、档案馆地块[EB/OL]．（2015-02-13）[2018-10-22]．http://www.shgtj.gov.cn/xxbs/shij/201502/t20150213_647995.html．

图4.4 徐家汇西亚宾馆改造方案
资料来源：法国JFA建筑事务所．徐家汇T20大厦[EB/OL]．2014．[2018-10-22]．http://www.jacquesferrier.cn/?page_id=427．

（2）城市更新政策规范期（20号文件）：制度与试点并行。2015年5月，《上海市城市更新实施办法》（沪府发〔2015〕20号，以下简称"20号文件"）正式颁布，标志着上海城市更新迈入法制化建设的新阶段。此后，上海市规土局进一步细化和完善了城市更新工作流程、技术要求和相关政策，制定《实施细则》等配套文件，内容涉及城市更新的规划、土地、建管、权籍等各个方面，为全面开展城市更新实践提供依据。自该办法颁布以来，上海坚持通过试点项目促进城市空间发展模式、城市治理机制的转变，推动上海城市功能和服务设施的不断完善，截至2018年4月，已先后开展了约50个主要城市更新项目的规划与实施工作[54]。2015年，上海中心城区10个区共推出17个更新试点项目，如徐家汇商圈地区更新、大柏树邯郸路沿线改造、莘闵大酒店改造等。2016年，上海开展了"共享社区、创新园区、魅力风貌、休闲网路"四大更新行动计划，创新工作机制，探索将城市更新理念融入规划、土地管理等工作层面，按照典型性、创新性、公众性和实施性原则选取12个重点项目，依四类行动推行城市更新试点。在"小步慢跑"过程中，上海积极推行城市"微更新"计划来优化城市空间环境，引起了广泛的社会关注与强烈反响，如：2017年，浦东新区为探索社区治理的新路径、新模式，在内城5个街道（潍坊、洋泾、陆家嘴、塘桥、花木街道）开展"缤纷社区"试点工作，选取了9类[①]49个项目进行"微更新"实践，项目虽小，但在局部有效提升了人居环境、优化了城市功能、弥补了城市慢行系统不宜人的不足、增强了社区归属感和人情味。浦东新区深入编制"缤纷社区"三年行动计划，计划开展5个老旧小区整体更新，增加20处公共服务设施、21个口袋公园，打造40km慢行路径、20km活力街巷[②]。2017年年初，上海提出以城市更新的全新理念推进旧区改造工作：第一，要从"拆、改、留并举，以拆为主"转换到"留、改、拆并举，以保留保护为主"；第二，在更加注重保留保护的过程中要创新工作方法，努力改善旧区居民的居住条件，保护好上海的历史文脉和文化记忆[③]。三个字的顺序转变充分展示了政府对城市更新及历史风貌保护的重视和决心，表明了上海旧区改造思想的重大转型。

4.3 《城市更新（实施）办法》的三地比较

4.3.1 《城市更新（实施）办法》的结构框架

广州、深圳的《城市更新办法》依章节组织，上海《城市更新实施办法》没

---

① 与居民生活密切相关的9类公共要素，包括活力街道、口袋公园、慢行路径、设施复合体、艺术空间、林荫道、运动场所、破墙开放行动、街角空间。
② 具体参见：http://www.pudong.gov.cn/shpd/news/20171212/006004_4350f5d4-dc79-4f95-b375-f61a6a15efc3.htm。
③ 具体参见：https://www.jfdaily.com/news/detail?id=43931。

有明确分章，而是逐条分项说明。分析三地《城市更新（实施）办法》的内容差异，可以看出：广州侧重按照城市更新的实施过程与用地类别进行管理；深圳强调依据城市更新的不同改造力度和方式进行管理；上海则是政府评估与计划下的合同"契约式"管理，反映出三地城市更新的不同管理特色。

《广州市城市更新办法》共7章，57条，9665字，主要可分为三部分：①第一部分为第一章，规定了广州城市更新的目的、内涵、原则和机构。②第二部分为第二章到第四章，涉及一般规定、更新规划与方案编制、用地处理等相关内容。一般规定主要针对更新范围确定、更新方式、更新主体、数据调查、专家论证、公众咨询委员会、历史用地处置提出总体要求。更新规划与方案编制涉及中长期更新规划编制、更新片区划定、片区策划方案制定与审核、更新年度计划等。用地处理对于用地的历史遗留问题提出了相应处置措施。③第三部分为第五章到第七章，主要内容为城市更新的资金筹措与使用、监督管理及其他规定（图4.5）。

图4.5 《广州市城市更新办法》的结构框架

《深圳市城市更新办法》共7章，48条，5769字，主要包括四部分：①第一部分为第一章，规定了深圳城市更新的目的、内涵、原则、主体、资金、机构等内容。②第二部分为第二章，规定了深圳城市更新规划与计划的相关内容。城市更新规划主要涉及市级层面的城市更新专项规划，以及对接法定图则的实施管控层面的城市更新单元规划两个层次，规定了城市更新单元的申报、规划编制与纳入时间计划等内容。③第三部分为第三章到第五章，按照城市更新改造的方式，分综合整治类、功能改变类、拆除重建类对城市更新管理提出具体规定。④第四部分为第六章和第七章，主要内容为与其他法规的衔接、监督管理及其他补充规定（图4.6）。

图4.6 《深圳市城市更新办法》的结构框架

《上海市城市更新实施办法》共20条，3203字，主要可分为三部分：①第一部分为第一条到第七条，对上海城市更新提出了总体要求，规定了城市更新的目的、内涵、原则、机构等。②第二部分为第八条到第十六条，规定了城市更新的管理流程与方式，包括区域评估、实施计划、全生命周期管理等。③第三部分为第十七条到第二十条，对城市更新涉及的规划、土地等相关内容等进行详细规定（图4.7）。

图4.7 《上海市城市更新实施办法》的结构框架

4.3.2 城市更新内涵与方式

确定城市更新的内涵对于城市更新工作开展具有重要意义。城市更新内涵回答了什么是城市更新、城市更新在哪些范围内进行、如何进行城市更新工作等问题。广州、深圳、上海分别在各自《城市更新（实施）办法》的第二条详细定义了城市更新的内涵及对象范围（表4.4），虽在一定程度上存在差异性，但目标都是对现有的低效存量建设用地进行盘活利用，从而完善城市功能、提升城市空间品质、增加公共服务设施、激发城市活力，实现社会经济发展等，如：①广州城市更新以"三旧"改造范围为基础进行延伸，不仅涉及城市建成区，还包括符合条件的村庄等；②深圳城市更新范围基本涵盖了城市建成区所有老旧区域；③上海的城市更新范围相对较窄，《城市更新实施办法》第二条明确规定市政府已经认定的旧区改造、工业用地转型、城中村改造地区不适用于《城市更新实施办法》，需要按照其他相关规定执行（图4.8），《城市更新实施办法》适用对象以物业权利人提出的自主更新为主。

在城市更新改造方式上，广州分为全面改造和微改造两类（《广州市城市更新办法》第十四条），以及旧城镇、旧村庄、旧厂房三类；深圳分为综合整治、功能改变、拆除重建三类（《深圳市城市更新办法》第二条）；《上海市城市更新实施办法》没有提出具体的改造方式划定。

表4.4 广州、深圳、上海《城市更新（实施）办法》中的城市更新内涵比较

城市	城市更新定义	城市更新范围	城市更新方式
广州	政府部门、土地权属人或者其他符合规定的主体，按照"三旧"改造政策、棚户区改造政策、危破旧房改造政策等，在城市更新规划范围内，对低效存量建设用地进行盘活利用以及对危破旧房进行整治、改善、重建、活化、提升的活动	"三旧"改造、棚户区改造、危破旧房等[①]	全面改造、微改造
深圳	符合规定的主体对特定城市建成区内的区域，根据法规规定程序进行综合整治、功能改变或者拆除重建的活动	城市建成区内的旧工业区、旧商业区、旧住宅区、城中村及旧屋村等	综合整治、功能改变、拆除重建
上海	对建成区城市空间形态和功能进行可持续改善的建设活动	建成区中按照市政府规定程序认定的城市更新地区	—

资料来源：广州市人民政府办公厅秘书处. 广州市城市更新办法[Z]. 2015. 深圳市人民政府. 深圳市城市更新办法[Z]. 2016. 上海市人民政府. 上海市城市更新实施办法[Z]. 2015.

---

① 具体参见：《广州市城市更新办法》条文释义，http://www.gz.gov.cn/gzscsgxj/zcjd/201612/beeea7801fa6429aaf6d407890f6e6f0.shtml。

图4.8　广州、深圳、上海城市更新内涵比较

4.3.3 城市更新的规划与计划

对城市更新规划与计划的规定是广州、深圳、上海《城市更新（实施）办法》的核心组成部分，回答了如何进行城市更新的规划编制、如何计划推进城市更新工作的开展和实施（表4.5）。广州与深圳都采用了先在全市层面开展城市更新规划、划定城市更新范围，再将划定的更新单元或片区经过筛选纳入"年度计划"的方式来实施城市更新；上海直接通过控规尺度上的区域评估来确定哪些地方需要进行城市更新，划定城市更新单元，然后以城市更新单元为依托开展基于实施计划的城市更新工作。

（1）广州：城市更新规划与年度计划（《广州市城市更新办法》第二章）。办法指出：在全市层面，由广州市城市更新局编制城市更新中长期规划，划定城市更新片区（第二十条、第二十一条），纳入城市更新片区实施计划的区域应当按照要求编制策划方案（第二十三条）。市城市更新部门结合片区策划方案，组织编制城市更新年度计划，包括片区计划、项目实施计划和资金使用计划（第二十七条），相关申请人在每年6月底前向市城市更新部门申报下一年度的城市更新项目，经审批与汇总后形成城市更新年度计划（第二十七条）。

（2）深圳：城市更新单元规划与年度计划（《深圳市城市更新办法》第二章）。深圳要求根据城市总体规划编制城市更新专项规划（第九条），明确全市城市更新的重点区域及其更新方向、目标、时序、总体规模和更新策略；需要进行城市更新的区域应划定相对成片的区域作为城市更新单元，制定城市更新单元规划（第十一条），法定图则对规划范围内城市更新单元的各项内容（更新范围、基础设施

和公共服务设施的规模以及规划指引）进行规定（第十条）。各区政府筛选并提出更新单元规划的制订计划，向市规土部门申报纳入城市更新年度计划（第十五条），年度计划包括更新单元规划的制订计划、可以实施的更新项目、资金来源等内容（第十四条）。

（3）**上海：基于城市更新单元的实施计划**（《上海市城市更新实施办法》第九条～第十五条）。上海的城市更新不需要在全市层面制定城市更新专项规划，城市更新主要依据控制性详细规划制定区域评估报告，然后划定城市更新单元来开展（第九条）。实施时序中，以城市更新区域评估为依据，以现有物业权利人的改造意愿为基础，形成依法合规的城市更新实施计划,确定城市更新单元内的具体项目（第十二条）。实施计划的内容主要包括城市更新单元的建设方案、实施方案、更新主体、权利义务、推进要求等（第十三条）。

表 4.5 广州、深圳、上海城市更新的年度/实施计划比较

	广州	深圳	上海
市级规划指引	中长期规划	专项规划	—
计划编制依据	城市更新需求与实施条件，城市更新片区策划方案	基于需求与实施条件的城市更新项目筛选	区域评估报告与业主意愿
计划基本单元	城市更新片区	城市更新单元	城市更新单元
计划编制内容	片区计划、项目实施计划和资金使用计划	更新单元规划的制订计划、已具备实施条件的更新项目、资金来源等	建设方案、实施方案、更新主体、权利义务、推进要求等
计划申报主体	政府部门、企事业单位、土地权属人	政府部门、企事业单位	区县政府

4.3.4 城市更新资金筹措与使用

资金保障在城市更新过程中起着关键作用，在很大程度上决定了城市更新项目是否能够成功实施，三地在《城市更新（实施）办法》中对资金筹措与使用提出了不同程度的规定。广州的规定比较具体（《广州市城市更新办法》第五章），涉及城市更新资金的来源、使用、融资渠道、优惠政策等方面（第四十三条、第四十四条、第四十五条），特别是融资渠道上，广州鼓励社会力量参与城市更新改造，鼓励利用国家政策性资金用于城市更新改造，引导金融机构探索贷

款投放、担保新模式,创新金融产品,探索政府和社会资本合作模式(PPP)(第四十六条)。深圳、上海在城市更新资金筹措与使用方面没有较多地涉及,仅对城市更新过程中产生的土地出让金的交纳与使用提出了部分规定(《深圳市城市更新办法》第一章第六条,《上海市城市更新实施办法》第十八条)。总体来看,三地都在不同程度上给予了城市更新项目一定的资金政策优惠,以减轻城市更新过程中城市更新主体的资金压力,促进城市更新项目的落地实施(表4.6)。

表4.6 广州、深圳、上海《城市更新(实施)办法》中的资金筹措与使用规定

城市	广州	深圳	上海
资金来源	财政经费;信贷资金;土地出让金;市场投资;自筹经费 规划、策划、实施方案编制;基础数据调查、数据库建设;土地征收、整备;更新项目补助;理论、技术规范研究	财政经费;土地出让金;自筹经费 组织实施城市更新;基础设施和公共服务设施建设	财政经费;土地出让金 组织实施城市更新;基础设施建设
优惠政策	安置复建房项目等	—	城市更新项目等

根据相关资料整理:广州市人民政府办公厅秘书处.广州市城市更新办法[Z]. 2015. 深圳市人民政府. 深圳市城市更新办法[Z]. 2016. 上海市人民政府. 上海市城市更新实施办法[Z]. 2015.

4.3.5 城市更新的公众参与

公众参与是城市更新的重要环节,不仅能够有效地促进和监督城市更新的实施,而且有利于保障和维护个体与公共利益。依据《城市更新(实施)办法》,广州、深圳、上海采取不同方式推进公众参与:广州建议采取委员会、理事会等形式,通过自治方式内部协商解决城市更新中的各种问题并保障公众的合法权益;深圳针对不同改造程度的更新项目采用了多元协商、意见征求等不同参与模式;上海采取了政府主导,公众意愿征集的方式实现公众对城市更新工作的参与。

(1)广州:公众咨询委员会/村民理事会。旧城镇更新中涉及重大民生事项的,可设立公众咨询委员会;旧村庄更新中可设立村民理事会,协调城市更新过程中的意见、利益纠纷和矛盾冲突,保障利益相关人的合法权益,促进城市更新项目顺利推进(《广州市城市更新办法》第十八条)。同时,城市更新应当统筹兼顾各方利益,尊重和保障土地权利人的权益,引导、激励相关利益主体积极参与改造,实现利益共享共赢(第九条)。

（2）深圳：分类参与。深圳城市更新工作遵循"公众参与"的原则（《深圳市城市更新办法》第三条），按照综合整治类、功能改变类、拆除重建类规定不同的公众参与形式。综合整治类由多方协商确定（第二十二条）；功能改变类应当征得相关利害关系人同意（第二十五条）；拆除重建类应征得占总建筑面积 2/3 以上，与占总人数 2/3 以上的业主同意（第三十三条）。

（3）上海：区域评估与实施计划的公众参与。《上海市城市更新实施办法》规定了城市更新区域评估和实施计划两个阶段的公众参与要求。区域评估时应当组织公众参与，征求市、区县相关管理部门、利益相关人和社会公众的意见，充分了解本地区的城市发展和民生诉求。城市更新实施计划应当依法征求市、区县相关管理部门、利益相关人和社会公众的意见，鼓励市民和社会各界专业人士参与实施计划的编制工作（《上海市城市更新实施办法》第十条、第十四条）。

4.3.6 城市更新的监督管理

城市更新的监督管理除了保证城市更新项目达到预期目标外，还有助于保护城市更新中各利益主体的利益。三地在《城市更新（实施）办法》中都对城市更新中的违法违纪问题进行了规定，广州还对城市更新中的资金问题、退出机制、公共利益保障等提出规定。

（1）广州城市更新的监督管理。《广州市城市更新办法》有一个专门章节（第六章）对城市更新的监督管理进行了详细规定，主要内容有：①旧村庄复建安置资金监管。应由城市更新部门、复建安置资金所有权人和监管账户开户银行签订三方协议，监管复建安置资金的使用（《广州市城市更新办法》第四十八条）。②城市更新数据库动态监管。做好更新改造审核、项目实施、竣工验收等情况的标图入库，实行更新改造全程动态监管。广州建立了城市更新重点项目建设实施情况的定期考核通报制度，考核重点项目的工作机制、资金使用、完成情况、项目监管等（第四十九条）。③城市更新退出机制。加强对城市更新项目的时限管理，未按照规定时间完成城市更新工作的，需重新审定（第五十条）。④城市更新公共利益保障。坚持"先安置、后拆迁"的原则，公共服务配套设施应优先建设，如果未按照规定启动建设，城市更新范围内除安置房外的其他建设项目不得启动（第五十一条、第五十二条）。⑤违法违纪行为。规定了城市更新过程中对各类参与者违法违纪行为的处置方式，违纪行为交由相关机关处理，违法行为移送司法机关处理（第五十四条、第五十五条）。

（2）深圳城市更新的监督管理。对于在城市更新管理中存在违法违纪行为的政府部门及其工作人员，应当依法追究相关责任（《深圳市城市更新办法》第四十六条）。

（3）上海城市更新的监督管理。对于在城市更新工作中存在违法违纪行为的政府部门及其工作人员、物业权利人，应当依法追究相关责任（《上海市城市更新实施办法》第二十六条）。

综上，广州、深圳、上海的《城市更新（实施）办法》各具特点，基本都采用了城市更新"规划"结合城市更新"计划"的方式，从程序、内容和时序等方面来管理城市更新项目的开展，针对更新方式、更新主体、更新流程、公众参与、资金保障等关键内容作出了有共性亦有区别的具体规定。

上海上生·新所

第5章

机构改革后的三地城市更新
政策变化与条例解读

5.1
国家机构改革与实施城市更新行动的影响

5.1.1 国家机构改革引发的管理体系变化

为推进治理体系和治理能力现代化的实现，国家根据党的十九大和十九届三中全会部署等全面开展新一轮国家机构改革[55]。2018年3月，第十三届全国人民代表大会第一次会议表决通过了关于国务院机构改革方案的决定，批准成立中华人民共和国自然资源部。"为统一行使全民所有自然资源资产所有者职责，统一行使所有国土空间用途管制和生态保护修复职责，着力解决自然资源所有者不到位、空间规划重叠等问题，实现山水林田湖草整体保护、系统修复、综合治理，方案提出将国土资源部的职责，国家发展和改革委员会的组织编制主体功能区规划职责，住房和城乡建设部的城乡规划管理职责，水利部的水资源调查和确权登记管理职责，农业部的草原资源调查和确权登记管理职责，国家林业局的森林、湿地等资源调查和确权登记管理职责，国家海洋局的职责，国家测绘地理信息局的职责整合，组建自然资源部，作为国务院组成部门。"①

随着国家和地方机构改革的逐步落地（国务院自然资源部和地方"规自"部门先后建立），过去以规划、国土等部门为核心的城市更新管理体系受到冲击，广州、深圳、上海已形成的城市更新制度系统亟须变革。因此，三地在机构改革过程中调整了原有城市更新管理体系，初步呈现出由规划和自然资源机构（负责更新规划）与住房和城乡建设机构（负责老旧小区、旧工业区、城中村等具体项目实施）重点负责，联合发展改革（公共资金）、经济和信息化（产业发展）、商务（商业商办）等部门统筹推进城市更新的新局面。

广州城市更新局撤并，原有主要工作职责并入广州市住房和城乡建设局和广州市规划和自然资源局等。住房和城乡建设局负责城市更新政策创新研究及编制更新计划，拟定城市更新项目实施有关政策、标准、技术规范，统筹实施监督考评等；规划和自然资源局负责城市更新规划和用地管理；发展改革、工业和信息

---

① 中华人民共和国自然资源部. 深化党和国家机构改革方案（摘要）[R/OL].（2018-03-29）. http://www.mnr.gov.cn/jg/jggg/201806/t20180620_1798741.html.

化、财政、生态环境等相关部门在各自职责范围内负责城市更新相关工作。

深圳依托市规划和自然资源局成立深圳市城市更新和土地整备局，负责组织、协调、指导、监督全市城市更新工作，拟定城市更新政策，组织编制全市城市更新专项规划、年度计划，制定相关规范和标准。市政府其他相关部门在各自责权范围内负责城市更新相关工作。

上海依托市住房城乡建设管理部门设立市级办公室，负责建立城市更新协调推进机制，统筹、协调全市城市更新工作，并研究、审议城市更新相关重大事项。住房城乡建设管理部门依职责推进旧区改造、旧住房更新、城中村改造等城市更新相关工作；规划资源管理部门负责城市更新有关规划和土地管理职责；发展改革、房屋管理、交通、生态环境等其他部门在各自职责范围内，协同开展城市更新相关工作。

5.1.2 实施城市更新行动带动的更新热潮

2018年10月，习近平总书记考察广州市荔湾区西关历史文化街区永庆坊，提出城市规划和建设领域要突出地方特色，注重人居环境改善，更多采用微改造这种"绣花"功夫进行推进，不搞大拆大建，促使城市更新工作在全国得到进一步思考和重视。2019年，中央经济工作会议在国家层面首次强调了"城市更新"这一概念，会议提出要加强城市更新和存量住房改造提升，做好城镇老旧小区改造，大力发展租赁住房[56]。2020年11月，党的十九届五中全会通过的《中共中央关于制定国民经济和社会发展第十四个五年规划和二〇三五年远景目标的建议》明确提出"实施城市更新行动"，城市更新正式上升为国家战略的重要组成部分[57]。

2021年3月，第十三届全国人民代表大会第四次会议上的政府工作报告提出，"十四五"时期要"实施城市更新行动，完善住房市场体系和住房保障体系，提升城镇化发展质量"[58]。《中华人民共和国国民经济和社会发展第十四个五年规划和2035年远景目标纲要》于同月发布，确定"实施城市更新行动，推动城市空间结构优化和品质提升"，并明确了"十四五"期间要"完成2000年底前建成的21.9万个城镇老旧小区改造，基本完成大城市老旧工厂区改造，改造一批大型老旧街区，因地制宜改造一批城中村"等目标[59]。4月，国家发展和改革委员会发布

《2021年新型城镇化和城乡融合发展重点任务》，提出"在老城区推进以老旧小区、老旧厂区、老旧街区、城中村等'三区一村'改造为主要内容的城市更新行动"[60]。11月，住房和城乡建设部办公厅发布《关于开展第一批城市更新试点工作的通知》（建办科函〔2021〕443号），确定在北京等21个城市（区）开展第一批城市更新试点工作，为期2年，重在探索城市更新统筹谋划机制、可持续模式和建立城市更新配套制度政策等[61]。

"实施城市更新行动"引发全国各地的积极响应，越来越多的城市从"十四五"规划、指导性政策、专项规划、行动计划等领域展开实践探索（表5.1），系统推进城市更新工作的全面开展。面向"十四五"时期，广州提出完善城市更新工作机制和"1+1+N"政策体系[62]；深圳确定有序推进"拆除重建"类城市更新[63]；上海明确了"加强政策有效供给推动城市有机更新"等政策导向[64]。

表5.1 各地推进城市更新的相关行动进展

城市更新相关行动	代表性城市、省
住房和城乡建设部第一批城市更新试点	北京市、唐山市、呼和浩特市、沈阳市、南京市、苏州市、宁波市、滁州市、铜陵市、厦门市、南昌市、景德镇市、烟台市、潍坊市、黄石市、长沙市、重庆市渝中区、重庆市九龙坡区、成都市、西安市、银川市
落实"十四五"规划纲要（涉及城市更新）	北京市、广州市、上海市、深圳市、重庆市、杭州市、厦门市、天津市、南京市、无锡市、西安市、青岛市、宁波市、昆明市、济南市、温州市、福州市等
出台城市更新指导性政策	北京市、广州市、上海市、深圳市、重庆市、佛山市、厦门市、徐州市、长沙市、福州市、成都市、河北省、无锡市等
编制城市更新专项规划	北京市、广州市、深圳市、重庆市、东莞市、佛山市、中山市、成都市、威海市、济南市、佛山市、烟台市、青岛市等
提出城市更新行动计划	北京市、广州市、上海市、昆明市

广州、深圳和上海之外，北京、成都、重庆等地有关城市更新的指导性政策和管理办法亦在短期内纷纷出台（表5.2）。各地城市更新的核心政策、机构设置、运作特点、实施方式、规划管控、特色创新等均存在差异，如更新管控对象分类方法不一：广州分为全面改造、微改造、混合改造三类；深圳分为综合整治、拆除重建两类；成都分为保护传承、优化改造、拆旧建新三类；上海分为区域更新、零星更新两类；北京分为老旧小区改造、危旧楼房改建、老旧厂房改造、老旧楼宇更新、首都功能核心区平房（院落）更新和其他等类型；重庆涉及保护修缮、优化改造和社区公共服务设施补短板、拆旧建新三类。

表 5.2 地方城市更新相关政策出台情况（2021年）

城市	主要城市更新政策文件	城市更新定义	施行日期
广州	《广州市城市更新条例（征求意见稿）》	城市空间形态和功能可持续改善的建设和管理活动	2021年7月7日（征求意见稿）
深圳	《深圳经济特区城市更新条例》	根据《城市更新条例》规定进行拆除重建或者综合整治的活动	2021年3月1日
上海	《上海市城市更新条例》	在建成区内开展持续改善城市空间形态和功能的活动	2021年9月1日
北京	《北京市人民政府关于实施城市更新行动的指导意见》	城市建成区（规划基本实现地区）城市空间形态和城市功能的持续完善和优化调整，是小规模、渐进式、可持续的更新	2021年5月15日
成都	《成都市城市有机更新实施办法》	对建成区城市空间形态和功能进行整治、改善、优化	2020年5月28日
重庆	《重庆市城市更新管理办法》	对城市建成区城市空间形态和功能进行整治提升的活动	2021年6月16日

5.2 机构改革后的三地城市更新政策体系调整

（1）广州。 2020 年 8 月，广州市委十一届十一次全会审议通过《关于深化城市更新工作推进高质量发展的实施意见》（穗字〔2020〕10 号）、《广州市深化城市更新工作推进高质量发展的工作方案》（穗府办函〔2020〕66 号），对广州新一轮城市更新工作做出重要安排，揭开广州城市更新制度建设的新篇章[65]。根据《实施意见》和《工作方案》，系列配套指引随后陆续出台[66]①（图 5.1）。为进一步推进城市更新工作有机有序有效开展，对广州十多年来行之有效的城市更新规章、政策进行总结提炼并上升为地方性法规，运用法治思维和方式解决城市更新工作中的痛点难点堵点问题，广州市人大常委会将《广州市城市更新条例》列入 2021 年

---

① 合称城市更新"1+1+N"政策文件："1+1"指《实施意见》和《工作方案》，"N"指15个配套政策文件。

立法工作计划[67]。2021年7月,《广州市城市更新条例(征求意见稿)》发布,标志着广州"1+2+N"城市更新政策体系的逐步形成。其中,"1"为《广州市城市更新条例(征求意见稿)》,"2"为《实施意见》和《工作方案》(即政府官方曾提及的"1+1"),"N"为配套政策文件(图5.2)。

年份	政策文件
2009年	《关于加快推进"三旧"改造工作的意见》(穗府〔2009〕56号)
2012年	《关于加快推进三旧改造工作的补充意见》(穗府〔2012〕20号)
2015年	《广州市城市更新办法》(广州市人民政府令第134号)《广州市旧村庄更新实施办法》《广州市旧厂房更新实施办法》《广州市旧城镇更新实施办法》(穗府办〔2015〕56号)
2017年	《关于提升城市更新水平促进节约集约用地的实施意见》(穗府规〔2017〕6号)
2019年	《广州市深入推进城市更新工作实施细则的通知》(穗府办规〔2019〕5号)
2020年	《关于深化城市更新工作推进高质量发展的实施意见》(穗字〔2020〕10号)《广州市深化城市更新工作推进高质量发展的工作方案》(穗府办函〔2020〕66号)
2021年	《广州市城市更新条例(征求意见稿)》

图5.1 广州城市更新政策演进脉络

"1" 地方法律:《广州市城市更新条例(征求意见稿)》

"2" 政策文件:《关于深化城市更新工作推进高质量发展的实施意见》《广州市深化城市更新工作推进高质量发展的工作方案》

"N" 配套指引:

广州市住房和城乡建设局
《城市更新片区策划方案编制和报批指引》
《城中村全面改造大型市政配套设施及公共服务设施专项评估成本估算编制指引》
《老旧小区小微改造实施指引》
《城市更新专家库建立及使用指引》
《城市更新过程中评估机制指引》

广州市规划和自然资源局
《广州市城市更新实现产城融合职住平衡的操作指引》
《广州市城市更新单元设施配建指引》
《广州市城市更新单元详细规划报批指引》
《广州市城市更新单元详细规划编制指引》
《广州市关于深入推进城市更新促进历史文化名城保护利用的工作指引》
《广州市城市更新单元详细规划交通影响评估编制指引》

图5.2 2019年以来的广州城市更新政策体系

(2)**深圳**。深圳为加强城市更新的顶层设计,于2019年出台《深圳市关于深入推进城市更新工作促进城市高质量发展的若干措施》(深规划资源规〔2019〕5号),增加规划期至2035年的全市城市更新规划,建立任务下达、过程跟踪、年终考核的年度更新计划管理制度(图5.3)。2019年8月,中共中央国务院发布《关于支持深圳建设中国特色社会主义先行示范区的意见》，赋予深圳新的使命任务，要在城市空间统筹利用等重点领域深化改革、先行先试[68]。为此，深圳在全国率先开展城市更新地方立法（表5.3），以固化已有城市更新探索实践成果，破解搬迁难、"钉子户"、安置标准不统一等问题。2021年，《深圳经济特区城市更新条例》正式实施，深圳由此形成以《深圳经济特区城市更新条例》为核心的多层次"1+N"政策体系（图5.4）："1"为《深圳经济特区城市更新条例》，"N"为覆盖了法规政策、技术标准、实际操作等不同方面的一系列配套文件。

年份	文件
2004	《深圳市城中村（旧村）改造暂行规定》（深府〔2004〕177号）
2009	《深圳市城市更新办法》（深圳市人民政府令第211号）
2012	《深圳市城市更新办法实施细则》（深府〔2012〕1号） 《关于加强和改进城市更新实施工作的暂行措施》（深府办〔2012〕45号）
2014	《关于加强和改进城市更新实施工作的暂行措施》（深府办〔2014〕8号） 《深圳市城市更新单元规划容积率审查技术指引（试行）》
2016	《关于加强和改进城市更新实施工作的暂行措施》（深府办〔2016〕38号） 《深圳市人民政府关于施行城市更新工作改革的决定》（深圳市人民政府令第288号）
2018	《深圳市拆除重建类城市更新单元规划编制技术规定》（深规土〔2018〕708号）
2019	《关于深入推进城市更新工作促进城市高质量发展的若干措施》（深规划资源规〔2019〕5号）
2021	《深圳经济特区城市更新条例》（深圳市第六届人民代表大会常务委员会公告第二二八号）

（强区放权，2016）

图5.3 深圳城市更新政策演进脉络

"1" 法律层面：《深圳经济特区城市更新条例》

法规层面：《深圳市城市更新办法》、《深圳市城市更新办法实施细则》

政策层面：《关于深入推进城市更新工作促进城市高质量发展的若干措施》、《关于加强和改进城市更新实施工作的暂行措施》……

技术标准层面：《深圳市拆除重建类城市更新单元规划编制技术规定》、《深圳市城市更新项目保障性住房配建规定》

"N" 操作层面：《深圳市拆除重建类城市更新单元规划审批规定》、《深圳市拆除重建类城市更新单元计划管理规定》、《深圳市拆除重建类城市更新单元计划审批操作规则》、《深圳市拆除重建类城市更新项目用地审批规定》、《深圳市拆除重建类城市更新单元规划容积率审查规定》……

图5.4 2019年以来的深圳城市更新政策体系

85

表5.3 《深圳经济特区城市更新条例》立法进程

时间节点	立法进程
2012年3月	城建环资工委牵头启动《条例》立法，司法、规划、国土部门参与
2015年11月	组织召开专家论证会，对搬迁补偿标准和强制售卖制度论证
2016年3月	深入各区政府及相关部门、法院、社区股份合作公司、房地产开发企业、木头龙旧住宅区更新项目等地方调研
2016年5月	赴香港特别行政区发展局、市区重建局以及土地审裁处考察
2016年11月	向原国土资源部、原国务院法制办和省高院请示汇报
2019年4月	赴广州、上海、西安、成都调研城市更新运作经验
2019年5月、6月	深入行业协会和商会调研，征求政府内部和法院意见
2019年6月	市长主持召开"三旧"改造专题会，听取立法推进情况汇报
2019年8月	市常委主持召开协调会，对《条例》进行专题审议
2019年11月	市政府常务会审议通过
2020年3月	市委常委会审议并原则通过
2020年5月	政府议案提请人大审议，人大常委会三次审议
2020年12月30日	市人大常委会表决通过，自2021年3月1日起实施

资料来源：深圳市规划和自然资源局.《深圳经济特区城市更新条例》相关情况介绍［R/OL］. 2021.

（3）上海。自2015年上海市人民政府发布《上海市城市更新实施办法》以来，上海积累了一批富有特色的城市更新案例和创新做法，这些有益经验需要从"实践"探索上升为地方性"法规"内容（图5.5）。2021年1月27日，上海市第十五届人民代表大会第五次会议批准通过的《上海市国民经济和社会发展第十四个五年规划和二〇三五年远景目标纲要》中，"城市更新"被提及12次，重点提出要"加强政策有效供给推动城市有机更新"，"完善城市更新法规政策体系"[69]。2021年9月，《上海市城市更新条例》正式实施；2022年11月，上海市规划和自然资源局、住房和城乡建设管理委员会、经济和信息化委员会、商务委员会联合印发《上海市城市更新指引》（沪规划资源规〔2022〕8号），作为上承条例、下接各个部门相关工作的一个行动性政策文件；2022年12月，上海市规划和自然资源局印发《上海市城市更新操作规程（试行）》《上海市城市更新规划土地实施细则（试行）》等一系列细化操作流程与政策要求的配套指引，形成了上海当前新的"1+1+N"城市更新政策体系（图5.6）。同时，上海逐步形成六大类城市更新行动和"两旧一村"改造的实践体系。

2014年	《关于进一步提高本市土地节约集约利用水平的若干意见》（沪府发〔2014〕14号）
2015年	《上海市城市更新实施办法》（沪府发〔2015〕20号）
2017年	《上海市城市更新规划土地实施细则》
2017年	《关于坚持留改拆并举深化城市有机更新进一步改善市民群众居住条件的若干意见》（沪府发〔2017〕86号）
2017年	《关于深化城市有机更新促进历史风貌保护工作的若干意见》（沪府发〔2017〕50号）
2020年	《关于上海市推进产业用地高质量利用的实施细则（2020版）》（沪规划资源用〔2020〕351号）
2021年	《上海市城市更新条例》（上海市人民代表大会常务委员会公告第77号）

图5.5　上海城市更新政策演进脉络

"1" 地方法律 —— 《上海市城市更新条例》

"1" 政策文件 —— 《上海市城市更新指引》

"N" 配套指引 —— 《上海市城市更新专家委员会工作规程（试行）》
《上海市城市更新操作规程（试行）》
《上海市城市更新规划土地实施细则（试行）》
《上海市城市更新行动方案（2023—2025年）》
……

图5.6　2019年以来的上海城市更新政策体系

5.3
《城市更新条例》的三地比较

5.3.1　《城市更新条例》的内容框架

（1）广州。2021年7月，广州市住房和城乡建设局就《广州市城市更新条例（征求意见稿）》公开征求意见。该条例（征求意见稿）共八章五十三条，包括总则、

87

规划管理、策划实施、用地管理、监督管理、权益保障、法律责任及附则（图5.7）。相比广州原有城市更新办法，条例涉及的主要内容和制度创新包括[67]：①推进历史文化保护及活化利用，针对城市更新工作涉及的历史文化遗产内容，在相关法律法规、容积率奖励、活化利用、资金问题等方面给出明确规定。②提升公共服务供给能力，通过连片更新、优化实施时序、整合空间资源、容积率奖励等措施配置高标准公共服务设施。③提供高质量的产业发展空间，结合国民经济和社会发展规划、国土空间规划精准配置产业空间，通过城市更新促进产城融合。微改造项目允许用地兼容、功能转变提供产业发展空间。④强化多方主体权益保障，保障城市更新涉及的各类主体利益，引导城市更新项目配建公共租赁住房、共有产权住房等保障性住房，有序开展城市更新搬迁安置。⑤加大对城市更新微改造的支持力度，针对微改造项目挖潜空间难、审批许可难、资金筹集难等瓶颈问题提出系列解决措施。⑥促进土地节约集约利用，设置用地管理专章，从城市更新土地整备、土地整合、异地平衡、土地置换、留用地统筹利用、"三旧"用地审批、土地供应等方面总结提升城市更新用地管理经验和做法。

《广州市城市更新条例（征求意见稿）》（共八章，五十三条）	章节	主要内容
	1 总则	立法目的，适用范围，基本原则，总体目标，政府职责，部门职责，城市更新分类实施，资金保障
	2 规划管理	规划引领，总体规划，专项规划，详细规划编制，详细规划审批和修改，详细规划实施评估，保护规划，容积率奖励
	3 策划实施	项目建设规划，基础数据，片区策划，项目实施方案，建设节余，同步联审
	4 用地管理	土地整备，土地整合，异地平衡，土地置换，留用地统筹利用，"三旧"用地审批，土地供应，土地出让金计收
	5 监督管理	实施时序，项目实施监督，复建安置资金监管，物业权属固化，建设移交管理，微改造技术标准特殊规定，资源整合，用地和建筑使用功能兼容，历史文化遗产活化利用
	6 权益保障	村民与村集体权益保障，居民权益保障，利害关系人权益保障，统筹住房保障，村民自治，搬迁补偿，行政裁决
	7 法律责任	行政机关及其工作人员法律责任，相关组织和个人法律责任，搬迁补偿相关法律责任，实施主体的法律责任，市场主体的法律责任
	8 附则	名词解释，施行时间

图5.7 《广州市城市更新条例（征求意见稿）》结构框架
资料来源：作者根据《广州市城市更新条例（征求意见稿）》绘制。

（2）深圳。2020年12月，我国首部城市更新地方立法《深圳经济特区城市更新条例》经深圳市人大常委会会议表决通过，于2021年3月1日起实施，成为我国城市更新立法探索上的一项开创性突破。该条例共计七章七十二条，包含总则、城市更新规划与计划、拆除重建类城市更新、综合整治类城市更新、保障和监督、

88

法律责任、附则七部分（图5.8）。相比深圳原有城市更新办法，条例取消了"功能改变类城市更新"章节，增补了"保障与监督"、"法律责任"章节，从法律层面为城市更新工作提供更加精准全面的制度保障，主要内容和制度创新表现在[68]：①探索市场化运作的更新方式，由物业权利人自主选择的开发建设单位负责申报更新单元计划、编制更新单元规划、开展搬迁谈判、组织项目实施等活动。②明确城市更新的原则目标和总体要求，对城市更新应当重点把握的原则性、方向性问题进行确定。③严格管理城市更新规划与计划，规定市城市更新部门应当按照全市国土空间总体规划，组织编制全市城市更新专项规划，作为城市更新单元划定、城市更新单元计划制定和规划编制的重要依据，明确对城市更新单元实行计划管理，以及城市更新单元规划编制要求。④规范城市更新市场主体行为，明确市场主体准入门槛和选定市场主体方式，规定市场主体变更程序，建立市场退出机制，规范市场主体的开发行为。⑤保护城市更新物业权利人的合法权益，从信息公开、补偿方式、补偿标准、产权注销等方面进行系列制度设计。⑥破解城市更新的"搬迁难"问题，创设"个别征收+行政诉讼"制度，规定为了维护和增进社会公共利益、推进城市规划的实施，旧住宅区城市更新项目个别业主经行政调解后仍未能签订搬迁补偿协议的，区人民政府可以对未签约部分房屋依法实施征收。

图5.8 《深圳经济特区城市更新条例》结构框架
资料来源：作者根据《深圳经济特区城市更新条例》绘制。

（3）上海。 2021年8月，上海市十五届人大常委会第三十四次会议表决通过《上海市城市更新条例》。该条例共五章六十四条，自2021年9月1日起正式施行。相比上海原有《城市更新实施办法》，条例从资金支持、税收优惠、用地指标、土地政策支持、公房承租权归集等方面多渠道保障城市更新项目的有序开展（图5.9），主要内容和制度创新包括[70]：①建立区域更新统筹机制，由更新统筹主体负责推动达成区域更新意愿、整合市场资源、编制区域更新方案，统筹并推进更新项目实施。同时，根据区域情况和更新需求，政府可以赋予更新统筹主体参与规划编制、实施土地前期准备、统筹整体利益等职能。②提升公共服务供给能力，城市更新活动应当优先对市政基础设施、公共服务设施等进行提升和改造，推进综合管廊、综合电箱、公共充电桩、物流快递设施等新型集约化基础设施建设。③健全城市更新公众参与机制，依法保障公众在城市更新活动中的知情权、参与权、表达权和监督权。④推进历史文化保护，明确"风貌协调"和"风貌保障"相关要求，并给予容积率奖励、异地补偿、组合供应土地等特殊政策支持。⑤通过"调解＋决定＋申请执行"策略破解"搬迁难"问题，明确公有旧住房拆除重建和成套改造要求。在达到规定同意和签约比例（95%）后，公房承租人拒不搬迁的，可选择采用强制执行方式。⑥建立产业优胜劣汰和土地高效配置的更新机制。根据资源利用效率评价结果，形成低效用地倒逼途径，促进产业用地高效配置，完善产业绩效和土地退出机制。⑦允许更新区域内项目用地性质的优化，在保障公共利益、符合更新目标的前提下，相关用途可按照规划予以合理优化。⑧加强城市更新保障，从标准、规划、用地以及财政、金融、税收等方面提出具体支持措施。⑨支持浦东新区在城市更新机制、模式、管理等方面率先创新，条件成熟后可在全市推广。

图5.9 《上海市城市更新条例》结构框架
资料来源：作者根据《上海市城市更新条例》绘制。

5.3.2 城市更新的涵义与方式分类

广州、深圳、上海三地《城市更新条例》对城市更新的内涵、范围以及更新方式进行了新的确定（表5.4）。相比旧有办法，广州从"三旧"改造正式转向综合性的城市更新，深圳将"功能改变"这一更新类型纳入"综合整治"范畴，上海延续了原有实施办法的相关定义。在城市更新范围的确认方面，三地都关注是否具有公共服务设施和市政基础设施完善需求、环境恶劣或存在安全隐患、与经济社会发展要求不符、历史文化需要保护利用等情形。

表5.4　三地《城市更新条例》的城市更新内涵与方式比较

条例	城市更新定义	城市更新范围	城市更新方式
《广州市城市更新条例（征求意见稿）》	城市空间形态和功能可持续改善的建设和管理活动	① 历史文化遗产需保护利用； ② 城市公共服务设施和市政基础设施急需完善； ③ 环境恶劣或者存在安全隐患； ④ 现有土地用途、建筑物使用功能或者资源利用方式明显不符合经济社会发展要求； ⑤ 经市人民政府认定的其他情形	微改造、全面改造、混合改造
《深圳经济特区城市更新条例》	根据更新条例规定进行拆除重建或者综合整治的活动	① 城市基础设施和公共服务设施急需完善； ② 环境恶劣或者存在重大安全隐患； ③ 现有土地用途、建筑物使用功能或者资源、能源利用明显不符合经济社会发展要求，影响城市规划实施； ④ 经市人民政府批准进行城市更新的其他情形	拆除重建、综合整治
《上海市城市更新条例》	在建成区内开展持续改善城市空间形态和功能的活动	① 加强基础设施和公共设施建设，提高超大城市服务水平； ② 优化区域功能布局，塑造城市空间新格局； ③ 提升整体居住品质，改善城市人居环境； ④ 加强历史文化保护，塑造城市特色风貌； ⑤ 市人民政府认定的其他城市更新活动	区域更新、零星更新

资料来源：作者根据《广州市城市更新条例（征求意见稿）》《深圳经济特区城市更新条例》《上海市城市更新条例》整理。

5.3.3 城市更新规划与项目实施引导

《广州市城市更新条例（征求意见稿）》（第二章）明确了城市更新规划编制管理分为总体规划、专项规划、详细规划三级。"市级国土空间总体规划应当明确城市更新的总体目标、重点区域、分区目标、规模和实施策略。区级国土空间总体规划应当对市级国土空间总体规划提出的城市更新目标、规模进行分解落实，划定国土空间详细规划单元，细化实施策略，明确市、区统筹级和重要公共服务设施、市政基础设施规划布局要求"（第十条）。"市规划和自然资源部门会同市住房城乡建设等有关部门，可以结合实际需要组织编制城市更新专项规划，……城市更新专项规划应当以国土空间总体规划为基础，并与国土空间详细规划做好衔接"（第十一条）。条例还对城市更新范围内的国土空间详细规划编制、审批、修改、实施评估等做出了明确规定（第十二条～第十四条）。条例明确市住房城乡建设主管部门应该依据国民经济与社会发展规划和国土空间规划编制城市更新项目建设规划，划定城市更新实施片区，指导项目实施（第十七条）。"实施片区应当开展片区策划"，"统筹协调成片连片更新"（第十九条）。项目实施阶段需"依据国土空间详细规划、片区策划方案组织编制项目实施方案"（第二十条）。

《深圳经济特区城市更新条例》（第二章）要求"市城市更新部门应当按照全市国土空间总体规划组织编制全市城市更新专项规划，确定规划期内城市更新的总体目标和发展策略，明确分区管控、城市基础设施和公共服务设施建设、实施时序等任务和要求"，并"作为城市更新单元划定、城市更新单元计划制定和城市更新单元规划编制的重要依据"（第十三条）。条例指出，"城市更新单元是城市更新实施的基本单位"（第十四条），实行计划管理和有效期管理（第十五条）。城市更新单元计划由依规定确定的多主体进行申报（第十七条），由区人民政府批准，"报市城市更新部门备案"（第十九条）。"城市更新单元规划是城市更新项目实施的规划依据，应当根据城市更新单元计划、有关技术规范并结合法定图则等各项控制要求进行编制"（第二十条）。

《上海市城市更新条例》（第二章）明确市规划资源部门应当会同市发展改革、住房城乡建设管理、房屋管理、经济信息化等部门，编制本市城市更新指引（第十一条）。"城市更新指引应当明确城市更新的指导思想、总体目标、重点任务、实施策略、保障措施等内容"（第十三条）；区人民政府根据城市更新指引编制更新行动计划（第十四条）。"物业权利人以及其他单位和个人可以向区人民政府提出更新建议"（第十五条）。"更新行动计划应当明确区域范围、目标定位、更新内容、统筹主体要求、时序安排、政策措施等"内容（第十七条）。

5.3.4 城市更新的保障、监督与法律责任

三地《城市更新条例》均对城市更新的保障、监督与法律责任等给出了具体规定（表5.5）。广州在监督管理方面，提出实施时序、项目实施监督、复建安置资金监督、物业权益固化、建设移交管理、微改造技术标准特殊规定、资源整合、用地和建筑使用功能兼容、历史文化遗产活化利用等内容；在权益保障方面，明确村民与村集体权益保障、居民权益保障、利害关系人权益保障、统筹住房保障、村民自治、搬迁补偿、行政裁决等内容；在法律责任方面，对行政机关及其工作人员法律责任、相关组织和个人法律责任、搬迁补偿相关法律责任、实施主体的法律责任、市场主体的法律责任等进行了详细规定。深圳在保障与监督方面，对资金保障、文化遗产保护、容积率奖励或转移、特别规定、实施监督等内容进行了约定；在法律责任方面，对相关部门及其工作人员、市场主体、申报主体等人员的违法行为及处罚办法进行了说明。上海在城市更新保障方面，包含了组织保障、资金保障、金融保障、税收减免、公共利益、土地供应方式、市政基础设施、文化遗产、社区规划师制度、特别规定等内容；在监督管理方面，对全生命周期管理、监督检查制度、资金监督、违规处罚、人大监督等进行约定；在法律责任方面，对违反条例规定的情形给出了规定。

表5.5 三地城市更新的保障、监督与法律责任比较

城市	保障	监督管理	法律责任
广州	村民与村集体权益保障、居民权益保障、利害关系人权益保障、统筹住房保障、村民自治、搬迁补偿、行政裁决等	实施时序、项目实施监督、复建安置资金监督、物业权益固化、建设移交管理、微改造技术标准特殊规定、资源整合、用地和建筑使用功能兼容、历史文化遗产活化利用	行政机关及其工作人员法律责任、相关组织和个人法律责任、搬迁补偿相关法律责任、实施主体的法律责任、市场主体的法律责任
深圳	资金保障、文化遗产保护、容积率奖励或转移、特别规定	实施监督	相关部门及其工作人员、市场主体、申报主体等人员的违法行为
上海	组织保障、资金保障、金融保障、税收减免、公共利益、土地供应方式、市政基础设施、文化遗产、社区规划师制度、特殊规定	全生命周期管理、监督检查制度、资金监督、违规处罚、人大监督	违反条例规定的情形

资料来源：作者根据《广州市城市更新条例（征求意见稿）》《深圳经济特区城市更新条例》《上海市城市更新条例》整理。

综上可见，作为地方性法规的《城市更新条例》的出台，表明城市更新工作在广州、深圳、上海城市建设中的地位持续提升。条例重在总结提炼各地城市更新的实践做法、规章探索、政策经验等，通过"法治"路径来统一城市更新的基本认识、管理要求和工作模式，并不断破解更新项目中的痛点和难点问题。尽管细节规定各有千秋，三地城市更新条例均针对各地特点明确了城市更新的内涵和目标、工作方式、管理机构、管理流程等，确定了城市更新的规划管理和项目实施要求，强化了城市更新工作的保障与监督举措。

深圳

第6章

广州、深圳、上海城市更新
制度体系建构

综合的城市更新制度体系包括更新政策规定、管理机构设置、规划设计编制、决策制定、协商机制、项目实施要求等广泛内容。为了整体呈现城市更新制度体系的上述诸多方面，需要搭建一个系统的制度分析框架，方能清楚辨析制度体系的复杂特点，综合展示三地城市更新制度建设的全貌。因此，本章通过建立通用的制度体系架构，对比剖析广州、深圳、上海城市更新制度体系的构成及特点。

6.1 广州、深圳、上海的城市更新制度体系

6.1.1 机构改革前的三地城市更新制度体系

前文关于广州、深圳、上海城市更新政策演进以及《城市更新（实施）办法》的对比解读，已经隐约勾勒出三地在新一轮机构改革前的城市更新制度体系轮廓，这里通过可比照的分析框架进行进一步的归纳和总结。

2018年国家机构改革前，广州城市更新制度体系中的核心管理机构为广州市城市更新局，政策经历了从"开放市场"向"政府主导"的演变，城市更新活动按照"旧城、旧村、旧厂"分类管理，并以此形成了"1+3+N"的政策和规划编制体系。城市通过"城市更新总体规划"对全城更新工作进行整体控制，借助更新片区规划确定改造方案，并基于"多主体申报，审批控制"的管理途径，以全面改造和微改造的方式开展城市更新实践（图6.1）。在更新过程中，更新地块数据入库、专家论证、协商审议机制等成为更新活动有序开展的重要保障。

深圳城市更新制度体系中的核心管理机构为深圳市规划和国土资源委员会，下设分支"城市更新局"负责相关城市更新业务。深圳政策强调"政府引导，市场运作"，突出法制化、市场化特点，将城市更新分为综合整治、功能改变、拆除重建三类进行分类指引[①]，通过整体的"城市更新专项规划"与地段的"城市

[①] 综合整治类，保持建筑主体结构和使用功能基本不变，改善基础设施和公共服务设施，美化沿街立面，进行既有建筑节能改造；功能改变类，保留建筑物的原主体结构，改变部分或者全部建筑物使用功能，不改变土地使用权的权利主体和使用期限；拆除重建类，完全拆除重建，并改变地区功能，改变土地使用权的权利主体和使用期限。

图6.1 广州城市更新制度体系

广州市城市更新（旧城、旧村、旧厂）

- **核心政策演变**：从"开放市场"到"政府主导"
- **核心机构**：广州市城市更新局
- **规划控制**："1+3+N"规划编制体系
- **总体控制**：广州市城市更新总体规划
- **分类指引**：旧城、旧村、旧厂分类指引，全面改造和微改造并举
- **监督协商制度**：数据调查、专家论证、协商审议
- **实施办法**：多主体申报，审批控制

图6.1　广州城市更新制度体系

深圳市城市更新（综合整治、功能改变、拆除重建）

- **核心政策**：以《城市更新办法》为核心，政府引导，市场运作
- **核心机构**：深圳市规划和国土资源委员会（下设城市更新局）
- **规划控制**：整体引导（城市更新规划）+城市更新单元
- **核心控制要素**：城市更新单元
- **分类指引**：综合整治+功能改变+拆除重建
- **实施办法**：多主体申报，审批控制

图6.2　深圳城市更新制度体系

更新单元规划"进行规划控制，在项目运行上实行"多主体申报、审批控制"，以充分调动多方力量推动城市更新工作（图6.2）。

上海城市更新制度体系中的核心管理机构为上海市规划和国土资源管理局，下设"城市更新工作领导办公室"，核心政策突出政府引导下的"减量增效，试点试行"。上海亦使用城市更新单元作为城市更新的基本管理单位以及规划管控的工具，采用"区域评估—实施计划（土地全生命周期管理）—项目实施"的工作路径推进城市更新。上海城市更新突出"公共优先、多方参与"的价值理念，区域评估要求落实公共要素清单，区域评估与实施计划编制等环节要求进行公众参与，倡导通过容积率奖励与转移等措施，鼓励更新项目增加公共开放空间与公共设施（图6.3）。

图6.3 上海城市更新制度体系

由上述分析可以看出，在机构改革前，广州、深圳、上海都有《城市更新（实施）办法》颁布，都设立了相应的更新管理机构，都有对更新项目的区别管控，都对更新规划体系进行了创建与改革，并对接传统法定规划体系（表6.1）。在实施的主导主体上，有广州这样偏政府的、深圳这样偏市场的，以及上海这样强调两者并重的，运作上主要通过审批方式来管控建设行为。

表6.1 机构改革前的广州、深圳、上海城市更新制度创新比较

内容	广州	深圳	上海
机构设置	广州市城市更新局	深圳市规划和国土资源委员会（下设城市更新局）	上海市规划和国土资源管理局（下设城市更新工作领导办公室）
管理规定	《广州市城市更新办法》	《深圳市城市更新办法》	《上海市城市更新实施办法》
对象分类	旧城、旧村、旧厂	综合整治、功能改变、拆除重建	建成区中按照市政府规定程序认定的城市更新地区
规划体系	"1+3+N"编制体系	城市更新专项规划+城市更新单元规划	城市更新单元规划
政策特点	政府主导，市场运作	政府引导，市场运作	政府引导，双向并举，试点试行
运作实施	多主体申报，审批控制	多主体申报，审批控制	审批控制，试点示范项目
特色创新	数据调查（标图建库）、专家论证、协商审议等	保障性住房、公服配套、创新产业用房、公益用地等	用地性质互换、公共要素清单、社区规划师、微更新等

6.1.2 机构改革后的三地城市更新制度体系

机构改革后，广州城市更新工作由原来以"三旧"改造为核心，扩展为涵

盖全面改造、微改造、混合改造的综合性城市更新；以往"项目制"的更新方式变得更加丰富多元；城市更新日益重视存量开发质量、产业空间提升、公共服务设施配套、历史文化保护等高质量发展内容。同时，由于城市更新主管部门转向"住建"系统，城市更新侧重点也发生一定变化，更新运作关注实施质量和效果，强调从技术规范和落地实施等层面入手推进新一轮工作开展。

改革后的深圳城市更新制度体系，整体上是对原有政策体系的传承、优化和提升。机构改革后，深圳城市更新的核心管理机构归属"规自"体系，城市更新制度框架基本延续了原有制度特点，并通过《深圳经济特区城市更新条例》的出台来固化已有实践经验，破解实施难题。在深圳，广义上的城市更新实践涉及"城市更新"和"土地整备"两类情况，其中"土地整备"主要用来应对未完善征（转）地补偿手续用地的开发建设问题。

2021年出台的《上海市城市更新条例》对上海城市更新活动的内涵进行了修订和补充，将过去《上海市城市更新实施办法》未纳入的旧区改造、旧住房更新、"城中村"改造等城市更新活动纳入统一管理范畴，标志着上海城市更新活动在系统整合与全面统筹上取得了新进展。机构改革后，尽管上海对城市更新工作的推进力度持续加大，但相关配套文件建设还需要持续完善，如明确规划优化、用地性质改变、更新方案认定等流程，以及土地协议出让经市政府同意的具体要求和细化标准等（表6.2）。

表6.2 机构改革后的广州、深圳、上海城市更新制度创新比较

内容	广州	深圳	上海
机构设置	广州市住房和城乡建设局（主管部门），广州市规划和自然资源局；其他相关部门协同	深圳市城市更新和土地整备局（主管部门，隶属深圳市规划与自然资源局）；住建等相关部门协同	上海市政府统筹（办公室设在市住房城乡建设管理委员会）；住建、规自等相关部门协同
管理规定	《广州市城市更新条例（征求意见稿）》	《深圳经济特区城市更新条例》	《上海市城市更新条例》
对象分类	全面改造、微改造、混合改造（旧城、旧村、旧厂）	综合整治（功能改变）、拆除重建	区域更新、零星更新
规划体系	城市更新专项规划+单元详细规划+地块详细规划	整体引导（城市更新专项规划）+城市更新单元	城市更新指引+更新行动计划+区域/项目更新方案
政策特点	政府统筹、多方参与	政府统筹、市场运作	政府推动、市场运作
实施单元	实施片区	更新单元	更新区域

续表

内容	广州	深圳	上海
运作实施	审批控制，多主体申报	审批控制，多主体申报	审批控制，试点示范项目
特色创新	城市更新基础数据库、（标图建库）、专家论证、协商审议、异地平衡、争议纠纷解决制度、"社区设计师+乡村规划师"制度等	"个别征收+行政诉讼"制度、城市更新信息系统、保障性住房配建、容积率奖励、社区规划师制度、公服配套要求、创新产业用房、公益用地移交等	城市更新基金、城市更新中心、社区规划师制度、浦东新区创新试点、城市更新信息系统、金融创新、用地功能转换、公共要素清单等

（1）广州。机构改革后，原广州城市更新局撤销，相关工作分别纳入广州市住房和城乡建设局、规划和自然资源局等。广州城市更新的核心管理机构为市住房和城乡建设局（主管部门），市规划和自然资源部门负责本市城市更新规划和用地管理等工作。广州持续推进城市更新的规划管理、策划实施、用地管理、监督管理、权益保障等机制建设，城市更新制度体系处于不断调整完善中。总体来看，遵循"政府统筹、多方参与"的基本原则，广州按"全面改造、微改造、混合改造"三类分类引导和实施城市更新，并对接更新诉求落实"总体规划+专项规划+详细规划"的国土空间规划编制体系（"总体规划"为市/区级国土空间总体规划，"专项规划"为与市/区级国土空间规划配套的城市更新专项规划，"详细规划"为国土空间详细规划，涵盖了城市更新类的单元详细规划）（图6.4）。在详细规划层面，广州施行刚性指标与弹性指标相结合的更新管控模式，涉及修改弹性指标的，由区人民政府批准；涉及刚性指标修改的，由市规划和自然资源部门报市人民政府批准。

图6.4 机构改革后的广州城市更新制度体系

（2）深圳。深圳城市更新的核心机构为深圳市城市更新和土地整备局，隶属深圳市规划与自然资源局。深圳城市更新遵循"政府统筹，市场运作"的基本原则，按"综合整治、拆除重建"进行分类引导和项目实施（原"功能改变类"纳入"综合整治类"），并针对拆除重建类城市更新常常遇到的"钉子户"问题创设了"个别征收+行政诉讼"的特殊机制（图6.5）。深圳城市更新实施的基本单位为城市更新单元；全市层面通过编制深圳市城市更新专项规划对城市更新工作进行整体引导，并作为城市更新单元划定、计划制订、规划编制的重要依据。通过建立统一的城市更新信息系统，深圳对城市更新的工作实施开展了全流程、全方位的监管，并在保障与监督上持续强化统筹保障资金、加强历史文化遗产保护与利用、推行土壤污染防治等内容。

深圳市城市更新	
	核心政策：《深圳经济特区城市更新条例》
	机构设置：深圳市城市更新和土地整备局（隶属深圳市规划和自然资源局）
	政策特点：政府统筹，市场运作
	规划控制：整体引导（城市更新专项规划）+城市更新单元
	核心控制要素：城市更新单元
综合整治 / 拆除重建	分类指引：综合整治+拆除重建
	实施办法：审批控制，多主体申报
	拆迁制度：个别征收+行政诉讼
	信息平台：城市更新信息系统
	保障与监督：统筹保障资金，加强历史文化遗产保护与利用，土壤污染防治

图6.5　机构改革后的深圳城市更新制度体系

（3）上海。上海城市更新工作由上海市人民政府统筹，办公室设在市住房城乡建设管理部门，规自、住建、商务、发改等部门协同开展工作。上海设立了城市更新中心，按照规定职责参与相关规划编制、政策制定、旧区改造、旧住房更新、产业转型等更新工作。遵循"政府推动、市场运作"的原则，上海城市更新坚持"留改拆"并举，并以保留保护为主。城市更新的方式分为区域更新和零星更新，通过"城市更新指引（市级）+更新行动计划（区级/跨行政区）+区域/项目更新方案"的整体体系推进更新（图6.6）。上海从财政政策、金融支持、税费政策三个层面对城市更新的资金来源提供政策保障，实行"全生命周期管理+部门监督"的监管方式，并给予浦东新区特殊政策支持，来推动城市更新机制、模式、管理

上海市城市更新	核心政策：《上海市城市更新条例》
	机构设置：市政府统筹（办公室设在市住房城乡建设管理部门），相关部门协同
	政策特点：政府推动、市场运作
	更新体系：城市更新指引+更新行动计划+区域/项目更新方案
	价值导向：坚持"留改拆"并举、以保留保护为主
	资金保障：财政政策+金融支持+税费政策
区域更新　零星更新	开发平台：上海城市更新中心
	信息平台：城市更新信息系统
	监督管理：全生命周期管理+部门监督
	创新试点：浦东新区

图6.6　机构改革后的上海城市更新制度体系

等方面的前沿创新。通过建立全市统一的城市更新信息系统，上海加强了对城市更新活动的统筹和监管，并及时向社会公布城市更新相关信息。

6.2 城市更新机构设置

6.2.1 机构改革前的三地城市更新机构设置

机构改革前，广州、深圳、上海均有城市更新的专职管理机构，但是各机构的地位层级、职权范围、管理形式、市区分工等存在一定的差异（表6.3）。广州成立了单独的管理机构（城市更新局）对城市更新进行管理，工作涵盖城市更新的政策法规、审批、资金、土地整备、前期工作、项目审核、建设监督等多个方面。深圳与上海一样，规土部门为城市更新的主管部门：深圳的城市更新工作由深圳市规划和国土资源委员会负责（下设城市更新局），主要进行宏观统筹，各区负责城市更新实施的具体行政事务；上海在市规划和国土资源管理局下设城市更新工作领导办公室，对上海的城市更新工作进行宏观管理，具体实施环节由各区负责。

表6.3 广州、深圳、上海机构改革前的城市更新机构职能比较

类别	广州	深圳	上海
领导机构	市城市更新工作领导小组	市查违和城市更新工作领导小组	市城市更新工作领导小组
管理机构	广州市城市更新局	深圳市规划和国土资源委员会（下设城市更新局）	上海市规划和国土资源管理局（下设城市更新工作领导办公室）
实施主体	区政府区城市更新机构	区政府区城市更新机构	区政府区城市更新机构
机构职能	组织批复实施、政策法律制定、创新办法研究	组织协调更新工作、政策法规制定、更新规划编制	政策法规制定、城市更新项目组织协调、更新政策宣传
区县职能	更新项目审核审批	行政审批、确认、服务、监督检查等	制订城市更新区域评估报告和实施计划

（1）广州：广州市城市更新局。2015年，广州按照市政府机构改革方案成立城市更新局，整合原来"三旧办"的职责以及市政府有关统筹城乡人居环境改善的职责。广州城市更新管理机构从"三旧办"到城市更新局，不仅仅是内涵和理念的提升，更是制度创新[43]。原"三旧办"虽然具有"三旧"项目的规划编制权、审批权、专项资金调配权，但是"三旧"项目审批容易与既有规划指标产生一定的矛盾，与规划局的建设项目审批权产生一定的冲突，因此城市更新局的成立是在职责和权力设置两方面进行的创新调整——这些矛盾和冲突在城市更新局成立之后依旧部分存在[①]。

城市更新局作为城市更新操作层面的主要行政机构，主要职责有城市更新政策法律制定、管理办法研究、统筹更新实施等。广州城市更新管理工作以城市更新局为核心，由市城市更新工作领导小组领导，其他有关部门（规土部门）配合加以开展（图6.7）。城市更新局内部设置了7个处室，含法规政策、计划资金、土地整备、前期工作、项目审批、建设监督6个覆盖城市更新全过程的管理处室以及局办公室。城市更新局还设有4个直属事业单位，即城市更新项目建设办公室、城

---

① 在国家机构改革设立自然资源部之后，广州城市更新局的未来定位和归属面临新的挑战。2018年12月30日，经中央编委备案通过，广东省委省政府批复《广州市机构改革方案》。2019年1月9日，中共广州市委十一届七次全会召开，广州市机构改革进入全面实施阶段。根据《广州市机构改革方案》相关安排，广州市组建规划和自然资源局，不再保留市国土资源和规划委员会、市城市更新局。广州市规划和自然资源局内设"城市更新土地整备处"，该处：负责统筹组织全市城市更新土地整备工作，负责划定土地整备重点范围，结合城市更新推进范围内的土地整理和储备；负责全市城市更新项目完善历史用地手续的审核，负责城市更新项目集体建设用地转为国有建设用地的审核，负责城市更新项目"三地"（边角地、夹心地、插花地）涉及农用地转用和土地征收的审核；指导和监督各区城市更新土地整备、用地报批和用地管理工作。具体参见：http://ghzyj.gz.gov.cn/gkmlpt/content/5/5678/post_5678980.html#932。

图6.7 机构改革前的广州城市更新机构设置

市更新规划研究院、城市更新土地整备保障中心、城市更新数据中心，为城市更新活动提供技术支撑。

  2016年，广州试点开展"简政放权"，以26个城市更新重点项目为试点，将审核审批权限交由各区行使，以强化区政府的第一责任主体作用。2017年8月，广州发布《广州市人民政府办公厅关于印发广州市进一步放权强区改革工作方案的通知》（穗府办函〔2017〕173号），正式开展放权强区工作，界定了放权强区的类别、范围和标准，确定了放权强区的工作任务和进度安排。2018年2月，根据《广州市人民政府关于将一批市级行政职权事项调整由区实施的决定》的要求，广州市城市更新局将广州市人民政府令第157号文件《广州市人民政府关于将一批市级行政职权事项调整由区实施的决定》中的城市更新片区策划和更新项目实施方案审核权、城市更新年度计划编制、符合控规及全市产业目录、发展方向的村级工业园和旧厂更新项目的实施方案审核（项目涉及拆除重建的）、涉及调整控制性详细规划的城市更新片区策划及实施方案的审批权等4项行政职权事项下放至相关区政府，委托广州空港经济区管委会负责实施（表6.4）[①]。

  （2）深圳：深圳市规划和国土资源委员会[②]。深圳市规划和国土资源委员会是深圳城市更新的主管部门，市规划国土委员会直接负责城市更新工作，容易协调城市更新活动与城乡规划之间的关系，避免因部门权力分割造成的审批滞后。为

[①] 具体参见：广州市城市更新局. 广州市城市更新局关于将市级行政职权事项调整由各区实施的通告[EB/OL].（2018-02-27）[2018-10-12]. http://www.gz.gov.cn/gzscsgxj/tzgg/201803/d1b03b6ac8e84fcabad370940f979f22.shtml.

[②] 2019年1月，《深圳市机构改革方案》经省委、省政府批准，并报中央备案同意发布。原深圳市城市更新局、土地整备局二者合并为深圳市城市更新和土地整备局，城市更新与土地整备局归属市规划和自然资源局领导和管理。具体参见：http://www.sz.gov.cn/gxzbj/。

表6.4 广州市城市更新局调整由区实施的市级行政职权事项

157号令序号	实施部门	事项名称	具体内容	备注
140	市城市更新局	城市更新片区策划和更新项目实施方案审核权	①城市更新片区策划和更新项目实施方案的审核权下放各行政区实施。包括：范围划定，征求改造主体的意愿，基础数据调查核查，组织编制方案，组织专家评审，征求市城市更新工作领导小组成员单位意见，审核片区策划和更新项目实施方案 ②黄埔区、南沙区、增城区、广州空港经济区审议通过城市更新片区策划和更新项目实施方案后办理批复	
141	市城市更新局	城市更新年度计划编制	下放各行政区实施，委托广州空港经济区实施	
142	市城市更新局	符合控规及全市产业目录、发展方向的村级工业园和旧厂更新项目的实施方案审核（项目涉及拆除重建的）	下放各行政区实施，委托广州空港经济区实施	
143	市城市更新局	涉及调整控制性详细规划的城市更新片区策划及实施方案的审批权	下放黄埔区、南沙区、增城区实施，委托广州空港经济区实施	保持与全市控规管理权限一致

资料来源：广州市城市更新局. 广州市城市更新局关于将市级行政职权事项调整由各区实施的通告[EB/OL]. （2018-02-27）[2018-10-12]. http://www.gz.gov.cn/gzscsgxj/tzgg/201803/d1b03b6ac8e84fcabad370940f979f22.shtml.

回应深圳系统化的"强区放权"改革①，2016年年初，深圳以罗湖区城市更新改革试点为突破口②，探索分权系统下的规划国土体制机制改革，城市更新的"强区放权"变革由此拉开序幕。罗湖区经过约一年的改革试点，超额完成城市更新预定目标，共计完成固定资产投资122亿元（同比增长122%）；城市更新实施率由2015年的29%提升至2016年的36%；全年完成土地供应0.147km²，整备入库0.096km² [71]。2016年10月，《深圳市人民政府关于施行城市更新工作改革的决定》（深府令〔2016〕288号）颁布，决定将罗湖区城市更新改革试点成果在全市加以推广，将市级审批权等下放至各区。《决定》主要涉及三个方面：①下放城市更新

---

① 2016年，深圳将建设现代政府，提升整个城市的竞争力作为目标，以简政放权、促进政府职能转变为突破口，大力推进强区放权改革。
② 2015年9月2日，罗湖区颁布《罗湖区人民政府贯彻〈深圳市人民政府关于在罗湖区开展城市更新工作改革试点的决定〉（深府〔2015〕279号）的实施意见》，启动规划国土体制机制改革。

行政职权，市规划国土委及其派出机构行使的行政职权调整至各区主管部门行使；②下放城市更新计划审批权，城市更新计划由市政府审批调整至各区政府审批；③解决新旧政策衔接问题。

深圳全面施行"强区放权"后，市规划国土委主要负责城市更新工作的组织协调，城市更新政策拟定，城市更新专项规划编制，相关技术规则、标准制定，管理规范制定等（图6.8）；各区行使的职权则为行政审批、行政服务、监督检查等，主要包括：①城市更新单元的审批（审查）权；②城市更新项目建筑物信息核查及权属认定（含历史用地处置）；③城市更新项目的用地报批、建设用地规划许可证核发、地价核算、国有土地出让合同签订等；④城市更新项目建设用地规划许可证、建设工程规划许可证核发、建设工程规划验收等；⑤城市更新项目的监督检查。

图6.8 机构改革前的深圳城市更新机构设置

"强区放权"有利于提高城市更新项目的实施效率，各区可以结合自己的情况来运作城市更新，使城市更新更具针对性和可行性，在一定程度上提升了城市更新的实施成效。但是"强区放权"也引发出一些当前问题，体现在各区为实现自身发展导致的建设容量管控失衡、区里纷纷出台区级更新管控政策和文件导致政策系统庞杂交错，以及区级政府管理人员和技术力量捉襟见肘等。

(3) 上海：上海市城市更新工作领导办公室[①]。上海市政府内设城市更新工作领导小组，负责领导上海全市城市更新工作，对城市更新重大事项进行决策

---

① 2018年10月，党中央、国务院正式批准上海市机构改革方案，组建上海市规划和自然资源局。上海市规划和自然资源局设详细规划管理处（城市更新处），承担控制性详细规划管理工作，负责城市更新相关政策的研究、实施和指导工作。2019年10月，上海市将上海市旧区改造工作领导小组、上海市大型居住社区土地储备工作领导小组、上海市"城中村"改造领导小组、上海市城市更新领导小组合并，成立上海市城市更新和旧区改造工作领导小组，由上海市市长担任组长。领导小组下设办公室、城市更新工作小组、旧区改造工作小组。领导小组办公室设在市住房和城乡建设管理委员会，城市更新工作小组设在市规划和自然资源局，旧区改造工作小组设在市住房和城乡建设管理委员会。具体参见：http://www.shanghai.gov.cn/nw2/nw2314/nw2319/nw12344/u26aw62976.html。

（图6.9）。市规划和国土资源管理局内设立城市更新工作领导办公室，负责城市更新的日常管理，技术规范、管理规程制定，更新项目的组织协调、监督检查，更新政策的宣传工作等。各区政府部门负责本辖区内的城市更新工作，包括制订城市更新区域评估报告和实施计划等。

图6.9 机构改革前的上海城市更新机构设置

6.2.2 机构改革后的三地城市更新机构设置

2018年年底以来，各地城市陆续公布地方机构改革方案。在此背景下，广州、深圳、上海的城市更新治理体系开始新一轮调整，呈现出规自（更新规划及用地管理）、住建（老旧小区等具体项目实施）、发改（公共资金投放）、经信（产业发展）、工商（企业注册）等政府部门联合统筹推进城市更新的新态势。广州、上海主要依托市住房城乡建设部门推进城市更新，规划和自然资源部门负责城市更新的规划编制和土地管理，其他相关部门在各自权责范围内协同行动；深圳主要依托规划和自然资源部门开展工作，成立专门机构组织协同全市的城市更新工作开展（表6.5）。

表 6.5 机构改革后的广州、深圳、上海城市更新机构职能比较

类别	广州	深圳	上海
领导机构	广州市人民政府（成立城市更新领导机构）	深圳市人民政府	上海市人民政府（办公室设在市住房城乡建设管理部门）
主管部门	广州市住房和城乡建设局	深圳市规划和自然资源局	
建设管理		深圳市城市更新和土地整备局	上海市住房和城乡建设管理委员会
规划和用地管理	广州市规划和自然资源局		上海市规划和自然资源局

109

续表

类别	广州	深圳	上海
协同管理	广州市人民政府其他相关部门	深圳市人民政府其他相关部门	上海市人民政府其他相关部门
统筹推进	区人民政府	区人民政府	区人民政府
组织实施	区城市更新部门	区城市更新部门	

（1）广州：广州市住房和城乡建设局。2019年1月，广州市机构改革方案公布，原城市更新主管部门"广州市城市更新局"被取消，相关工作分别转由广州市住房和城乡建设局、广州市规划和自然资源局等部门承担。《广州市城市更新条例（征求意见稿）》明确了住房城乡建设行政主管部门是城市更新工作的主管部门[72]（表6.6），市政府其他相关部门在各自职责范围内负责城市更新相关工作。其中，住房和城乡建设局主要负责组织城市更新政策创新研究，拟订城市更新项目实施有关政策、标准、技术规范，编制城市更新计划等工作；规划和自然资源局主要负责城市更新规划和用地管理等工作（图6.10）。

表6.6 广州城市更新工作的主要管理机构及职能

主要机构	城市更新相关职能
广州市住房和城乡建设局	■ 组织城市更新政策创新研究，拟订城市更新项目实施有关政策、标准、技术规范； ■ 组织编制城市更新中长期建设规划及年度计划； ■ 负责城市更新项目标图建库、城市更新项目基础数据普查工作； ■ 统筹组织城市更新片区策划方案、项目实施方案的编制和审核工作； ■ 负责全市城市更新项目的统筹实施、监督和考评； ■ 统筹城市更新政府安置房的筹集与分配等管理工作
广州市规划和自然资源局	■ 负责城市更新土地整备和用地报批工作； ■ 负责城市更新规划和用地管理工作

为响应国家要求，预防砍树、大拆大建等不当行为在城市更新中的出现，2021年年底，广州陆续出台了《广州市关于在城乡建设中加强历史文化保护传承的实施意见》《广州市关于科学绿化的实施意见》《广州市关于在城市更新行动中防止大拆大建问题的实施意见（试行）》等重要文件。2022年4月7日，广州市人民政府办公厅发布《广州市人民政府关于收回一批市级行政权力事项的决定》（广州市人民政府令第188号，以下简称"'188号'令"），涉及多项城市更新

全市层面	广州市人民政府	研究审定城市更新重大事项、作出重大决策
	广州市住房和城乡建设局	本市城市更新工作的主管部门，负责组织实施《广州市城市更新条例（征求意见稿）》
	广州市规划和自然资源局	负责本市城市更新规划和用地管理工作
	广州市人民政府其他相关部门	在各自职责范围内负责城市更新相关工作
区县层面	区人民政府	统筹推进本行政区域内的城市更新工作
	区城市更新部门（区人民政府指定）	负责组织本行政区域内的城市更新工作
	区人民政府相关部门	在各自职责范围内负责城市更新相关工作

图6.10 广州城市更新管理的组织架构
资料来源：作者根据《广州市城市更新条例（征求意见稿）》绘制。

相关审批权的变动和收回，主要包括：①控制性详细规划审批管理权限的收回。《广州市人民政府关于将一批市级行政职权事项调整由区实施的决定》（广州市人民政府令第157号）曾经对控制性详细规划的部门审批权限进行了下放。对此，"188号"令第10～12项要求，由"157号"令下放至各区的关于控制性详细规划的审批权，将全部收归市规划和自然资源局（表6.7）；②树木审批管理权限的收回。广州曾一度大规模迁移砍伐城市树木[①]，城市政府在反思过程中将古树名木、大树老树等的科学处置列为城市更新活动的重要关注点。"188号"令取消了《广州市人民政府关于下放、委托和收回一批市级行政权力事项的决定》（广州市人民政府令第178号）下放至黄埔、南沙的相关树木管理权限（表6.8）。

表 6.7 广州市级政府收回的"控制性详细规划"行政职权事项

审批事项	"157号"令	"188号"令
控制性详细规划初审权	调整由区级实施	不再调整由区级实施
控制性详细规划审批权	委托黄埔区（除广州经济技术开发区以外区域）和增城区实施	重点片区、市级储备用地不再委托黄埔区（除广州经济技术开发区以外区域）和增城区实施
基础设施类、公共服务设施类、产业区块内工业用地控制性详细规划局部修正审批	调整由区级实施	"因控制性详细规划的信息错漏需要更正控制性详细规划相关信息的"情形和跨区项目不再委托区级实施

资料来源：广州市人民政府. 广州市人民政府关于收回一批市级行政权力事项的决定［EB/OL］. （2022-04-07）. http://www.gz.gov.cn/zwgk/fggw/gz/content/post_8173892.html.

---

① 具体可参见：https://m.thepaper.cn/baijiahao_16660107。

表6.8 广州市级政府收回的"树木"行政职权事项

审批事项	"178号"令	"188号"令
古树后续资源迁移、修剪和古树名木修剪审批	委托黄埔区、南沙区实施	不再委托黄埔区、南沙区绿化行政主管部门实施
古树名木迁移审核审批	委托黄埔区、南沙区实施	不再委托黄埔区、南沙区政府实施

资料来源：广州市人民政府．广州市人民政府关于收回一批市级行政权力事项的决定［EB/OL］．（2022-04-07）．http://www.gz.gov.cn/zwgk/fggw/gz/content/post_8173892.html．

(2) 深圳：深圳市城市更新和土地整备局。深圳根据市机构改革方案，不再保留市规划和国土资源委员会，组建新的"规划和自然资源局"，并下设深圳市城市更新和土地整备局[73]，由其负责组织协调全市的城市更新和土地整备工作（表6.9）。《深圳经济特区城市更新条例》（第五条）明确："市城市更新部门是城市更新工作的主管部门，负责组织、协调、指导、监督全市城市更新工作，拟订城市更新政策，组织编制全市城市更新专项规划、年度计划，制定相关规范和标准。"[74]市政府其他相关部门在各自权责内开展相关工作（图6.11）。《关于深入推进城市更新工作促进城市高质量发展的若干措施》进一步明确了深圳市城市更新和土地整备局、各区政府、各区城市更新职能部门在城市更新单元规划管理中的职权：①深圳市城市更新和土地整备局负责组织、协调、指导全市更新单元规划审批工作，拟定更新单元规划审批管理政策，组织编制相关技术规则、标准，制定管理规范；②各区政府（含新区管理机构，下同）负责更新单元规划制定与修改的审议、报批或者审批；③各区城市更新职能部门负责更新单元规划制定与修改的审查和报批，包括规划初审、规划草案公示及意见处理、规划公告、规划成果归档等相关工作，并做好相关政策解读与宣讲、规划数据统计及信访维稳等工作[75]。

表6.9 深圳城市更新工作的相关机构及职能

主要机构	城市更新相关职能
深圳市规划和自然资源局	■ 统一领导和管理深圳市城市更新和土地整备局
深圳市城市更新和土地整备局	■ 贯彻落实市委、市政府、市查处违法建筑和城市更新工作领导小组及市规划和自然资源局的有关工作部署和决定，组织协调全市更新、土地整备工作； ■ 拟订城市更新土地整备有关政策、规划、标准并组织实施；拟定土地储备有关政策、计划并组织实施；组织起草有关地方性法规、规章草案； ■ 统筹协调全市土地整备资金计划，按权限管理相关土地整备资金； ■ 指导和监督各区开展城市更新和土地整备工作；

续表

主要机构	城市更新相关职能
深圳市城市更新和土地整备局	■ 完成市委、市政府和上级部门交办的其他任务； ■ 职能转变：市城市更新和土地整备局应当强化统筹协调、制度设计、政策制定、监督检查等职能，优化体制，推进管理重心下移，充分调动各区积极性，推动市城市更新和土地整备工作高质量发展

资料来源：深圳市规划和自然资源局. 机构概况［EB/OL］. （2021-10-10）. http://pnr.sz.gov.cn/xxgk/jgzn/jggk/.深圳市城市更新和土地整备局. 深圳市城市更新和土地整备局主要职能［EB/OL］. （2019-06-20）. http://www.sz.gov.cn/szcsgxtdz/gkmlpt/content/7/7019/post_7019701.html#19166.

层面	机构	职能
全市层面	深圳市人民政府	统筹全市城市更新工作，研究决定城市更新工作涉及的重大事项
	深圳市城市更新和土地整备局	城市更新工作的主管部门，负责组织、协调、指导、监督全市城市更新工作，拟订城市更新政策，组织编制全市城市更新专项规划、年度计划，制定相关规范和标准
	深圳市人民政府其他相关部门	在各自职责范围内负责城市更新相关工作
区县层面	区人民政府（含新区管委会）	统筹推进本辖区城市更新工作
	区城市更新部门	负责本辖区城市更新组织实施和统筹管理工作
	区人民政府相关部门	在各自职责范围内负责城市更新相关工作
街道层面	街道办事处	配合区城市更新部门做好城市更新相关工作，维护城市更新活动正常秩序

图6.11 深圳市城市更新组织架构
资料来源：作者根据《深圳经济特区城市更新条例》绘制。

为切实缓解土地供需矛盾，提升政府掌控土地资源的能力，深圳探索了基于"土地整备"的土地管理新模式。相对于城市更新，深圳的"土地整备"起步较晚，主要针对未完善征（转）地补偿手续用地，通过收回土地使用权、房屋征收及拆迁、土地收购、征（转）地历史遗留问题处理、填海造地等方式，对零散用地进行整合，并进行土地清理及土地前期开发。

（3）上海：上海市住房和城乡建设管理委员会。《上海市机构改革方案》提出，组建上海市规划和自然资源局，不再保留上海市规划和国土资源管理局。不同于《上海市城市更新实施办法》[①]将市城市更新办公室设在规划国土资源部门，《上海市城市更新条例》明确市城市更新办公室设在市住房城乡建设管理部门（图6.12）。根据《上海市城市更新条例》，城市更新管理涉及的主要机构及其分工如下：①"市人民政府建立城市更新协调推进机制，统筹、协调全市城市更新工作，并研究、审议城市更新相关重大事项，办公室设在市住房城乡建设管理部门，具体负责日常

---

① 《上海市城市更新实施办法》有效期至2020年5月31日。

113

全市层面	上海市人民政府 （办公室设在市住房城乡建设管理部门）	统筹、协调全市城市更新工作，并研究、审议城市更新相关重大事项
	上海市规划和自然资源局	负责组织编制城市更新指引，按照职责推进产业、商业商办、市政基础设施和公共服务设施等城市更新相关工作，并承担城市更新有关规划、土地管理职责
	上海市住房和城乡建设管理委员会	按照职责推进旧区改造、"城中村"改造等城市更新相关工作，并承担城市更新项目的建设管理职责
	上海市经济和信息化委员会	根据本市产业发展规划，协调、指导重点产业发展区域的城市更新相关工作
	上海市商务委员会	根据本市商业发展规划，协调、指导重点商业商办设施的城市更新相关工作
	上海市人民政府其他相关部门	在各自职责范围内，协同开展城市更新相关工作
区县层面	区人民政府（含特定地区管委会）	推进本辖区城市更新工作的主体，负责组织、协调和管理辖区内城市更新工作
街道层面	街道办事处、镇人民政府	按照职责做好城市更新相关工作
实施层面	上海市城市更新中心 （上海地产集团有限公司）	参与相关规划编制、政策制定、旧区改造、旧住房更新、产业转型以及承担市、区人民政府确定的其他城市更新相关工作

图6.12 上海市城市更新组织架构
资料来源：作者根据《上海市城市更新条例》绘制。

工作"（第四条）。[76] ②规划资源、住房城乡建设管理、经济信息化、商务部门是城市更新的主要职能部门，发展改革、房屋管理、交通等部门是协同实施部门（第五条）。③区政府和相关管委会是相应管辖区域内城市更新工作的责任主体（第六条）。④在实施层面，城市更新中心参与规划编制、政策制定、旧区改造、旧住房更新、产业转型等城市更新相关工作（第七条）。此外，上海还设立了相应的专家委员会，不断建立健全公众参与机制，推进城市更新信息系统的统一建立。

6.3 城市更新规划编制体系

为落实《中共中央国务院关于建立国土空间规划体系并监督实施的若干意见》中"建立国土空间规划体系，不在国土空间规划体系之外另设其他空间规划"的要求，广州、深圳依据自身实际将城市更新规划融入地方国土空间规划体系中，上海依据国土空间总体规划编制城市更新指引，以指导城市更新相关工作开展。

广州、深圳、上海的城市更新规划编制体系都在积极探寻与国土空间总体规划和更新政策体系的衔接：①广州实行对接国土空间规划的"国土空间总体规划+城市更新专项规划+详细规划"的更新规划编制体系,其中城市更新专项规划服务和附属于国土空间总体规划。②深圳推行"城市更新专项规划+城市更新单元规划",其中城市更新专项规划对接国土空间总体规划和分区规划,城市更新单元规划对接法定图则,并探索了"重点片区统筹规划"等中间层次的规划管控内容。③上海城市更新实行"城市更新指引+更新行动计划+更新方案"的规划编制体系,其中城市更新指引编制应符合国民经济和社会发展规划、国土空间总体规划等,侧重更新目标和策略等;行动计划需明确城市更新区域的范围、目标和内容等;更新方案具体落实实施阶段的各项管控要求,通过控制性详细规划与国土空间规划体系进行衔接(表6.10)。

表6.10 广州、深圳、上海城市更新规划编制体系比较

内容	广州	深圳	上海
编制体系	国土空间总体规划+城市更新专项规划+详细规划	城市更新专项规划+城市更新单元规划	城市更新指引+更新行动计划+更新方案
总体层面	广州市国土空间总体规划	深圳市国土空间总体规划	上海市国土空间总体规划
专项规划	广州城市更新总体规划	深圳城市更新专项规划	城市更新指引
单元层面	国土空间详细规划单元	城市更新单元	更新区域
单元衔接的法定规划	国土空间详细规划	法定图则	控制性详细规划

6.3.1 广州:总体规划+专项规划+详细规划

机构改革前,广州城市更新规划体系传承"三旧"改造思路,形成了"1+3+N"的整体结构(图6.13)[①]。其中,"1"为广州市城市更新总体规划;"3"指"三旧"专项改造规划;"N"指"三旧"改造地块的具体改造方案或片区策划方案等。"1"、"3"和"N"在不同层次上对接传统规划与更新政策体系:

①"1"对接落实"广州市城市总体规划"和"广州市土地利用总体规划",从总体层面对广州城市更新的目标、原则、策略,更新任务、范围、强度、方式以及配套基础设施等做出安排。

---

① 具体参见:2012年中国城市管理进步奖推荐案例. 广州"三旧"改造的"1+3+N"规划体系[J].领导决策信息,2011(40):20-21. 赖寿华,吴军. 速度与效益:新型城市化背景下广州"三旧"改造政策探讨[J]. 规划师,2013,29(5):36-41.

②"3"对接控规大纲或控规单元法定图则，侧重城市更新的中观层面控制，落实"城市更新总体规划"的更新目标和要求，对城市更新提出控制指标要求，包括更新单元的功能、总量、强度等。

③"N"对接控规地块管理图则，编制具体更新地块的改造方案，落实各类专项规划，作为城市更新项目实施的依据。

图6.13 机构改革前广州"1+3+N"城市更新规划体系
根据相关资料改绘：赖寿华，吴军. 速度与效益：新型城市化背景下广州"三旧"改造政策探讨[J]. 规划师，2013，29（5）：36-41.

机构改革后，广州城市更新规划编制工作在国土空间规划的引导下，建立了"总体规划定目标定重点，专项规划建路径建机制，详细规划控指标定功能"的城市更新规划管控传导机制，形成了"总体规划+专项规划+详细规划"的编制体系（图6.14）。国土空间总体规划确定城市更新目标和重点，城市更新专项规划（如《广州市城市更新专项规划（2021—2035年）》）搭建城市更新路径和机制，详细规划（更新单元规划）传导城市更新管控要求。具体来看，城市更新专项规划"建路径、建机制"，提出城市更新分区、项目类型、实施策略和正负面清单；城市更新单元详细规划"控指标、定功能"，实行"单元详细规划+地块详细规划"的分层编制和刚弹结合的分级审批管控体系。《广州市城市更新单元详细规划报批指引》明确指出："'城市更新单元'是国土空间详细规划单元的一种类型。"城市更新单元的刚性指标主要在单元导则中确定，弹性指标主要在地块图则中体现。

图6.14　对接国土空间规划体系的广州城市更新规划体系

在技术层面，为了规范城市更新单元规划编制，广州市出台了《广州市城市更新单元详细规划编制指引》，明确相关成果内容包含技术文件（规划说明书、方案图集、专项评估）和法定文件（文本、城市更新单元导则）两部分（图6.15）。其中，规划说明书需要包含前期基础工作（前言、区位分析、单元划定、规划依据、现状基本情况）、核心内容（承载力说明、土地整备、城市设计指引、经济可行性、区域统筹）、规划方案（更新单元详细规划方案、分期实施

图6.15　广州市城市更新单元规划成果体系
资料来源：作者根据《广州市城市更新单元详细规划编制指引》绘制。

117

方案、专项评估、附件）等内容。为引导和配合城市更新单元规划编制，广州还出台了《广州市城市更新实现产城融合职住平衡的操作指引》《广州市城市更新单元详细规划交通影响评估编制指引》《广州市关于深入推进城市更新促进历史文化名城保护利用的工作指引》等系列文件。

6.3.2 深圳：更新专项规划+更新单元规划

2019年6月，深圳出台《关于深入推进城市更新工作促进城市高质量发展的若干措施》（以下简称《若干措施》），要求市规划和自然资源主管部门在对接全市国土空间规划的基础上，编制规划期至2035年的全市城市更新规划，明确全市城市更新的总体目标、发展方向和实施策略（图6.16）。《若干措施》提出要适时启动全市城市更新"十四五"规划编制，提出更新目标和策略、分区管控、各类设施配建、实施时序等要求[77]。《若干措施》对深圳城市更新现有的规划、计划体系进行了调整和完善，确定要搭建由中长期规划及年度计划组成的城市更新目标传导机制，主要创新涉及两方面：一是增加规划期至2035年的全市城市更新规划，为全市城市更新政策及规划制定提供更具前瞻性及综合性的指引；二是强化计划调控抓手，按照年度制定城市更新单元计划、规划和用地出让任务指标，搭建涵盖任务下达、过程跟踪、年终考核的年度计划管理机制，以保障中长期规划的有效落实。

图6.16 深圳城市更新规划与国土空间规划的关系

《深圳经济特区城市更新条例》第十三条明确规定："市城市更新部门应当按照全市国土空间总体规划组织编制全市城市更新专项规划。"由此，深圳以城市更新单元为核心建立起"更新专项规划+更新单元规划"的规划编制体系（图6.17）。"更新专项规划"[①]为宏观层面（全市或各区）编制的深圳市城市更新专项规划，确定规划期内城市更新的总体目标和发展策略，明确分区管控、城市基础设施和公共服务设施建设、实施时序等任务和要求。如《深圳市城市更新"十三五"规划》划定了城市更新优先拆除重建区、拆除重建及综合整治并举区、限制拆除重建区、基本生态控制线、已批城市更新单元计划范围等（图6.18）。2022年2月，《深圳市城市更新和土地整备"十四五"规划》正式印发，指导各区城市更新"十四五"规划和城市更新年度计划制订。城市更新专项规划经市人民政府批准后实施，作为城市更新单元划定、城市更新单元计划制订和城市更新单元规划编制的重要依据。"城市更新单元规划"主要内容有更新目标、方式、控制指标、基础设施、公共服务设施以及城市设计指引等，需对更新单元内拆除用地范围、利益用地范围和开发建设用地范围等进行划定（图6.19）。为了提高规划的可行性，更新单元规划编制阶段还需要制订实施计划，包括分期实施计划、落实期限、实施主体的各项责任（如拆迁、土地或设施移交责任）等内容。

图6.17 机构改革前深圳市城市更新规划体系

[①] 规划的具体名称会有所变化，如《深圳市城市更新"十三五"规划》便是这样的城市更新专项规划。2019年6月深圳新出台的《关于深入推进城市更新工作促进城市高质量发展的若干措施》，对城市更新规划计划体系进行了调整和完善，要搭建由中长期规划及年度计划组成的城市更新目标传导机制，具体参见：http://www.sz.gov.cn/gxzbj/zcfggfxwj/gmjjshfagh/201906/t20190612_17883364.htm。

图6.18 《深圳市城市更新"十三五"规划》更新潜力范围分布图

资料来源：深圳市规划和国土资源委员会. 深圳市城市更新"十三五"规划[EB/OL].（2016-11-21）[2018-10-22]. http://www.szpl.gov.cn/xxgk/ztzl/rdzt/csgx135/201611/t20161121_456427.html.

图6.19 深圳市大鹏新区葵涌街道溪涌片区城市更新单元规划

资料来源：深圳市规划国土委滨海管理局关于大鹏新区葵涌街道溪涌片区城市更新单元规划（草案）公示的通告[EB/OL].（2014-08-16）[2018-10-22]. http://www.sz.gov.cn/cn/xxgk/zfxxgj/tzgg/201408/t20140815_2548754.htm.

《若干措施》提出要加大片区统筹力度，加强市区共建，创新"案例+政策工具箱"的工作机制，鼓励各区选择片区统筹试点，充分发挥政策组合拳的优势，推进片区整体开发建设。早在2016年，《深圳市城市更新"十三五"规划》就提出施行"更新统筹片区规划"的构想（图6.20），各区城市更新专项规划在原有体系上，增加了"重点统筹片区规划"内容，从片区层面明确更新开发容量上限、配套设施布局和规模、开放空间布局和规模等，从而加强政府主导力度，弥合零散更新项目与城市更新总体目标之间的偏差，整体统筹规划编制、片区利益平衡、重大公共配套设施落地与基础支撑能力提升[1]。

在技术层面，深圳市为规范城市更新单元规划编制，衔接城市更新审批与实施等工作环节，于2011年出台了《城市更新单元规划编制技术规定（试行）》，将"更新单元规划"作为管理拆除重建类城市更新的基本平台（图6.21）。随后又于2014年出台《拆除重建类城市更新单元规划编制技术规定（征求意见稿）》，城市更新工作从追求"速度"向追求"质量"转型。2018年9月，深圳正式印发《深圳市拆除重建类城市更新单元规划编制技术规定》（深规土〔2018〕708号），主要修改内容包括：①细化公共配套设施布局要求，如在项目中配置幼（托）儿园、老年人日间照料中心、社区健康服务中心等。②明确强制性内容，包括单元主导功能、除产权移交政府的配套设施面积外的单元总建筑面积、住宅及商务公寓建筑面积、道路系统及其控制宽度、公共绿地用地规模及其布局、配套设施规模、重要公共配套设施类型和布局、历史文化保护范围、城市设计重点区的城市设计要求。③厘清用地信息，明确土地信息核查内容（拆除范围和拆除范围外涉及土地清退、用地挪腾、零星用地划入、外部移交用地），明晰用地挪腾的概念[2]。《技术规定》横向上对接城市更新单元规划审批操作等规定，纵向上细化与上层次规划、法定图则、更新单元计划的要素衔接，并对下一阶段的行政审批提出要求。城市更新单元规划主要成果分为技术文件（规划研究报告、专题/专项研究、技术图纸）和管理文件（文本、附图、规划批准文件），专项研究主要包含城市设计、海绵城市、生态修复、历史文化保护等内容。

---

[1]《深圳市城市更新"十三五"规划》提出要结合上层次规划、全市优先拆除重建区和更新对象分布，以及符合拆除重建划定标准的更新对象所处区域的地理现状，划定相对成片的区域作为更新统筹片区。
[2] 具体参见：《深圳市拆除重建类城市更新单元规划编制技术规定》（深规土〔2018〕708号）。

图6.20 龙华新区重点统筹片区规划图
资料来源:《龙华新区城市更新专项研究(2013—2020)》。

图6.21 深圳市城市更新单元规划成果体系
资料来源：《深圳市拆除重建类城市更新单元规划编制技术规定》（深规土〔2018〕708号）。

6.3.3 上海：更新指引+行动计划+更新方案

2015年颁布的《上海市城市更新实施办法》指出，上海城市更新规划的主要任务是针对"城市更新单元"编制更新单元规划。那时候上海与广州、深圳不同，城市更新在宏观层面没有专项的更新规划进行整体指引，而是从控规单元层面出发，以具体城市更新单元和更新项目为依托开展规划编制工作（图6.22）。当时，上海城市更新规划编制采取"先评估，后规划"的规划编制流程[①]：①首先进行区域评估，确定地区更新需求，进行地区公共要素评估，通过

图6.22 机构改革前的上海城市更新规划编制流程图

---

① 具体参见：《上海市城市更新规划土地实施细则（试行）（征求意见稿）》。

区域评估划定城市更新单元。涉及控制性详细规划调整的，由区县规划和土地管理部门根据区域评估报告明确的规划调整要求，编制控制性详细规划设计任务书，同步上报市规划和国土资源主管部门。区域评估报告由区县人民政府批复并送市更新工作领导小组办公室备案通过的，由市规划和国土资源主管部门同步完成规划设计任务书审核或备案，启动控规调整工作[①]。②进行城市更新单元意向方案的编制，初步形成城市更新单元的更新方案。③在上一阶段基础上编制最终的城市更新单元规划。在城市更新单元规划实施过程中，已经区县人民政府审批的区域评估报告如未涉及控制性详细规划调整，实施计划阶段提出控规调整需求的，必要时应重新开展区域评估[②]。

2017年3月，上海长宁区发布了《长宁区2017—2021年城市更新总体方案》及《长宁区2017—2018年城市更新行动计划》。《长宁区2017—2021年城市更新总体方案》被视为上海首个城市更新总体方案，提出了重点建设宜居社区、重塑商务片区、提升历史风貌区、发展城市低碳生态和开发利用地下空间等规划构想，预示着上海在总体层面逐步开展更新统筹规划的开端[③]。

2021年实施的《上海市城市更新条例》提出建立"城市更新指引+（区域体检评估）更新行动计划+更新实施方案"的规划编制体系（图6.23），分别对应市级—区级—实施层面的三级规划管控。具体来看：①在市级层面，编制城市更新指引，明确城市更新指引应符合国民经济和社会发展规划、国土空间总体规划，确定城市更新的指导思想、总体目标、重点任务、实施策略、保障措施等内容，体现区域更新和零星更新的特点和需求。②在区级层面，编制城市更新行动计划，以明确更新区域的范围、目标定位、更新内容、统筹主体要求、时序安排、政策措施等。③在实施层面，编制更新方案，分别是区域更新方案和项目更新方

---

① 具体参见：《上海市城市更新规划土地实施细则（试行）（征求意见稿）》第十四条，区域评估与控详规划的关系。
② 具体参见：《上海市城市更新规划土地实施细则（试行）（征求意见稿）》第二十三条，实施计划与控详规划的关系。
③《长宁区2017—2021年城市更新总体方案》围绕打造宜居社区、重塑商务片区、提升历史风貌、建设开放空间、倡导低碳生态、再造多维空间六大主要任务，贯彻落实247"四个一批"的目标任务：推进愚园路、武夷路、新华路等一批历史风貌保护街区改造；启动环中山公园、虹桥"井"字形核心区、南临空地区和机场东片区等一批功能形态再开发项目；实施一批存量经济楼宇综合改造；完成一批精品小区建设和非成套住宅改造，打造更有品质的宜居宜业之城，力争成为全市城市更新创新试验区，探索一条符合超大型城市中心城区特点的城市更新的新途径。

图6.23 机构改革后上海城市更新规划体系

案。其中，区域更新方案主要包括规划实施方案①、项目组合开发、土地供应方案、资金统筹以及市政基础设施、公共服务设施建设、管理、运营要求等内容；项目更新方案主要包括规划实施方案和市政基础设施、公共服务设施建设、管理、运营要求等内容[76]。政府或市场主体作为更新统筹主体，负责依据城市更新指引编制区域更新方案，在审批通过后作为实施依据。

6.4
城市更新单元/区域划定

"城市更新单元/区域"是落实城市整体更新策略的具体单位，也是对接地块层面法定规划的有效途径，是更新项目实施的基本依据。广州、深圳、上海开展城市更新工作的基本单位是城市更新单元/区域，内涵基本一致，一个城市更新单元/区域内可有一个或者多个城市更新项目。在城市更新单元/区域的划定上，广州在区级国土空间总体规划中划定国土空间详细规划单元，作为规划管理的依据，并在实施阶段依据国民经济与社会发展规划和国土空间总体规划划定城市更新实

---

① 规划实施方案编制应当遵循统筹公共要素资源、确保公共利益等原则，按照相关规划和规定，开展城市设计，并根据区域目标定位进行相关专题研究。

施片区，根据片区策划编制具体的项目实施方案；深圳通过法定图则或者多主体申报情况划定更新单元；上海在城市体检的基础上确定更新区域。在更新单元/区域的规模上，广州、上海没有明确规定，深圳曾经通过约定用地面积对城市更新单元的规模进行了具体规定。

面对城市更新实践过程中出现的各种问题以及更新目标的变化，城市更新单元/区域的构成内容和规模也可能随之改变（表6.11），如深圳的城市更新单元曾经从一种类型演变为三种类型，包括一般更新单元、小地块更新单元和重点更新单元。

表6.11 广州、深圳、上海城市更新单元/区域比较

城市	分类	规模	划定依据	划定原则
广州	城市更新片区	—	更新统筹范围	利于统筹城市更新九项重点工作；保证基础设施和公共服务设施相对完整；综合考虑道路、河流等自然要素及产权边界等因素；符合成片连片和有关技术规范的要求
	城市更新单元			落实国土空间详细规划单元划分要求。以城市更新项目范围为基础，可包括多个更新项目；以成片连片为基本原则，综合考虑道路、河流等要素及产权边界等因素，保证基础设施和公共服务设施相对完整；城市更新单元内可结合具体更新项目划分子单元（街区单元）
深圳	一般更新单元	≥10 000m^2	法定图则、多主体申报	综合考虑原有城市基础设施和公共服务设施情况、自然环境以及产权边界等因素，保证城市基础设施和公共服务设施相对完整，并且相对成片连片
	重点更新单元			
	小地块更新单元（福田、罗湖、南山、盐田）	≥3000m^2		
上海	更新区域	—	城市体检	优先考虑居住环境差、市政基础设施和公共服务设施薄弱、存在重大安全隐患、历史风貌整体提升需求强烈以及现有土地用途、建筑物使用功能、产业结构不适应经济社会发展等区域

（1）广州：城市更新片区与单元的确定。城市更新片区是开展片区策划的基本单位，《广州市城市更新片区策划方案编制和报批指引》规定："城市更新片区范围应结合城市发展战略、国土空间总体规划、城市更新中长期规划等划定，可以包括一个或者多个城市更新项目。"城市更新单元是编制城市更新单元详细规划的基本单位，《广州市城市更新单元详细规划编制指引》规定："以城市更新项目范

围为基础，可包括多个更新项目，……城市更新单元内可结合具体更新项目划分子单元（街区单元）。"城市更新片区应与城市更新单元相协调。

（2）深圳：法定图则控制与多主体申报相结合。深圳的城市更新单元主要通过"法定图则"控制与多主体申报情况加以划定。法定图则确定城镇单元的主导功能、建筑增量、公共服务等刚性管控要求，城市更新单元规划依据城市更新单元计划、法定图则等有关技术规范编制。深圳城市更新单元规划的制度特色在于既要依据法定图则，通过审批后又可替代法定图则，相互之间是一个博弈替代的过程。在部分地区，法定图则的时效性和实施性存在不足，对城市更新的引导作用存在滞后性问题，所以申请突破法定图则的现象较为普遍。城市更新单元的申报采取多主体申报方式，涉及权利主体（如村委会等）、权利主体委托的单一市场主体（个人或企业）、政府相关部门等。申报主体在申报城市更新单元计划之前，开展城市更新单元拟订等工作。城市更新专项规划中的拆除重建类城市更新单元，可以申报城市更新计划（图6.24），未划入单元且满足条件的可按照规定流程自行拟定和申请纳入更新单元（图6.25）。

深圳城市更新单元自2009年实施以来，部分地区城市更新工作存在市场动力不足或达不到规划目标的情况，而这些地区中有些是区位重要、对城市发展带动作用强的重点地区。为了积极引导重点地区的更新改造，深圳在2016版《关于加强和改进城市更新实施工作的暂行措施》中提出了"政府主导、自上而下"的

a.荷坳社区金源工业区城市更新单元拟拆除重建范围示意图　　b.坂田新村旧住宅区城市更新单元拟拆除重建范围示意图

图6.24　2018年龙岗区城市更新单元计划第一批（部分）拟拆除重建范围示意图
资料来源：深圳市龙岗区城市更新局.关于《2018年龙岗区城市更新单元计划第一批计划》的公告[EB/OL].（2018-02-27）[2018-10-22]. http://www.lg.gov.cn/bmzz/csgxj/xxgk/qt/tzgg/201802/t20180227_11188877.htm.

```
┌──┬─────────────────────────────────────────────────────┐
│主│ (1) 权利主体（如村委会等）                          │
│体│ (2) 权利主体委托的单一市场主体（个人或企业）        │
│确│ (3) 市、区政府相关部门                              │
│定│                                                     │
└──┴─────────────────────────────────────────────────────┘
                            ↓
┌──┬─────────────────────────────────────────────────────┐
│意│ (1) 主体单一（单个主体同意）                        │
│愿│ (2) 权利共有（建筑物面积2/3以上业主且占总人数2/3以上同意）│
│征│ (3) 多个地块（总用地面积/拆除用地范围≥4/5）         │
│集│                                                     │
└──┴─────────────────────────────────────────────────────┘
                            ↓
┌──┬─────────────────────────────────────────────────────┐
│申│ 申报：申报表/更新单元范围图纸/现状权属/建筑物信息/改造意愿书/照片 │
│报│                                                     │
│审│ 审批：街道办、区旧改办、区城市更新办、市规土委      │
│批│                                                     │
└──┴─────────────────────────────────────────────────────┘
```

图6.25 深圳城市更新单元申报流程

根据相关资料整理：《深圳市拆除重建类城市更新单元计划管理规定》（深规划资源规〔2019〕4号）[EB/OL].（2018-08-06）[2018-10-22]. http://www.sz.gov.cn/szcsgxtdz/gkmlpt/content/7/7019/post_7019447.html#19178.

"重点更新单元"管理方式。相对于一般城市更新单元，重点更新单元改造难度大，市场主体的积极性不高，由政府部门组织开展重点更新单元改造，可以保障城市重点产业发展，落实重大基础设施。实施主体方面，可以充分发挥政府、市场两方面的作用，选择实力强、经验足、富有社会责任感的市场主体参与实施。重点更新单元原则上需要整体实施，如需分期实施的，应该将基础设施、公共服务设施、回迁安置房、政策性用房放在首期。

此外，2016版《关于加强和改进城市更新实施工作的暂行措施》还规定，可以在一般城市更新单元的基础上，有序推进开展"小地块"城市更新工作（表6.12）。需要开展城市更新工作的地区，应该优先划定相对成片、拆除重建用地面积大于1万m²的地区作为城市更新单元；拆除面积大于3000m²、小于1万m²的区域，可以申请划定小地块城市更新单元[①]。2018年4月深圳印发的《市规划国土委关于深圳市城市更新工作有关情况的报告》（深规土〔2018〕292号）检讨了小地

---

① 深圳市2016版《关于加强和改进城市更新实施工作的暂行措施》规定具有以下情形的可以申请小地块城市更新单元：（1）旧工业区升级改造为工业用途或者市政府鼓励发展产业的；（2）旧工业区、旧商业区升级改造为商业服务业功能的；（3）为完善法定图则确定的独立占地且总面积不小于3000m²的城市基础设施、公共服务设施或其他城市公共利益项目，确需划定城市更新单元的。

块城市更新引发的空间零碎和配套不足等问题,涉及取消小地块城市更新单元的构想。2019年发布的《深圳市拆除重建类城市更新单元计划管理规定》(深规划资源规〔2019〕4号)正式提出取消小地块城市更新单元,但机械地、行政化的片区统筹导致小地块"统而不动",许多小地块因此而失去了城市更新的机会。2020年发布的《深圳市规划和自然资源局关于"小地块"城市更新有关工作的通知》(深规划资源〔2020〕619号)重启福田、罗湖、南山、盐田的"小地块"(用地面积不足1万m^2但不小于3000m^2的地块)申报拆除重建类城市更新单元计划,以支持深圳市产业空间拓展和产业转型升级。

表6.12 拆除重建类城市更新项目历史用地处置比例

拆除重建类城市更新项目		继受单位进行城市更新的比例	纳入政府土地储备的比例
一般更新单元		80%	20%
重点更新单元	合法用地比例≥60%	80%	20%
	60%>合法用地比例≥50%	75%	25%
	50%>合法用地比例≥40%	65%	35%
	合法用地比例<40%	55%	45%

资料来源:深圳市人民政府办公厅.关于加强和改进城市更新实施工作的暂行措施[Z].2016.

(3)上海:通过城市体检评估及多方参与确定城市更新区域。上海主要由区政府结合本辖区情况和城市体检评估报告意见建议确定城市更新区域。此外,物业权利人以及其他单位和个人提出的意见或建议也可以作为确定更新区域的重要参考。

6.5
城市更新管理的阶段与流程

6.5.1 广州:城市更新策划与规划管理

广州在机构改革前将城市更新分为"旧城镇、旧村庄、旧厂房"进行管理,但三类城市更新实践的基本流程大致一样,只在意愿征集、更新主体方面存在一定的差异（表6.13）。全面改造项目（旧村庄全面改造、旧厂房自主改造、旧厂房政府收储、旧厂房政府收储与自行改造相结合、旧城镇全面改造、村级工业园改造）的整体流程主要分为申报、编制、审核、批复、实施五个阶段[①]：①申报阶段。申报之前需要先进行"标图建库"工作，将符合城市更新要求的用地纳入"标图建库"数据库，之后在"标图建库"数据库内确定城市更新片区的范围，再申报城市更新年度计划。②编制阶段。编制城市更新实施方案，若涉及控规调整，需要编制片区策划方案，之后编制控规调整方案，依程序进行控规调整。③审核阶段。市城市更新局对城市更新方案进行审核。④批复阶段。市城市更新局受理申请，按流程提交审批。如有实施方案需要修改，修改完善后需再进行社会风险评估。⑤实施阶段。城市更新机构指导实施并验收，其中涉及历史用地的需要在审批阶段进行上报，在城市更新实施完后，进行历史用地登记确权（图6.26）。

表6.13 机构改革前广州旧城镇、旧村庄、旧厂房项目的城市更新管理差异

阶段		旧城镇	旧村庄	旧厂房
申报阶段	申报主体意愿征集	同意改造户数比例达到90%以上	超过2/3以上成员代表参加，并取得2/3以上通过	权属人自行申请（涉及多个权属人应进行土地归宗后由同一个权利主体申请）
编制阶段	片区策划编制主体	区政府	区政府	旧厂房土地权属人
	实施方案编制主体	区政府/区城市更新机构	区政府	旧厂房土地权属人
实施阶段	实施方式	区政府组织实施	区政府/区城市更新机构指导村集体组织实施	自主改造、政府收储、政府收储与自行改造相结合
	改造方式	政府收储公开出让	自主改造；合作改造；征收储备	自行改造；政府收储；自行改造与政府收储相结合

根据相关资料整理：广州市城市更新局.旧城镇全面改造更新项目报批指引、旧厂房政府收储（整备）与自行改造结合更新项目报批指引、旧厂房政府收储（整备）更新项目报批指引、旧厂房自行改造更新项目报批指引、旧村庄全面改造更新项目报批指引，http://www.gzuro.gov.cn/csgxj/bszn/list.shtml。

---

① 具体参见：广州市城市更新局.村级工业园改造更新项目报批指引、旧城镇微改造更新项目报批指引、旧城镇全面改造更新项目报批指引、旧厂房政府收储（整备）与自行改造结合更新项目报批指引、旧厂房政府收储（整备）更新项目报批指引、旧厂房自行改造更新项目报批指引、旧村庄微改造更新项目报批指引、旧村庄全面改造更新项目报批指引，http://www.gzuro.gov.cn/csgxj/bszn/list.shtml。

```
申报阶段:
  申请纳入标图建库
  确定改造范围
  申请纳入城市更新年度计划

编制阶段:
  控规稳定 | 涉及控规调整 → 编制片区策划方案（区）
  编制实施方案（区）         审批片区策划方案（市）
                              编制控调方案（区）

审核阶段:
  市城市更新局受理申报材料      涉及完善历史用地手续的按
  提交市城市更新领导机构审批    照报批要求上报省政府审批

批复阶段:
  修改完善形成最终稿（市）
  对实施方案进行社会风险评估并通过（区）

实施阶段:
  区政府/区城市更新机构指导实施   涉及完善历史用地手续地块
  项目建设/完成验收               登记确权
```

图6.26 机构改革前广州城市更新确认的全面改造流程图
（注：放权强区后部分审核与审批权下放至区政府负责）
根据相关资料整理：广州市城市更新局．旧城镇全面改造更新项目报批指引、旧厂房政府收储（整备）与自行改造结合更新项目报批指引、旧厂房政府收储（整备）更新项目报批指引、旧厂房自行改造更新项目报批指引、旧村庄全面改造更新项目报批指引，http://www.gzuro.gov.cn/csgxj/bszn/list.shtml。

机构改革前，广州微改造（旧村庄、旧城镇）流程与全面改造一致，同样分为申报、编制、审核、批复、实施五个阶段（图6.27），但不涉及控规调整。

机构改革后，广州城市更新管理流程中的片区策划、详细规划行政职权和报批流程等均发生了变化。依据《中共广州市委广州市人民政府关于深化城市更新工作推进高质量发展的实施意见》（穗字〔2020〕10号），纳入三年实施计划、五年行动方案和十年改造规划的更新项目，其片区策划方案、详细规划修改方案和实施方案可同步编制、统一编制，同步征求专家、职能部门、公众意见；并推行片区策划方案和详细规划修改方案提交城市更新工作领导小组与城市规划委员会"套开会议"审议或同步审议（具备审议条件的实施方案也可同步提交审议）。

（1）城市更新片区策划方案。 广州市住房和城乡建设局关于印发《广州市城市更新片区策划方案编制和报批指引》的通知中明确：各区政府是城市更新的第一

```
┌─────┬──────────────────────────────┐
│ 申  │     申请纳入标图建库          │
│ 报  ├──────────────────────────────┤
│ 阶  │   确定改造范围、改造意愿      │
│ 段  ├──────────────────────────────┤
│     │   申请纳入城市更新年度计划    │
└─────┴──────────────────────────────┘
              ↓
┌─────┬──────────────────────────────┐
│编制 │        数据摸查               │
│阶段 ├──────────────────────────────┤
│     │        方案编制               │
└─────┴──────────────────────────────┘
              ↓
┌─────┬──────────────────────────────┐        ┌──────────────────┐
│审核 │    区政府审核审定方案         │        │涉及完善历史用地手续的按│
│阶段 ├──────────────────────────────┤        │照报批要求报批    │
│     │  提交市城市更新领导机构审批   │        └──────────────────┘
└─────┴──────────────────────────────┘
              ↓
┌─────┬──────────────────────────────┐        ┌──────────────────┐
│批复 │      批复方案（区）           │        │方案涉及融资地块出让：│
│阶段 ├──────────────────────────────┤        │   市更新局        │
│     │      风险评估（区）           │        │向区政府发出方案批复│
└─────┴──────────────────────────────┘        └──────────────────┘
              ↓
┌─────┬──────────────────────────────┐
│实施 │ 区政府组织实施（旧城镇）/建设报批│
│阶段 ├──────────────────────────────┤
│     │    项目建设/完成验收          │
└─────┴──────────────────────────────┘
```

图 6.27 机构改革前广州城市更新确认的微改造流程图
根据相关资料整理：广州市城市更新局. 旧城镇微改造更新项目报批指引、旧村庄微改造更新项目
报批指引，http://www.gzuro.gov.cn/csgxj/bszn/list.shtml。

责任主体，负责本辖区城市更新片区策划方案的组织编制、审核、申报、批复等工作；市住房城乡建设局负责统筹全市片区策划方案编制、审核、联审和批复等工作。片区策划方案与国土空间规划对接，片区策划方案和详细规划调整方案同步编制、同步审核。片区策划方案需提交市住建部门组织联合审查，详细规划调整方案需提交市规划部门按程序组织审核，以"套开会议"或同步审议的形式审定两个方案。城市更新片区策划方案报批流程分为五个阶段：①方案报审。区政府按照流程和材料要求将城市更新片区策划方案按市（区）分工报市（区）城市更新工作领导小组办公室。②方案联审。由市城市更新工作领导小组办公室通过城市更新业务办理平台和"多规合一"管理平台，进行多部门协同会审。③公示。由市城市更新工作领导小组办公室对满足受理条件的片区策划方案进行不少于 30 个自然日的公示。④方案审定。经联审会议审议通过且完成公示的片区策划方案，由市城市更新工作领导小组办公室提请市城市更新工作领导小组审定并出具会议纪要。

⑤批复。市城市更新工作领导小组办公室出具片区策划方案复函，并在市住房城乡建设局部门工作网站上公布（图6.28）。

图6.28　广州城市更新片区策划方案申报和审批流程图
资料来源：作者根据《广州市城市更新片区策划方案编制和报批指引》（穗建前期〔2020〕316号）绘制。

（2）城市更新单元详细规划。城市更新单元详细规划报批流程分为四个阶段（图6.29）：①必要性论证。由区政府统筹整合，按照城市更新单元划定原则，合理划定城市更新单元。②规划方案编制。区政府组织编制城市更新单元详细规划，开展交通影响评估、规划环境影响评价、历史文化遗产影响评估等评估工作，并征求意见及公示，经区政府审查通过后，报市规划和自然资源行政主管部门审查。③规划审批。市规委会审议城市更新单元详细规划通过后，报市政府批准。批准通过后，市规划和自然资源行政主管部门组织网上通告，并将矢量文件纳入国土空间详细规划"一张图"系统。④备案和归档。由于传统控制性详细规划审批环节多、耗时长，为提升编审效率，广州市规划和自然资源局印发《广州市城市更新单元详细规划报批指引》，对城市更新单元详细规划报批环节进行了优化：推进片区策划和详细规划同步编制、同步审议；允许详细规划必要性论证内容纳入详细规划的修改方案中一并公示和报批；明确相关工作由市规划和自然资源行政主管部门统筹组织，各区政府（广州空港经济区管委会）具体负责。

广州城市更新单元详细规划实行"单元详细规划+地块详细规划"的刚弹结合的管控体系：①经市政府批准后，刚性指标原则上不进行修改。确需修改的，需

```
必要性        区政府（市规划和自然资源行政主管部门指导）
论证          划定城市更新单元
              ↓
              城市更新单元内的更新项目纳入城市更新年度计划、三年实施
              计划和五年行动方案的，或市委、市政府部署推进的，城市更
              新单元详细规划的必要性论证内容可纳入规划方案，一并开展
              公示和报批程序。
              ↓
规划          区政府
方案          组织规划编制及开展评估，征求意见及公示（30个自然日），审查    ←
编制          ↓                                                              不
              市规划和自然资源行政主管部门                                    通
              审查（书面征求市住房城乡建设行政管理部门意见）                  过
              ↓
              市规委会
              审议                                                          →
              ↓
规划          市政府
审批          批准
              ↓
              市规划和自然资源行政主管部门
              组织网上通告，纳入国土空间详细规划"一张图"系统
              ↓
备案和        市规划和自然资源行政主管部门、区政府
归档          报市人民代表大会常务委员会备案，资料归档
```

图6.29 广州城市更新单元详细规划报批流程图
资料来源：《广州市城市更新单元详细规划报批指引》。

按程序再次报批。②涉及弹性指标优化的，单元位于城市更新重点管控区域范围内和跨范围的，征求市级层面意见后可由区政府审批；单元位于重点管控区域范围外的，可由区政府直接审批（图6.30）。

6.5.2 深圳：城市更新计划与规划管理

2021年出台的《深圳经济特区城市更新条例》规定，要依据全市国土空间总

图6.30 广州城市更新重点管控区域范围示意图
资料来源：《广州市城市更新单元详细规划报批指引》，http://ghzyj.gz.gov.cn/zwgk/xxgkml3/bmwj/qtwj/content/post_6718273.html。

体规划编制深圳城市更新专项规划，并将其作为城市更新单元划定、城市更新单元计划制订和城市更新单元规划编制的重要依据。

深圳城市更新分为"拆除重建"和"综合整治"两种方式进行管控（表6.14），主要更新程序可分为7个阶段[①]：①城市更新单元计划制订阶段，明确申报主体和申报条件，申报城市更新单元计划。②城市更新单元规划编制阶段，由城市更新单元计划申报主体委托具有相应资质的机构根据城市更新单元计划、有关技术规范并结合法定图则等各项控制要求进行单元规划编制，区人民政府可以根据需要确定重点城市更新单元，实施差别化城市更新策略。③城市更新实施主体确认阶段，形成单一权力主体，确定实施主体。④原有建筑物拆除和不动产权属注销登记。⑤国有建设用地使用权出让阶段，不动产权属注销登记完成后，实施主体应当先按照规划要求向政府无偿移交公共用地，再申请以协议方式取得更新单元规划确定的开发建设用地使用权，并签订国有建设用地使用权出让合同。⑥开发建设。⑦回迁安置（图6.31）。

表 6.14 深圳城市更新的拆除重建与综合整治

更新方式	定义
拆除重建	通过综合整治方式难以改善或者消除环境恶劣或者存在重大安全隐患的情形，需要拆除全部或者大部分原有建筑物，并按照规划进行重新建设的活动
综合整治	在维持现状建设格局基本不变的前提下，采取修缮、加建、改建、扩建、局部拆建或者改变功能等一种或者多种措施，对建成区进行重新完善的活动

资料来源：《深圳经济特区城市更新条例》。

拆除重建类与综合整治类的管理方式存在差异，其在单元计划申请等方面具有特殊规定：①在物业权利人更新意愿方面，针对不同用地条件设置有不同的物业权利人更新意愿达标要求（表6.15）。②针对旧住宅区、旧工业区、旧商业区，分别提出最低使用年限及其他基础条件要求（表6.16）。拆除重建类城市更新在城市更新单元规划批准后，物业权利人可以通过签订搬迁补偿协议、房地产作价入股或者房地产收购等方式将房地产相关权益转移到同一主体上，形成单一权利主体。属于城中村拆除重建类城市更新项目的，原农村集体经济组织继受单位还可以与公开选择的单一市场主体合作实施城市更新，也可自行实施城市更新。

---

① 根据《深圳经济特区城市更新条例》整理。

图6.31 深圳城市更新的主要程序

表 6.15　深圳申报拆除重建类城市更新单元计划的物业权利人更新意愿要求

用地条件	物业权利人更新意愿条件
单一地块	全体共同共有人或者产权份额四分之三以上
建筑物区分所有权	专有部分面积占比四分之三以上,且占总人数四分之三以上
旧住宅区	专有部分面积占比百分之九十五以上,且占总人数百分之九十五以上（十二个月内未达到要求的,三年内不得纳入城市更新单元计划）
包含两个或者两个以上地块	每一地块物业权利人更新意愿应当符合前项规定且物业权利人同意更新的面积不少于总用地面积的百分之八十
城中村、旧屋村或者原农村和原村民在城中村、旧屋村范围以外形成的建成区域	经原农村集体经济组织继受单位股东大会表决同意进行城市更新或者符合前项规定,经原农村集体经济组织继受单位同意

资料来源：《深圳经济特区城市更新条例》。

表 6.16　深圳申请纳入拆除重建类城市更新的基本条件

类型	年限要求	其他要求
旧住宅区	二十年以上	① 需要根据规划建设重大城市基础设施和公共服务设施的； ② 年久失修或者经维修后仍无法满足使用要求,或者存在严重安全隐患危及业主、物业使用人以及公共安全,只能通过拆除重建方式解决的； ③ 使用功能不齐全、配套设施不完善,经评估后需要拆除重建的
旧工业区、旧商业区	不少于十五年	—
	未满十五年	规划统筹或者社会公共利益需要

资料来源：《深圳经济特区城市更新条例》。

对于旧住宅区的拆除重建类城市更新,区政府在城市更新单元规划批准后,组织制定搬迁补偿指导方案和公开选择市场主体方案,经专有部分面积占比95%以上且占总人数95%以上的物业权利人同意后,采用公开、公平、公正的方式选定市场主体,由选定的市场主体与全体物业权利人签订搬迁补偿协议。被选定的市场主体应符合国家房地产开发企业资质管理的相关规定,并与城市更新规模、项目定位相适应,具有良好的社会信誉。

在城市更新管理中,城市更新单元规划结合法定图则进行编制,《深圳经济特区城市更新条例》第二十一条规定："城市更新单元规划经批准后视为已完成法定图则相应内容的修改或者编制。"深圳用更新单元规划"替代"法定图则，使得城市更新规划与传统规划体系有效衔接，有利于快速审批，减少时间和人力投入，提高城市更新工作效率。但这样做也时常带来更新方案对法定图则内容的不断突破，因此更新管理越来越重视法定图则的地位，特别是方案涉及改动法定图则强制性内容的，需要谨慎处理[①]。

6.5.3 上海：城市更新指引与计划管理

2015年出台的《上海市城市更新实施办法》（沪府发〔2015〕20号）明确了上海城市更新工作实行区域评估、实施计划和全生命周期管理相结合的管理制度。更新项目实行土地全生命周期管理，即在土地出让合同中明确更新项目的功能、运营管理、配套设施、持有年限、节能环保等要求以及项目开发时序和进度安排等内容，形成土地"契约"。当时，上海城市更新的主要流程为（图6.32）[②]：①区域评估阶段。由主管部门针对一定范围组织区域评估，划定城市更新单元，明确公共要素清单。对城市更新区域进行详细摸底，了解城市更新单元的基本情况，为后续城市更新工作开展提供依据，如公共服务设施建设情况，功能是否满足使用需求等。②实施计划阶段。确定城市更新主体，组织编制城市更新项目意向性方案，开展公众参与对意向性方案进行意愿征集，之后编制城市更新单元建设方案，并经过公众参与确定最终建设方案。在实施计划报批前，应该将修编、增补后的控规报原审批单位批准。③城市更新项目实施阶段，即城市更新项目的落地建设过程。对于很多城市更新项目来说，从项目立项到实施，不仅要完成更新的全套程序，还需要同步调整控规或详规（调整一般需要半年到一年时间），由于过程周期过长而需要付出较大的时间和人力成本，在一定程度上减弱了市场和业主参与更新的积极性[47]。

---

① 《深圳经济特区城市更新条例》第二十一条："城市更新单元规划草案符合法定图则强制性内容的，由区人民政府批准；城市更新单元规划草案对法定图则强制性内容进行调整或者相关地块未制定法定图则的，由区人民政府报市人民政府或者市人民政府授权的机构批准。城市更新单元规划经批准后视为已完成法定图则相应内容的修改或者编制。"
② 具体参见：上海市人民政府. 上海市城市更新实施办法［Z］. 2015.

图6.32 机构改革前的上海城市更新流程图
根据相关资料整理：上海市人民政府. 上海市城市更新实施办法［Z］. 2015.

  2021年9月，《上海市城市更新条例》正式实施，对上海城市更新管理制度进行了重构。条例明确上海实行城市更新指引和更新行动计划相结合的管理制度，并坚持对城市更新项目实行全生命周期管理，将城市更新项目的公共要素供给、产业绩效、环保节能、房地产转让、土地退出等管理要求，纳入土地使用权出让合同。依据新规定，上海城市更新的主要阶段包括（图6.33）：①更新指引。市规划资源部门应当会同市政府相关部门编制城市更新指引，明确城市更新的指导思想、总体目标、重点任务、实施策略、保障措施等内容，报市人民政府审定。②行动计划。区政府或市政府指定部门、机构根据城市更新指引，结合实际情况和城市体检评估报告的意见建议，对需要实施区域更新的编制更新行动计划，明确区域范围、目标定位、更新内容、统筹主体要求、时序安排、政策措施

市级层面	城市更新指引	**编制主体**：市规划资源部门会同市发展改革、住房城乡建设管理、房屋管理等部门
		编制内容：指导思想、总体目标、重点任务、实施策略、保障措施等内容
		公众参与：专家委员会和社会公众
		审批机构：报市人民政府审定后向社会发布，并定期更新
区级层面	更新行动计划	**编制主体**：区人民政府根据城市更新指引，结合实际情况和城市体检评估，编制更新行动计划
		编制内容：区域范围、目标定位、更新内容、统筹主体要求、时序安排、政策措施等
		公众参与：物业权利人以及其他单位和个人，座谈会、论证会或者其他方式
		审批流程：经专家委员会评审后，由编制部门报市人民政府审定后，向社会公布
		计划修改：听取意见、评审、审议和公布
实施层面	区域/项目更新方案	**编制主体**：市、区人民政府根据区域情况和更新需要，可以赋予更新统筹主体相关职能
		区域更新方案编制内容：规划实施方案、项目组合开发、土地供应方案、资金统筹以及市政基础设施、公共服务设施建设、管理、运营要求等内容
		项目更新方案编制内容：规划实施方案和市政基础设施、公共服务设施建设、管理、运营要求等内容
		公众参与：与相关物业权利人协商，征询市、区相关部门以及专家委员会、利害关系人的意见
		方案认定：区人民政府或者市规划资源部门对区域更新方案进行论证后予以认定，并向社会公布
		项目衔接：更新方案经认定后，更新项目建设单位依法办理立项、土地、规划、建设等手续

图6.33 机构改革后的上海城市更新管理
资料来源：根据《上海市城市更新条例》整理。

等内容，经专家委员会评审后，由编制部门报市人民政府审定。③更新实施。由更新统筹主体统筹开展或组织更新区域内的城市更新工作，更新统筹主体负责推动达成区域更新意愿、整合市场资源、编制区域更新方案，以及统筹和推进更新项目的实施。市、区政府根据区域情况和更新需要，可以赋予更新统筹主体参与规划编制、实施土地前期准备、配合土地供应、统筹整体利益等职能。在与现有规划、建设等流程的对接上，条例明确："区域更新方案经认定后，更新项目建设单位依法办理立项、土地、规划、建设等手续。"

根据《上海市城市更新操作规程（试行）》（沪规划资源详〔2022〕505号）规定，区域更新的操作流程分为城市更新行动计划制定、统筹主体确定、区域更新方案编制和项目实施四部分（图6.34）。零星更新的操作流程分为项目咨询、项目更新方案编制和项目实施三部分（图6.35）。

综上所述，广州、深圳、上海三地的城市更新制度体系建构看似差异较大，但也表现出许多共性，例如：管理机构设置常态化与专门化，形成了市政府领导与下级主管机构专职管理实施相结合的搭配模式；城市更新规划和计划体系走向与国土空间规划体系的深度融合；城市更新管理的阶段与流程基本成形；对特定环节、特定类别、特定情形的更新制度安排处在不断完善之中。

图6.34　上海区域更新流程图
资料来源：根据《上海市城市更新操作规程（试行）》整理。

图6.35　上海零星更新流程图
资料来源：根据《上海市城市更新操作规程（试行）》整理。

143

上海徐汇滨江区

第 7 章
广州、深圳、上海城市更新空间管控

城市更新活动因不同情况和需求而发起，在城市中的不同区域和地点此消彼长地发生，为了达成城市建设的整体目标和确保分散的更新行动联合成有序的发展，从城市与片区视角确定具体空间更新的管控要求、建设标准、限制与激励措施等变得尤为重要。广州、深圳、上海三地一方面通过出台配套政策提出空间管控的统筹规定，另一方面借助更新规划和实施计划等的制订来强化对城市更新的管控和指引，内容包括功能要求、开发强度、公共要素、设计导引等，这其中的创新举措即本章探讨的内容。

广州、深圳、上海在空间管控方面采取了各具特色的手段，涌现出了不少基于地方实践而产生的创新工具，如：广州的城市更新功能与强度指引；深圳的密度分区、保障性住房与创新产业用房配建、公益用地、更新预警指引；上海的公共要素清单、区域统筹、社区规划师制度等。

7.1 广州城市更新空间管控举措

7.1.1 近期计划与远景目标

2020年，广州市印发的《广州市关于深化城市更新工作推进高质量发展的实施意见》和《广州市深化城市更新工作推进高质量发展工作方案》提出"2025年前先行推进重点地区更新、2030年前全面推进城市集中建成区更新、2035年前推进全域存量用地系统更新"的总体目标。在此指引下，广州市将每年滚动编制三年实施计划、五年行动方案，"标图建库"每季度动态调整。截至2022年1月，广州三年行动计划按期编制（图7.1），五年期行动方案尚未公示。

依据《广州市城市更新三年行动计划（2019—2021年）》，纳入行动计划的项目需满足必要性、迫切性和可行性三项原则。在必要性方面，计划内项目应位于"一江两岸三带地区"等重点片区，有利于促进老城市焕发活力、加快城市重点区域发展，或是项目属于计划导入的产业项目。在迫切性方面，"一是需与近期实施的专业批发市场、物流园、村级工业园整治提升以及违法建设拆除、黑臭

图7.1 广州市城市更新三年行动计划（2019—2021年）明确的不同类型项目位置
资料来源：《广州市城市更新三年行动计划（2019—2021年）》，2020。

水体治理、'散乱污'企业整治等重点工作统筹推进的'三旧'改造项目；二是需与近期城市基础设施、城市重要通道、重点功能区建设同步实施的'三旧'改造项目"。在可行性方面，"一是项目实施方案已基本稳定，预计三年内有条件实现开工或开拆；二是与国土空间规划、土地利用总体规划等上位法定规划基本相符，且在实施时达到符合规划的程度；三是征地拆迁已有工作基础，预计实施难度相对较小"。计划明确要争取实现2019—2021年期间开工项目400项以上：重点推进与专业批发市场、物流园、村级工业园整治提升等重点工作相结合的25个城中村全面改造；加快推进重点地区综合改造，着力推进20个成片连片改造项目，带动和推动重点功能区和产业园区有序开发建设[①]。

7.1.2 全市层面的功能、强度与专项控制指引[②]

（1）更新功能指引。《广州市城市更新总体规划（2015—2020年）》提出，为有效衔接土地利用总体规划、城乡规划和城市环境保护规划，需对城市更新的功能进行指引（表7.1），涉及的主要情形包括[③]：①市政府批准实施的重点功能区控制性详细规划和片区规划，其改造功能原则上以市政府批准为准。②城市更新用地在现行控制性详细规划范围内，规划确定为经营性用途的用地，规划功能应根据周边地区的主导功能和配套要求确定；规划确定为公共服务设施、市政设施（道路、绿地等）的，原则上应落实规划确定的功能要求不做调整。③控制性详细规划尚未覆盖的地区，结合城市总体规划、土地利用总体规划、村庄规划以及周边发展条件，综合确定改造功能。④合理确定城市更新用地改造为住宅用地的规模及布局。

表7.1 《广州市城市更新总体规划（2015—2020年）》明确的各区功能指引

地区	分区范围	功能指引
中心城区	旧城区	总部经济、商务办公、文化创意、休闲娱乐等现代服务业
	北部功能组团	居住、商服和配套

---

① 具体参见：广州市城市更新三年行动计划（2019—2021年）[Z]．2020.
② 2023年2月，《广州市城市更新专项规划（2021—2035年）》公开征求意见。
③ 具体参见：广州市城市更新局. 广州市城市更新总体规划（2015—2020年）[Z]．2017.

续表

地区	分区范围	功能指引
中心城区	东部功能组团	居住、商服和配套
	西南部功能组团	居住、商服和配套
	南部功能组团	公共服务设施配套
番禺片区	时尚创意组团	大学教育配套的服务业
	时尚购物组团	高端服务业及时尚商贸休闲、总部经济
	高端服务组团	休闲旅游、健康养生、高端居住及高科技产业
	时尚生活组团	商业、居住和综合服务
南沙片区	城市核心区	商业办公及居住生活服务功能
	北部组团	汽车、装备制造、日用化工、物流、文化创意等产业（自贸区庆盛区块发展"互联网+"、工业4.0）
	西部组团	重型装备制造业的配套服务、都市型现代农业、文化旅游
	南部组团	生产服务业
东部城区	西部组团	居住、商服和配套服务
	中部组团	产业和配套服务
	东部组团	公共服务设施配套
花都片区	城区中部地区	空港经济配套功能
	新华地区	居住、商服和配套
	西部及花都汽车城	研发、教育、贸易、旅游、居住
	东部各镇镇区	生态廊道
	其他地区	生态和配套服务
增城片区	核心区	服务业
	东江发展区	高新技术产业和高端商务、会展、物流
	科教和生活新区	教育、医疗、卫生
	北部生态区	现状维育和生态复绿
从化片区	中部城市核心区	公共服务设施
	北部生态区	温泉休闲养生、商务度假、赛马竞技、生态旅游、观光农业
	南部太平地区	高技术研发产业、创意产业、生命与健康产业、商贸服务业
	西部鳌头地区	战略性新兴产业、先进制造业、现代物流业和都市型现代农业

根据相关资料整理：广州市城市更新局．广州市城市更新总体规划（2015—2020年）[EB/OL]．（2017.01）[2018-10-22]．http://www.gzuro.gov.cn/gzsgxj/gxj/u/cms/www/201709/18090336bw0u.pdf．

《广州市城市更新专项规划（2021—2035年）》（公开征求意见稿）提出"南建面海新城、北筑产业极点、东立综合门户、西联广佛同城、统筹山城湾海、贯通功能走廊、壮大合作腹地、强化湾区核心"的发展策略，基于广州市域总体空间格局，"划分中心城区核心区、中心城区及周边城区、外围地区三片更新区域"，"持续优化城市结构"，"维育山、城、湾、海、江、田的区域山水大格局"。同时，"细分历史文化保护区、城市化地区、类城市化地区、新规划功能区以及其他地区，分别明确城市环境更新、生态修复、功能完善、产业升级、历史文化活化与保育等工作重点，推动城市环境品质、空间结构和功能效益的整体优化提升"。

(2)更新强度指引。开发强度与城市形态及城市更新产生的增值收益息息相关。广州对城市更新的开发强度进行分区控制，《广州城市更新总体规划（2015—2020年）》根据现行控制性详细规划成果与轨道线网规划，将广州划分为四类强度控制区（表7.2、图7.2），以此作为更新片区与项目单元实施的重要参考。城市风貌有特殊控制要求的区域按相关规划执行，个别城中村的开发强度需根据实际情况研究确定。

《广州市城市更新专项规划（2021—2035年）》（公开征求意见稿）第九章"优化规划传导机制，探索更新实施路径"中提出探索城市更新地区的开发强度分区管控规则，科学研究划分城市更新地区开发强度分区，基于市政交通基础设施，公共服务设施承载力等因素提出开发强度上限要求。

表7.2 《广州市城市更新总体规划（2015—2020年）》明确的开发强度分区

强度分区	强度控制
强度一区	轨道交通站点800m范围内的区域。在规划允许的前提下，鼓励高强度开发
强度二区	除强度一区、强度三区、生态控制区以外的区域。根据区域发展条件，在规划允许的前提下，进行适度强度的开发
强度三区	主要为建设控制地带等政策性区域。其开发强度应满足区域相关规定、规划要求
生态控制区	指城市总体规划确定的禁建区和限建区范围，其开发强度按照生态控制线相关管理要求落实

资料来源：广州市城市更新局．广州市城市更新总体规划（2015—2020年）[EB/OL]．（2017-01）[2018.10-22]．http://www.gzuro.gov.cn/gzsgxj/gxj/u/cms/www/201709/18090336bw0u.pdf.

图7.2 《广州市城市更新总体规划（2015—2020年）》明确的开发强度分区图
资料来源：广州市城市更新局. 广州市城市更新总体规划（2015—2020年）[EB/OL]. （2017-01）[2018-10-22]. http://www.gzuro.gov.cn/gzsgxj/gxj/u/cms/www/201709/18090336bw0u.pdf.

(3) 专项控制指引。广州要求城市更新应不断促进城市功能完善,在城市产业升级、历史文化保护、自然生态保护、基础设施建设、障性住房建设、城市风貌特色营造等方面发挥作用,并在《广州市城市更新总体规划(2015—2020年)》中提出相关专项控制指引(表7.3)。例如:在配套服务设施方面,通过城市更新"微改造"不断补足城市基础设施、提升城市人居环境、优化社区网络(打通断头路、修复破损路)、构建社区步行网络等;在自然生态方面,促进各类城市更新项目、老旧小区与自然资源(山、水等资源)、文化资源的连通融合,加强生态环境保护;在保障性住房方面,通过城市更新解决城市保障性住房不足问题,在城市更新商品房开发项目中要求配建10%的保障性住房。

表7.3 《广州市城市更新总体规划(2015—2020年)》明确的专项控制指引内容

专项	控制指引内容板块
产业升级	产业布局调整、产业结构调整
历史文化	旧城镇历史文化资源保护、旧厂房工业遗产保护、旧村落文化遗产保护、其他历史文化资源保护
自然生态	生态廊道、生态景观节点、城市绿地;自然山林、水体、湿地等重要自然环境资源的空间
环境风险	污染场地的环境治理、旧厂区改造的环境风险、多元化的环境修复资金筹措模式
配套服务与保障性住房	配套服务设施承载力、配套服务设施及保障性住房体系、市政设施保障能力、补偿机制
交通	推进"公交优先"(中心城)、交通保护区(旧城)、交通慢行区(商业、居住中心)、优化城市空间布局、强化交通枢纽、倡导绿色出行
城市风貌	老城中心区:传统建筑风格、街巷尺度和空间格局,延续历史风貌;新城公共服务中心:城市现代化景观特色;产业发展片区:现代产业园区特色;自然风貌保护区:结合山水自然环境营造生态城市景观

根据相关资料整理:广州市城市更新局. 广州市城市更新总体规划(2015—2020年)[EB/OL]. (2017-01)[2018-10-22]. http://www.gzuro.gov.cn/gzsgxj/gxj/u/cms/www/201709/18090336bw0u.pdf.

《广州市城市更新专项规划(2021—2035年)》(公开征求意见稿)提出了"保障先进制造空间,推动产业转型升级""严守历史文化底线,促进传承活化协同""维育宜居生态环境,布局美丽国土空间""完善公共基础设施,提升城市发展能级""加强社会综合治理，协同多元主体参与"等专项指引（表 7.4）。

表 7.4 《广州市城市更新专项规划（2021—2035 年）》（公开征求意见稿）明确的专项控制指引内容

专项		控制指引内容板块
产业升级	保障先进制造空间，推动产业转型升级	实施工业产业区块管理，提升工业用地利用效率，推动村镇工业集聚区改造
历史文化	严守历史文化底线，促进传承活化协同	整体复兴历史街区，振兴名镇名村和传统村落，保护活化历史资源
自然生态	维育宜居生态环境，布局美丽国土空间	以水系治理实现水网融城，以山体保护实现森林进城，以耕地整治实现耕地护城
基础设施	完善公共基础设施，提升城市发展能级	推动枢纽能级跃升，扩充交通设施容量，提升市政支撑能力，健全公服设施体系，强化地质风险管控
城市治理	加强社会综合治理，协同多元主体参与	推动精细化更新治理，建立多元主体协同机制，构建数字化智慧城市

根据相关资料整理：广州市规划和自然资源局.《广州市城市更新专项规划（2021—2035 年）》（公开征求意见稿）[EB/OL].（2023-02-06）[2023-08-12]. https://www.gz.gov.cn/hdjlpt/yjzj/api/attachments/view/7ab71ac3e7c14e0ff60c203a5a2ddc68?eqid=877199e90002d118000000066486d93a.

7.1.3 住区微改造设计指引

老旧小区的提升改造是城市更新的重点内容和持续性难题。广州按照住建部关于老旧小区改造试点工作的有关要求，从探索项目建设机制，加强老旧小区改造顶层设计、机制保障、技术支撑等方面入手，由市城市更新局牵头编制《广州市老旧小区微改造设计导则》（2018年8月9日印发实施，以下简称《设计导则》），开展针对性的精细化管理与规划指引（表7.5）。《设计导则》按照老旧小区微改造要统筹"水、路、电、气、消、垃、车、站"等建设内容及建设标准的要求，充分衔接《广州市老旧小区微改造三年（2018—2020）行动计划》，从工作目标、应用方法、相关规划要求、前期策划指引、要素设计指引、特色营造指引等方面入手，细化老旧小区的改造设计要求与标准，以提升广州老旧小区微改造的水平与成效（图7.3）。

表7.5 广州老旧小区微改造要素指引分类

板块		分类	要素及设施
基础板块	小区建筑	①楼栋设施	楼栋门、对讲系统、楼栋三线、消防设施、供水设施、排水设施、用电设施、楼道照明、防雷设施、化粪池、雨水管、空调排水管、信报箱、一户一表、管道燃气、防盗网和雨篷整治
		②建筑修缮	楼道修缮、屋面防水、外墙整治、建筑户外构造构件、出入口适老设施、外墙整饰
	小区设施	③服务设施	环卫设施、康体设施、文化设施、老人服务设施、公共晾晒设施
	小区市政	④小区道路	小区道路、步行系统及人行设施、无障碍设施、拆违及通道清理
		⑤市政设施	三线整治、安防设施、消防设施、市政照明、排水整治、供水管网、供电设施
	小区环境	⑥公共环境	围墙清理维修、信息标识、街区绿化、环境整治
提升板块	小区建筑	⑦房屋建筑提升	加装电梯、空调机位整治、屋顶整饰、立体绿化、节能改造
	公共空间	⑧小区公共空间	开敞活动空间、街巷活动空间、口袋公园、小区入口、公共座椅、景观小品
	设施提升	⑨公共设施提升	雨污分流、停车设施、非机动车设施、信息宣传栏、公共管理设施、快递设施、智慧管理

资料来源：广州市城市更新局. 广州市老旧小区微改造设计导则[EB/OL]. （2018-08-20）[2018-10-22]. http://www.gzuro.gov.cn/csgxjxxgk/2.2/201808/d95be67019b04e8cafe59ba28e7aabac.shtml.

图7.3 广州老旧小区微改造特色营造指引
资料来源：广州市城市更新局. 广州市老旧小区微改造设计导则[EB/OL]. （2018-08-20）[2018-10-22]. http://www.gzuro.gov.cn/csgxjxxgk/2.2/201808/d95be67019b04e8cafe59ba28e7aabac.shtml.

7.1.4 分圈层产业发展引导

为了通过城市更新实现产业布局优化,防止城市更新过度房地产化,2020年,广州出台《广州市城市更新实现产城融合职住平衡的操作指引》,划定三个城市规划建设管理圈层(图7.4),并明确不同圈层中城市更新单元产业建设量(含商业商务服务业、新型产业、产业的公建配套)占总建设量的最低比例要求。新政策规定:第一圈层总面积为220km^2,产业建设量原则上最低占比为60%;第二圈层总面积为397km^2,产业建设量原则上最低占比为40%;将第一、二圈层外的其他区域划为第三圈层,除已经纳入重点功能片区按规划控制外,其他产业建设量最低占比可由所在区结合片区产业发展规划和城市更新单元实际,自行制定指引。该指引是广州市乃至全国首次针对城市更新,提出产业建设量占比控制要求的引导文件。

7.1.5 历史文化保护利用

2020年,广州出台《广州市关于深入推进城市更新促进历史文化名城保护利用的工作指引》,要求城市更新过程坚持历史文化传承,遵循保护优先、合理利用、惠民利民、鼓励创新的原则,保护历史文化遗产的真实性和完整性及与其相互依存的自然、人文景观,延续历史文化名城的传统格局和风貌。在空间管控举措上,该指引提出:①鼓励各类社会资金参与,以收购、产权置换等方式对历史文化遗产进行多功能利用,允许利用历史建筑布置曾经较为敏感的商务办公、民宿酒店、餐饮等功能。②历史文化保护利用项目可与城市更新项目组合实施,实行统一规划、统一实施、统一运营。③因历史文化保护需要难以在项目所在地块实现经济平衡的,在总建设量平衡且符合历史文化名城保护要求的前提下,允许优先在地块所在的更新单元内进行容积率转移;确有困难的,可在项目所在的行政区范围内统筹,经市政府同意可在全市范围内统筹。④社会资本对历史建筑的利用全部用于公益性功能的,可不计入容积率。可以对历史建筑适当增加使用面积。可见,该文件的出台对于广州历史建筑的功能活化、社会资本的参与、容积率的保障等给予了极大的政策支持。

广州市城市更新规划建设管理圈层示意图

管理要求：

第一圈层： 城市更新单元产业建设量（含商业商务服务业、新型产业、产业的公建配套）原则上占总建设量的60%以上；或城市更新单元融资地块上产业建设量（含商业商务服务业、新型产业、产业的公建配套）原则上占融资地块总建设量的60%以上。

第二圈层： 城市更新单元产业建设量（含商业商务服务业、新型产业、产业的公建配套）原则上占总建设量的40%以上；或城市更新单元融资地块上产业建设量（含商业商务服务业、新型产业、产业的公建配套）原则上占融资地块总建设量的40%以上。

第三圈层： 除已经纳入重点功能片区按规划控制外，其他区域城市更新单元产业建设量占总建设量的比例，可由所在区结合片区产业发展规划和城市更新单元实际，自行制定指引。

图7.4 广州市城市更新规划建设管理圈层示意图
资料来源：《广州市城市更新实现产城融合职住平衡的操作指引》，2020。

7.2 深圳城市更新空间管控举措

7.2.1 近中远期规划统筹

2019年深圳颁布的《关于深入推进城市更新工作促进城市高质量发展的若干措施》提出：为解决当前城市更新的市场失灵问题，加强规划计划引领作用，促进城市高质量发展，要对城市更新现有规划计划体系进行调整和完善，搭建由中长期规划及年度计划组成的城市更新目标传导机制[①]。截至2022年1月，深圳全市层面的新一轮城市更新专项规划尚未公示，年度计划依据《深圳市国土空间总体规划（2020—2035）（送审稿）》《深圳市国土空间保护与发展"十四五"规划（过程稿）》《深圳市城市更新和土地整备"十四五"规划》等文件逐年有序推进。自2019年起，城市更新年度计划与深圳过往已有的土地整备计划合并编制（图7.5）。

7.2.2 更新强度指引

与广州类似，深圳也采用分区控制的办法对城市更新的开发强度进行整体管理。以《深圳市建设用地密度分区指引图》为基础（图7.6），综合地块的交通情况、临路情况、用地规模、用地性质等（表7.6～表7.10），可以大致得出各个地块的基准容积率和容积率上限，从而实现对全市城市更新项目开发强度的有序管控。

表7.6 城市建设用地密度分区等级基本规定

密度分区	密度一区	密度二区	密度三区	密度四区	密度五区
开发建设特征	高密度开发	中高密度开发	中密度开发	中低密度开发	低密度开发

资料来源：深圳市规划和国土资源委员会. 市规划国土委关于施行《深圳市城市规划标准与准则》中密度分区与容积率章节修订条款的通知[EB/OL]. (2019-01-03)[2019-01-06]. http://pl.sz.gov.cn/xxgk/gggs/201901/t20190103_481028.html.

---

① 深圳市城市更新和土地整备局.《关于深入推进城市更新工作促进城市高质量发展的若干措施》解读文件[OL/EB]. (2022-02-01). http://www.sz.gov.cn/szcsgxtdz/gkmlpt/content/7/7019/post_7019451.html#19170.

图7.5 深圳市2021年度土地整备项目及土地整备利益统筹项目布局图
资料来源：深圳市城市更新和土地整备局.深圳市2021年度城市更新和土地整备计划[EB/OL].（2021-11-18）. http://www.sz.gov.cn/szcsgxtdz/gkmlpt/content/9/9429/mpost_9429650.html#19171.

图7.6 深圳市建设用地密度分区指引图
资料来源：深圳市规划和国土资源委员会.市规划国土委关于施行《深圳市城市规划标准与准则》中密度分区与容积率章节修订条款的通知[EB/OL].（2019-01-03）[2019-01-06]. http://pl.sz.gov.cn/xxgk/gggs/201901/t20190103_481028.html.

表7.7 居住用地地块容积率指引

密度分区	密度一区、二区	密度三区	密度四区	密度五区
基准容积率	3.2	3.0	2.5	1.5
容积率上限	6.0	5.5	4.0	2.5

注：密度三区范围内的居住用地地块若位于地铁站点500米范围内的，其容积率上限可按密度一区、二区执行。
资料来源：深圳市规划和国土资源委员会. 市规划国土委关于施行《深圳市城市规划标准与准则》中密度分区与容积率章节修订条款的通知[EB/OL]. (2019-01-03)[2019-01-06]. http://pl.sz.gov.cn/xxgk/gggs/201901/t20190103_481028.html.

表7.8 商业服务业用地地块容积率指引

密度分区	密度一区	密度二区	密度三区	密度四区	密度五区
基准容积率	5.4	4.5	4.0	2.5	2.0

资料来源：深圳市规划和国土资源委员会. 市规划国土委关于施行《深圳市城市规划标准与准则》中密度分区与容积率章节修订条款的通知[EB/OL]. (2019-01-03)[2019-01-06]. http://pl.sz.gov.cn/xxgk/gggs/201901/t20190103_481028.html.

表7.9 工业用地地块容积率指引

密度分区	密度一区、二区、三区	密度四区	密度五区
新型产业用地基准容积率	4.0	2.5	2.0
普通工业用地基准容积率	3.5	2.0	1.5

资料来源：深圳市规划和国土资源委员会. 市规划国土委关于施行《深圳市城市规划标准与准则》中密度分区与容积率章节修订条款的通知[EB/OL]. (2019-01-03)[2019-01-06]. http://pl.sz.gov.cn/xxgk/gggs/201901/t20190103_481028.html.

表7.10 物流仓储用地地块容积率

密度分区	密度一区、二区、三区	密度四区	密度五区
物流用地基准容积率	4.0	2.5	2.0
仓储用地基准容积率	3.5	2.0	1.5

资料来源：深圳市规划和国土资源委员会. 市规划国土委关于施行《深圳市城市规划标准与准则》中密度分区与容积率章节修订条款的通知[EB/OL]. (2019-01-03)[2019-01-06]. http://pl.sz.gov.cn/xxgk/gggs/201901/t20190103_481028.html.

在深圳，地块容积由基础容积、转移容积、奖励容积三部分组成[1]：①地块基

---

[1] 根据相关资料整理：深圳市规划和国土资源委员会. 市规划国土委关于施行《深圳市城市规划标准与准则》中密度分区与容积率章节修订条款的通知［EB/OL］.（2019-01-03）［2019-01-06］. http://pl.sz.gov.cn/xxgk/gggs/201901/t20190103_481028.html.

础容积是在密度分区确定的基准容积率的基础上,根据微观区位影响条件(周边道路、地铁站点和地块规模等)进行修正的容积部分;②地块转移容积是地块开发因特定条件,如历史文化保护、绿地公共空间系统等公共利益制约而转移的容积部分;③地块奖励容积是为保障公共利益目的实现而准许增加的容积部分,地块奖励容积最高不超过地块基础容积的30%。

城市更新项目在依据建设用地密度分区指引计算容积率时,主要相关计算公式如下[①]:

①一般容积率公式:容积率=容积/地块面积=(地上规定建筑面积+地下规定建筑面积)/地块面积;

②更新地块的地块容积率为:

$FA \leq FA_{基础} + FA_{转移} + FA_{奖励}$;

$FA_{基础} = FAR_{基准} \times (1-A_1) \times (1+A_2) \times (1+A_3) \times S$(式中:FA为地块容积;$FA_{基础}$为地块基础容积;$FA_{转移}$为地块转移容积;$FA_{奖励}$为地块奖励容积;$FA_{基准}$为地块基准容积;$FAR_{基准}$为密度分区地块基准容积率;$A_1$为地块规模修正系数;$A_2$为周边道路修正系数;$A_3$为地铁站点修正系数;S为地块面积。)

③混合用地地块容积是将该区位上各类功能用地对应的地块容积按拟混合的建筑面积比例进行加权平均。混合用地地块容积率:

$FA_{基础混合} = FA_{基础1} \times K_1 + FA_{基础2} \times K_2 \cdots$(式中:$FA_{基础混合}$为该地块各类功能基础容积之和;$FA_{基础1}$、$FA_{基础2}$等分别为该地块基于各类单一用地功能的地块基础容积;K_1、K_2等分别为该地块各类功能的地块基础容积混合修正权重。)

为实现城市综合利益,在满足公共服务设施、交通设施和市政设施等各项设施服务能力的前提下,城市重点发展、城市更新等特定地区经过专题研究后,其容积率可在相关标准与准则的基础上适当提高,提高幅度可通过各类修正系数规定进行换算(表7.11~表7.13)[②]。

[①] 根据相关资料整理:深圳市规划和国土资源委员会. 市规划国土委关于施行《深圳市城市规划标准与准则》中密度分区与容积率章节修订条款的通知[EB/OL]. (2019-01-03)[2019-01-06]. http://pl.sz.gov.cn/xxgk/gggs/201901/t20190103_481028.html。
[②] 具体参见:《深圳市城市规划标准与准则》(2018年局部修订稿)4.5特定地区的密度分区、地块容积及容积率, http://pl.sz.gov.cn/xxgk/gggs/201901/t20190103_481028.html。

表7.11 基准用地规模

用地功能	居住	商业服务业	普通工业	新型产业	仓储	物流
基准用地规模（hm²）	2	1	3	1	5	2

注：地块面积小于等于基准用地规模时，地块规模修正系数为0。地块面积大于基准用地规模时，地块修正系数按超出基准用地规模每0.1公顷计0.005并累加计算，不足0.1公顷按0.1公顷修正，最大取值小于等于0.3。

资料来源：深圳市规划和国土资源委员会．市规划国土委关于施行《深圳市城市规划标准与准则》中密度分区与容积率章节修订条款的通知[EB/OL]．（2019-01-03）[2019-01-06].http://pl.sz.gov.cn/xxgk/gggs/201901/t20190103_481028.html．

表7.12 深圳周边道路修正系数

临路情况	一边临路	两边临路	三边临路	周边临路
系数	0	+0.1	+0.2	+0.3

资料来源：深圳市规划和国土资源委员会．市规划国土委关于施行《深圳市城市规划标准与准则》中密度分区与容积率章节修订条款的通知[EB/OL]．（2019-01-03）[2019-01-06]. http://pl.sz.gov.cn/xxgk/gggs/201901/t20190103_481028.html．

表7.13 深圳同一车站的地铁站点修正系数

车站情况	距离站点（m）	车站定位 多线车站	车站定位 单线车站
系数	0~200	+0.7	+0.5
系数	200~500	+0.5	+0.3

资料来源：深圳市规划和国土资源委员会．市规划国土委关于施行《深圳市城市规划标准与准则》中密度分区与容积率章节修订条款的通知[EB/OL]．（2019-01-03）[2019-01-06]. http://pl.sz.gov.cn/xxgk/gggs/201901/t20190103_481028.html．

地块容积及容积率与地块规模、周边道路、地铁站点有关，按照规范计算修正系数（表7.11~表7.14）。与过去相比，深圳于2018年年底修订的《深圳市城市规划标准与准则》中关于密度分区与容积率的章节条款有了大幅变化，主要表现在"向天要地"，如居住地块普遍提升了基准容积率水平，并取消了商业服务业用地和工业用地的容积率上限。

表7.14 不同车站重叠覆盖的地铁站点修正系数

	a1	a2	b1	b2
a1	+0.7	+0.7	+0.7	+0.7
a2	+0.7	+0.5	+0.5	+0.5

续表

	a1	a2	b1	b2
b1	+0.7	+0.5	+0.5	+0.5
b2	+0.7	+0.5	+0.5	+0.3

注：a1代表多线车站0~200m覆盖范围，a2代表多线车站200~500m覆盖范围，b1代表单线车站0~200m覆盖范围，b2代表单线车站200~500m覆盖范围。
资料来源：深圳市规划和国土资源委员会. 市规划国土委关于施行《深圳市城市规划标准与准则》中密度分区与容积率章节修订条款的通知[EB/OL]. （2019-01-03）[2019-01-06]. http://pl.sz.gov.cn/xxgk/gggs/201901/t20190103_481028.html.

7.2.3 更新方式指引

《深圳市城市更新"十三五"规划》针对市场中出现的方式偏好、区位偏好、功能偏好、产业用地流失等城市更新结构问题，通过更新专项规划的分区管控对更新项目的区位和更新方式进行引导，将更新对象划定为优先拆除重建地区、优先综合整治地区、拆除重建与综合整治并举地区来实行更新方式管控（图7.7）。从全市层面约束不同更新方式适用的地域，特别是严格控制拆除重建类更新的空间范围，可以改善市场主导的更新经常出现的优势区位选择、改造方式单一和拆除重建占据主导等情况。在城市更新过程中，深圳需要不断完善产业用地和产业用房保障，避免产业用地过快减少，确保城市经济活力。因此，深圳通过规划来调控更新项目的准入结构，优先提升产业与配套建筑面积，逐步降低商业、办公类建筑规模，以实现产业用地规模虽然减少，但产业建筑面积规模仍稳定上升的整体发展目标。深圳城市更新专项规划为此划定了工业区块控制线，对位于控制线范围内的现状旧工业区，严格限制"工改商""工改居"；对拟申报拆除重建类城市更新计划的项目，要求更新改造后原则上应为产业功能；对"工改工"的项目设定规模下限，要求未来五年内工业区改造项目中纯粹的"工改工"项目用地比例不少于50%。

2022年2月，《深圳市城市更新和土地整备"十四五"规划》正式印发，对相关更新方式做出进一步指引，提出："积极鼓励开展城中村和旧工业区有机更新，统筹有序推进拆除重建类城市更新，深入开展土地整备利益统筹，加速盘活规模成片土地，打造'两个百平方公里级'的高品质产业空间，逐步实现城市空间结构优化、住宅供应增加、公共服务水平与基础支撑能力提升，为加快建成现代化国际化创新型城市提供有力支撑。""十四五"期间，城市更新和土地整备应不断优化建筑规模结构，"其中，居住用地和建筑面积比例不少于50%，商

图7.7 《深圳市城市更新"十三五"规划》城市更新分区指引图
资料来源：深圳市规划和国土资源委员会．深圳市城市更新"十三五"规划［EB/OL］．（2016-11-21）
［2018-10-22］．http://www.szpl.gov.cn/xxgk/ztzl/rdzt/csgx135/201611/t20161121_456427.html．

业（含研发和办公）建筑面积比例不高于20%，产业建筑面积比例不少于30%"。

为响应中央号召，防止过度大拆大建，《深圳市城市更新和土地整备"十四五"规划》明确要设定城市更新限制拆除重建区和允许拆除重建区，位于城市更新限制拆除重建区的用地，原则上除重点更新单元外不得纳入全市允许拆除重建区及各区拆除重建空间范围（图7.8）。城市更新限制拆除重建区包含以下三种情形：①位于城中村综合整治分区和工业区保留提升区范围的；②位于成片旧住宅区范围的；③有严格建设行为控制、需政府采取手段对拆除重建类更新进行管控的，或位于基本生态控制线、橙线、紫线、文物保护范围、历史建筑和历史风貌区等范围内的。

对于"十三五"规划中已经获得重视的产业用地减少过快问题，《深圳市城市更新和土地整备"十四五"规划》提出，拆除重建类的"工改M0"项目[①]，需

---

① M0用地即新型产业用地，是融合研发、创意、设计、中试、无污染生产等创新型产业功能以及相关配套服务活动的用地，相较于一般工业用地，除可布置厂房（无污染生产）、研发用房功能外，还可以建设商业、宿舍、可附设的市政设施、可附设的交通设施、其他配套辅助设施。

图7.8 《深圳市城市更新和土地整备"十四五"规划》城市更新和土地整备分区指引图
资料来源：深圳市城市更新和土地整备局. 深圳市城市更新和土地整备"十四五"规划[EB/OL].（2022-02-22）[2023-08-12]. http://www.sz.gov.cn/szzt2010/wgkzl/jcgk/jchgk/content/mpost_9989804.html.

满足以下条件之一才可施行，包括：①拆除范围内用地法定图则规划主导功能为新型产业用地（M0）。②拆除范围内用地位于本规划确定的"工改M0"引导区范围内（图7.9）。③拆除范围内用地位于全市已建成或近期规划建设的轨道站点500米范围内，其中部分位于轨道站点500米范围的，按照符合条件用地占拆除范围用地的比重确定 M0 用地规模。规划期内通过上述第三种情形新增批准的"工改M0"计划规模原则上不超过各区"十四五"期间M0总指标的30%。指标管理方面，全市"工改M0"类拆除重建更新单元计划用地规模按照不超过400公顷进行调控，其中370公顷分配至各区。

7.2.4 跨行政区零散空间资源统筹

深圳在长期实践中发现，城市更新在单一项目、单一地块内普遍存在公益性配建难以落地的难题。为破解城市更新单元面积较小、腾挪空间有限、大型公

图7.9 《深圳市城市更新和土地整备"十四五"规划》"工改M0"规划引导区范围图
资料来源：深圳市城市更新和土地整备局. 深圳市城市更新和土地整备"十四五"规划[EB/OL]．（2022-02-22）
[2023-08-12]．http://www.sz.gov.cn/szzt2010/wgkzl/jcgk/jchgk/content/mpost_9989804.html．

共设施和部分厌恶型设施无法落实的问题，深圳提出开展次行政区级别的片区统筹，运用容积率奖励、容积率转移、异地建设等政策工具，通过推进片区整体开发建设，解决独立城市更新单元内无法协调的相关矛盾。《关于深入推进城市更新工作促进城市高质量发展的若干措施》明确指出在规划统筹方面，要强调"刚、弹结合"，各区可选择拟更新改造用地相对集中的片区作为试点，统筹利用现有"政策工具箱"，"充分发挥主观能动性，以实施为导向，对用地布局、建筑功能配比、公共配套设施位置及规模、次干道以下路网等内容进一步优化，同步对城市设计等内容进行深化"。当前，已完成的城市更新片区统筹规划包括116公顷的"福田区八卦岭更新统筹规划"、150公顷的"蛇口老镇更新统筹规划"等。片区统筹在保证片区整体可控的前提下，在更大范围地域内保证了功能、容量、配建的辗转腾挪，突破了单一城市更新单元的桎梏。

7.2.5 政策性住房与创新产业用房配建指引

深圳城市更新政策提出了分区配建人才住房、保障性住房的要求，以改善居民居住条件，维护人民安居乐业。根据《深圳市城市更新项目保障性住房配建规定》，拆除重建类城市更新项目改造后包含住宅的，应按不同地区设置的保障性住房配建比进行建设，一类、二类、三类地区分别为20%、18%、15%（图7.10）[①]，实施过程中可根据实际情况在基准比的基础上进行核增、核减[②]。拆除重建类城

图7.10 深圳城市更新项目保障性住房配建比例分区图
资料来源：深圳市规划和国土资源委员会.深圳市城市更新项目保障性住房配建规定［EB/OL］.（2018-01-30）［2018-10-22］.http://www.szpl.gov.cn/xxgk/gggs/201802/t20180205_469111.html.

---

① 根据《关于加强和改进城市更新实施工作的暂行措施》（深府办〔2016〕38号）规定，一类、二类、三类地区的人才住房、保障性住房配建基准比例分别由《深圳市城市更新项目保障性住房配建规定》的12%、10%、8%提高至20%、18%、15%。

② 《深圳市城市更新项目保障性住房配建规定》规定：项目位于城市轨道交通近期建设规划的地铁线路站点500m范围内的，配建比例核增3%。项目属于工业区、仓储区或城市基础设施及公共服务设施改造为住宅的，配建比例核增8%。项目拆除重建范围中包含城中村用地的，配建比例可以进行相应核减。核减数值为核减基数与城中村用地面积占项目改造后开发建设用地总面积的比例的乘积。其中，一类地区核减基数为8%，二类和三类地区核减基数为5%。城市更新项目土地移交率超过30%但不超过40%的，保障性住房配建比例核减2%；土地移交率超过40%的，保障性住房配建比例核减3%。

市更新项目改造后包含商务公寓，且位于配建规定确定的一类、二类、三类地区的，建成后需要分别将20%、18%、15%的商务公寓移交政府，作为人才公寓。政策性住房伴随市场更新进行按比例配建，不仅有助于提升政策性住房的数量提供，也避免了早期政府集中开发保障性住房存在的一些区位失衡和居住隔离等问题。

相关政策同时规定了创新产业用房的配建要求，以推动城市产业发展（图7.11）。2016年8月，市规划国土委正式颁布《深圳市城市更新项目创新型产业用房配建规定》，要求拆除重建类更新项目升级改造为新型产业用地功能的，创新型产业用房的配建比例为12%。规定要求配建的创新型产业用房应集中布局，由项目实施主体在项目实施过程中一并建设，项目需要分期建设的，原则上应在首期配建。针对更新项目位于深圳经济特区高新技术产业园区的，政策单独设置了配建比例（表7.15）。

图7.11 《深圳市龙岗区城市更新"十三五"规划》保障性住房与创新产业用房配建指引图
资料来源：深圳市龙岗区城市更新局. 深圳市龙岗区城市更新"十三五"规划[EB/OL]．（2017-11-21）[2018-10-22]．http://www.lg.gov.cn/bmzz/csgxj/xxgk/ghjh/zxgh/201804/t20180412_11714530.htm.

167

表 7.15　深圳高新技术产业园区创新产业用房配建标准

权利主体	开发方式	配建比例
高新技术企业	自行开发	10%
非高新技术企业	与高新技术企业合作开发	12%
非高新技术企业	自行开发	25%

资料来源：深圳市规划和国土资源委员会．深圳市城市更新项目创新型产业用房配建规定[EB/OL]．(2016-10-18)[2018-10-22]．http://www.sz.gov.cn/zfgb/2016/gb975/201610/t20161018_4994771.htm．

7.2.6　公益用地与公共设施保障

补足城市公共服务设施、改善市政基础设施条件是城市更新的重要目的之一。深圳在公共服务和市政设施建设方面依然存在明显的配套不足，而市场主导的城市更新对老旧公共产品的更换和紧缺公共产品的补充缺乏积极性，部分更新改造项目没有承担起或者规避了必要的公共服务设施配套义务。在市场主导的更新开发中，还存在单个更新项目的规划方案都符合《深圳市城市规划标准与准则》的规范要求，但是多个项目累加起来就可能出现的"合成谬误"。以教育设施的学位供给为例，小规模的旧工业区改造为居住类的更新项目无法配套新增小学用地，此类缺口不断累积叠加，使得城市更新始终难以满足不断增加的设施需求[77]。为此，深圳出台了相应的管理措施来保障公共利益和满足公共设施配套需求。政策要求，城市更新单元范围内的土地在拆除整理后，需移交一定比例的"公益用地"给政府用于建设基础设施、公共服务设施等（表7.16）。移交的公益用地面积应大于3000m^2，不小于拆除重建范围用地面积的15%（图7.12）。

表 7.16　无偿移交的公共配套设施汇总表

序号	项目名称	规模（m^2）建筑面积	规模（m^2）用地面积	地价标准	移交方式	接收部门
1	社区警务室	≥50	—	免地价	无偿移交	区政府
2	社区管理用房	≥300	—	免地价	无偿移交	区政府
3	社区服务中心	≥400	—	免地价	无偿移交	区政府
4	文化活动中心	8000～10 000	—	免地价	无偿移交	区政府
5	文化活动室	1000～2000	—	免地价	无偿移交	区政府

续表

序号	项目名称	规模（m²）建筑面积	规模（m²）用地面积	地价标准	移交方式	接收部门
6	幼儿园	1600～5800	1800～6500	免地价	无偿移交	区政府
7	社区健康服务中心	≥1000	—	免地价	无偿移交	区政府
8	社区老年人日间照料中心	≥750	—	免地价	无偿移交	区政府
9	小型垃圾转运站	150～480	500～800	免地价	无偿移交	区政府
10	再生资源回收站	60～100	—	免地价	无偿移交	区政府
11	公共厕所	60～120	90～170	免地价	无偿移交	区政府
12	环卫工人作息房	7～20	20～30	免地价	无偿移交	区政府
13	公交场站	—	—	免地价	无偿移交	市交通运输委或区政府
14	公共车行通道	—	—	免地价	无偿移交	区政府

资料来源：深圳市规划和国土资源委员会．关于加强和改进城市更新实施工作的暂行措施[EB/OL]．（2017-01-05）[2018-10-22]. http://www.szpl.gov.cn/xxgk/ztzl/rdzt/csgx_zxcs/201701/t20170105_456422.html．

图7.12　深圳城市更新单元的用地分配

1 城市更新单元范围
2 拆除用地范围≥10 000m² ≥70%
3 公益设施用地≥3000m² ≥15%
开发建设用地范围

同时，《深圳市城市更新"十三五"规划》提高了城市更新项目的公共设施配建标准，力图通过城市更新有效增加交通设施、市政公用设施、医疗卫生设施、教育设施、社会福利设施、文体设施、绿地与广场等公益性项目，显著提升特区一体化水平。比如，在城市更新单元规划阶段提高商务公寓的设施配置标准，商务公寓的公共配套设施配置标准应参照《深圳市城市规划标准与准则》中关于住宅的公共配套设施配置标准执行。更新单元规划经批准后，要求在更新范围内应优先保障公共设施用地供给，并纳入项目首期建设。在项目准入方面，严格管控1万～2万m²的小规模"工改居"类更新项目立项，减少周边地区公共服务设施压力。

城市更新专项规划还从更新统筹的角度保障大型配套设施的落地问题。针对市场更新行为对公共产品升级和补充存在的缺位现象，更新专项规划要求在支撑能力薄弱地区优先安排各类交通、市政基础设施的升级改造与新建（图7.13、图7.14）。更新专项规划要求：在城市更新工作中，应结合各类交通、市政基础设施的建设需求优先安排更新单元；在城市更新单元规划编制中，要优先保障各类基础设施需求，确保设施与更新项目同步建设。

《深圳市城市更新和土地整备"十四五"规划》中明确："规划期内通过城市更新和土地整备完成基础教育设施不少于130所，用地面积不低于203公顷"，"保障新、改、扩建高中不少于15所，涉及用地面积约42公顷"；"保障不少于8所医院的新、改、扩建用地，涉及用地面积约21公顷"；"保障不少于5所养老院的新、改、扩建用地，涉及用地面积约5公顷"；"落实水质净化厂、电力、环境生态园等市政设施用地，提升市政支撑水平"。

图7.13 深圳市城市更新"十三五"规划市政交通支撑任务分工指引图
资料来源：深圳市规划和国土资源委员会.深圳市城市更新"十三五"规划[EB/OL].（2016-11-21）[2018-10-22]. http://www.szpl.gov.cn/xxgk/ztzl/rdzt/csgx135/201611/t20161121_456427.html.

图7.14 深圳市龙岗区城市更新"十三五"规划交通市政支撑任务指引图
资料来源：深圳市龙岗区城市更新局. 深圳市龙岗区城市更新"十三五"规划[EB/OL]. （2017-11-21）
[2018-10-22]. http://www.lg.gov.cn/bmzz/csgxj/xxgk/ghjh/zxgh/201804/t20180412_11714530.htm.

7.2.7 城市更新预警与重点城市更新单元

为了强化更新项目的前端审查，深圳基于大数据平台确定城市更新预警地区，建立起更新预警机制。交通供给、市政支撑、公共配套、剩余开发容量等基础信息形成的预警，可以为更新项目准入、前置条件设计、更新单元规划规模确定、贡献规模核准、公共设施配建等诸多更新审批环节提供重要决策参考（图7.15）。深圳市城市更新以市场化推动为主，实施过程存在更新片区整体统筹不足，市场主体选取的更新区域与政府重点发展区域存在一定偏差等问题。政府重点发展的区域通常更新单元规模偏小、大型公共配套设施难以落实。对此，2016版《关于加强和改进城市更新实施工作的暂行措施》创新提出了重点更新单元的规定，由政府主导、自上而下地开展城市更新工作，并给予特殊政策支持。对于重点更新单元来说，在保障性住房方面，提出"工改保"，即通过调整用地

图7.15 深圳市城市更新"十三五"规划基础支撑能力评估图
资料来源：深圳市规划和国土资源委员会. 深圳市城市更新"十三五"规划[EB/OL]. （2016-11-21）[2018-10-22]. http://www.szpl.gov.cn/xxgk/ztzl/rdzt/csgx135/201611/t20161121_456427.html.

规划，将原工业用地用来建设保障性住房，同时政府允许建设一定比例的商品性住房。该模式解决了工业用地继续开发的部分出路问题，又调动了企业参与保障性住房建设运营的积极性。除重点城市更新单元外，一般城市更新单元、小地块城市更新单元也给出了相应规定。

7.3
上海城市更新空间管控举措

7.3.1 公共要素清单与全生命周期管理

上海城市更新项目实行土地全生命周期管理，以"合约"形式对土地利用及城市更新建设要求进行约束性空间管控。城市更新通过"契约式"管理，在土地合同中明确需要增加的开放空间与公共服务设施等，来保证公共要素在城市更新项目中的落实。在机构改革前，上海已明确城市更新的区域评估阶段需要确定各更新单元的公共要素，主要包括城市功能、文化风貌、生态环境、慢行系统、公共服务配套设施、公共开放空间等，这个过程需要完成两方面主要工作：①开展更新单元所在范围的居民意见调查（图7.16），针对公共设施和公共开放空间的各项缺口进行急迫程度的排序，反映周边居民最迫切希望得到解决的公共问题，明确更新实施计划应重点关注或解决的问题。②结合各公共要素的建设要求以及相关规划土地政策，明确各更新单元内应落实的公共要素的类型以及规模、布局、形式等控制要求（表7.17）。

上海市长兴岛 G9CM0601 单元 B1 街坊城市更新区域评估调查问卷

尊敬的女士/先生，您好：为更好的推进 B1 街坊城市更新评估编制工作，收集政府、附近企业、居住本地的居民对本地区的发展诉求，科学合理地编制本规划，开展此次民意征询活动。问卷中涉及的相关信息仅限于内部分析与研究使用，不会用于商业等其他用途，敬请如实填写。
基地范围：东至兴代路，南至长兴江南大道，西至兴甘路，北至长凯路。

一、有关您的基本信息
1、您的性别是：男/女
2、您的年龄是：18 岁以下/18-30 岁/31-45 岁/46-60 岁/61 岁以上
3、您的户口和居住情况是：本市户口外地居住/本市户口本地居住/外地户口本地居住/外地户口本地工作
4、您的文化程度是：初中以下/高中/中专/技校/大专/本科硕士及以上
5、您的身份是：政府工作人员、企业领导、企业职工/本地居民

二、本地区发展方面
6、您认为本地区未来发展应重点强化以下哪些职能(可多项选择)：【多选题】
职工集体宿舍/单身公寓/市场化租赁住房/商业配套/文化活动/体育健身/医疗卫生/生态绿化/其它
7、您认为本地区发展中存在的问题是(可多项选择)：【多选题】
自然环境差/城市面貌杂乱/居住环境差/缺少广场绿等公共空间/公共服务设施缺少或使用不便/交通不通畅,出行不方便
8、您认为本地区目前最迫切需要解决的问题是：

三、道路交通方面
9、您认为本地区交通出行情况：非常方便/比较方便/不方便/困难
10、您日常出行的主要交通方式是：私家小轿车/出租车/摩托车/电动车/自行车/公交车/步行
11、您认为本地区公交状况：很好/一般/不太好/较差
12、您认为本地区停车情况：停车位满足需求/停车位不足，有时停车比较紧张/停车位严重不足,被迫停靠在往区外或到路边
13、您认为本地区自行车交通状况：很好/一般/不太好/较差
14、您认为本地区步行交通状况：舒适便捷/一般/不太好/较差
15、从进一步改善交通的角度,您的最大愿望是(可多项选择)：【多选题】
增设公交线路和班次/购买家用汽车/增设汽车租赁点/改善停车条件/增设非机动车租赁点/其他(请注明)

四、公共服务设施方面
16、您认为本地区的商业设施：太多/正好/太少
17、您觉得商业设施存在的问题：商业网点少/商业规模小/交通不便/买不到货/购物环境不好
18、您认为目前最缺乏的基础教育设施是：不缺少/幼儿园/小学/初中/高中
19、您认为目前就医是否方便：方便/一般/不方便
20、您认为社区级公共服务设施是否存在以下问题(请勾选存在问题项)：

代码	居民委员会	社区文化活动中心(多功能厅、图书馆等)	文化活动站(棋牌室、阅览室等)	综合健身馆	游泳池(馆)	球场	健身点	卫生服务点	室内菜场	养育托管中心
1										
2										
3										
4										

注：1 设施数量少/2 规模小服务水平偏低/3 现状缺乏，需重新进行配置/4 不需要配置

21、您认为社区级以下公共设施是否存在以下问题：(请勾选存在问题项)：*

代码	物业服务用房	信息苑	球场(健身点)	生活服务中心(家政服务、家电维修、社区服务咨询、社区食堂、快递收发点)	便利店及商店	洗衣房	共享单车投放点
1							
2							
3							
4							

注：1 设施数量少/2 规模小服务水平偏低/3 现状缺乏，需重新进行配置/4 不需要配置

五、生态环境方面
22、您认为本地区绿地覆盖率情况：很好/一般/不太好/较差
23、您认为金带沙河水质状况：很好/一般/不太好/较差

六、公共开放空间方面
24、您去本地区内公共绿地、广场的次数是：经常去/偶尔去/去过一两次/没去过/本地区内没有
25、本地区内距您最近的公共绿地、广场需要的步行时间是：5 分钟以内/5-10 分钟/15-30 分钟/30 分钟以上
26、您对完善公共空间布局、提升其服务能力和水平的建议是：
增加公共绿地、广场布点/增设雕塑、小品等/增加休息座椅/增加体育健身、文化娱乐设施/加强环境卫生整治管理
27、关于地下空间利用，您比较赞成的是：提高地下通道通风条件/提高舒适度/完善地下空间指示系统/加强空间引导/增加地下停车场

七、市政设施方面
28、本地区内现状供水、供电、供气、环卫、消防等市政设施配套情况：
配套齐全，满足需求/配套比较齐全，部分市政设施需逐步规划实施/配套一般，需要部分规划调整增设/配套不足，需要大量规划增设(请填写该类设施名称)/其他情况

八、如果您对高新园区的规划修编还有其他设想，恳请留下您宝贵的意见和建议。

图 7.16 上海市长兴岛 G9CM0601 单元 B1 街坊城市更新区域评估调查问卷
根据相关资料整理：https://www.wjx.cn/jq/21865843.aspx。

表 7.17 公共要素清单的深度建议

内容	深度建议
功能业态	■ 判定现状功能是否符合功能发展导向，提出提高业态多样性和功能复合性的对策建议
公共设施	■ 明确现状需增加配置的社区级公共设施的类型、规模和布局导向 ■ 明确现状邻里级、街坊级公共设施的改善建议
历史风貌	■ 针对历史文化风貌区、文物保护单位、优秀历史建筑、历史街区的区域，梳理需遵循的保护要求 ■ 提出城市文化风貌和文化魅力提升的对策建议
生态环境	■ 提出是否需要编制环境影响评估的建议，以及需重点解决的环境问题 ■ 对是否承担生态建设提出对策建议
慢行系统	■ 提出完善现状慢行系统的对策建议，以及慢行步道的建设引导

续表

内容	深度建议
公共开放空间	■ 提出现状公共空间在规模、布局和步行可达性等方面的问题和对策建议
城市基础设施和城市安全	■ 提出现状交通服务水平、道路系统、公共交通、市政设施、防灾避难、无障碍设计等基础设施和安全方面的问题和对策建议

资料来源：上海市规划编审中心. 上海市控制性详细规划研究/评估报告暨城市更新区域评估报告成果规范[Z]. 2015.

7.3.2 区域更新统筹

在上海，区域统筹是重要的城市更新项目实施路径，且政策支持力度较大。上海提出建立区域更新统筹机制，由更新统筹主体负责推动达成区域更新意愿、整合市场资源、编制区域更新方案，统筹、推进更新项目实施。市、区人民政府根据区域情况和更新需要，可以赋予更新统筹主体参与规划编制、实施土地前期准备、配合土地供应、统筹整体利益等职能。这样的参与权界定，将掌握在政府手中的容积率、配建要求等刚性内容确定权，转为由市场和政府共同协商决策。市场主体从片区统筹、利益协调工作的参与者，变为了共同主导者。这一政策创新在一定程度上与上海当前依托"国企"推动连片更新改造的模式相符合。上海近期城市更新制度建设突出了差异化的管理导向，对于浦东这一上海经济产业发展的核心地区，《上海市城市更新条例》赋予其更大的区域统筹自主权：允许直接指定更新统筹主体对于原成片出让区域等建成区进行更新；允许探索建设用地垂直空间分层设立使用权；增加混合产业用地供给；支持不同产业用地类型之间的直接转换。

7.3.3 历史风貌保护

如何在城市更新中传承历史文脉是上海本轮制度建设的重点之一，相关政策和制度条款一改之前仅有原则性引导而缺乏具体支持手段的情况，提出了具体的激励措施和主体准入规定，吸引市场主体加入到文物、历史建筑的保护与综合开发利用中来，更多地通过市场化的手段激活城市更新实施主体的积极性，并承担起长期保护、修缮、维护、运营的职责。《上海市城市更新条例》明确，对于因历史风貌保护需要，建筑容积率受到限制的城市更新项目，可以按照规划实行异地补偿。城市更新项目实施过程中新增不可移动文物、优秀历史建筑以及需要保留的历史建筑的，可以给予容积率奖励。另外，上海允许市场主体对历史建筑、花园住宅类公有房屋的承租权进行有偿回购或者置换，通过承租权归集赋予市场主体进行更新改造和再利用的权力，破解公房更新难题。此外，在技术层面方面，历史建筑普遍无法满足日照、消防等规范标准，上海提出因历史风貌保护需要，有关建筑间距、退让、密度、市政配套等无法达到标准和规范的，有关部门应制定适合城市更新的标准和规范，形成特别技术规范的以新代旧。

7.3.4 社区规划师制度化

截至2022年底，上海是三地中唯一将"社区规划师"制度写入地方性条例的城市。《上海市城市更新条例》中提出："建立社区规划师制度，发挥社区规划师在城市更新活动中的技术咨询服务、公众沟通协调等作用，推动多方协商、共建共治。"成体系的上海社区规划师探索可以追溯到2018年，当时杨浦区邀请了12位本地高校专家参与辖区12个街道的公共空间微更新、老旧小区改造等工作。经过几年的运作与经验总结，这种创新做法和主体责权终于通过立法形式得以固化。

存量地区存在的人口稠密、设施短缺、产权复杂、管理维护不力、空间老损、私搭乱建普遍等共性现象，以及过往城市更新普遍面临的行政命令强、居民意愿低、政府花费大、提升效果弱等问题，均需借助"社区规划师"等新的制度创建来帮助破局。社区规划师的出现，为基层政府提供了有力的规划设计技术支持，并成为政府与民众之间的沟通桥梁。制度层面的赋权使得社区规划师获得了一定的空间管控和介入的职责与权力。《上海市城市更新条例》第十一、十六、二十三条要求，在编制更新指引和区域更新方案时必须听取社会公众、物业权利人和利害关系人的意见并进行充分协商。这个过程中，社区规划师可以作为基层政府的代理人，通过组织和参与征询的全过程，来协调利益分配并帮助达成社会共识。

综合上述三地的空间管控举措可以看出，城市更新不是简单的拆除、修旧和建新活动，这项工作肩负着调整城市空间结构、提升空间产出效益、完善社会治理和优化生态环境等多重任务。近年来,三地的城市更新制度建设越发重视综合目标的实现,通过有序引导和推动物质空间更新,来促进城市社会经济发展理想和宏观战略愿景。在制度层面,三地均出台了保障多元目标实现的空间管控举措,特别是在完善规划与计划体系、统筹空间资源、支撑产业发展、传承历史文化等方面做出的多方位探索,值得其他城市和地区学习与借鉴。

广州永庆坊

第8章
广州、深圳、上海城市更新实施路径

城市更新项目的具体实施，其路径一方面在于依托政府年度计划的规范化推进，以及遵循政策要求的程序化管理上；另一方面则是不同类型实践项目在落地建设过程中，从项目自身特点、面对的不同问题、所处的内外部环境、现状条件的制约与利用等出发，所采用的具体工作方法、运作机制和协商模式等。广州、深圳、上海的城市更新制度已经相对明确地设定了更新项目开展的实施要求，与香港、台北等地类似，基本都采用了通过地区评估或项目申报等来选择和确立城市更新项目、编制城市更新的年度或实施计划，借助过程性和实质性规定推进建设项目有序开展的做法。

8.1 广州城市更新实施路径

8.1.1 基于城市更新计划的总体推进

（1）城市更新年度计划（2016—2019年）。 城市更新年度计划是广州推进城市更新实施的有效方式（表8.1）。2016年，广州开始编制并组织实施首个城市更新项目及资金年度计划，对城市更新的项目名称、行政区域、更新范围、改造主体、改造方式、资金来源、城市更新资金安排计划等内容进行了确定，为全年的城市更新活动提供管理依据。通过年度计划的制订，可以清楚设定全市该年份城市更新工作的重点和抓手，有效促进城市更新的总体推进。

（2）城市更新的三年计划、五年方案和十年规划（2020年至今）。 2020年9月，广州印发《广州市人民政府办公厅关于印发广州市深化城市更新工作推进高质量发展的工作方案的通知》（穗府办函〔2020〕66号），文件明确提出要编制广州城市更新的三年实施计划、五年行动方案、十年改造规划，并分类别设定三年计划制订需要明确的相关计划表等，包括城中村改造、旧街区改造、旧厂房改造、村级工业园、专业批发市场、物流园改造、违法建设整治、未达标河涌水环境整治计划明细表等，涉及各项目的名称、改造计划、项目类型和改造方式（表8.2～表8.4）。此外，为促进计划落地，文件明确了市住房城乡建设局、规划和自然资源局、发展改革委、

表8.1 广州市2018年城市更新年度计划表（第二批——花都区）

序号	项目名称	行政区域	更新范围	用地面积（hm²）	建筑面积（万m²）	改造主体	更新方式	更新类型	资金来源	2018年第二批计划市城市更新资金安排前期经费（万元）	2018年第二批计划市城市更新资金安排建设资金（万元）	2018年第二批计划市城市更新资金安排资金合计（万元）
总计				20.53	45.09					824	3489	4313
			15个项目，含老旧小区15个（其中新增老旧小区11个，续建老旧小区4个）									
			（正式项目—老旧小区）									
小计	11个项目			11.47	22.72					824	1921	2745
1	华南路6号一建大院小区微改造项目	花都区	北至华南路，南至新华村，东至华南路8号，西至华南路4号	0.72	1.54	花都区政府	微改造	老旧小区微改造	市财政、区统筹	78	179	257
			⋮									
			（续建项目—老旧小区）									
小计	4个项目			9.06	22.37					0	1568	1568
12	宾馆新村小区微改造项目	花都区	东至花城路，南至新世纪酒店，西至公园前路，北至云山大道	2.07	5.10	花都区政府	微改造	老旧小区微改造	市财政、区统筹		280	280
13	丽雅新村小区微改造项目	花都区	东至丽雅直街，南至秀全大道，西至丽雅西街，北至如意街	1.94	5.33	花都区政府	微改造	老旧小区微改造	市财政、区统筹		137	137
			⋮									
15	花山镇富华小区微改造项目	花都区	两龙路以东，龙华街以西，富华路以南，龙胜路以北	0.95		花都区政府	微改造	老旧小区微改造	市财政、区统筹		380	380

资料来源：广州市城市更新局. 广州市2018年城市更新年度计划表（第二批——花都区）[EB/OL]. (2018-06-14)[2018-10-22]. http://www.gzuro.gov.cn/csgxjxxgk/7.2/201806/72bc749c22704dc281115fdce0cdda5a/files/d5100d2b03174b62beb5cd54e50e12b2.pdf.

生态环境局、工业和信息化局等市政府相关部门及各区委、区政府的职责分工；要求各区于每季度末向市有关部门报送计划执行情况，对计划的执行情况进行监督检查，并由市住房城乡建设局汇总后定期上报市委、市政府。

表8.2 广州市城市更新（城中村改造）计划明细表（部分）

行政村/联社（自然村/经济社）名称	所属区	所属镇（街）	改造计划	目前进展情况	标图建库面积（hm²）	现状建筑面积（万m²）	位于重要交通线沿线	位于重点功能区	位于地铁站1km内
登峰村	越秀区	登峰街道	三年计划	开展基础数据调查	67	49	√		√
西坑村	越秀区	登峰街道	三年计划	开展基础数据调查	75	48	√		√
瑶台村	越秀区	矿泉街道	三年计划	开展基础数据调查	248	184		√	√
寺右村	越秀区	东山街道	五年方案	开展基础数据调查	6	19	√		√
农林村	越秀区	黄花岗街道	五年方案	开展基础数据调查	3	27	√		√
赤沙村	越秀区	官洲街道	三年计划	审议通过片区策划方案	69	153		√	√

资料来源：《广州市人民政府办公厅关于印发广州市深化城市更新工作推进高质量发展的工作方案的通知》，2020。

表8.3 广州市城市更新（旧街区改造）计划明细表（部分）

项目名称	所属区	所属镇（街）	改造计划	项目类型	占地面积（hm²）	涉及户数（户）	备注
高第街地块保护更新	越秀区	北京街道、人民街道	三年计划	历史街区微改造	1.1	待进一步调查	传统商贸区
海珠南—长堤历史文化街区和沿江西路片区活化利用	越秀区	人民街道	三年计划	历史街区微改造	33.0	待进一步调查	传统商贸区
金鸿顺地块更新改造	越秀区	北京街道	三年计划	旧城全面改造	1.0	0	传统商贸区
北京街盐运西老旧小区微改造项目	越秀区	北京街道	三年计划	老旧小区微改造	9.5	1213	传统商贸区
传统中轴线周边老旧小区微改造项目	越秀区	北京街道	三年计划	老旧小区微改造	37.2	8828	传统商贸区
洪桥街应元路周边老旧小区微改造项目	越秀区	洪桥街道	三年计划	老旧小区微改造	16.1	6152	传统商贸区

资料来源：《广州市人民政府办公厅关于印发广州市深化城市更新工作推进高质量发展的工作方案的通知》，2020。

表8.4 广州市城市更新（旧厂房改造）计划明细表

项目名称	所属区	所属镇（街）	改造计划	改造方式	目前进展情况	用地面积（hm²）	标图建库面积（hm²）
动物园北门总站地块土地储备项目	越秀区	黄花岗街道	三年计划	全面改造（政府收储）	前期工作	0.6	待进一步调查
走马岗85号地块土地储备项目	越秀区	矿泉街道	三年计划	全面改造（政府收储）	前期工作	1.3	1.5
广州万宝新天地商贸有限公司改造项目	海珠区	南石头街道	三年计划	全面改造（政府收储）	施工建设	4.5	4.6
中国水产广州建港工程公司改造项目	海珠区	南洲街道	三年计划	全面改造（政府收储）	施工建设	4.3	4.1
广州市商业储运公司改造项目	海珠区	瑞宝街道	三年计划	全面改造（政府收储和自行改造相结合）	施工建设	16.5	16.2
中交第四航务工程局有限公司改造项目	海珠区	南洲街道	三年计划	全面改造（自行改造）	施工建设	16.7	14.6

资料来源：《广州市人民政府办公厅关于印发广州市深化城市更新工作推进高质量发展的工作方案的通知》，2020。

8.1.2 不同改造方式下的城市更新实施探索

与城市更新政策演进的阶段与趋势相契合，广州城市更新在实施路径上经历了四个不同的阶段[①]：第一阶段（2009—2012年），颁布"三旧"改造政策，成立"三旧办"，启动和推进"三旧"改造工作。在当时的市场主导下，更新改造以单个项目为主，更新类型以城中村、旧厂房为主，模式上以房地产开发为主。第二阶段（2012—2015年），进一步完善"三旧"改造政策，颁布20号文，强调政府主导下的城市更新。这一阶段的更新开发形式以全面改造、成片连片为主，类型以旧厂为主，片区面积约2～4km²，包括金融城、广钢新城、广纸片区、大坦沙岛等。第三阶段（2015—2018年），在成立"城市更新局"后，广州针对前期城市更新过程中呈现的改造目标相对局限、效益较为短期、方式基本趋同、主体以及效果相对单一等问题，创新改造方式，探索"微改造"模式（图8.1），强调多元主体参与，有效提高改造综合效益。微改造成为广州城市更新的重要形式之一。同时，

---

① 具体参见：建筑联盟. 广州城市更新之"微改造"模式[EB/OL]. (2017-11-27) [2018-10-22]. https://www.sohu.com/a/207071699_188910.

图8.1 机构改革前广州城市更新逐步形成的主要改造方式
资料来源：骆建云. 广州城市更新的实践探索[Z]. 广东省"三旧"改造政策梳理及各地市实施办法解读会议，深圳，2018-07-20.

城市更新持续明确政府与市场的行为边界与互动互补方式，在可管控的范围内充分发挥市场积极性（表8.5）。第四阶段（2019年至今），广州目前整体推行"全面改造""微改造"和"混合改造"，表明广州城市更新在不同尺度、不同力度、不同主体下施行着不同的运作实施途径。2021年7月，《广州市城市更新条例（征求意见稿）》发布，对城市更新的实施方式进行了新的分类，分为微改造、全面改造、混合改造，以应对更加复杂综合的城市更新活动（表8.6）。通过几个阶段的尝试，广州的城市更新思路逐渐从"城市增长"转向"城市成长"，不仅关注土地出让收益，而且关注土地承载的综合职能和社会责任，以及城市未来的长远发展。

表8.5 市场与政府在广州城市更新中的"互补互动"关系

主体	政府	市场
工作依据	相关法律法规和政策规定	政府管控要求、经济利益获取
责任内容	制定规则、制定程序、制定规划、监督落实	投资、实施、运营
主导更新类型	侧重重点片区	侧重一般零散低效地块
更新方式	侧重成片统筹，全面改造	侧重独立项目、单一地块
改造目标	城市空间结构、总体功能布局优化	多目标多主体共赢：开发盈利、产业升级、培育创新、活跃市场

资料来源：建筑联盟. 广州城市更新之"微改造"模式[EB/OL].（2017-11-27）[2018-10-22]. https://www.sohu.com/a/207071699_188910.

表8.6 《广州市城市更新条例（征求意见稿）》确定的广州城市更新改造方式的新分类

城市更新改造方式	定义
微改造	在维持现状建设格局基本不变的前提下，通过局部拆建、保留修缮、完善基础设施以及建筑物功能置换等方式，进行城市功能修补、环境品质提升、历史文化遗产保护活化利用的城市更新活动
全面改造	以拆除重建方式对城市更新地区进行再开发，或者实施生态修复、土地复垦的城市更新活动
混合改造	全面改造和微改造相结合的城市更新活动

资料来源：作者根据《广州市城市更新条例（征求意见稿）》整理。

（1）全面改造。广州城市更新中的全面改造主要采取"政府主导、社会参与"的原则开展，立足城市与地区宏观发展需求，注重优化城市结构，落实城市战略。依据《广州市2017年城市更新项目和资金计划》，全面改造类更新项目主要包括旧城改造、旧村改造、旧厂房自主改造、村级工业园改造和土地整备五种。以城中村整体改造的实施途径为例，广州探索了多种运作实施模式（表8.7），例如横沙城中村，该村位于黄埔区发展最成熟的商圈大沙地内，在采取"先安置后拆迁，滚动开发"的模式进行整村改造后，在一定程度上实现了地区发展，补齐了教育、医疗等基础设施，并提出原产权人可以用住房面积换取商铺，以解决居民的收入问题。又如影响深远的"猎德模式"，猎德村曾是广州天河最穷的城中村，通过政府主导采取"售地筹钱，拆一补一"的模式进行整村改造，过程中成立了村集体公司，引入了市场主体，并借助法律途径解决"钉子户"问题[1]，初步实现了村集体经济的发展、地段的再开发和人居环境的改善。

表8.7 广州旧村改造典型案例

地区	改造前	改造后	措施
猎德村（2007—2010年）	①密度大，容积率高；②人居环境差；③缺乏基础设施；④治安复杂；⑤村集体经济发展乏力	①人居环境得到改善；②地区经济发展；③村集体收益翻番；④为珠江新城的发展提供空间资源	①成立机构，统筹协调推进改造工作；②科学规划；③售地筹钱，拆一补一；④创新管理，成立村集体公司

[1] 2007年，猎德经济发展有限公司（村集体）将拒绝拆迁安置协议的钉子户起诉至天河区人民法院。年底，广州猎德"钉子户"案在天河区人民法院宣判，要求判决书下发3日内，4户钉子户需将涉诉房屋腾退，交付给原告广州猎德经济发展有限公司。钉子户遂提起上诉，是广州首个引用《物权法》的上诉案例。2008年1月，广州市中级人民法院对该案判决维持原判，认为：钉子户影响了村集体利益和其他村民的合法权益；土地归集体所有，村有权收回，由于土地上的房子和土地不可分割，房子也应该一并交付拆除；补偿按照村里股东大会通过的补偿方案规定的标准进行。

续表

地区	改造前	改造后	措施
横沙城中村（2011年至今）	① 人居环境差；② 缺乏基础设施；③ 区域优势突出，但建设相对落后，阻碍城市发展	① 建成将居住、商业、文化功能融为一体的大型综合社区，以及商务办公楼；② 引入中小学、幼儿园等教育基础设施；③ 补齐基础设施（居民健身场所、文化站、消防站、超市等）；④ 地区经济得到发展	① "先安置后拆迁，滚动开发"模式，设立安置区和融资区；② 允许用住房面积换取商铺，解决收入问题；③ 科学规划，稳步推进

根据相关资料整理：广州旧改成功案例[N]. 增城日报，2017-06-13.

(2) 微改造。微改造不同于全面改造，一般项目较小，从细部着手改善人居环境，实施见效较快，旧城、旧村、旧厂房均可采用微改造方式，相关配套政策有《广州市老旧小区微改造实施方案》《广州市城中村综合整治工作指引》《广州市老旧小区微改造"三线"整治实施方案和技术指引（试行）》等。广州微改造遵循"政府引导，社会主导"的原则，注重激发城市活力、提升人居环境、保护文化遗产，实施途径因项目而异，非常多元。2016年广州微改造项目计划完成38项、2017年计划完成97项、2018年计划完成828项，实施从"单点式"项目向"点、线、面的'多点联动型'"项目转变[①]。通过微改造，广州很多老旧小区的环境质量得到了极大提升，如荔湾区逢源街耀华社区、荔湾区白鹤洞街鹤建里社区、逢庆社区、新华路30号小区等，又如旧城永兴坊由私家别墅群改造成为增埗公园，通过景观改造提升街道环境等。经过几年实践，广州市老旧小区更新的微改造实现了很多机制创新（表8.8），如荔湾区的"建管委"制度[②]，社区居民代表成立委员会，采取"居民自治"的方式组织社区环境微改造工作。该制度除了发动居民"自管自治"，补充老城区物业管理的不足，还有效降低了微改造的实施难度和成本。又如越秀区仰忠社区建立的"居民咨询委员会"制度，委员会由居民代表、社区热心人士、楼组长、社区党员等组成，共同参与宣传发动和意见征询工作，推动包括"三线"（电力线、通信线、有线电视线）、"三管"（供水管、燃气管、排水管）改造等在内的人居环

[①] 具体参见：欧静竹. 广州市城市更新"微改造"的共治理念[J]. 智能城市，2018（11）：86-87.
[②] 荔湾区2016年颁布《荔湾区老旧社区微改造三年行动计划（2016—2018年）》（荔府办〔2016〕25号），建立"社区建设管理委员会"制度，简称"建管委"制度。

境优化改造。与此同时，仰忠社区还建立起了社区的准物业管理模式，制定了《广州市越秀区珠光街仰忠社区微改造工作标准》。2017年年底，广州作为当时唯一的一线城市入选住建部全国15个老旧小区改造试点城市。此外，诸如"骑楼活化利用、文创产业植入"的北京路225号骑楼改造、"关注弱势群体、众筹模式运作"的"拾房子"阅读空间改造计划、成立于1956年的广州纺织机械厂通过"政府搭台，企商合作"模式转型为T.I.T国际时尚中心等富有本地特色的微改造实践，都探索出了各自不同的更新实施路径。

表8.8 广州多元化微改造的典型案例与模式

地区	特色模式	具体内容	成效
荔湾区	社区建设管理委员会	以居民自治方式开展社区微改造工作	居民"自管自治"，补充老城区物业管理的不足，降低"微改造"的实施成本
仰忠社区	微改造居民咨询委员会（成员包括居民代表、社区热心人士、楼组长、社区党员等）	居民委员会共同参与宣传发动和意见征询工作，负责协调居民意愿	① 建立准物业管理模式；② 制定《广州市越秀区珠光街仰忠社区微改造工作标准》；③ 推动人居环境优化改造
北京路225号骑楼改造	骑楼活化利用、文创产业植入	保持建筑原型原貌；植入特色产业	① 保留"歌莉娅225"的骑楼特色风貌；② 植入更契合现代社会要求的产业，赋予不同的功能，实现建筑内生
"拾房子"阅读空间	关注弱势群体、众筹模式运作	将社会各方的资源力量和公益服务相结合，对10户由于罕见病、多动症、不同残障类型、癌症晚期等引发家庭问题的贫困家庭进行儿童阅读空间改造	① 改善贫困家庭和弱势群体的居住环境；② 给予弱势群体精神和心灵上的关怀；③ 建立众筹平台

根据相关资料整理：《广州市荔湾区人民政府办公室关于印发荔湾区老旧社区微改造三年行动计划（2016—2018年）的通知》（荔府办〔2016〕25号）. 金羊网. 微改造新范本：仰忠社区蝶变进行时[EB/OL]. （2017-03-30）[2018-10-22]. http://news.ycwb.com/2017-03/30/content_24555454.htm. 何姗，黄婷. 骑楼活化利用走向：做体验骑楼文化的复合空间[N]. 新快报，2018-02-07. 李斯璐. "拾房子"重塑的不仅是家庭空间，还有他们的亲子关系和整体尊严[N]. 新快报，2016-11-21（A13）.

8.1.3 广州城市更新的典型实践

（1）猎德村：政府主导下的城中村整体改造

猎德村处在广州市规划的珠江新城中央商务区的黄金地带（图8.2），是广州市首个进行整体改造的城中村项目。作为当时广州筹办亚运会、展示城市形象的重要工程之一,猎德村改造从2007年启动至今,通过拆除重建方式发生了翻天覆地的变化(图8.3,图8.4),其更新过程带来的综合影响体现在组织形式、改造办法、资金筹措和工作思路等诸多方面[78][79]。猎德村改造虽然因为政府、村集体与市场结成的"增长联盟"和高强度开发博取的经济利益而被诟病和反思,但其更新实施途径为广州后续城中村改造提供了重要的阶段性做法参考。

图8.2 猎德"城中村"在珠江新城的区位

图8.3 广州猎德村改造前后对比(左图:改造前,右图:改造后)
资料来源:广州旧改成功案例[N]. 增城日报,2017-06-13.

图8.4 广州猎德村的原始肌理与改造方案（左图：改造前，右图：改造后）
资料来源：牛通，谢涤湘，范建红. 城中村改造博弈中的历史文化保护研究：以猎德村为例[J]. 城市观察，2016（4）：132-140.

猎德村改造采用了"市/区政府主导＋村为实施主体＋土地拍卖引入市场资金"的实施组织形式，实现了"市—区—村"三个层面的协调分工（表8.9），能够在充分发挥政府对社会整体利益的综合考虑优势的前提下，激发村集体与村民的积极性。由村改制公司"猎德经济开发有限公司"在改造中负责拆迁、安置、报批、招标、发放临迁费等相关工作，减轻了来自村民的改造阻力[80]。契合广州市"政府不投入①、村集体不投资、开发商不直接介入"的改造资金筹措要求，猎德村改造实行了土地使用的"三分制"，即将土地分为三份：一份用于村民安置，一份用作商业开发，一份作为村集体经济预留地。三分之一商业地块的拍卖使得猎德村改造获得了开发商的"土地出让资金"②，由此盘活城中村土地资产。亚运会筹办契机以及更新过程中的城市多方让利，形成了政府、村集体、村民、开发商的多方共赢，由此保证了改造的顺利进行，例如：在拆迁过程中，给村民的违章建筑进行了补偿，且改造后的容积率在5.0以上（桥东安置区、桥西南酒店办公区），远高于之前制定的容积率控制在4.0以内的标准。在设法提升环境质量和改善环境面貌方面，猎德村的工作思路为[57]：土地拍卖所得全部用于城中村改造；市政府对各项税费按"拆一免一"原则给予减免；市政道路建设、河涌整治工程结合猎德村整体改造同步进行，由市政府投入；整体改造工程纳入市政府重点建设项目和绿色通道中等。

---

① 之所以不能开启政府投资改造的先例，原因有两方面：一是地方财政大幅支出筹备亚运会，政府财力有限；二是当时广州有138个"城中村"，全部改造大概需要投入高达2500亿元，政府无法提供如此庞大的财政支出。具体参见：王帅. 城市更新中的增长联盟运作机制研究：基于广州的案例观察[J]. 城市，2017（12）：47-58.
② 拍卖地块93 928m²，共筹措资金46亿元。

表8.9 "市—区—村集体"组织形式

主体	职责
市政府	城中村改造的指导,明确改造的总体要求并给予政策支持
区政府	统筹组织、指导编制城中村改造方案,协调解决城中村改造中遇到的各种难题
村集体	城中村改造的实施主体,负责做好土地调查确权,组织改造的征地拆迁、补偿、搬迁等活动,并按照基本建设程序的要求,全面实施城中村改造

根据相关资料整理:吴智刚,周素红. 城中村改造:政府、城市与村民利益的统一[J]. 城市发展研究,2005(2):48-53;吴智刚,符晓. 广州猎德城中村改造模式对我国城市更新的借鉴与启示[C]//中国城市规划学会. 生态文明视角下的城乡规划——2008中国城市规划年会论文集. 大连:大连出版社,2008.

(2)恩宁路:历史街区从大拆大建走向微改造。

广州第一个历史文化街区微改造项目——恩宁路旧城改造,是广州老城区微改造的代表案例。恩宁路位于广州西关老城的心脏地带,对广州而言具有特殊意义,是一条具有浓厚西关特色的道路,也是广州最长最完整的骑楼街,被称为"广州最美老街"。恩宁路旧城改造项目原本计划要全部拆平重建为高楼,2006—2013年,在媒体的曝光报道、社会的广泛关注、居民的联合呼吁,以及"恩宁路事件"①形成的舆论压力之下,改造方向逐步转变为努力保留有价值的建筑物和空间形态,规划容积率从之前确定的2.6～2.8降到1.2(图8.5,图8.6),并发展成为广州大规模公众参与城市更新的代表活动,有效提升了广州城市更新的公众参与水平。

恩宁路旧城改造始于2006年2月,当时荔湾区政府提出将恩宁路地块连片危破房改造作为旧城改造的试点,改造区域为恩宁路以北、宝华路以西、多宝路以南的街区。2007年5月,荔湾区政府首次对外公布恩宁路的拆迁范围,引发新闻媒体对恩宁路的报道。2008年,广州市规划局审定通过《恩宁路危破房改造地段历史建筑保护与利用规划》,进一步确定了拆迁对象与工作范围,此举遭遇了居民发起的维权行动,居民上书全国人大,直指拆迁违反《物权法》[81]。居民的抗争和媒体的报道使得恩宁路更新改造项目受到社会的广泛关注,由青年学生组成的民间组织也开始自发地对该地区进行调研走访,并组织各种活动来吸引更多人关心恩宁路、思考恩宁路的未来。几经波折之后,政府为项目改造成立了专家顾问团,

---

① 2007年,荔湾区公布恩宁路拆迁范围,引发新闻媒体的报道。2009年12月,名为《恩宁路改造规划不能偷偷摸摸进行》的报道质疑恩宁路改造规划不公开,公众知情权未得到足够的重视。这段时期,大量相关新闻报道先后涌现,形成了广州城市微更新中有关公众参与的著名的"恩宁路事件"。

图8.5　原恩宁路片区控规（容积率2.6~2.8）
资料来源：林冬阳，周可斌，王世福. 由"恩宁路事件"看广州旧城更新与公众参与[C]//中国城市规划学会. 多元与包容——2012中国城市规划年会论文集. 昆明：云南科技出版社，2012.

图8.6　2011年恩宁路片区控规（容积率1.2）
资料来源：广州市国土资源和规划委员会. 荔湾分区AL0126、AL0128、AL0129规划管理单元（恩宁路旧城改造更新地块）控制性详细规划导则更改通告附图［EB/OL］.（2011-11-14）［2018-10-22］. http://www.gzlpc.gov.cn/ywpd/cxgh_1560/ghzdhxg/kzxxxgh/201111/t20111114_1068946.html.

并不断改变先前经济优先的更新思路，确定以历史和传统风貌保护作为改造的出发点。恩宁路的定位由此也得到重新思考，从之前的居住街区重新定位为混合更多商业功能的精品文化社区。2011年，《恩宁路旧城更新规划》《恩宁路旧城改造更新地块控制性详细规划导则更改》等获批，提出改造允许居民"自主更新"。

在恩宁路更新改造的项目推进过程中（表8.10），居民、媒体、民间组织、专家学者逐渐介入，共同构成了影响项目进程的利益团体，起到了维护居民权益、促进公众参与的积极作用，使得更多的市民意识到历史文化的价值，进而改变了项目改造的官方规划理念与实施方案。具有影响力的多方利益团体与以政府、规划编制单位为代表的决策团体之间，逐渐形成了决策施加与反馈的新机制[82]。

表8.10　广州恩宁路改造的公众参与历程（2007—2011年）

阶段	决策方式	时间	参与主体	参与行为	公众参与成果
规划讨论阶段	封闭决策	2007年3月—2007年8月	政府	公布恩宁路地块建设用地规划红线图，划定拆迁范围	① 政府宣布保留全部骑楼街；② 广州市文物考古研究所编制《恩宁路改造项目文物历史建筑保护方案》
			媒体	① 广州电视台《新闻日日睇》多次报道恩宁路保护，报道广州老居民的复杂心态和利益诉求；② 《新快报》等纸质媒体提出规划编制前应了解公众意见	
			居民	强烈反对恩宁路骑楼被列入拆迁范围	

续表

阶段	决策方式	时间	参与主体	参与行为	公众参与成果
规划制定阶段	被动公众参与	2008年4月—2008年11月	政府	敲定《恩宁路危破房改造地段历史建筑保护与利用规划》	① 政府组织"恩宁路危破房改造推进情况"专题调研，在原有货币补偿和异地安置基础上增加就近安置方式；② 恩宁路规划区内正式开始拆迁
			媒体	①《羊城晚报》等报道了恩宁路的拆迁补偿标准；② 追踪恩宁路拆迁报道	
			居民	恩宁路业主发起维权行动，上书全国人大直指拆迁违反《物权法》，应予撤销或者改变	
规划进入法定化阶段	主动开放公众参与	2009年7月—2010年10月	政府	① 组织成立首批旧城改造专家顾问团；② 公布《恩宁路历史文化街区保护开发规划方案》；③《广州市旧城更新改造规划纲要》公示，征求市民意见	① 2009年12月22日到2010年1月21日，广州市政府就恩宁路规划方案采用开放公示现场、电话、网络等渠道向公众征询意见；② 规划部门与设计单位通过居委会访谈和问卷调研搜集恩宁路居民意见；③ 广州市政府对《广州市旧城更新改造规划纲要》进行公示，征求市民意见；④ 荔湾区正式聘请由大学教授、规划专家、人大代表、政协委员及居委会主任等15人组成的恩宁路改造项目顾问小组，恩宁路改造项目再次启动
			媒体	① 质疑规划编制前未听取公众意见；② 质疑恩宁路规划方案合理性；③ 邀请各方人士提出意见和建议并报道	
			居民	① 恩宁路183位居民联名公开反对规划方案，与规划部门领导对话，提议组织召开座谈会，广泛听取意见修改规划；② 恩宁路220户居民发布公开信要求保护历史文化，制定合理补偿方案；③ 民间人士关注恩宁路地块拆迁情况	
		2011年3月—2011年6月	政府	① 加大历史建筑保护力度，将100多间粤剧名伶故居等特色建筑纳入历史保护范围；②《恩宁路旧城改造规划》获得市规划委员会全票通过，恩宁路改造将采取允许居民"自主更新"的模式	政府加强恩宁路历史保护；居民要求业主自主更新获得支持，媒体与民间团体参与报道和研究
			媒体	① 宣传报道规划成果信息；② 反映公众意见	
			居民	① 恩宁路130位居民联合签署《恩宁路居民给社会各界的公开信》表示支持自主更新模式，呼吁支持尽快出台"业主自主更新的详细规划导则"；② 民间团体开展旧城自主更新模式研讨	

根据相关资料整理：林冬阳，周可斌，王世福. 由"恩宁路事件"看广州旧城更新与公众参与[C]//中国城市规划学会. 多元与包容——2012中国城市规划年会论文集. 昆明：云南科技出版社，2012.；吴凯晴. "过渡态"下的"自上而下"城市修补：以广州恩宁路永庆坊为例[J]. 城市规划学刊，2017（7）：56-64.；刘垚，田银生，周可斌. 从一元决策到多元参与：广州恩宁路旧城更新案例研究[J]. 城市规划，2015（8）：101-111.

"永庆片区"的改造活化作为恩宁路旧城改造中的一个缩影,尝试了"政府主导、企业承办、社会参与"模式,是对"微改造"理论的落地尝试[83]。2015年,恩宁路永庆片区更新改造启动,由越秀区城市更新局主持、广州万科承建(图8.7),主要微改造做法包括①:①以修缮提升为主要改造方式。②以综合改造为目标,强调延续历史脉络,对近60栋建筑单体进行统一评分②,并根据评分结果给出"原样修复""立面改造""结构重做""拆除重建""完全新建"的处理建议(图8.8)。③强调社会力量参与,实行多元主体改造,丰富地区业态与功能——在万科研发的长租公寓、联合办公、儿童教育等业态之外,结合永庆片区的实际情况及社会资源提出本土设计师品牌店、旧城工作小组、西关体验民宿、文化交流活动等功能提升思路。2017年,中国城市科学研究会城市更新专业委员会负责的《广州恩宁路永庆片区微改造实施评估研究》显示,永庆坊改造后于2016年10月开放运营,包括共享办公、教育营地、长租公寓、配套商业四大功能,改造投资6500万元,总建筑面积7000m²,利用房屋49间,保留原住居民12户;片区改造产生了明显的环境和经济提升影响,遗憾之处则在于公众参与依然没有真正形

图8.7　广州恩宁路永庆片区建筑分类处理对策示意图
资料来源:朱志远,宋刚."微改造"落地之时:恩宁路永庆片区改造设计回顾[J].建筑技艺,2017(11):66-75.

---

① 具体参见:朱志远,宋刚."微改造"落地之时:恩宁路永庆片区改造设计回顾[J].建筑技艺,2017(11):66-75.
② 评分内容包含建筑在街区的位置、建筑风貌、立面完整性、结构状况等。

永庆大街改造前　　　　　　　　　　　　　　　　　　永庆一巷改造前

永庆大街改造后　　　　　　　永庆一巷改造后　　　　　　　永庆二巷改造后

图8.8　广州恩宁路永庆片区改造前后对比
资料来源：朱志远，宋刚."微改造"落地之时：恩宁路永庆片区改造设计回顾[J]. 建筑技艺，2017（11）：66-75.

成，部分新改造影响了原居民的权利。2018年10月，习近平总书记考察广州时走访了永庆坊，肯定了城市规划和建设注重保护历史文化，突出地方特色，采用微改造这种"绣花"功夫的更新做法，认为城市文明传承和根脉延续十分重要，传统和现代要融合发展，让城市留下记忆，让人们记住乡愁。

（3）大源村：留改拆并举，"综合治理+"的修补式更新

2019年，广州"老城市新活力——城市更新工程"系列发布会公布，广州将着力打造永庆坊、大源村两个城市更新示范点。太和镇大源村是全国知名的"淘宝村"，也是广州最大的城中村，改造前违法建设多、治安维稳难、环境卫生差等城中村治理的典型难点问题突出。作为广州市城市更新改造示范村、全国乡村治理示范村，大源村更新旨在创造居民8分钟到达公交站、开门见绿、300米进园的"大源样本"[84]。

2018年4月，广州白云区已将大源村列为4个重点整治村之一，计划用3年时间对其开展综合整治，并通过地区环境形态提升工程的实施，逐步扭转了村内原有的"脏乱差"现象，一批"口袋公园"陆续建成[85]。以国土空间总体规划体系为基础，大源村地区的详细规划编制将大源村作为一个独立的规划单元，明确设定了需要刚性管控的建设总量、生态保护红线、城镇开发边界等要素规定（图8.9）。大源村城郊融合型村庄的详细规划还划分出子单元，在统筹平衡子单元开发容量和公共服务设施建设要求的基础上，确定分期施策的建设思路。规划不仅提高了大源村的公共交通覆盖率，确保居民8分钟内即可到达公交站，还通过建立"生态公园—社区公园—口袋公园"的三级公园绿地体系，实现村庄"开门见绿、300米进园"。在实施路径上，大源村通过"综合整治+政府收储/局部改造/依法治违"推进有机更新，做到旧村居应留尽留。村庄更新注重生态修复和环境治理，在促进自然资源保护利用的同时，推进生态产品的价值提升。

大源村片区提升启动区的土地使用权由保利发展控股竞得，需要负责实施出让红线范围外大源村16单元的村居品质提升改造工程，并在地块内配建40 000m²的安置房、小学与幼儿园。根据《白云区大源村首期启动单元村居品质提升改造实施方案》，先期工作的主要改造内容包括（图8.10）①：①建筑改造提升，对保留建筑的立面及屋面进行改造提升，面积约18.9万 m²。②人居品质提升，打造1个山体公园，增设5个口袋公园，规划公共绿地11.09公顷。③完善公服配套，根据规划人口规模和《广州市城乡规划技术规定》配置公共服务设施，增加或提升11类28处公共服务设施。④完善道路交通，新建市政道路1886m、隐形消防通道889m，

---

① 具体参见：广州市白云区人民政府. 白云区大源村首期启动单元村居品质提升改造实施方案（简本）[EB/OL]. （2020-08-25）[2022-01-19]. http://www.gzebpubservice.cn/tdjyggcr/321055.htm.

图8.9 白云区大源村片区提升启动区控制性详细规划

资料来源：广州市人大常委会办公厅. 白云区大源村片区提升启动区控制性详细规[EB/OL]．（2019-12-24）[2022-01-19]. https://www.rd.gz.cn/zlk/kzxxxghxgfaba/content/post_204041.html.

图8.10 大源村启动单元改造实施方案的总平面图与改造意向图

资料来源：广州市白云区人民政府. 白云区大源村首期启动单元村居品质提升改造实施方案（简本）[EB/OL].（2020-08-25）[2022-01-19]. http://www.gzebpubservice.cn/tdjyggcr/321055.htm.

抽疏现状建筑面积 1/3。⑤实现市政设施升级，增加党建设施和消除安全隐患等。

（4）棠下村旧厂房：从城中村旧厂房到长租公寓

长租公寓在近些年逐渐兴起，旨在通过现有建筑改造为年轻人提供优质的租住空间和一体化的社区服务。在广州棠下村 6 栋厂房改造中，万科将原有的厂房改造为集中式青年长租公寓，使之成为广州目前体量最大的长租公寓，提供了大约 600 套房间，入住率达到 95%[①]，从而打破了城中村拆除重建的惯常做法（图 8.11）。长租公寓设计采用"与旧为新"的策略，在保留原有厂房的前提下，通过功能转变而增加一部分新的东西，形成新与旧结合的"新"建筑。在整体功能设置上，长租公寓包括：①商铺，将地段最南侧的一栋楼临街部分用作商铺出租。②公共空间，将第一、第二栋之间和第二栋的底层当作公共空间，为年轻租客提供咨询、咖啡、健身、影音、会议等服务。③居住单元，考虑原有混凝土框架结构的模数，公寓单元改造成长宽高为 $5.1m \times 2.5m \times 4.5m$ 的盒体空间，居住单元底层为客厅区，安装有集约化的厨卫储藏及阳台晾晒设施（图 8.12）。

在广州和深圳等城市，万科[②]、龙湖、碧桂园、旭辉、康桥等房地产企业在鼓励发展租赁市场的政策倡导下，于近期开展了诸多将城中村或老旧住房改造为长租公寓等的创新实践探索，改变了原来城中村更新推倒重建的老路子，由此而获得社会的广泛关注。但这种依托市场的更新改造总还是不可避免地会引起房屋的租金上涨，一方面，开发商投入资本用于改善居住环境与配套设施，需要从行动中获利；另一方面，项目带动的周边其他业主类似的自主改建同样推高了地区房屋租金。一批低收入阶层因无力承担租金而不得不离开此地，这种隐形"绅士化"进程也引发出社会新的担忧和思考，展现出事物具有的两面性和复杂性。

（5）开放活动组织与制度建立：微改造设计竞赛与社区规划师

为吸引规划师、建筑师、艺术家、市民群众等群体的深度参与，加快推进广州老旧小区微改造工作，提升和保障老旧小区微改造的标准和质量，2017 年，

---

① 具体参见：佰邦建筑．土木石建筑．万科广州棠下泊寓 [OL]．（2017-03-28）[2018-10-22]．https://www.gooood.cn/tangxia-vanke-port-apartment-guangzhou-china-by-tumushi-architects-pba-architects.htm.

② 万科旗下的长租公寓品牌叫泊寓，来自英文 PORT，意在搭建属于年轻人的共享社区，为城市中的青年工作者们提供漂泊中的栖息港湾。万科推出"万村复苏"的城中村改造计划（万村计划），2017 年 7 月成立深圳市万村发展有限公司，作为对城中村进行改造和运营的主体。万科通过城中村"综合治理＋专业化运营"模式进行城中村的功能升级和环境设施改造，在保留城中村原有街区肌理、场所风貌与低成本居住模式的基础上改善居住品质。

图8.11 棠下村旧厂房更新改造

资料来源：佰邦建筑. 土木石. 万科广州塘下泊寓［EB/OL］. （2017-03-28）［2018-10-22］. https://www.gooood.cn/tangxia-vanke-port-apartment-guangzhou-china-by-tumushi-architects-pba-architects.htm.

图8.12 棠下村旧厂房单元内部设计

资料来源：佰邦建筑. 土木石. 万科广州塘下泊寓［EB/OL］. （2017-03-28）［2018-10-22］. https://www.gooood.cn/tangxia-vanke-port-apartment-guangzhou-china-by-tumushi-architects-pba-architects.htm.

广州启动了老旧小区微改造规划设计方案竞赛活动（图8.13，图8.14），活动选取5个老旧小区面向社会征集设计方案，收到参赛作品共计33件，居民参与投票约2200人，网络投票突破22万人次，从而丰富了老旧小区微改造实施途径[85]。得益于活动组织的影响与经验，2018年8月，广州又启动了第二届城市更新设计竞赛——"我是社区规划师"广州市老旧小区微改造规划设计方案竞赛。

图8.13 广州老旧小区微改造规划设计方案竞赛主页
资料来源：广州市城市更新项目建设管理办公室．广州市老旧小区微改造规划设计方案竞赛官网[EB/OL]．[2018-10-22]．http://h5.oeeee.com/h5/v17/jqgz/.

图8.14 黄埔区黄埔街怡园小区微改造竞赛方案
资料来源：广州市喜城建筑设计顾问有限公司．黄埔区黄埔街怡园小区微改造规划设计[EB/OL]．[2018-10-22]．http://h5.oeeee.com/h5/v17/jqgz/works-detail.html?id=18.

  2018年4月，广州市城市规划编研中心与广州市城市规划协会合作推行社区规划师制度。社区规划师作为居民和政府沟通协调的枢纽，分区分片服务广州全市160余个街镇。截至2018年4月15日，已经有近180位规划师、热心居民报

199

名成为广州社区规划师。广州首个引入社区规划师的微改造项目是"农林街竹丝岗社区微改造"。广州扉美术馆馆长、建筑师叶敏被聘为社区规划师之后，邀请当代艺术家宋冬一起设计公共空间，提出用"无界博物馆项目"的创作概念来改造菜市场与扉美术馆之间的围墙（图8.15），把本来无用的厚墙隔断，改成由拆房子留下的木头窗户格子拼合而成的通透的"新围墙"[①]。"无界的墙"落成后，这里定期举办活动，如放映电影、演话剧等，春节还请来书法家写挥春送给街坊。元宵节期间，这里因为展出了700多盏灯，而成为一个大家都来此赏灯的吸引人的打卡点。

图8.15　无界的墙——宋冬个展
资料来源：宋冬. 无界的墙[EB/OL]. [2018-10-22]. http://artcm.cn/customer/exhibition_detail/?exhibition_id=4557.

[①] 具体参见：李春花，张志韬. 当菜市场变成美术馆，连买菜都是一种艺术［N］南方都市报，2018-06-05.

8.2 深圳城市更新实施路径

8.2.1 基于城市更新单元年度计划的总体推进

"城市更新单元年度计划"是深圳开展城市更新工作的有效执行工具，为城市更新工作的开展提供了重要项目依据，确定了更新单元项目执行的时序和要求。在拆除重建、综合整治等城市更新中，拆除重建类更新依要求需划定为城市更新单元，并纳入城市更新单元年度计划后方能开展实施。深圳城市更新单元年度计划的内容主要包括街道、单元名称、申报主体、拟拆除重建用地面积、备注（主要对拟更新功能和公益用地的面积进行说明）等，对于更新单元计划涉及的每一个城市更新项目，还会匹配一张示意图以方便管理（图8.16）。深圳施行"强区放权"改革后，自2017年起，由各区制订城市更新单元年度计划（表8.11）。

图8.16　2018年龙岗区城市更新单元计划（第三批）拆除重建范围示意图
从左到右依次为：富豪山庄旧住宅区城市更新单元、四联社区贤合村城市更新单元、龙东石塘片区城市更新单元。
资料来源：深圳市龙岗区城市更新局. 关于《2018年龙岗区城市更新单元计划第三批计划》的公告[EB/OL].（2018-04-18）[2018-10-22]. http://www.lg.gov.cn/bmzz/csgxj/xxgk/qt/tzgg/201804/t20180418_12094268.htm.

表8.11　2018年龙岗区城市更新单元计划（第三批）

街道	单元名称	申报主体	拟拆除重建面积（m²）	备注
坂田	富豪山庄旧住宅区城市更新单元	深圳市龙岗区坂田街道办事处	19 228.6	①拟更新方向为商业、居住功能；②拟拆除重建用地范围内应落实不少于6730m²的公共利益用地
横岗	四联社区贤合村更新单元	深圳市横岗四联股份合作公司	122 259.1	①拟更新方向为居住、商业功能；②拟拆除重建用地范围内应落实不少于42 791m²的公共利益用地

续表

街道	单元名称	申报主体	拟拆除重建面积（m²）	备注
宝龙	龙东石塘片区城市更新单元	深圳市龙东股份合作公司	64 003.2	① 拟更新方向为居住、商业功能；② 拟拆除重建用地范围内应落实不少于 22 401m² 的公共利益用地

资料来源：深圳市龙岗区城市更新局. 关于《2018年龙岗区城市更新单元计划第三批计划》的公告[EB/OL].（2018-04-18）[2018-10-22]. http://www.lg.gov.cn/bmzz/csgxj/xxgk/qt/tzgg/201804/t20180418_12094268.htm.

　　2019年开始，深圳市城市更新和土地整备局负责统筹编制《深圳市年度城市更新和土地整备计划》，对上一年度计划执行情况、当年度计划编制情况、当年度计划总体任务、资金及项目安排、实施保障等内容均给予了详细说明（图8.17）①。

图8.17　深圳市2021年度土地整备项目及土地整备利益统筹项目布局图
资料来源：深圳市规划和自然资源局. 深圳市 2021 年度城市更新和土地整备计划［EB/OL］.（2021-11-18）[2022-01-19]. http://www.sz.gov.cn/szcsgxtdz/gkmlpt/content/9/9429/post_9429650.html#19171.

---

① 具体参见：深圳市城市更新和土地整备局. 深圳市 2021 年度城市更新和土地整备计划［EB/OL］.（2021-11-18）［2022-01-19］. http://www.sz.gov.cn/szcsgxtdz/gkmlpt/content/9/9429/post_9429650.html#19171.

8.2.2 城市更新政策的阶段性调整与优化

深圳城市更新工作在《深圳市城市更新办法》出台后逐步进入规范有序的运行轨道。依据需要,深圳曾经通过出台《关于加强和改进城市更新实施工作的暂行措施》(以下简称《暂行措施》)的方式,对深圳城市更新政策进行阶段性调整和优化,为推进城市更新实施提供灵活的政策支撑。这样做,一方面维持了核心政策的稳定性,另一方面可以针对社会与市场的变化与需求,适时出台或修正相关更新规定。深圳市政府先后出台了三版《暂行措施》(深府办〔2012〕45号,深府办〔2014〕8号,深府办〔2016〕38号),其中2016版《暂行措施》是继2012年、2014年后的第三版,是对当时近期城市更新工作实践的经验总结(表8.12),也是深化落实"强区放权"体制改革,确保城市更新工作质量提升的重要政策保障[86]。

表 8.12　深圳 2012 版、2014 版、2016 版《暂行措施》比较

政策	出台背景	主要内容
2012版《暂行措施》	落实"十二五"期间城市更新各项工作目标	① 加快城市更新历史用地处置; ② 完善城市更新地价政策; ③ 强化城市更新实施管理
2014版《暂行措施》	进一步加强和改进城市更新工作	① 完善城市更新用地处置政策; ② 完善城市更新地价政策; ③ 鼓励旧工业区升级改造; ④ 试点开展小地块城市更新; ⑤ 强化城市更新实施管理
2016版《暂行措施》	落实"十三五"期间城市更新各项工作目标	① 创新实施机制,试点重点更新单元开发; ② 简化城市更新地价体系; ③ 提升公共配套设施建设力度; ④ 推进旧工业区复合式更新、综合整治

根据相关资料整理:《关于加强和改进城市更新实施工作的暂行措施》(深府办〔2012〕45号)、《关于加强和改进城市更新实施工作的暂行措施》(深府办〔2014〕8号)、《关于加强和改进城市更新实施工作的暂行措施》(深府办〔2016〕38号)。

除定期颁布《暂行措施》外,深圳城市更新积极回应国家社会经济五年规划的工作周期,及时发布深圳城市更新工作情况的相关报告,如2018年4月印发的《市规划国土委关于深圳市城市更新工作有关情况的报告》(深规土〔2018〕292号),定期总结深圳城市更新的基本情况、创新做法、工作成效、存在问题等。报告同时明确了下一步城市更新的重点,例如2018年报告指出深化城市更新工作的重点在于:①推进成片连片开发(取消小地块城市更新单元、推进工业区连片改造、

加快重点更新单元实施）；②加大综合整治力度；③严格按照公开招标方式选择城中村更新项目的合作企业；④通过立法建立强制执行机制，促进拆迁难题的解决；⑤进一步规范城市更新工作等。

此外，针对深圳城市更新中存在的各类问题，深圳不时出台诸如《关于深入推进城市更新工作促进城市高质量发展的若干措施》（深规划资源规〔2019〕5号，以下简称《若干措施》）等政策文件，以明确优化调整策略，推动城市更新工作从"全面铺开"向"有促有控"、从"改差补缺"向"品质打造"、从"追求速度"向"保质提效"、从"拆建为主"向"多措并举"转变[87]。《若干措施》明确的城市更新优化举措主要包括：①调整规划计划体系，增加规划期至2035年的全市城市更新规划，强化计划调控。②促进城市高质量发展，在绿色发展、历史文化遗产的保护和活化方面提出相关实施措施。③加强片区统筹，加强市区共建，创新"案例+政策工具箱"的工作机制。④促进产业发展，强化政府主导和旧工业区升级，推进工业区连片改造升级试点，强化产业空间管理要求。⑤拓展城中村改造的综合整治手段，允许综合运用局部拆建、扩建、加建等多种方式予以实施。⑥优化全市城市更新管理服务，完善与统一城市更新政策和标准。

8.2.3 不同更新方式下的城市更新实施探索

深圳灵活运用不同更新方式对不同类型的地区开展城市更新工作，以实现有效的项目推进和多方共赢（表8.13），例如：通过拆除重建对城中村、旧工业厂房等进行升级改造，完善区域功能、改善人居环境、增加城市基础设施；通过功能改变对旧村、旧工业等进行功能结构调整，以实现更好的发展，满足城市发展过程中的功能需求①；通过综合整治对旧城镇、旧工业、古建筑等进行提升和改造利用，盘活闲置资源。

表 8.13 深圳不同城市更新改造类型的典型案例

地区	项目	改造类型	特点	改造前	改造后
福田区	岗厦河园片区	城中村	福田中心区唯一的城中村，通过更新完善中心区的功能和空间结构	① 建筑无序，密度高；② 人居环境较差；③ 基础设施配套不足；④ 阻碍中心城区发展	① 完善中心区的功能和空间结构，建成CBD配套区、综合发展区；② 引入教育、医疗等基础设施；③ 人居环境改善

---

① 随着《深圳经济特区城市更新条例》的出台，"功能改变"被纳入"综合整治"类别中。

续表

地区	项目	改造类型	特点	改造前	改造后
福田区	赛格日立	工改工	将高能耗、高污染的产业升级为总部经济产业	① 原有行业衰退，工厂停产，面临产业升级压力；② 产业高污染、高能耗	① 建设制造业上市公司总部基地，形成总部经济产业（创新产业用房、商业服务设施、高级商务公寓等）；② 改善周围交通环境
罗湖区	蔡屋围村	城中村	打造金融核心区	① 地处蔡屋围金融中心区，阻碍地区发展；② 人居环境较差	① 实现企业利益、公共利益、集体利益、村民利益和政府利益五方共赢；② 实现区域发展，居民收入增加
罗湖区	金威啤酒厂	旧工业区	产业升级与工业遗存保护结合	啤酒厂被收购，留下厂房待改造	① 深圳最大的黄金珠宝主题城市综合体；② 保留旧工业区遗迹，打造工业遗产文化体验区
龙岗区	天安云谷	旧工业区、城中村	特区一体化建设、产业升级示范项目，落实创新型产业用房（7万 m²）	① 由农房、旧厂房构成的低端制造工业区；② 主要产业为五金、塑胶等劳动密集型传统产业	① "腾笼换鸟"，完成产业升级，形成智慧工业园区；② 基础设施得到完善，移交大量公共配套用地
龙岗区	西埔新居	旧村	古建筑活化利用（综合整治）	① 客家围屋；② 建筑亟待保护、修缮	① 西埔新居的房屋和用地权属在更新实施后维持现状不变；② 作为深圳"双年展"分展场
南山区	大冲村	城中村	深圳目前规模最大的城中村改造项目	① 建筑密度大；② 人居环境较差；③ 基础设施薄弱；④ 被高新科技园包围，位置得天独厚，阻碍区域发展	① 发展高新园区配套商业和服务业；② 人居环境改善；③ 基础设施得到增强（保障性住房、教育、医疗设施等）；④ 区域得到发展；⑤ 居民回迁，保存宗祠、古庙、老榕树等历史遗迹，将文化遗产保护与城市建设相结合
大鹏新区	鸿华印染厂	旧工业区	激活荒废旧工业区功能，转型为文化创意与国际艺术旅游区（综合整治）	鸿华印染厂的19栋废弃多年的厂房和宿舍	通过综合整治，将原有旧工业厂区提升为文化创意与国际艺术旅游区
大鹏新区	较场尾	旧村	复合式城市更新，对自发形成的民宿特色旅游产业进行有效引导	① 生活配套设施匮乏；② 给排水、消防存在隐患	① 采取"保护优先""边更新边保护"的思路；② 遵从"自然生长、政府引导、民间组织、市场运作"模式；③ 对片区的水、电、交通、环境、景观等进行综合整治

根据相关资料整理：岗厦河园：城市更新"翻新"中心区唯一城中村[EB/OL]．（2017-08-21）[2018-10-22]．http://www.sznews.com/photo/content/2017-08-21/content_17065116.htm．

赛格日立工业区：告别高能耗产业拥抱总部经济[EB/OL]．(2017-08-18)[2018-10-22]．http://www.sznews.com/photo/content/2017/08/18/content_17048154.htm．
蔡屋围村：深圳"华尔街"城市更新五方共赢典范[EB/OL]．(2017-08-25)[2018-10-22]．http://www.sznews.com/photo/content/2017/08/25/content_17104783_2.htm．
金威啤酒厂布心厂区将崛起最大的黄金珠宝综合体[EB/OL]．(2017-08-17)[2018-10-22]．http://www.sznews.com/photo/content/2017/08/17/content_17038672_2.htm．
天安云谷：城中村变华为身边的创新型产业基地[EB/OL]．(2017-08-22)[2018-10-22]．http://www.sznews.com/photo/content/2017/08/22/content_17073823_3.htm．
西埔新居：城市更新下的深圳历史文脉如何重生[EB/OL]．(2017-08-21)[2018-10-22]．http://www.sznews.com/photo/content/2017/08/21/content_17069868_2.htm．
大冲村：最大城中村改造项目破茧成蝶颜值超乎想象[EB/OL]．(2017-08-18)[2018-10-22]．http://www.sznews.com/photo/content/2017/08/18/content_17052102_6.htm．
鸿华印染厂19栋旧厂房被激活 浑身"艺术范"[EB/OL]．(2017-08-16)[2018-10-22]．http://www.sznews.com/photo/content/2017/08/16/content_17027945.htm．
较场尾：古时练兵场今为深圳版"鼓浪屿"[EB/OL]．(2017-08-15)[2018-10-22]．http://www.sznews.com/photo/content/2017/08/15/content_17015438.htm．

8.2.4 深圳城市更新的典型实践

(1) 盐田街道Y村城市更新单元规划：拆除重建类城市更新[①]

盐田街道Y村城市更新单元位于盐田区北山道与东部沿海高速交界处，被北山道分为南北三片，为"拆除重建"类的城中村改造。该更新单元由于村屋建设质量较差、配套设施缺乏、空间环境不佳且内部交通可达性弱等原因，导致无法适应新的居住要求而被列入《2014年深圳市城市更新单元规划制定计划》的第二批计划（申报单位为深圳市鸿泰实业股份有限公司，实施主体为深圳市鸿俊天居置业有限公司）[②]，当时计划拆除用地约3.6万m^2，拟更新主导功能为居住，属于"村改居"的情况（图8.18～图8.20）。

2014年10月，深圳市鸿泰实业股份有限公司委托深圳市城市规划设计研究院开展Y村城市更新单元规划编制工作。2016年4月，方案上报城市更新局，得到的项目复函拒绝了该规划申请，原因在于：①地段涉及的周边铁路和地铁的规划设定，需在相关部门完成可行性研究之后，方能进一步完善更新单元规划方案。

[①] 本节内容来源于2016年深圳市城市规划设计研究院有限公司编制的《盐田区盐田街道Y村城市更新单元规划》，方案为未批复的过程性规划文件，仅用于展示深圳城市更新单元规划编制的概况，不具备任何数据和决策上的法定参照意义。

[②] 由于局部条件变更和更新进程变化，2018年，盐田区城市更新局经区政府批准发布《2018年深圳市城市更新单元计划盐田区第四批计划》，对该更新单元再次进行公告，局部调整了更新单元范围，更新了规划设计条件，并要求拆除重建用地范围内应落实不少于约6000m^2的城市基础设施、公共服务设施或其他城市公共利益项目用地，提交政府的土地移交率为15%。

Y村城市更新单元拟拆除重建范围示意图

= = = 拟清退范围　　▭ 拟拆除重建范围　　拟拆除重建范围面积：36 197m²

《2014年深圳市城市更新单元计划第二批计划》一览表

编号	辖区	街道	单元名称	申报主体	拟拆除重建用地面积 (m²)	备注
6	盐田	盐田街道	Y村城市更新单元	深圳市鸿泰实业股份有限公司	36 197	拟更新方向为居住等功能

图 8.18　盐田区盐田街道 Y 村城市更新单元拟拆除重建范围

资料来源：深圳市盐田区城市更新局. 关于《盐田区沙头角街道东顺厂房宿舍与变电综合楼单元计划、盐田街道Y村城市更新单元（范围调整）》（草案）公示的公告[EB/OL]．（2017-07-07）[2018-10-22]. http://www.yantian.gov.cn/cn/zwgk/tzgg/201707/t20170707_7770787.htm.

②单元规划与已批准的法定图则确定的北山道立交规划方案有冲突，应按照法定图则落实。③单元规划功能应与已批法定图则的规划功能进一步衔接。为此，设计单位在取得铁路及地铁部门正式复函、与法定图则深化衔接的前提下修改更新单元规划，并再次申请上报城市更新局。这里以其过程性规划成果为例（未批复），分析深圳城市更新单元规划编制的主要内容与做法。

图 8.19 盐田区盐田街道 Y 村城市更新单元拟拆除重建范围现状用地性质
资料来源：深圳市城市规划设计研究院有限公司. 盐田区盐田街道Y村城市更新单元规划[Z]. 2016.

城市更新单元所在片区以城中村用地（R4）为主，有部分居住用地（R2）和商业用地（C1）。在拆除范围涉及的 13 宗用地中，权属清晰的用地 8 宗，面积共约 2 万 m²，未征转用地共约 1.4 万 m²，国有未出让用地约 3000m²。

规划首先依据城市更新用地处置政策，确定可用于开发建设用地面积及贡献用地面积。按照《关于加强和改进城市更新实施工作的暂行措施》（深府办〔2014〕8 号）规定，未征未转用地需进行历史用地处置：本案中，政府将处置土地的 80% 交由继受单位进行城市更新，其余 20% 纳入政府土地储备。在交由继受单位进行城市更新的土地中，按照《深圳市城市更新办法》和《深圳市城市更新办法实施细则》要求，需将其中不少于 15% 的土地无偿移交给政府纳入土地储备，由此计算得出贡献用地约为 5000m²，可用于开发建设用地约为 2.9 万 m²（表 8.14）。此外，地段中共有零星用地约 3000m²，用地零散分布而无法独立开

土地与建筑物信息核查结论一览表

地块编号	01	02	03	04	05	06	07	08	09	10	11
宗地号或用地方案图	J305-0313	预J305-0110	J305-0316	J305-0312\D86-42	J305-0003	J305-0056	J314-0006	-	-	-	-
用地面积(m²)	3173.0	1259.8	1304.0	8725.9	785.8	554.7	6496.6	304.6	2917.36	7538.4	6414.1
土地利用功能(现状)	黄必围村	黄必围村	商业	黄必围村	住宅	住宅	黄必围村	住宅			
土地权属性质	村红线用地	村红线用地	村红线用地	村红线用地	已按照历史遗留用地和建筑有关政策处理的用地	已按照历史遗留用地和建筑有关政策处理的用地	国有办理产权证	村委红线用地	国有未出让用地	非农建设地范围外形成的建成区域	非农建设地范围外形成的建成区域
用地权属单位	深圳市鸿泰实业股份有限公司	深圳市鸿泰实业股份有限公司	深圳市裕民实业股份有限公司	深圳市鸿泰实业股份有限公司	东鹏油站住宅	钟新周	深圳市鸿泰实业股份有限公司	深圳市鸿泰实业股份有限公司		黄必围村村民私宅用地	杨梅新村村民私宅用地
建筑物竣工时间	1994年	1994年	1994年	1994年	1994年	1994年	1994年	1994年		1994年	1994年
建筑面积(m²)	5227.10	2461.91	5315.97	16577.78	1429.04	3328.14	9692.55	1089.49	5445.45	17266.90	10472.94

图 8.20　盐田区盐田街道 Y 村城市更新单元土地核查信息

资料来源：深圳市城市规划设计研究院有限公司．盐田区盐田街道Y村城市更新单元规划[Z]．2016．

展建设，因此基于用地集约性考虑建议将它们纳入建设用地范围，即建设用地面积从 2.9 万 m² 增加为 3.2 万 m²。

表 8.14 Y 村可用于开发建设用地计算

序号	项目			面积（m²）
1	拆除用地面积			36 197.0
	其中	权属清晰用地面积		22 604.4
		未见征转记录用地面积		13 952.5
		其中	20% 纳入政府土地储备	2 790.5
			80% 交由继受单位进行城市更新	11 162.0
2	合法手续完善用地面积			33 766.4
	其中	不少于 15% 用于土地贡献		5 065.0
		85% 用于开发建设		28 701.4
3	零星用地面积			3 000.0
4	开发建设用地面积			31 701.4

资料来源：深圳市城市规划设计研究院有限公司．盐田区盐田街道Y村城市更新单元规划[Z]．2016．

由于单元用地被道路等因素隔离，计划已批的拆除范围非常零散，不利于实际开发建设，因此规划方案为了实现整体统筹，通过用地腾挪并应对北山道的划分，将项目分为南北 3 个独立完整的建设用地片区（图 8.21）。自此确定更新单元用

图 8.21 盐田区盐田街道 Y 村城市更新单元规划为整体统筹建设用地的零星用地及腾挪用地范围
资料来源：深圳市城市规划设计研究院有限公司．盐田区盐田街道Y村城市更新单元规划[Z]．2016．

地（图 8.22）面积约 5 万 m^2，拆除用地面积约 3.6 万 m^2，开发建设用地面积约 3.2 万 m^2，土地移交率为 21.7%（表 8.15，表 8.16）。

图 8.22 盐田区盐田街道 Y 村城市更新单元规划各类用地范围
资料来源：深圳市城市规划设计研究院有限公司．盐田区盐田街道Y村城市更新单元规划[Z]．2016.

表 8.15 盐田区盐田街道 Y 村城市更新单元用地数据汇总表

项目		面积（m^2）
更新单元用地面积		46 470.7
拆除用地面积		36 197.0
开发建设用地面积		31 701.4
其中	划入零星用地面积	3 000.0
	清退土地面积	9 704.3

资料来源：深圳市盐田区城市更新局．关于《盐田区沙头角街道东顺厂房宿舍与变电综合楼单元计划、盐田街道Y村城市更新单元（范围调整）》（草案）公示的公告[EB/OL]．（2017-07-07）[2018-10-22]．http://www.yantian.gov.cn/cn/zwgk/tzgg/201707/t20170707_7770787.htm．

表8.16 盐田区盐田街道Y村城市更新单元基准开发量计算

所在密度分区	计算密度分区	地块编号	用地面积(m²)	用地功能	基准容积率 居住	基准容积率 商业	所占比例% 居住	所占比例% 商业	用地规模核减系数 居住	用地规模核减系数 商业	周边道路修正系数 居住	周边道路修正系数 商业	地铁站点修正系数 居住	地铁站点修正系数 商业	计算容积率 居住	计算容积率 商业	地块容积率	分地块计容建筑面积（平方米）	深标测算容积率	深标测算建筑面积
三区	商业二区、居住三区	01-01	10178.50	居住	2.80	4.20	0.70	0.30	1.00	1.00	1.30	1.30	1.00	1.15	3.64	6.29	4.43	45135.38	4.25	135926.68
三区	商业二区、居住三区	02-01	3158.70	居住	2.80	4.20	0.70	0.30	0.94	0.94	1.30	1.30	1.00	1.00	3.42	5.13	3.93	12428.98		
三区	商业二区、居住三区	03-01	18675.10	居住	2.80	4.20	0.70	0.30	1.00	1.00	1.30	1.30	1.00	1.01	3.64	5.49	4.20	78362.32		

资料来源：深圳市城市规划设计研究院有限公司．盐田区盐田街道Y村城市更新单元规划[Z]．2016．

规划继续依照《深圳市城市更新单元规划容积率审查技术指引》计算建筑量，基准开发量依据城市更新相关政策及《深圳市城市规划标准与准则》密度分区中的容积率指引相关修正，核算得出建筑面积。地块容积率按《深圳市城市规划标准与准则》核算，可得更新单元基准建筑面积为135 926.68m²，基准容积率为4.25。更新单元依照新版《深圳市城市规划标准与准则》及相关管理规定，叠加保障性住房、公共设施及公共开放空间奖励面积，在满足奖励开发量之和不得超出基准开发量的30%的基础上，综合计算可得奖励开发量约为4万m²。因此，更新单元通过政策计算可得最终建筑开发量为176 526.68m²，开发强度为5.51，但又因项目现状建筑量较多，难以实现经济平衡，结合甲方意见，最终建筑开发量确定为22万m²，容积率为6.94（表8.17）。

整个项目规划过程中，"地"与"房"的综合测算与建筑空间布局是关键，同时还配套开展了功能策划与城市设计两项专题研究。从项目推进中，可以看出政府、开发商与规划技术人员之间的利益博弈与平衡过程涉及规划必须满足的前置条件、对法定图则的突破与衔接、建筑开发量与容积率的确定等诸多方面。

表8.17 Y村城市更新单元开发建设用地经济技术指标

项目			面积
开发建设用地面积（m²）			31 701.4
容积率			6.94
计容积率总建筑面积（m²）			220 000
其中	住宅（m²）		163 000（含保障性住房9200）
	商业、办公及酒店合计（m²）		13 500
	商务公寓（m²）		41 300
	公共配套设施（m²）		2200
	其中	体育活动场地（m²）	1500（占地面积）
		公交首末站（m²）	2200
地下商业建筑面积（m²）			—
备注：物业管理用房按照《深圳经济特区物业管理条例》予以核定，不纳入公共配套设施。			

资料来源：深圳市城市规划设计研究院有限公司．盐田区盐田街道Y村城市更新单元规划[Z]．2016．

(2) 艺象 "山城"：从废弃厂房到国际艺术社区

2003 年，鸿华印染厂倒闭，厂房废弃。2013 年，深圳以"典型性、示范性、可实施性"作为标准选出首批 8 个旧工业区进行综合整治试点，鸿华印染厂成为试点之一，规划范围 7.9 公顷。项目通过环境综合整治提升，完善公共配套设施，促使旧工业区在保留历史印迹的基础上焕发新的生机。艺象"山城"的整体功能包括"创意办公区"和"自营配套区"两大板块，整合了"创意设计、国际艺术交流、大师工作坊、教育培训、时尚发布、休闲旅游"等复合的创意文化形式，通过文化创意产业与旅游产业的结合，实现了存量用地的产业升级与环境改善（图 8.23）。

图 8.23 盐田区盐田街道 Y 村城市更新单元规划总平面图
资料来源：深圳市城市规划设计研究院有限公司. 盐田区盐田街道Y村城市更新单元规划[Z]. 2016.

规划设计以"不拆除或少拆除前提下实现城市更新、产业升级"为原则，保留鸿华印染厂的原有厂房，通过空间改造实现新功能的植入（图 8.24，图 8.25），如：满京华美术馆，其前身为鸿华印染厂的整装车间厂房；艺象"山城"设计酒店，通过对原有职工宿舍内部空间及建筑外立面的改造而变身为设计酒店（图 8.26）。

图 8.24 艺象"山城"功能分区图
资料来源：艺象iD TOWN. 地图 [EB/OL]. [2018-10-22]. http://idtown.szvi.com/main.html.

改造前

改造后

图 8.25 满京华美术馆（鸿华印染厂的整装车间厂房）改造前后对比图
资料来源：源计划建筑师事务所. 艺象满京华艺术馆[EB/OL]. （2015-08-23）[2018-10-23]. https://www.gooood.cn/mjh-gallery-by-o-o.ce.htm.

图8.26 艺象"山城"(原印染厂生活区)员工宿舍改造前后对比图
资料来源:源计划建筑师事务所. 艺象iD Town设计酒店[EB/OL]. (2015-08-20)[2018-10-23]. https://www.gooood.cn/youth-hote-id-town-by-o-o.ce.htm.

(3)福田水围柠盟人才公寓:城中村"握手楼"再利用为人才保障房社区

深圳福田水围柠盟人才公寓是深圳首个城中村人才保障房(图8.27)。深圳自改革开放以来在经济特区城市化建设与本土村落的二元发展轨迹中,形成了很多被现代城市空间包围的"城中村"①。这些城中村虽然存在各种卫生、安

---

① 过去的城中村改造基本都意味着彻底的推翻重建以及大规模拆迁,更新之后几乎都是建起千篇一律的高层商住区。

水围村改造前

水围村改造后

图8.27 深圳福田水围柠盟人才公寓改造前后对比

资料来源：DOFFICE. 水围柠盟人才公寓[EB/OL]. （2017-12-15）[2018-10-22]. https://www.gooood.cn/lm-youth-community-china-by-do.ce.htm.

全和社会问题，但也为低收入人群和创业者们提供了低廉的居住场所和较低的生活门槛，为服务深圳城市化发展发挥着作用。当前，快速攀升的房价和生活成本导致深圳的大量产业人才流失，为此城市通过设立人才保障性住房来加以应对，但受土地资源及旧区改造难度的限制，城市中心区难以在短时间内提供足够的廉价保障性住房满足社会所需，而利用现有城中村，将"握手楼"改造为人才保障房社区则成为一种新的探索路径。

福田水围柠盟人才公寓采用"政企合作"模式实现城中村的升级改造（图 8.28）[①]：福田区住建局为牵头单位，深业集团作为项目承建方先统一向水围股份公司承租村民楼，之后结合青年人才的需求制定村民楼的改造和运营方案，并在村宅改造完成后出租给福田区政府作为人才公寓使用。改造片区总规划用地面积约 8000m²，通过对 29 栋村民楼的更新提供 504 间人才公寓[②]。项目不仅同步升级了村民楼的内部和外部环境，保持了城中村原有的村楼肌理、建筑结构及特色空间尺度，还创新性地增配了电梯及空中连廊，营造出适合青年人才、达到现代标准的宜居生活社区。

图 8.28　水围柠盟人才公寓改造的多方合作模式
资料来源：http://shenzhen.news.163.com/17/1219/12/D613UF4A04178D6R.html.

---

① 具体参见：http://shenzhen.news.163.com/17/1219/12/D613UF4A04178D6R.html。
② 同上。

改造通过搭建立体交通流线（电梯＋连廊）形成四通八达的网络，解决整个保障性住房的交通流线问题，以促进人才保障房内住户之间的交流。根据青年人的生活需求，公寓区设置了社区厨房、社区餐厅、多功能厅、阅读室、茶室、健身房和天井庭院等多元化的公共空间来满足不同类型青年的生活喜好，还充分利用屋顶这个"第五立面"来安排和布置屋顶花园（图8.29）、洗衣房、菜园、休憩花园等休闲空间和功能性用房。居住单元改造则充分尊重原有业主的户型特点，调整归纳出18种面积从15m^{2}到55m^{2}不等的不同户型，设置不同的风格和布局，满足不同的住户需求（表8.18，图8.30）。

图8.29 深圳福田水围柠盟人才公寓屋顶花园
资料来源：DOFFICE. 水围柠盟人才公寓[EB/OL]. （2017-12-15）[2018-10-22]. https://www.gooood.cn/lm-youth-community-china-by-do.ce.htm.

表8.18 深圳福田水围柠盟人才公寓改造特色内容

项目	内容
更新模式	"城中村综合治理＋专业化运营"模式
交通流线	在楼缝中植入立体交通系统，连接所有楼栋，形成立体社区
屋顶花园	建设第五立面，即屋顶花园。29个屋顶根据各自所在的色系形成色彩缤纷的屋顶空间，这些屋顶包含了洗衣房、菜园和休憩花园等

续表

项目	内容
青年之家	青年之家是社区重要的公共空间之一，布置了7种不同的功能，包括阅读室、茶室、多功能厅、社区厨房、社区餐厅、健身房及天井庭院
户型改造	通过设计简化及调整，归纳出18种不同户型，面积由 15～55m^2 不等，分为多种风格和布局，满足不同住户需求

资料来源：DOFFICE. 水围柠盟人才公寓[EB/OL]. （2017-12-15）[2018-10-22]. https://www.gooood.cn/lm-youth-community-china-by-do.ce.htm.

图 8.30　深圳福田水围柠盟人才公寓 18 种户型图

资料来源：DOFFICE. 水围柠盟人才公寓[EB/OL]. （2017-12-15）[2018-10-22]. https://www.gooood.cn/lm-youth-community-china-by-do.ce.htm.

（4）"小美赛·城市微设计"竞赛

在吸收香港、广州、上海等地开展城市更新设计竞赛的经验基础上，深圳市城市设计促进中心先后在深圳南山区南头城社区、罗湖区立新社区、罗湖区新秀社区及龙岗区龙岭社区发起了名为"小美赛"的城市微设计竞赛①，以吸引设计师深入社区建设。"小美赛"到目前为止已开展了四期探索，参与的设计师们除了提出设计方案外，更是面临着诸如如何与社区各方沟通、平衡需求、建立信任等额外挑战，其间也经历了"偷偷摸摸"开工、因村民抵触和拒绝导致方案"流产"、建成作品因各种原因被拆除的波折过程。但在大量尝试和摸索之后，自下而上的项目运作方向逐步变得清晰，"小美赛"通过选取具有较好居民自治体系或社区营造机构的社区、具有相对清晰对话主体的项目来开展活动，推行"针灸式"的调研和解决方案提供，从而使得设计竞赛的组织与建设越来越成熟，项目影响力也在逐步形成。

（5）趣城计划

由深圳市规划和国土资源委员会、深圳盐田区政府与中国建筑中心等联合发起的"深圳趣城计划"，旨在打破自上而下的传统城市规划思维，从城市局部空间入手，使用城市设计手段对缺乏特色与活力的城市区域施展"城市针灸"以打造精品化的人本公共空间。计划自2013年开展至今，形成了包括"趣城社区微更新、趣城地图、趣城美丽都市计划、趣城盐田"在内的多元化城市更新与城市设计创新活动②："趣城社区微更新"在全市600余个社区中挑选出自身有改造意愿的社区，采取工作坊的模式，让城市设计师、建筑师与社区代表、基层社会工作者共同工作，开展社区微更新；"趣城地图"借助创意手绘和认知地图，为读者描绘出直观而又富有吸引力的城市图景；"趣城美丽都市计划"通过向规划设计等相关领域的专业人士以及社会各界征集特定场所的设计方案，来对尺度不大的节点片区进行设计，并将入选方案作为试点加以实施；"趣城盐田"聚焦更加微观的公共艺术领域，对深圳市盐田区开展包括艺术装置、小品构筑、景观场所在内的三类方案征集。深圳"趣城计划"体现了深圳城市更新运作思路转向多元，从过去的计划性走向自发性，从单一政府管理走向社会共治。

（6）沙井古墟活化

沙井大街片区地处珠江口东岸、深圳市宝安区沙井街道，位于粤港澳大湾区的环湾一线地区，是深圳西部中心的核心区之一。片区存在道路不通、市政设施陈旧、建筑密度过大、公共空间严重不足，整体环境脏乱差等现状问题。沙井大街片区

---

① 具体参见：https://mp.weixin.qq.com/s/iiBHkYhomdGzhLXqjIZnxg。
② 具体参见：https://wenku.baidu.com/view/743da39bf80f76c66137ee06eff9aef8951e4801.html。

内沙井古墟历史风貌区，是深圳四大古墟之一，同时也是深圳市第一批历史风貌区，拥有"源于海、起于盐、承于蚝、兴于市"的历史文化遗产脉络（图8.31）。沙井大街片区城市更新尝试兼顾拆除重建和历史风貌保护活化，采用"重点城市更新单元＋历史风貌区活化"的创新路径，探索城市更新背景下历史风貌区的可持续发展路径（表8.19）。

图8.31 沙井古墟历史风貌区现状全景鸟瞰图
资料来源：沙井大街片区重点城市更新单元城市设计国际咨询，https://www.szdesigncenter.com/design_competitions/5763?tab=official_announcement。

表8.19 沙井街道沙井大街片区城市更新项目推进历程

时间	推进事项
2018年7月	沙井街道召开了该片区的城市更新推介会
2018年9月	华润置地等10家单位提交了规划方案，经过社区汇报、投票等方式，保利、华侨城、华润置地位居前三名
2019年8月	华润置地协同沙井大街片区（金蚝小镇）重点城市更新单元所涉及的13家股份公司，组织10批次逾600人实地参观华润城（大冲旧改）项目
2019年8月	宝安区城市更新和土地整备局、宝安区文化广电旅游体育局、沙井街道办和华润置地四方签订《沙井大街片区（金蚝小镇）重点城市更新单元合作协议》

续表

时间	推进事项
2019年8月	深圳市宝安区沙井大街片区（金蚝小镇）13家股份合作公司（东塘、辛养、衙边、壆岗、蚝一、沙二、蚝三、蚝二、沙三、沙一、蚝四、沙四、沙头）股东大会集中高效召开，11家股份公司通过率超过96.8%
2020年6月	《宝安区沙井街道沙井大街片区重点城市更新单元计划》经市政府批准，予以公告
2021年1月	东塘、辛养、衙边、壆岗、蚝一、沙二、蚝三、蚝二、沙三、沙一、蚝四、沙四、沙头旧屋村相继确认范围
2021年7月	开展沙井大街片区重点城市更新单元城市设计国际咨询

沙井大街片区的规划经历了两个阶段：第一个阶段是在2016年，由深圳市规划和国土资源委员会宝安管理局联合深圳市宝安区沙井街道办事处组织《沙井金蚝美食文化小镇规划设计》公开咨询。但由于以空间优化为导向的规划设计难以协调13个社区的利益分配问题，项目并没有实质性的进展。第二个阶段是在2018年7月，沙井区政府重启该片区的规划，改变以目标蓝图为导向、技术方案为核心的模式，提出邀请未来可能参与到片区开发实施中的资本方、运营商、开发商与规划设计单位组成联合体参与规划阶段的工作，形成和提交了由"空间规划方案+开发实施方案"共同构成的综合统筹方案（图8.32）。

图8.32 沙井大街更新项目公开竞赛筛选市场主体模式流程示意图
资料来源：舒宇翔，侯楠，谭琛. 沙井古墟生长的力量：城市更新背景下的古墟活化[EB/OL]．（2020-05-08）[2022-01-20]. https://mp.weixin.qq.com/s/rnIBuT-QX2Rj1-fReWfrAg.

2018年9月，宝安区最终确认由华润作为该项目的前期服务商，明确本次规划将按照"重点城市更新单元+历史街区活化整治"的更新模式，遵循"政府规划统筹、市场主体实施、股份公司参与"的实施模式进行推进，其核心理念是：①一个重点更新单元，通过划定一个更新单元统筹协调多方利益，使整体合法权属比例满足30%，破解立项难题。②通过古墟整体运营减轻政府负担（图8.33），

图8.33 沙井古墟文旅产业空间设想
资料来源：舒宇翔，侯楠，谭琛. 沙井古墟生长的力量：城市更新背景下的古墟活化［EB/OL］.（2020-05-08）［2022-01-20］. https://mp.weixin.qq.com/s/rnIBuT-QX2Rj1-fReWfrAg.

打造沙井文化品牌。③围绕古墟构建共同生活圈，重塑两条文脉，打造 2.5km 长的沙井大街，重现龙津河 3km 长的滨水岸线[88]。

项目实施采取"政府＋企业＋设计单位"三方联动的工作机制，由宝安区政府成立现场指挥部，华润作为项目前期统筹主体负责重点城市更新单元计划申报工作，设计单位负责规划技术工作（图 8.34）；此外，宝安区政府还组建了专家团队定期进行专题讨论。

为了最大限度地保护沙井古墟的历史文化价值，探索一种基于新的设计理念和设计方法的城市更新与城市价值再生模型，2019 年 9 月，趣城工作室（ARCity Office）受沙井街道办和华润置地集团委托，策划和设计了一组景观／建筑／室内设计微改造（含新建）项目，同时作为策展人组织了"时光漂流——沙井古墟新生城市现场展"。通过在真实的街道、村落生活场景之中植入现场展览，组织村民和社区开展各种类型的公共活动，项目期望借助有创意的设计和展览，激活已经趋于衰败的在地生活社区[89]（图 8.35）。

项目从 2019 年 9 月初开始，到 2019 年 12 月底全部完成，整个策划、设计、策展和展览过程历时四个月。沙井古墟新生是一个包含了河流整治、景观设计、

工作机制、组织架构

图8.34 沙井大街更新项目"政府+企业+设计单位"三方联动工作机制
资料来源：舒宇翔，侯楠，谭琛. 沙井古墟生长的力量：城市更新背景下的古墟活化［EB/OL］.（2020-05-08）［2022-01-20］. https://mp.weixin.qq.com/s/rnIBuT-QX2Rj1-fReWfrAg.

建筑和室内设计等项目在内的历史空间保护、激活、再生系列计划，其主体项目是对龙津河的一段（约70米）进行示范性的水体整治和景观改造。同时，在龙津河沿岸选择了有代表性的场域地点（如废墟、老屋、戏台等），采用"城市针灸"的方法，在关键地点置入最少量的设计介入和行动干预，使其重获新生。六个（组）改造和新建设计项目，分布于龙津河两侧：龙津河河岸景观、龙津水榭、戏台、废墟花园、山墙之家、老屋影像馆（图8.35）。龙津河河岸景观，用低成本方法让被污染的古老河流重获新生；龙津水榭，一个看得见风景的地点；戏台，用公共空间激活地方文化遗产；废墟花园，顺势而为的空中廊桥系统；山墙之家，发现并塑造日常生活的戏剧性；老屋影像馆，立方像素空间与旧建筑的融合[89]（图8.36）。

沙井古墟新生项目（Shajing Ancient Fair, Shenzhen, China）"城市针灸"式的更新模式多次获得国际上的认可，在2021年威尼斯建筑双年展中，荣获第六届豪瑞可持续建筑大奖赛（Holcim Awards）亚太区银奖；在2021年联合国教科文组织亚太地区文化遗产保护奖评选中，获得"遗产文脉下的新设计奖（New Design in Heritage Contexts）"和"可持续发展特别认可奖（Special Recognition for Sustainable Development）"两项大奖。该项目通过对沙井古墟核心示范段的保护与更新，为古村落的共生提供了一个创新范本。

225

图8.35 沙井古墟新生项目六个（组）改造和新建设计项目
资料来源：深圳趣城工作室. 沙井古墟新生 [EB/OL]. (2020-11-23) [2022-01-19].
https://www.gooood.cn/rejuvenation-of-shajing-ancient-fair-project-arcity-office.htm.

龙津河河岸景观改造前　　　　　　　　龙津河河岸景观改造后

废墟花园改造后　　　　　　　　　　　戏台改造后

山墙之家改造后　　　　　　　　　　　老屋影像馆改造后

图8.36 沙井古墟新生改造项目
资料来源：深圳趣城工作室．沙井古墟新生［EB/OL］．（2020-11-23）［2022-01-19］．https://www.gooood.cn/rejuvenation-of-shajing-ancient-fair-project-arcity-office.htm.

2020年6月，《宝安区沙井街道沙井大街片区重点城市更新单元计划》获市政府批准（表8.20）。沙井大街片区重点城市更新单元项目位于沙井街道中心地带，总面积约 3km²，单元内划定拆除重建范围约 1.4km²（图 8.31），包含一处 23 公顷的历史风貌保护区沙井古墟（图 8.37），更新方向为居住、新型产业、商业等功能。

表 8.20 《宝安区沙井街道沙井大街片区重点城市更新单元计划》一览表

编号	辖区	街道	单元名称	申报主体	拆除范围用地面积（m²）	备注
1	宝安区	沙井街道	沙井大街片区重点城市更新单元	深圳市宝安区城市更新和土地整备局	1 401 446	① 拟拆除重建用地面积 1 401 446 m²； ② 拟更新方向为居住、新型产业、商业等功能； ③ 土地移交率不低于41%； ④ 更新单元内落实不少于 50 000m² 的教育设施用地（高中）； ⑤ 在更新单元规划阶段按照相关要求落实沙井古墟历史风貌区的保育及活化研究工作； ⑥ 在更新单元规划批准前，按照相关要求完成拟拆除范围与城中村综合整治重叠且拟拆除区域的占补平衡工作； ⑦ 在更新单元规划阶段按规定落实深圳市城市总体规划、土地利用总体规划等相关法定规划的管控要求

特别提示：
  1. 本表所列的城市更新单元属政府主导的重点更新单元，须按照城市更新相关政策完成城市更新单元规划编制及项目实施主体确认等工作后方可实施开发建设。
  2. 本表所列"申报主体"仅为城市更新单元计划的申报主体，项目实施主体须依据城市更新政策规定的条件及程序进行确认后产生。
  3. 本表所列城市更新单元的规划建设要求在城市更新单元规划审批过程中予以确定，除满足本表所列要求外，还应满足法定图则等上层次规划关于交通、市政、公共配套设施的建设要求和城市更新政策中公共利益项目等用地的移交要求。

资料来源：深圳市城市更新和土地整备局. 关于《宝安区沙井街道沙井大街片区重点城市更新单元计划》的公告[EB/OL]. （2020-06-30）[2022-06-05]. http://www.sz.gov.cn/szcsgxtdz/gkmlpt/content/7/7833/post_7833118.html#19176.

2021 年 7 月，由深圳市宝安区城市更新和土地整备局、深圳市宝安区沙井街道办事处［沙井大街片区（金蚝小镇）重点城市更新单元现场指挥部办公室］主办，华润（深圳）有限公司承办的国际咨询工作发布正式招标公告，开展国际咨询。城市设计范围面积约 3km²，其中拆除重建区面积约 1.4km²，沙井古墟历史风貌区面积约 23 公顷，其余为已批、在建规划项目及现状保留区（图 8.38）。2022 年 5 月，沙井大街片区重点城市更新单元城市设计国际咨询方案评审结果公布，由德国 ISA 意厦国际设计集团等公司组成的联合体获得一等奖（图 8.39）。

宝安区沙井街道沙井大街片区重点城市更新单元拟拆除范围示意图

▭ 拟拆除范围　▭ 历史风貌区范围　　　拟拆除范围用地面积：1 401 446m²

图8.37 《宝安区沙井街道沙井大街片区重点城市更新单元》拟拆除重建范围示意图
资料来源：深圳市城市更新和土地整备局. 关于《宝安区沙井街道沙井大街片区重点城市更新单元计划》的公告［EB/OL］.（2020-06-30）［2022-06-05］. http://www.sz.gov.cn/szcsgxtdz/gkmlpt/content/7/7833/post_7833118.html#19176.

图8.38 沙井大街片区城市设计范围图
资料来源：沙井大街片区重点城市更新单元城市设计国际咨询，https://www.szdesigncenter.com/design_competitions/5763?tab=official_announcement。

图8.39 沙井大街片区重点城市更新单元城市设计国际咨询"一等奖"竞赛方案
资料来源：沙井大街片区重点城市更新单元城市设计国际咨询，https://www.szdesigncenter.com/design_competitions/5763?tab=appraisal_result。

8.3
上海城市更新实施路径

8.3.1 "区域评估—实施计划"管控与更新试点行动

"区域评估、实施计划"相结合的工作方式是上海2015年至2020年开展城市更新的主要管控方式，以此对城市更新进行项目立项，确定城市更新项目的工作方向和重点。在城市更新项目实施之前，政府等需要通过全面系统的区域评估对城市更新区域进行详细摸底（表8.21，图8.40），划定城市更新单元，明确公共要素清单。此后再在区域评估的基础上，编制城市更新单元规划方案，形成城市更新实施计划，以此作为城市更新实施的依据。

表 8.21 上海静安区不夜城地区城市更新评估工作流程

时间	工作内容
2015年2月	静安区规划和土地管理局启动不夜城地区城市更新规划研究工作

续表

时间	工作内容
2015年5月20日	静安区规划和土地管理局组织召开不夜城地区城市更新规划专家评审会
2015年7月	形成区域评估工作方案
2015年7月30日	市规土局到区里调研城市更新工作推进情况，对城市更新工作提出指导意见
2015年9月9日	静安区区委听取不夜城地区城市更新工作推进情况报告，提出指导意见
2015年10月	静安区规划和土地管理局在城市设计整体研究工作基础上组织编制区域评估报告
2015年11月	开展相关部门的访谈以及天目西路街道居民的公众参与问卷调查工作
2015年11月19日	组织召开评估报告的专家评审会
2016年2月26日	报请审批《上海市不夜城地区城市更新评估报告》

资料来源：上海市静安区规划和土地管理局. 关于报请审批《上海市不夜城地区城市更新评估报告》的请示 [EB/OL]. （2016-02-26）[2018-10-22]. http://www.jingan.gov.cn/xxgk/016021/016021003/20160229/89a6b0f0-d744-4afa-aa2e-c60.d8a2f0b.html.

图8.40 上海"12+X"四大行动计划项目分布图（2016年）
资料来源：上海市规划和国土资源管理局. 沪启动城市更新"四大行动计划"推进12大重点项目 [EB/OL]. （2016-05-25）[2018-10-22]. http://sh.newhouse.fang.com/2016-05-25/21271004.htm.

多种方式的城市更新试点是上海开展城市更新实施最直接的路径，例如2016年上海针对共享社区、产业园区、风貌保护区、休闲空间提出的"12+X"四大行动计划（表8.22），通过不同的目标设定和更新对象选择，有目的地推进城市更新实践探索。

表8.22 上海城市更新四大行动计划（"12+X"）项目（2016—2017年）

更新维度	区域	项目名称	行动主题
共享社区计划	普陀区	曹杨新村	乐活社区、幸福朝阳
		万里社区	魅力社区、悦行万里
	浦东区	塘桥社区微更新	用思想创造空间，用文化点亮社区
	长宁区	长宁区天山社区更新	—
	闵行区	上海戏剧学院改造	—
创新园区计划	浦东区	张江科学城科创社区更新	活力张江，科创之城
	静安区	环上大影师产业社区建设	四区联动，融合共生
	闵行区	紫竹高新区双创环境营造	双创紫竹，活力小镇
魅力风貌计划	黄浦区	外滩社区197街坊等	回眸外滩历史，重现街坊风貌
	徐汇区	衡复风貌区整治	—
	杨浦区	长白社区228街坊	延续历史文脉，留存上海乡愁
	静安区	安康苑改造	—
	长宁区	上海生物制品研究所改造	—
	虹口区	虹口区多伦路1号地块项目	—
休闲网络计划	浦东区、黄浦区、静安区、长宁区、徐汇区	黄浦江两岸慢行休闲系统	漫步滨江，畅游黄浦滨江漫步，悦动上海
		苏州河岸线休闲系统	三轴三区，能级提升
		万体馆开放健身休闲空间	顶级赛事万体，休闲网络社区

整理自：上海市规划和国土资源管理局. 沪启动城市更新"四大行动计划"推进12大重点项目[EB/OL]. (2016-05-25) [2018-10-22]. http://sh.newhouse.fang.com/2016-05-25/21271004.htm.

8.3.2 通过产权归集与平台运作推进城市更新实施

政府在城市更新中通过产权归集、成立政府背景的平台公司，统筹规划、设计、开发、运营等各阶段工作，开展公共服务及基础设施的配套建设，如上海的徐汇滨江、杨浦滨江、桃浦等片区更新。

2020年7月13日，上海市城市更新中心在上海地产集团正式挂牌。上海城市更新中心作为上海全市统一的旧区改造功能性平台，负责具体推进旧区改造、旧住房改造、城中村改造及其他城市更新项目的实施。集团董事长在挂牌仪式上表示，城市更新中心现阶段重点参与推进黄浦、虹口、杨浦等区成片二级以下旧里的旧改攻坚；在2020年以来的未来三年中，上海地产集团（市城市更新中心）将参与黄浦、虹口、杨浦等区70个旧改地块的更新，涉及面积80多万平方米、居民4.7万人，加上部分"毛地"托底，预计项目占到全市旧改总量的70%以上[90]。城市更新中心建设亦将获得来自住建委等相关部门的持续支持，包括：①为市城市更新中心赋权赋能，加强服务指导和协调；②抓紧制定完善政企合作项目的实施管理相关流程、制度和政策；③指导帮助市城市更新中心进一步加强队伍建设，充实专业技术力量，实行专账管理、独立运作，并强化内部管理和考核机制等。

与此同时，上海各区也在抓紧成立各类平台公司，帮助推进城市更新实施。例如2021年10月13日，黄浦区属外滩投资集团和地产集团下属市更新公司合资成立"上海外滩城市更新投资发展有限公司"，负责外滩地区城市更新，推动落实上海市关于"加快'外滩—陆家嘴—北外滩区域'核心产业和要素集聚，着力打造世界级城市会客厅"的战略决策①。

8.3.3 多渠道的社区微更新

（1）行走上海——社区空间微更新计划。"多方参与、共建共享"是《上海市城市更新实施办法》提出的工作原则。2016年，上海市规划和国土资源管理局组织开展了"行走上海——社区空间微更新计划"，通过激发公众参与社区更新的积极性，实现社区治理的"共建、共治、共享"[91]。社区空间微更新计划每年选取11个试点进行实践②，以志愿设计师和公益活动的形式推进，并适当给予设计师一定的补贴和奖励。计划涉及的更新对象包括小区的方方面面，如小区广场、街角

---

① 上海黄浦. 新公司揭牌成立！外滩地区城市更新添生力军［EB/OL］.（2021-10-14）［2023-01-03］. https://sghexport.shobserver.com/html/baijiahao/2021/10/14/560525.html.

② "'行走上海——社区空间微更新计划'是由市规土局推进的，但这些项目又不是规土局指定的，而是各个区、街道甚至居民上报的，基层干部和公众的意识、能力和积极性直接影响到项目实施。"来源："行走上海"空间微更新计划实施两年项目从社区内部走向街区［EB/OL］.（2017-05-09）［2018-10-22］. http://sh.eastday.com/m/2017ddh/u1a10562876.html.

小公园、修车摊、街道环境等，其中2016年选取的11个项目的主要对象为小区绿地、广场、活动空间、垃圾房等，2017年选取的11个项目主要为风貌保护街坊、公共活动广场、公共艺术品、街道沿线（图8.41，图8.42）、入口广场及小区内部空间（表8.23）。计划搭建起了社区居民、专业人士与师生（规划师、建筑师、艺术家、高校学生等）等参与微更新的工作平台，吸纳社会各方共同探索社区微更新的新路径；并通过前两年的实践形成了一套稳定的工作路径：试点筛选—任务书发布—征集方案—方案评审—方案实施—试点改造实施。

表8.23 行走上海——社区空间微更新计划（2016年、2017年）

2016年		2017年	
区县	项目	区县	项目
长宁区	华阳街道大西别墅	黄浦区	南京东路爱民弄
	华阳街道金谷苑		南京东路街道天津路500号里弄
	仙霞街道虹旭小区	徐汇区	徐家汇街道西亚宾馆底层空间
	仙霞街道水霞小区		虹梅路街道桂林苑公共空间
浦东新区	塘桥街道金浦小区入口广场	虹口区	曲阳路街道东体小区中心绿地
青浦区	盈浦街道复兴社区航运新村活动室外部空间		曲阳路街道虹口区民政局婚姻登记中心入口
静安区	大宁街道上工新村	杨浦区	五角场街道政通路沿线
	大宁街道宁和小区		五角场镇翔殷路491弄集中绿地
	彭浦新村艺康苑	普陀区	万里街道大华愉景华庭入口广场
徐汇区	康健街道茶花园		万里街道万里城四街坊中心绿地
普陀区	石泉街道	长宁区	北新泾街道平塘路金钟路口街角绿地

根据相关资料整理：上海启动"行走上海2016——社区空间微更新计划"[EB/OL].（2016-05-08）[2018-10-22]. http://www.shanghai.gov.cn/nw2/nw2314/nw2315/nw4411/u21aw1128103.html.

涂鸦活动　　　　　　　　　　　　"一米疗愈"公共花园

图8.41 "行走上海2016——社区空间微更新计划"启动仪式现场活动
资料来源：陈成. 行走上海2016：社区空间微更新计划[J]. 公共艺术，2016（4）：5-9.

图8.42 2017年"行走上海"微更新计划中政通路的绿化带和店招改造设计
资料来源：http://www.wenming.cn/syjj/dfcz/sh/201704/t20170417_4185499.shtml。

（2）"缤纷社区"行动计划。2016年年底以来，上海市浦东新区开展了"浦东新区缤纷社区更新规划和试点行动计划"（以下简称"缤纷社区计划"）。"缤纷社区计划"采取"1+9+1"工作框架，即一个社区规划、九项微更新（运动场所、口袋公园、活力街巷、艺术空间、慢行网络、林荫道、破墙行动、公共活动等）、一个互动平台①，由浦东区政府组织实施，搭建多主体的协作更新平台。纳入计划的项目一般为与居民生活息息相关的小尺度公共空间改造、公共服务设施建设、增加公共绿化、优化交通网络等，如南泉路通过微更新打造居民休闲广场（图8.43）、福山路通过微更新将普通道路变成彩色跑道花园（图8.44）、在各社区住宅山墙上绘制彩色巨型墙体画（图8.45）等。设计师、居民、

图8.43 塘桥南泉路休闲广场

图8.44 福山路上普通道路变身为彩色跑道花园
资料来源：李继成，刘思弘."缤纷社区"进行时[N/OL].浦东时报，2017-07-04（6）．

媒体、高校师生等群体纷纷参与到缤纷社区的建设中，如在塘桥南泉路休闲广场的改造过程中，同济大学师生深入社区全面听取居民的意愿，回应居民的长期诉求，在8个投标方案中以高分中标。南泉路休闲广场更新活动作为社区自治的一种形式，通过自下而上的参与式设计让群众共享成果：广场上原有的升旗台改为社区的表演场地和市民休憩地；报刊栏深入花架折廊中而深受居民欢迎；广场入口处增设码头工人雕塑以注入文化元素等。截至2017年6月，"缤纷社区计划"推进的约50个更新行动项目中，三分之一的项目已基本竣工，三分之一的项目已完成设计并进入施工阶段，其余项目也已进入设计阶段。②截至2018年9月，浦东新区"缤纷社区计划"已有84个项目完成③，形成了可推广复制的实践经验。

---

① "1"个社区：一个社区规划对应一个街道，打造更加便捷、更加人性化的15分钟社区生活圈，完成"一张蓝图"的工作安排；"9"项微更新：运动场所、口袋公园、活力街巷、艺术空间、慢行网络、林荫道、破墙行动、公共活动等微更新活动；"1"个互动平台："缤纷内城漫步浦东"的微信公众号，为提高公众参与度提供支撑。
② 王志彦．浦东内城启动"缤纷社区"建设试点，50个更新项目打造"有温度"的社区［EB/OL］．（2017-06-29）［2018-10-22］．https://www.jfdaily.com/news/detail?id=57817．
③ http://k.sina.com.cn/article_1737737970_6793c6f2020006hct.html?cre=tianyi&mod=pcpager_news&loc=38&r=9&doct=0&rfunc=73&tj=none&tr=9.

图8.45 彩色墙绘
资料来源：李继成，刘思弘."缤纷社区"进行时[N/OL].浦东时报，2017-07-04（6）.

（3）社区规划师制度。2018 年 1 月，上海杨浦区首创"社区规划师制度"，将同济大学城市规划、建筑、景观专业的 12 位专家正式聘任为杨浦区社区规划师（图 8.46）。2018 年 4 月，上海普陀区签约 11 名"社区规划师"。2018 年 6 月，上海虹口区人民政府发布《虹口区人民政府办公室关于印发虹口区社区规划师制度实施办法（试行）的通知》（虹府办发〔2018〕17 号），规范社区规划师的职责、遴选、培训、评价以及试点安排等内容，为社区规划师制度提供政策支持。上海浦东新区启动"缤纷社区"建设后，也于 2018 年 1 月聘请 36 位业内资深专家担任社区规划导师，2018 年 4 月聘请 72 名社区规划师，为提升社区空间品质出谋划策，形成全区"36+72"，每个街镇"1+2"的技术指导模式，确保一对一全过程指导"缤纷社区"建设，以专业技术力量引领社区微更新[①]。社区规划师制度的重要意义在于：通过社区与专业规划师的合作提高公共空间建设水平；组织居民参与规划设计，形成"自上而下"与"自下而上"紧密结合的社区设计模式。

聘用社区规划师名单

序号	姓名	职务	结对街道镇
1	王红军	同济大学建筑与城市规划学院 建筑系副教授	定海
2	陈泳	同济大学建筑与城市规划学院 建筑系教授	大桥
3	徐磊青	同济大学建筑与城市规划学院 建筑系教授	平凉
4	匡晓明	同济大学建筑与城市规划学院 城市规划系教师 高级规划师	江浦
5	黄怡	同济大学建筑与城市规划学院 城市规划系教授	控江
6	梁洁	上海同济城市规划设计研究院 主任总工 高工	延吉
7	王伟强	同济大学建筑与城市规划学院 城市规划系教授	长白
8	张尚武	同济大学建筑与城市规划学院副院长 城市规划系教授	四平
9	王兰	同济大学建筑与城市规划学院院长助理 城市规划系教授	殷行
10	刘悦来	同济大学建筑与城市规划学院 景观学系教师 高级规划师	五角场
11	董楠楠	同济大学建筑与城市规划学院 景观学系副教授	五角场镇
12	杨贵庆	同济大学建筑与城市规划学院 城市规划系 系主任 教授	新江湾城

图8.46　杨浦区社区规划师名单
资料来源：黄尖尖. 杨浦首创"社区规划师制度"，本土社区微更新项目，有了专业设计力量就是不一样[EB/OL].（2018-01-11）[2018-10-22]. https://www.shobserver.com/news/detail?id=76634.

---

① 具体参见：http://pdxq.sh.gov.cn/shpd/news/20180315/006001_641ea09d-03e6-447c-9fa6-a8051440c660.htm。

8.3.4 上海城市更新的典型实践

（1）杨浦区 228 街坊：历史建筑街坊的保留利用

上海市杨浦区长白社区 228 街坊内的 12 栋"两万户"建筑始建于 20 世纪 50 年代初，是上海历史上成规模的"两万户"新村，也是目前上海仅存的完整成片的此类街坊，历史价值不言而喻。这里的建筑经历几十年时代变迁，其破败的房屋和老化的环境设施已无法满足人们对居住品质的需求。过去，对这里的规划采用了拆除重建为住宅和商业区的传统旧区改造思想，但近年来上海城市更新理念和认识的转变则给予了 228 街坊保留重生的机会。

2015 年，杨浦区政府主动提出将 228 街坊内的"两万户"建筑进行整体保留，根据《上海市城市更新实施办法》及其细则开展更新试点，通过功能置换等加以改造和利用。上海市规土局在 2016 年 5 月将该项目选为全市城市更新（"12+X"）示范项目，列入四大行动计划中的"魅力风貌计划"之中。"两万户"城市更新由区规土局、区旧改办、区文化局、区房管局以及相关街道等各方成立的城市更新工作领导小组组织工作，负责更新工作涉及的重大事项决策。按照上海城市更新的相关政策要求，228 街坊"两万户"城市更新项目实践了区域评估和实施计划相结合的工作制度，成为通过区域评估有针对性地补充各类公益设施，打造开放式的低密度、高品质慢行街区和小型公共活动中心，以激发地区活力的典型案例。该项目同时探索了城市更新项目联动开发的利益平衡机制，即通过开发量异地转移统筹平衡地实现地区发展共建共赢（图 8.47，图 8.48）。

图 8.47 长白社区 228 街坊规划总平面图　　图 8.48 长白社区 228 街坊规划功能分区
资料来源：上海营邑城市规划设计股份有限公司. 杨浦区长白社区 228 街坊"两万户"城市更新[EB/OL]. [2018-10-22]. http://www.shyygh.com/index.php?a=lists&catid=18.

228街坊城市更新区域评估工作通过现场调研、公众访谈、问卷调研获取基层信息，并结合地区发展诉求梳理现状问题，明确更新导向。工作注重对公共要素，特别是公共服务设施和公共开放空间的评估[①]：①在公共服务设施方面，对控规编制单元内的社区级公共服务设施开展规模和服务范围评价，并更进一步依据《上海市15分钟社区生活圈导则（试行）》的相关要求，对更新地块周边300m、500m范围内的社区级以下设施进行现状调研和评估，然后结合公众参与结果，有针对性地要求补充与居民生活关系最为密切的公益性设施，以及公厕、公共停车场等市政基础设施体系。②在公共空间方面，评估方案提出"质量做加法，总量做减法"的调整思路，通过开发量异地转移、降低开发强度、增补公共空间等手段，缓解老旧社区的空间局促问题。③在历史保护方面，评估要求对街坊内12栋"两万户"建筑进行整体保留，并在规划中设立"两万户"陈列馆、"两万户"体验型旅馆。

之后，项目在城市更新区域评估的基础上，开展控制性详细规划的局部调整工作，"形成控规优化清单以及城市更新单元公共要素清单（表8.24，表8.25），明确各系统更新要素及其急迫程度，并制订出项目实施计划，以便日后分步推进"[②]。在规划草案的公示阶段，市、区两级政府规划部门还组织了"忆时光、话当年、寄展望、谈未来"的对话活动，促进和加深市民对更新项目的认识。

表8.24 控规优化清单内容一览表（基础控制指标）

内容	沿用的既有规划控制要求	评估建议控制要求
功能定位	部分沿用	保留现状"两万户"建筑；引入特色商业、创业办公、文化展示等复合功能；打造杨浦区中部地区开放式的特色众创街坊；考虑周边居民的实际需求，配设亟需的社区配套服务设施及公共开放空间
土地使用	局部调整，保留部分现有住宅、变电站	调整N1-01地块用地性质，由商住混合用地（R3C2）调整为商办混合用地（C2C8）；调整N1-04地块用地性质，由住宅（R2）调整为公共绿地（G1）；N1-01地块综合设置净菜超市一处，建筑面积不小于2000m^2；设置一条东西向内部通道，宽度不小于8m；综合设置儿童游乐场、室内健身点各一处；综合设置公共停车场（库）一处，车位不少于50个；综合设置公共厕所一处
建设规模	沿用	总量不突破；通过保留的"两万户"建筑和新建建筑来满足控规中原有的商业建筑量；既有规划中的住宅量和拆除需补的住宅量进行全区转移平衡

[①] 具体参见：周舜珏. 从旧城改造迈向城市更新：以杨浦区228街坊为例［C］// 中国城市规划学会. 持续发展 理性规划——2017中国城市规划年会论文集. 北京：中国建筑工业出版社，2017.
[②] 同上。

续表

内容	沿用的既有规划控制要求	评估建议控制要求
人口规模	沿用	由于功能的改变及用地性质的改变，人口数量减少
开发强度	沿用	"两万户"建筑保留区域以优化和提高空间品质为主；结合周边居住社区日照分析，降低N1地块开发强度；建筑总量减少
建筑高度	沿用	新建建筑高度控制在60m，并通过日照分析最终确定

资料来源：周舜珏．从旧城改造迈向城市更新：以杨浦区228街坊为例［C］//中国城市规划学会．持续发展　理性规划——2017中国城市规划年会论文集．北京：中国建筑工业出版社，2017．

表8.25　城市更新单元公共要素清单

内容	类型		控制要求	急迫程度
功能定位	—		填补社区配套设施缺口，营造特色商业、创业办公、文化展示等复合功能，增加社区公共服务设施和公共开放空间	急迫
公共设施	社区级	文化设施	—	—
		体育设施	有缺口，建议在社区级公共服务设施储备用地内增加该类设施，有条件情况下开放学校内体育设施作为社区级体育设施使用	一般
		养老设施	—	—
		行政设施	有缺口，建议在社区级公共服务设施储备用地内增加该类设施	一般
		商业设施	有缺口，建议在228街坊内设置社区配套设施，设置一处净菜超市，其建筑面积不小于2000m²	急迫
	邻里级	文化活动站	有缺口，建议结合社区级文化设施或邻里中心综合设置	一般
		游泳馆	有缺口，在周边社区级服务设施备用地增设	一般
		养育托管中心	有缺口，在周边社区级服务设施备用地增设	一般
	街坊级	儿童游乐场	有缺口，增设	一般
		室内健身点	有缺口，增设	一般
历史风貌	"两万户"建筑		整体保留"两万户"建筑，进行修缮和功能置换	—
生态环境	—		改善街区内整体的空间环境品质	—
慢行系统	—		营造开放式街区；优化长白路、安图路等周边道路的断面形式	—

续表

内容	类型	控制要求	急迫程度
公共开放空间	—	保留"两万户"中心花园，以及西南侧多层住宅拆除后形成的开放空间，为该地区塑造一个开放性的社区活动中心	急迫
城市基础设施和城市安全	—	保留现状变电站；综合设置公共停车场（库）一处，车位数不少于50个；综合设置公共厕所一处；在街坊内设置一条东西向公共通道，加强内外的连通性和可达性，具体位置和形式由城市设计方案确定	急迫

资料来源：周舜珏. 从旧城改造迈向城市更新：以杨浦区228街坊为例［C］//中国城市规划学会. 持续发展 理性规划——2017中国城市规划年会论文集. 北京：中国建筑工业出版社，2017.

对历史建筑的整体保留使得原来规划的地块开发量无法完全实施，区有关部门研究决定：通过对"两万户"项目进行开发量的异地转移来实现统筹平衡；通过"开放量捆绑"，街坊的剩余开发量分别被转移至杨浦滨江地区的5个开发地块内（表8.26），用于提升滨江地区的功能与活力。2016年12月，上海市人民政府正式批复了长白社区N1街坊（228街坊）的控规局部调整；2018年，该项目已完成土地出让前评估工作（图8.49）；2019年12月，项目正式开工建设（图8.50，图8.51）。

表8.26 城市更新区内跨社区开发量异地转移统筹平衡内容

社区	统筹平衡内容
长白社区N1街坊	①N1街坊保留原规划中一半的建筑开发量，其余开发量转移至平凉社区；②保留12栋"两万户"建筑，在不影响整体风貌的前提下允许对保留建筑进行适当改扩建，③在N1街坊内引入商业、办公、文化等复合功能，营造开放有活力的街区；④综合设置社会停车场、儿童游乐场、净菜超市、公厕等公共配套服务设施，提升地区公共服务设施；⑤在街坊内增加公共绿地及内部通道，形成良好的公共空间体系，提升空间环境品质
平凉社区03B1、01E4、01F2、01C5、01B4街坊	将长白社区N1街坊中减少的住宅开发量调整至平凉社区03B1、01E4、01F2、01C5、01B4街坊，相应调整各地块的容积率及建筑高度，并增加相应的公共服务设施

资料来源：上海杨浦区规划和国土管理局. 杨浦区长白街道N090702单元（长白社区）控制性详细规划N1街坊、平凉街道C090101单元（平凉社区）控制性详细规划01B4、01E4、01C5、01F2、平凉街道C090103单元（平凉社区）控制性详细规划03B1街坊局部调整（公众参与草案）[EB/OL]. （2016-08-22）[2018-10-22]. http://gtj.shyp.gov.cn/gtj/ghgs/20160802/70062.html.

图8.49 杨浦区内跨社区开发量异地转移统筹平衡地块区位示意图
资料来源：上海杨浦区规划和国土管理局.杨浦区长白街道N090702单元（长白社区）控制性详细规划N1街坊、平凉街道C090101单元（平凉社区）控制性详细规划01B4、01E4、01C5、01F2、平凉街道C090103单元（平凉社区）控制性详细规划03B1街坊局部调整（公众参与草案）[EB/OL].（2016-08-22）[2018-10-22]. http://gtj.shyp.gov.cn/gtj/ghgs/20160802/70062.html.

图8.50 上海市杨浦区长白社区228街坊租赁住房及城市更新项目方案
资料来源：上海日清建筑设计有限公司.上海市杨浦区长白社区228街坊租赁住房及城市更新项目[EB/OL].[2022-05-22]. https://www.xunmeizhiku.com/index/award/projectdetailsnew/id/2172.

图8.51 上海市杨浦区长白社区228街坊租赁住房及城市更新项目方案剖面图
资料来源：上海日清建筑设计有限公司. 上海市杨浦区长白社区228街坊租赁住房及城市更新项目 [EB/OL]. [2022-05-22]. https://www.xunmeizhiku.com/index/award/projectdetailsnew/id/2172.

（2）上海西岸：成立国有开发集团开展滨江地区城市更新

上海西岸（West Bund）位于徐汇区东部黄浦江畔（图8.52），是后世博时代起徐汇滨江地区的全新称谓和城区品牌，岸线长11.4km，面积9.4km²，开发总量950万m²。上海西岸所在的徐汇滨江地区曾是中国近代民族工业的摇篮之一，曾集聚了包括龙华机场、上海铁路南浦站、北票煤炭码头、上海水泥厂等众多重要的民族企业（表8.27），是当时上海最主要的交通运输、物流仓储和生产加工基地，承载了中华百年民族工业历史[①]。

表8.27 上海西岸近代主要民族企业

企业名称	时间段	简介
铁路南浦站	1907—2009年	始建于清光绪三十三年（1907年），是当时全国3个可以进行水陆转运的站场之一

---

① 具体信息可参见上海西岸官方网站：http://www.westbund.com/cn/。

续表

企业名称	时间段	简介
铁路南浦站	1907—2009 年	"九一八"事变后开始由货运转为客运，更名为日晖港站。在淞沪抗战的硝烟下承担着上海客、货运的重任。 20 世纪 50 年代定名为上海南站，于 20 世纪 80 年代被改造成码头，成为当时上海铁路地区唯一拥有自备专用码头的车站
龙华机场	1917—2008 年	1917 年建设成大型机场。作为中国民航的发源地，是我国最早建成的大型机场，也是世界上运营时间最长的机场。 1922 年被称为"龙华飞行港"，龙华机场在 20 世纪 40 年代曾为东亚最大的国际机场。 1952 年军委民航局上海站（亦称上海航站）在龙华机场成立，龙华机场一度成为新中国的航空门户
上海水泥厂	1920—2009 年	中国第一家湿法水泥厂，是国内现代大型企业之一，拥有完整的生产流线。上海海关楼和国际饭店等都使用该厂的象牌水泥建造
北票煤炭码头	1929—2009 年	1949 年以后华东地区的能源中心
上海合成剂厂	1948—2009 年	生产的"白猫"牌洗涤用品曾是每家每户的生活必备品
上海飞机制造厂	1950—2009 年	我国首次自行研制、自行制造的大型喷气式客机运 -10 的诞生地

根据相关资料整理：上海西岸集团．历史变迁[EB/OL]．[2018-10-22]．http://www.westbund.com/cn/index/ABOUT-WEST-BUND/History/West-Bund-History.html.

图8.52　上海西岸区位图
资料来源：上海西岸集团．地理位置[EB/OL]．[2018-10-22]．http://www.westbund.com/cn/index/VISITORSS-GUIDE/Location/Location.html.

参照巴黎左岸和伦敦南岸的建筑，上海西岸以棕地复兴为目标、以上海世博会举办为契机，遵循"规划引领、文化先导、生态优先、科创主导"的发展策略，开启从生产性岸线向生活性岸线的全面转型。上海西岸的更新建设与管理经历了不同阶段：①徐汇滨江地区借由上海世博会契机启动城市更新，一期工程开发从2007年到2010年世博会结束；②2010年，上海市启动包括世博会场馆在内的"黄浦江两岸综合开发计划"，徐汇滨江区成为上海市"十二五"规划中的六大重点建设功能区之一；③2012年，上海徐汇区委、区政府决定成立上海西岸开发（集团）有限公司（以下简称"西岸集团"），深化实施一期项目，并建设开发二期工程（表8.28）。自此，逐步拥有上海徐汇土地发展有限公司、上海光启文化产业投资发展有限公司、上海徐汇滨江开发建设投资有限公司、上海西岸传媒港开发建设有限公司等9家一级子公司及17家二级子公司的西岸集团，成为负责徐汇滨江地区综合开发建设的重要国有独资企业集团。

表 8.28 上海西岸发展历程中的主要事件（2008—2016年）

时间	主要事件
2008年	上海市启动"黄浦江两岸综合开发计划"，该计划成为徐汇滨江综合开发的契机
2008年	徐汇滨江公共开放空间项目启动
2010年5月1日	公共开放空间建成并对外开放
2010年12月29日	上海国际航空服务中心及适航审定中心奠基仪式成功举办
2011年12月21日	中国共产党上海市徐汇区第九次代表大会召开，提出实施"西岸文化走廊"品牌工程，确立"文化先导、产业主导"的开发思路
2012年7月7日	龙美术馆、余德耀美术馆签署落户西岸协议
2012年9月30日	首届西岸音乐节成功举办，成为西岸一年一届的品牌活动之一
2012年12月28日	上海徐汇滨江地区综合开发建设管理委员会、上海西岸开发（集团）有限公司成立暨管委会第一次会议召开
2013年4月9日	上海西岸艺术品保税发展有限公司成立
2013年9月4日	上海西岸传媒港开发建设有限公司成立
2013年10月20日	首届西岸建筑与当代艺术双年展盛大开幕，成为西岸两年一届的品牌活动之一
2014年3月20日	西岸传媒港旗舰项目"上海梦中心"正式启动
2014年7月28日	上海西岸华券企业发展有限公司成立
2014年9月25日	首届西岸艺术与设计博览会在西岸艺术中心开幕，成为西岸一年一届的品牌活动之一
2014年12月30日	滨江城开中心项目签约及启动仪式成功举办
2015年1月	《黄浦江两岸地区公共空间建设三年行动计划（2015年—2017年）》出台，为加快徐汇滨江综合开发进程提供实施纲领

续表

时间	主要事件
2015年3月27日	西岸艺术专家委员会第一次正式会议召开，宣布委员会成立
2015年9月8日	西岸文化艺术示范区落成开放
2015年11月	斜土街道和龙华街道与徐汇滨江地区共同组成徐汇滨江文化金融功能集聚区，徐汇滨江经济发展有限公司企业服务中心成立
2016年1月30日	西岸规划建设专家委员会成立

根据相关资料整理：上海西岸集团．历史变迁[EB/OL]．[2018-10-22]．http://www.westbund.com/cn/index/ABOUT-WEST-BUND/History/West-Bund-History.html．

　　西岸集团成立之后，逐步通过规划与土地等政策引入各类资源共同建设文化设施，西岸文化艺术功能随着画廊、艺术机构、艺术资源等的进入而逐步完善，如龙美术馆、西岸艺术保税仓库等。与此同时，上海西岸的音乐节、双年展、艺术博览会等一系列活动的组织，也在不断扩大西岸地区的社会影响[92]。文化既强化了"西岸"品牌，也帮助推进着西岸地区三个片区的产业发展：①西岸传媒港，以影视服务、数字传媒、文化会展等功能为主，打造国际知名的文化传媒总部基地；②西岸智慧谷，以人工智能、航空服务、生命健康、信息科技服务等功能为主，打造西岸智慧谷和西岸国际人工智能中心；③西岸金融城，是提前规划和科学布局的金融功能区，助力发展文化金融合作示范区（表8.29）。

表8.29　上海西岸产业布局情况

片区	规模	入驻企业	产业业态
西岸传媒港	占地面积：19万 m^2 建筑面积：100万 m^2	上海梦中心、腾讯、湖南卫视、游族、国盛集团、大众滨江、诺布	影视服务、数字传媒、文化会展等
西岸智慧谷	占地面积：63.8万 m^2 建筑面积：112万 m^2	小米、商汤、特斯联、联影、思必驰、东方网力、眼控科技	人工智能、航空服务、生命健康、信息科技服务等
西岸金融城	占地面积：89万 m^2 建筑面积：170万 m^2	上海文化产业双创母基金、华人文化投资基金、东方明珠文化投资基金等	创新金融

根据相关资料整理：上海西岸集团．重点项目[EB/OL]．[2018-10-22]．http://www.westbund.com/cn/index/KEY-PROJECTS/All-Projects/show_list.html．

　　上海西岸的城市更新实践得益于系统化的城市规划支撑。2003年，上海编制了《黄浦江南延伸段结构规划》，明确了徐汇滨江各个功能区块的结构性划分，之后于2008年编制了相关地区的控制性详细规划，确定了徐汇滨江的空间结构、功能定位、开发规模等核心内容，逐步形成了土地开发和再开发的法定依据（图8.53，图8.54）[66]。接下来，国际方案征集、配套专项规划、相关节点设计等更为丰富的规划形式和成果，为西岸的发展提供了重要技术支持，如2012年的《徐汇西岸传媒港城市设计暨整体建设》，以及根据《黄浦江两岸地区公共空间建设

图8.53 徐汇滨江西岸土地利用规划图
资料来源：Aedas. 徐汇西岸传媒港城市设计暨整体建设[Z]. 2012-08.

图8.54 徐汇西岸传媒港城市设计总平面图
资料来源：Aedas. 徐汇西岸传媒港城市设计暨整体建设[Z]. 2012-08.

三年行动计划（2015年—2017年）》编制的涵盖交通、市政、基础设施、智慧设施等各个方面的专项规划等①。

（3）上生·新所：以长期租赁运营替代产权持有

"上生·新所"位于上海内环繁华闹市中的延安西路1262号。2014年，根据上海生物制品研究所有限责任公司总体战略规划，延安西路1262号地块不再作为生产基地运营，并将通过公开招标的市场方式来寻找后续土地房屋再利用与开发经营的主体。2016年6月，公开招投标程序结束，上海万科房地产有限公司获得该土地后续"20年"的承租、开发和经营权。万科通过该项目的更新改造，将原来的科研生产园区改造为集商业、办公、休闲、文化、社区服务等功能于一体的复合开放的"城市会客厅"，借助土地的混合利用来提高场所的使用效能。

"上生·新所"的主要建筑建于20世纪各个年代，包括11栋经改造后的工业建筑、4栋当代建筑和3处历史建筑。历史建筑分别是孙科别墅（1929年建成，上海第一批优先历史保护建筑）、美国哥伦比亚乡村总会（1930年建成，上海第三批优先历史保护建筑）和海军俱乐部。为了保护在地建筑的多样性，城市更新采取"修旧如旧"的做法，对建筑立面和空间进行科学修复，从而最大限度地保留了建筑的原始风貌（图8.55）。

图8.55 哥伦比亚乡村俱乐部南立面修缮前（左）后（右）
资料来源：大都会建筑事务所（荷兰），华东建筑设计研究院有限公司．上生·新所城市更新[J]．建筑实践，2021（6）：142-163．

---

① 主要涉及6项专项规划，分别为：交通组织专项规划，市政公共和城市管理设施专项规划，岸线利用专项规划，地下空间、管线综合及竖向系统规划，灯光夜景和广告标识专项规划，智慧西岸专项规划。

"上生·新所"作为创意园区，遵守了"开放、共享"的空间定位原则。项目结合上海"15分钟社区生活圈"规划理念，除提供办公、商业、展览、休闲等复合功能外，还将园区通道打开并开放给周边居民，使之成为居民散步、购物、聊天、遛娃的场所。"上生·新所"积极引进特色展览、表演等活动，为街区注入互动性和时尚性的体验，成为广大市民休闲娱乐的好去处（图8.56）。

图8.56　游泳池改造后
资料来源：杨东拍摄。

（4）静安区彭浦镇美丽家园社区：依托社区自治模式的公共参与①

为探索通过社区自治、共治来提升社区环境与改善居住水平，原闸北区（现合并为静安区）于2015年7月启动"美丽家园建设"工作。受区里委托开展的彭浦镇美丽家园社区规划探索提出了社区"P+P"（Planning+Participating）模式，即动态规划和自治共治相结合的社区规划理念。在美丽家园建设进程中，规划师深入社区，依托居委会搭建的"三会一代理""1+5+X"等交流平台，充分听取居民反映的问题和需求，多次与居委会、业委会、物业、居民等就规划方案交换意见，通过规划引导居民共同参与住区的自治与共治（图8.57）。"三会一代理"即社区居委会负责搭建的决策听证会、矛盾协调会、政务评议会、群众事务代理制

图8.57 社区规划"P+P"模式框图
资料来源：TJUPDI. 社区规划：上海市静安区彭浦镇美丽家园社区更新实践[EB/OL]. （2016-04-22）[2018-10-22]. https://mp.weixin.qq.com/s/n2s-YdP7dsStARzdyTRyKA.

---

① 具体参见：http://blog.sina.com.cn/s/blog_15b1064ef0102y0bg.html。

252

度（以下简称"三会一代理"）①，对居民相关事务发挥"事前听证"、"事中协调"与"事后评议"的作用。"1+5+X"平台中，"1"为居民区党总支，"5"为社区民警、居委会主任、业委会主任、物业公司负责人、群众团队和相关社会组织骨干队伍等，"X"为社区在职党员、驻区单位负责人等。平台建设旨在提升社区动员效果，做实全民参与，引导社会组织实现自我管理。彭浦镇美丽家园社区规划的主要内容包括安全维护、交通组织、环境提升、建筑修缮四个方面，项目进程分为策划、调研与方案编制、公众决策、施工、管理维护五个阶段：在策划阶段，规划师配合政府开展意愿筛查；在调研与方案编制阶段，规划师充分听取居民意见，利用社区自治模式开展方案的意见征集和反馈，搭建起规划师、政府、业主、代建方沟通的平台；在方案决策阶段，全体居民进行投票表决，2/3 以上人数同意即可生效；在施工阶段，规划师协调实施，业主负责监督；在管理维护阶段，建成后的环境设施交由居委会、物业、业主进行管理维护。彭浦镇美丽家园社区规划不仅改造提升了社区环境，还从社会关系建构、基层自治机制等方面实现了社区更为长远的发展（图 8.58）。

图8.58 美丽家园建设过程照片
资料来源：TJUPDI. 社区规划：上海市静安区彭浦镇美丽家园社区更新实践[EB/OL]. （2016-04-22）[2018-10-22]. https://mp.weixin.qq.com/s/n2s-YdP7dsStARzdyTRyKA.

---

① "三会一代理"的主要功能在于：（1）"事前"听证，区、社区（街道）和居民区在实施涉及群众性、社会性、公益性的实事项目前，召开听证会征求各方意见，力求民主、科学决策；（2）"事中"协调，对公益性、社会性事务和利益矛盾，召开协调会进行协商解决，或由党组织、自治组织等出面代理，帮助群众向有关部门、机构反映正当诉求，维护合法权益；（3）"事后"评议，对听证会、协调会实施项目的成效和部门履职情况进行评估，高效解决群众问题。

(5)"创智农园"与"百草园":社区花园系列空间微更新实验[①]

"社区花园是社区民众以共建共享的方式进行园艺活动的场地,其特点是在不改变现有绿地空间属性的前提下,提升社区公众的参与性,进而促进社区营造。"[②] 2014 年以来,同济大学景观系师生通过在上海开展多种类别绿地空间的微更新与运营维护活动,有效提升了上海高强度开发地区的开放空间品质,并借由这个民众共建花园的过程实现了公众参与和社区凝聚的提升。截至 2018 年下半年,同济团队已经在上海市开展了约 40 个"社区花园"的更新实践,探索出了相对成熟的"参与型"园艺建设与微空间改造的方法与路径。团队针对住区型、街区型、校园型等不同类型用地中绿地的产权特征、使用主体、参与主体的不同而采取差异化的更新策略[③],向上善用政府政策与改造资金来源,向下以使用者的关切作为设计出发点,形成了"居委主导、居民参与""完全居民自组织"等多元化的改造模式。社区花园建设强调不同年龄、行为习惯、职业群体的全天候共同使用,并以"事件"和"活动"策划为导向,深入考虑建设全过程的运营维护。由于这种微更新从细微处深刻影响着社区居民的日常生活行为习惯,使得曾经少有问津的公共空间转化成激活社区活力的催化剂,经典的案例包括杨浦区的"创智农园"和"百草园"等。创智农园的空间设计突出日常服务、社区互动、自然教育三大类功能,农园总体布局分为设施服务区、公共活动区、朴门菜园区、一米菜园区、互动园艺区等[④],小小场地中的不同区域可以承载多达如公益讲座、跳蚤市场等二十余类具体活动,其日常运营突出社会组织的作用,使之成为联系居民与政、企、校的平台(图 8.59)。占地面积仅 200m² 的百草园一期项目,由街道提供初始建设资金,居委会组织引导,同济大学景观学系指引设计,社会公益组织四叶草堂提

[①] 根据相关资料整理:刘悦来,尹科娈,葛佳佳. 公众参与 协同共享 日臻完善:上海社区花园系列空间微更新实验[J]. 西部人居环境学刊, 2018, 33(4):8-12;刘悦来,尹科娈,魏闽,等. 高密度城市社区花园实施机制探索:以上海创智农园为例[J]. 上海城市规划, 2017(4):29-33;刘悦来,尹科娈,魏闽,等. 高密度中心城区社区花园实践探索:以上海创智农园和百草园为例[J]. 风景园林, 2017(9):16-22;刘悦来,范浩阳,魏闽,等. 从可食景观到活力社区:四叶草堂上海社区花园系列实践[J]. 景观设计学, 2017(6):73-83;刘悦来. 社区园艺:城市空间微更新的有效途径[J]. 公共艺术, 2016(7):10-15.

[②] 刘悦来,尹科娈,葛佳佳. 公众参与 协同共享 日臻完善:上海社区花园系列空间微更新实验[J]. 西部人居环境学刊, 2018, 33(4):9.

[③] 在不涉及产权变更、开发容量改变、功能转换的前提下,对原有绿化用地开展基于公众参与的深耕细作。

[④] 集装箱改造的室内区域(面积约 100m²)及公共区域(面积约 290m²)位于农园的中部,两侧为大面积的公共农事区(总面积达 1531m²),其中北部朴门菜园区(面积约 150m²)有贯通南北的小路和休息座椅。在全园范围内,设置有垃圾分类箱、蚯蚓塔、各类堆肥设施、雨水收集、小温室等可持续能量循环设施。

图8.59 创智农园社区活动的空间分布
资料来源：刘悦来，尹科娈，魏闽，等．高密度中心城区社区花园实践探索：以上海创智农园和百草园为例[J]．风景园林，2017（9）：16-22．

255

供培力支持，以居民参与主导、共建共享形式进行营造和管理①，极大地促进了周边区域的社会关系织补（图8.60）。

图8.60 百草园营造过程
资料来源：刘悦来，尹科娈，葛佳佳．公众参与 协同共享 日臻完善：上海社区花园系列空间微更新实验［J］．西部人居环境学刊，2018，33（4）：8-12．

（6）城市设计挑战赛②

自2016年起，上海市采用城市设计挑战赛的形式向全球征集指定城市地段的城市设计方案，集社会各界众智为与民生息息相关、广受关注的公共项目建言献策，这同时也是推广城市宣传、引导公众参与、促进城市更新的创新渠道。赛事由上海市规划和国土资源管理局及各区政府主办（机构改革前），上海市城市规划设计研究院、同济大学建筑与城市规划学院等高校和专业机构承办，参赛对象分为专业组和公众组：专业组面向建筑学、城乡规划、景观园林等专业的高校学生、教师和其他从业者；公众组针对非专业但对上海城市建设具有热情的一般民众。赛事至2018年已举办三届，从选址到选题目标都在积极探寻城市更新的新方案与新思路，如2016年的衡复风貌区和苏州河两岸地区、2017年的长宁区番禺路沿线地区、2018年的嘉定"南四块"地区和浦东新区民生码头8万吨筒仓周边地区等③。城市设计挑战赛每年收获了来自全世界产、学、研单位和一般民众群体的广泛参与，这种小成本、大收获的方案咨询手段已经成为上海城市

---

① 具体参见：刘悦来，尹科娈，葛佳佳．公众参与 协同共享 日臻完善：上海社区花园系列空间微更新实验［J］．西部人居环境学刊，2018，33（4）：8-12．
② 根据相关资料整理：http://www.sohu.com/a/146492440_649686；http://www.sohu.com/a/134167194_295623；https://sudc.qxqy.sh.cn/#block2；http://www.shgtj.gov.cn/xxbs/shij/201607/t20160715_689365.html；https://www.sohu.com/a/138463545_733020．
③ 2019年的选题为黄埔区西凌家宅路街道公共空间品质提升和徐汇区文定坊街道公共空间品质提升；2020年的选题为陆家嘴金融贸易区中心区局部区域城市更新设计。

更新实践的有益补充。例如，2020年"一等奖"团队的城市设计作品《自主街区》提出通过构建自主交通、自主活力和自主城市大脑三大系统，引入胶囊巴士、交通管理系统、智能可变铺装、智能活力细胞、底层分时开放、城市大脑和信息共享平台等，来提升陆家嘴金融贸易地区的空间活力，基于场地时空需求开展可持续的渐进式更新（图8.61）。

图8.61 2020年一等奖获奖作品《自主街区》节选
资料来源：袁心怡，韩迎，徐晗婧，等. 自主街区[EB/OL]. [2022-01-20]. https://sudc.qxqy.sh.cn/achievement/detail/97.

广州、深圳、上海在上述相关实施路径之外，其他市场和行业力量对城市更新的持续关注和集体推动，也助力了更新实践业务的交流学习和相互促进。例如：2014年，深圳成立国内首家城市更新协会，由18家从事城市更新的知名房地产企业发起设立[93]；2017年，深圳市房地产业协会成立城市更新专业委员会，凝聚各方专业力量持续服务房地产行业[94]；2017年，广州市城市更新局成立广州市城市更新协会，协会由珠江实业集团、广州市城市更新规划研究院、广州地铁集团等16家企业共同发起，拥有涵盖地产、评估、中介、设计、研究、金融、法律等各行业的113家会员单位[95]。

深圳水围村

第 9 章

广州、深圳、上海城市更新执行与经验得失

广州、深圳、上海的城市更新工作先后通过系统化的制度建设,改变了过去零星、分散式的城市更新实践探索状况,将城市更新活动纳入一个稳定的规范化运作框架中加以管理和实施,从而使得城市更新工作迈上新台阶。2009年至今的相关探索已超过十年,阶段性地回顾与检讨广州、深圳、上海三地近期城市更新活动的目标达成与整体执行情况,有助于发现并总结三地城市更新制度探索中的经验得失,为城市更新制度的优化改进与未来发展提供依据。

9.1 广州、深圳、上海的城市更新目标及执行情况

9.1.1 广州城市更新目标及执行情况

广州最初推进城市青山绿水、蓝天工程和广州亚运工程[①],充分调动了市场参与"三旧"改造的积极性,实施了一批改造主体意愿强烈、对城市环境和形象改善明显的"三旧"项目。广州亚运会对城市更新的发展产生了两方面影响:一是为了提升城市形象,满足大事件的运作需求,在亚运会前推进的一些向亚运会献礼的更新工程项目,必须依据要求按时实施完成,也带来了高成本和部分改造不合理等问题;二是亚运会筹办的资金投入和城市支出压力,使得政府在赛后重新审视城市更新的土地增值收益分配机制。加之城市更新项目存在分散进行的碎片化问题,需要通过收回部分权限来抑制开发商在城市更新中的过分逐利,因此2012年之后广州更加注重"政府主导",加大推进"成片连片"改造的力度,如金融城、同德围、广钢新城、民间金融街、万博城等。2012年后广州的"三旧"改造进度

---

① 广州2010亚运城市行动计划分为城市基础设施与环境建设、亚运服务与城市保障、亚运文化与城市人文、亚运遗产与城市发展4个部分共76个专项计划、739个具体项目,重点通过城市基础设施与环境建设中的八大工程打造新广州,即亚运场馆、重点建设、交通畅通、青山绿地、蓝天碧水、市容改善、人文景观、设施配套。

明显放缓[1],城市更新更加注重城市基础设施的配套和完善、历史建筑和文化的保护和传承,以及促进公共利益和城市的可持续发展。

在城市更新局成立之前的"三旧"改造阶段中(表9.1),截至2014年12月,广州已批的310个"三旧"项目中,旧城占22个、旧村占37个、旧厂占251个,可见改造收益可观的旧厂成为为数最多的更新改造对象。从施工建设的总面积来看,旧城为50.8公顷、旧村为577.7公顷、旧厂为294.8公顷,旧村改造涉及的用地影响面最大;而三者验收完工的面积依次为61.5公顷、100公顷、108.5公顷,旧村与旧厂数量接近,旧城因为产权关系复杂、更新成本投入高等原因,改造面积数相比之下明显偏少。表9.2按照2010年、2012年前、2015年前的时间段落,简要总结了广州城市更新的主要目标及其完成情况。

表9.1 城市更新局成立前的广州"三旧"改造项目汇总(截至2014年12月)

类别	项目汇总		前期报建		施工建设		验收完工	
	个数(个)	总面积(hm^2)	个数(个)	总面积(hm^2)	个数(个)	总面积(hm^2)	个数(个)	总面积(hm^2)
旧城	22	148.0	9	35.6	9	50.8	4	61.5
旧村	37	1718.8	18	1041.1	16	577.7	3	100.0
旧厂	251	1294.8	173	891.5	59	294.8	19	108.5
合计	310	3161.6	200	1968.3	84	923.3	26	270.0

资料来源:广州市城市更新局. 广州市已批"三旧"改造项目汇总[EB/OL]. (2015-04-16)[2018-10-22]. http://www.gzuro.gov.cn/csgxjxxgk/7.2/201504/8c8c840fbc814da68d47f57611dbb024.shtml.

表9.2 广州"三旧"改造完成情况(2010—2014年)

阶段划分	阶段目标	具体工作	实施效果
2010年	启动44km²"三旧"改造工作	2010—2014年,累计推进城市更新项目101.7km²,平均每年20.34km²	完成50%
	重点完成琶洲、猎德、冼村、林和、杨箕、小新塘、棠下、萧岗、三元里9个"城中村"的清拆工作	完成15条村改造方案审批工作。其中猎德村复建安置房已完工;林和、琶洲村已清拆完毕;杨箕、小新塘村一期已基本拆平;文冲、冼村已着手清拆;三元里等村已开始签订拆迁安置补偿协议;黄埔古村、裕安围村已进行保护性改造	完成2/3

---

[1] 根据政府总结,也有观点认为"三旧"改造并非止步不前,只是体量和方式不同,改造面积和规模实际更大,参见:广州市城市更新局. 积极推进城市更新工作的科学化、规范化、廉洁化水平[EB/OL]. (2016-10-17)[2018-03-22]. http://www.gz.gov.cn/gzgov/s7527/201610/35c9c233e92245008ddfb6bf717c1fb9.shtml.

续表

阶段划分	阶段目标	具体工作	实施效果
2010年	开展10个旧城片区整治改造	截至2014年年底，仅批复1项旧城改造项目	完成情况相对滞后
	开展30个旧厂房改造	全市批复旧厂房改造项目26个，涉及用地面积144.46公顷。其中公益征收4宗、面积13.92公顷；自行改造13宗、面积38.44公顷；公开出让9宗、面积82.80公顷	基本完成
2012年前	基本完成"三旧"改造项目中符合政策的各类历史用地完善手续的办理工作	全市十个区二个县级市共上报申请完善各类历史用地手续的用地为156.17km^2，已于2012年年底在市相关部门的配合下全部完成审核上报省市政府工作	基本完成
	重点是每年推进10个旧村庄、10个旧城片区和30个旧厂房的改造工作	三年来，共批复199个项目，其中包括174个旧厂、25个旧村，平均每年批复58个旧厂、8个旧村	旧厂改造目标超额完成，旧村改造基本能达到目标，旧城改造相对滞后
	计划拆建房屋1000万 m^2	截至2011年，全市已批复23个城中村全面改造方案，涉及用地约14km^2，城中村改造完成后，将拆除有消防安全隐患的房屋1488万 m^2 以及乱搭乱建的违法建筑884万 m^2	预期可完成
	拉动投资1000亿元	2010—2012年，促使220个投资项目落户我市，其中先进制造业项目3个、现代服务业项目217个；直接拉动固定资产投资超过4000亿元，平均每年拉动投资超过1300亿元	超额完成
2015年前	基本完成城市重点区域成片改造重建工作，使旧城区城市面貌和人居环境、土地利用结构和效率得到显著改善	完成了广州国际金融城、广钢新城、大坦沙改造等重点片区改造规划	部分完成
	力争完成52条全面改造的"城中村"改造	52个全面改造的村名单中，22条村改造项目已获批复，占总数的42.3%	部分完成
	基本完成"退二"企业和与城中村改造相关的集体旧厂房土地处置工作，使"三旧"改造工作初见成效	全市城区内工业用地减少8.58km^2，商服用地增加5.13km^2，共引进250个现代产业投资项目落户	部分完成

资料来源：广州市城市更新局，广州市城市规划勘测设计研究院. 广州市"三旧"改造规划（2010—2020年）评估报告[Z]. 2015.

2015年广州市城市更新局成立后,城市更新工作迈入新的制度化阶段,当年的工作重点为完善政策、理顺机构职责、健全制度与机制等,具体包括:制定城市更新"1+3"配套政策文件、编制城市更新机构"三旧"方案、开展《广州市"三旧"改造规划(2010—2020年)》修编、制订《广州市城市更新2015年度计划(第一批)》、起草《城市更新项目实施方案报批管理规定》《广州市旧村庄改造成本核算指引》等23个配套措施和技术指引。《广州市城市更新2015年度计划(第一批)》包括城市更新改造片区、城中村改造项目、旧厂房改造项目、社区局部改造计划等内容,44个片区改造列入计划,其中正在实施的片区改造项目13个,用地面积约101km²;组织策划的片区改造项目11个,用地面积约18km²;前期研究的片区改造项目20个,用地面积约17km²(表9.3)[①]。

表9.3 广州城市更新2015—2018年度计划汇总(截至2018年第一批)

年份		片区策划		实施计划								
				合计		全面改造		微更新		土地整备或政府收储		
		数量(个)	面积(km²)	数量(个)	面积(km²)	数量(个)	面积(km²)	数量(个)	面积(km²)	数量(个)	面积(km²)	
2015(计划)		11	18	13	101	—	—	—	—	—	—	
2016(计划)		6	4.658 9	52	19.884 2	12	2.529 5	38	17.354 7	2	0.093 1	
2016(完成)		—	—	58	24.54							
2017(计划)		22	65.405 9	111	14.162 9	12	1.131 7	97	13.031 2	2	0.236 4	
2017(完成)		32	75.05	122	16.46	21	—	101	—			
2018(计划)	第一批	1	6.191	223	42.952 7	26	17.886 9	174	23.118 1	23	1.947 7	
	第二批	1	123	658	38.511 1	3	0.064 7	654	38.427 8	1	0.018 6	

注:2015(计划)数据来源于《2015年广州市城市更新局近期主要工作》;2016(计划)、2017(计划)、2018(计划)数据来源于城市更新年度计划;2016(完成)、2017(完成)数据来源于年度工作总结。2017年实施计划中"中国铁建港航技术总部科技研发基地项目"为"旧厂自主改造与政府收储相结合",本表统计为政府收储项目。

2016年,广州编制并组织实施首个"城市更新项目及资金年度计划",最初计划安排52个项目,用地面积约19.88km²,其中全面改造12个,用地面积约2.44km²,微更新项目38个,用地面积约17.35km²(表9.3)。2016年正式计划更

---

① 具体参见:http://gz.bendibao.com/news/201578/content192358.shtml。

新类项目58个，用地面积约24.54km²，其中改造3个、实施动工8个、完成审批19个、编制方案26个，项目计划实施率96%，累计划拨资金2.61亿元，占计划资金的99%[96]。这一年，广州选取多个老旧小区开展试点，探索微改造模式创新，共计统筹推进老旧小区微改造项目48个，用地面积约10.5km²①。

"2017年城市更新项目和资金计划"②计划安排111个项目，用地面积约14.16km²，其中全面改造项目12个，用地面积约0.96km²，微更新项目97个，用地面积约13.03km²（表9.3），微更新改造数量增长迅速。计划主要以越秀、海珠、荔湾3个老城区为主，其安排财政资金占全市总资金量的45%。2017年城市更新项目突出了两大重点③：①重点选取能优化城市战略发展的项目④，安排了占计划总用地面积35%的项目在"一江两岸三带"范围内，安排了占计划用地面积47%的项目在城市发展的重点地区内。②重点选取促进城市功能完善的项目，加强老城区升级改造和文化保护，老城区（越秀、荔湾、海珠区）的更新项目占总量的1/3以上，且主要为老旧小区改造类⑤、历史文化保护类项目。2017年城市更新项目正式计划实施更新类项目122个（全面改造类项目21个，微改造类项目101个），用地面积16.46km²；片区策划类项目32个，用地面积75.05km²，安排城市更新资金4.64亿元。该年，广州共推进老旧小区改造项目90个，安排更新资金2.02亿元[97]。

2018年，广州城市更新年度计划（第一批）⑥共涉及223个项目，总用地面积约42.95km²。其中，全面改造项目26个，用地面积约17.89km²；微改造项目174个，用地面积约23.11km²；土地整备或政府收储项目23个，用地面积约1.95km²（表9.3）。计划引导城市更新发展的趋势和特点如下⑦：①积极推进老旧小区改造工

---

① 具体参见：https://711810.kuaizhan.com/44/21/p444341163863e6。
② 具体参见：http://news.ycwb.com/2017-02/08/content_24169140.htm。
③ 同上。
④ 项目主要围绕提升"一江两岸三带"、建设"三中心一体系"、打造"三大战略枢纽"等。"一江两岸三带"是指以珠江为纽带，集中沿岸的优势资源、创新要素，构筑两岸经济带、创新带和景观带。
⑤ 全市总计安排老旧小区更新项目93个，用地面积约5.25km²。
⑥ 广州市2018年城市更新年度计划，参见：http://www.gzuro.gov.cn/csgxjxxgk/7.2/201802/9f74d734dea048c8a04e2ffb81487308.shtml。
⑦ 广州市城市更新局. 市城市更新局近日发布《广州市2018年城市更新年度计划（第一批）》[EB/OL]. （2018-02-28）[2018-10-22]. http://www.gz.gov.cn/550590033/5.0/201802/9f17b5509cca465fa758181703c6f503.shtml。

作[1]，计划安排老旧小区改造项目165个，用地面积约22.32km²；城市慢行系统项目2个，用地面积约0.08km²。投入老旧小区改造项目的资金共计2.31亿元，占安排资金总量的66%[2]。②促进城乡统筹发展，大力推进旧村改造，推进城镇化发展，提升城市面貌品质。共计安排旧村庄全面改造项目17个，用地面积约17.74km²；旧村庄综合整治项目3个，用地面积约20.59km²。③加大城市土地战略储备，促进存量土地有计划地开发利用，保障城市发展的土地需求。计划安排土地整备或政府收储项目23个，用地面积约1.95km²。④促进产业升级，引导产业向高端化、低碳化、集群化、国际化发展。安排国有土地旧厂房自行改造项目9个，用地面积约0.14km²；国有土地旧厂房产业转型升级项目4个，用地面积约0.13km²。

从"三旧改造"到"城市更新"，从"运动式"转向"常态化"发展，城市更新在广州城市发展中的地位日益凸显。从成规模更新项目的改造方式和主体来看，广州的城中村主要由原权利人或市场主体推进改造；旧住宅区与旧商业区的改造主要由政府收储后公开出让；旧工业区改为居住用途的由政府收储后公开出让，"工改居"以外的可由原权利人自行改造[3]。依据广州市城市更新局在2018年广东省"三旧"改造项目推介会上所做的《广州市城市更新（"三旧"改造）主要政策简介》报告显示，截至2018年6月，广州城市更新工作主要取得以下成效[4]：

（1）促进产业转型升级，拉动经济增长。 已批旧厂改造项目293个、15km²；建成科技孵化器5个，通过对46个旧园区旧厂房旧楼宇的改造，引进企业、上市公司62家，实现年产值1330亿元、年税收160亿元，提供就业岗位12万个。

（2）改善人居环境，保障城市居住安全。 已整治"三线"121km，维修消防设施933项，维修更换排水管道11km，规范垃圾清运点设置50个，拆除违章建筑（防盗网）9151m²，新增绿化16558m²，修缮历史建筑901m²。

（3）盘活低效存量用地，提升节约集约用地水平。 广东省历年下达的改造任务

---

[1] 根据《广州市老旧小区微改造实施方案》和《关于加快推进2017年度老旧小区微改造项目的工作方案》，明确到2020年，重点推进全市779个老旧小区微改造项目。以区为实施主体，将全市基础设施老化、环境较差的老旧小区分成四类（即按1949年之前、1949—1980年、1980—1990年、1990—2000年划分为四个时期），分类分期实施微改造，以提升老城区居民人居环境和生活品质。
[2] 按项目所属行政区统计，老城区（越秀、海珠、荔湾区）共安排资金1.66亿元，占资金总量的47.5%。
[3] 具体参见：深圳市规划国土委员会. 市规划国土委员会关于深圳市城市更新工作有关情况的报告［Z］. 2018.
[4] 具体参见：广州市城市更新局. 广州市城市更新（"三旧"改造）主要政策简介. 2018年广东省"三旧"改造项目推介会，广州，2018-06-28.

为 26.38km², 实际完成改造 34.53km², 完成率为 130.9%。节地面积为 7.87km²，平均节地率为 23%。已完成改造旧村的绿地率由改造前的 5% 提高到 30%；建筑密度由原来的 60% 以上降低到 30% 以下，拆除违章建筑 103 万 m²；平均节地率达 48%。

（4）**促进城乡、新旧城区之间协调发展**。在旧城镇、旧村庄的更新改造中，落实先安置后拆迁，加强公建配套和公共服务设施建设，解决农村土地无序利用、土地收益低等问题，促进城乡之间和新旧城区之间统筹发展、实现农村农民增收。配建公共服务设施（场所）438 个，建筑面积 207 万 m²。新增城市更新安置房建筑面积 114 万 m²、学校（含幼儿园）134 所、养老机构设施 166 个。

（5）**传承岭南历史文脉，打造城市文化品牌**。保护修缮文物古迹、工业遗产、历史建筑 207 宗，建筑面积 14 万 m²，投入财政资金约 6 亿元。

2019 年年初，广州在总结过去十年城市更新工作经验的基础上，统筹推进城市更新九项重点工作，分别是"三旧"（城中村、旧街区、旧厂房）改造、"三园"（村级工业园、物流园、专业批发市场）转型和"三乱"（违法建设、未达标河涌水环境、"散乱污"场所）整治。回顾"十三五"期间的广州城市更新，不同部门努力达成的成效主要表现在[①]：

（1）**广州市住房和城乡建设局**。完成城市更新九项重点工作年度任务，盘活存量用地空间 34km²，新增配套公共服务设施 170 万 m²，新增绿化面积 277 万 m²。其中，全市"三旧"改造新增实施面积 12.52km²，完成改造面积 11.81km²，完成固定资产投资 1006 亿元、同比增长 44.75%；完成老旧小区微改造 232 个，"三线"整治 496km，累计改造老旧建筑 2342 万 m²；全市新批复旧厂改造项目 41 个，涉及用地面积 1.4km²；新批复城中村项目改造方案 8 个，用地面积 6.37km²；城中村改造项目公开引入合作企业 42 宗，涉及用地面积 49.17km²、改造成本 2472 亿元。

（2）**广州市规划和自然资源局**。将城市更新纳入国土空间规划"一张图"，纳入三年实施计划的全市 83 条城中村已批详细规划 40 个。2018—2020 年，全市已批"三旧"用地报批案件共 25 宗，覆盖面积 2.627 8km²，为 21 个累计 7.873 3km² 的"三旧"改造项目的顺利推进提供了用地支撑。

[①] 具体参见：广州市住房和城乡建设局.【广州"十三五"回顾之7】城市更新"一盘棋"促城市平衡充分发展［EB/OL］.（2021-01-28）［2021-01-21］. http://zfcj.gz.gov.cn/gkmlpt/content/7/7053/post_7053547.html#1104.

（3）广州市商务局、交通运输局、工信局和城管局。广州市商务局转型疏解239家专业批发市场，释放用地空间共计186.5万 m²。改造中，累计新增微型消防站、公厕、小规模绿地等公共配套设施132处，占地面积约10.8万 m²。广州市交通运输局疏解传统物流园区81家。其中转型升级3家；清理78家，释放存量土地约345万 m²。广州市工信局推进村级工业园整治提升，累计完成整治提升面积超过16km²。广州市市城管局推进"厕所革命"，截至2020年11月3日，完成4133座公厕建设任务，完成率为184.5%。

9.1.2 深圳城市更新目标及执行情况

深圳自开展城市更新工作以来，截至2017年已经通过城市更新撬动占全市建设用地1.6%（991km²）的存量用地再开发，完成固定资产投资3585亿元（占同期全市固定资产投资的14%）[①]，在落实大批公共配套设施的同时，有效促进了土地节约集约利用和城市功能的完善。深圳"十二五"期间的城市更新工作成效显著，主要体现在：经济增长得到保障、用地效益不断提高、城市功能逐步完善、生态空间维持总量平衡、历史遗留问题得到部分解决[45]。深圳《市规划国土委员会关于深圳市城市更新工作有关情况的报告》（深规土〔2018〕292号）等相关总结显示：

（1）拆除重建类。截至2017年年底，深圳全市已列入拆除重建类城市更新项目共计644项，拆除用地面积约50.15km²。已审批通过的城市更新单元规划方案404项，拆除用地面积约31.32km²，规划批准总建筑面积约1.13亿 m²，其中人才住房和保障性住房420万 m²（表9.4）、创新型产业用房81万 m²、公共配套设施用房262万 m²[98]。在公共服务设施方面，截至2016年年底，累计建成保障性住房建筑面积约325万 m²，超额完成原订计划（表9.5），建成各类中小学102所、幼儿园210所、医院3家、社康中心189个、公交首末站130个[52]。在土地供应方面，截至2017年年底，供应土地面积约16.27km²（其中移交政府土地约5km²），收取约1168亿元地价。

---

① 具体参见：深圳市规划国土委员会. 市规划国土委员会关于深圳市城市更新工作有关情况的报告［Z］. 2018.

表 9.4 深圳拆除重建类城市更新单元规划审批情况一览表（截至 2017 年年底）

项目		合计	其中移交政府部分	
			面积	具体内容
规划涉及用地面积		31.32km²	9.92km²	中小学 118 所、医院 3 家、养老院 5 家
规划批准总建筑面积		1.13 亿 m²	766 万 m²	—
其中	住宅	5628 万 m²	420 万 m²	人才住房和保障性住房
	产业用房	1844 万 m²	81 万 m²	创新型产业用房
其中	商业	2665 万 m²	3 万 m²	人才公寓
	公共配套用房	262 万 m²	262 万 m²	幼儿园 239 所、社康中心 216 个、公交首末站 161 个等

注：按照《深圳市城市规划标准与准则》的服务标准，239所幼儿园建成后可为约160万人口提供便利的幼儿教育服务，216个社康中心建成后可为约330万人口提供便利的就近医疗服务。

资料来源：深圳市规划国土委员会. 市规划国土委员会关于深圳市城市更新工作有关情况的报告[Z]. 2018.

表 9.5 深圳保障性住房供应情况（2010—2018 年）

年度	供应（万套）	完成率	基本建成（万套）	完成率
2018 年（计划）	4.6	—	—	—
2017 年	4.6	103%	4.1	217%
2016 年	4.2	105%	5.1	102%
2015 年	2.14	118.98%	2.12	141%
2014 年	3.11	110.7%	5.81	116.20%
2013 年	2.76	110.40%	4.27	141.40%
2012 年	2.39	120%	1.8	180%
2011 年	—	—	1.05	105%
2010 年	8.26	—	12.93	—

资料来源：整理自深圳市住房和建设局网站发布的历年工作总结和工作思路，http://www.szjs.gov.cn/。

（2）综合整治类[①]。2009 年，深圳完成了一轮全市城中村的综合整治，涉及城中村 333 个，投入资金近 24 亿元，改变了城中村的脏、乱、差情况，消除消防安全隐患，提升了人居环境。2014 年，深圳试点开展旧工业区综合整治，出

---

① 具体参见：深圳市规划国土委员会. 市规划国土委员会关于深圳市城市更新工作有关情况的报告［Z］. 2018.

台允许加建扩建、功能改变和土地延期等激励政策,将罗湖艺展中心、大鹏鸿华印染厂等9个旧工业区列入试点。2016年、2017年,深圳完成旧工业区综合整治建筑面积分别为79万m^2、116万m^2,完善了旧工业区的配套设施,拓展了产业空间。

深圳自2016年10月开始全面施行"强区放权"之前,按照年度计划的方式开展全市城市更新工作(表9.6);实施之后,各区根据自己情况陆续强化城市更新工作,颁布各区的城市更新办法、城市更新计划(表9.7)。2016年11月,深圳印发《深圳市城市更新"十三五"规划》,要求"十三五"期间城市更新单元规模控制在35~50km^2,并对各区的城市更新规模进行了分配(表9.8),同时也对保障性住房、教育、医疗、文体等公共服务设施等更新任务进行了分配。此外,针对在城市更新实施过程中长期无法推进、实施困难的更新单元,2017年4月,深圳市规划国土委颁布《关于规范城市更新实施工作若干问题的处理意见(一)》(深规土〔2017〕214号)梳理出70个历史遗留项目,并要求在2017年6月底移出城市更新计划。2018年12月,龙岗区发出公告,区内52个项目或将清理出城市更新计划。[①]

表9.6 深圳城市更新单元年度计划(2010—2017年)

单位:个

年度	第一批	第二批	第三批	第四批	第五批	第六批	总数
2010年	89	22	—	—	—	—	111
2011年	18	13	11	11	4	—	57
2012年	5	13	15	13	18	—	64
2013年	18	13	—	—	—	—	31
2014年	18	11	7	20	—	—	56
2015年	10	22	31	12	—	—	60
2016年	20	12	11	19	10	19	91
2017年	14	3	2	—	—	—	19

资料来源:整理自深圳规划与国土资源委员会网站发布的历年深圳市城市更新单元年度计划,http://www.szpl.gov.cn/。

---

① 具体参见:龙岗52个项目或将清理出城市更新计划,http://www.lg.gov.cn/xxgk/xwzx/zwdt/201812/t20181204_14773002.htm。

表 9.7 深圳各区城市更新单元计划数量（2017年1月—2018年12月）

单位：个

区域	2017年 第一批	第二批	第三批	第四批	第五批	2018年 第一批	第二批	第三批	第四批	第五批	第六批	第七批	第八批	第九批	合计
福田	1	4	—	—	—	1	1	2	1	—	—	—	—	—	10
罗湖	1	1	—	—	—	1	1	1	1	1	—	—	—	—	7
南山	1	2	2	2	2	4	1	1	1	3	4	1	1	—	25
盐田	5	3	2	—	—	3	1	3	—	—	—	—	—	—	17
宝安	2	—	—	—	—	4	1	1	3	2	1	1	3	2	20
龙岗	2	1	3	1	1	4	4	3	1	2	3	4	1	5	35
光明	1	1	2	—	—	4	1	1	—	—	—	—	—	—	10
坪山	1	—	—	—	—	—	2	1	—	—	—	—	—	—	4
龙华	4	2	1	2	1	2	3	1	2	4	1	—	—	—	23
大鹏	—	—	—	—	—	—	—	—	—	—	—	—	—	—	
合计	18	14	10	5	4	25	14	13	9	12	9	6	5	7	151

资料来源：整理自深圳市各区城市更新局网站发布的城市更新单元计划。

表 9.8 深圳"十三五"期间各区城市更新单元计划规模分配方案

区域	各区城市更新单元计划规模区间（hm²）	占比
福田	140～200	4.0%
罗湖	335～480	9.6%
南山	210～300	6.0%
盐田	110～160	3.2%
宝安	740～1060	21.2%
龙岗	1170～1560	33.6%
光明	185～300	5.2%
坪山	185～300	5.2%
龙华	370～520	10.4%
大鹏	55～120	1.6%
合计	3500～5000	100%

资料来源：深圳市规划和国土资源委员会．深圳市城市更新"十三五"规划[EB/OL]．(2016-11-21) [2018-10-22]. http://www.szpl.gov.cn/xxgk/ztzl/rdzt/csgx135/201611/t20161121_456427.html．

总体上，深圳以城市更新为主要内容的存量土地二次开发成为深圳新一轮城市发展的重要抓手。城市更新在深圳城市发展中的作用明显，主要体现在以下两个方面[①]：

（1）推动特区一体化，拉动经济增长。城市更新项目投资额逐年增长，城市更新项目投资占全社会固定资产投资总额的比例也逐年增长，此前比例只有8%，2016年占比达到16.7%。截至2016年年底，深圳城市更新供应的商品房总规模占全市商品房总供应规模比例逐年增长，其中2016年达到约50%，即商品房的一半是通过城市更新供应的；累计92个拆除重建的产业升级项目获得规划审批，更新改造后将提供约100万m^2的产业用房（表9.9）。

表9.9 近年来深圳城市更新与新增用地供给对比

单位：hm^2

类型	2010年	2011年	2012年	2013年	2014年	2015年
更新供给用地面积	96	105	205	183	209	266
新增经营性用地出让面积	512	270	154	162	152	150

资料来源：作者整理。

（2）用地效益不断提高，促进城市功能升级，提升公共服务水平。深圳通过城市更新处理了历史用地的遗留问题，增强了土地的集约与节约利用，并在这个过程中逐步完善城市功能，推进产业升级。深圳城市更新始终坚持"公益优先"的原则，要求在城市更新单元内配建一定数量的政策性用房（保障性住房、创新产业用房等），2010—2017年基本每年都超额完成预定计划（表9.5）。此外，在城市更新单元内划定"公益用地"无偿交给政府用于建设城市的基础设施、公共服务设施等符合城市公共利益的项目，也取得了较大成果[99]。

2019年以来，深圳市城市更新和土地整备局通过统筹编制《深圳市年度城市更新和土地整备计划》来引导城市更新相关工作的有序开展。各年度的计划编制要点和工作重心各有不同：2019年的编制要点在于城市更新和土地整备融合、公共利益优先、加强规划引导和计划管控、创新督办考核机制、注重自然资源和生态环境保护等；2020年的编制重点关注产业空间资源保障，落实新增旧改项目1000万m^2的任务，落实相关重大项目、城市基础设施及公共服务设施等用地，旧工业

---

① 具体参见：邹兵.存量发展模式的实践、成效与挑战：深圳城市更新实施的评估及延伸思考[J].城市规划，2017，41（1）：89-94.

区综合整治，拆除重建类城市更新用地供应，违法建筑空间管控专项行动，原特区外村办学校土地房产历史遗留问题处理，城市更新和土地整备"十三五"规划任务等；2021年的编制重点聚焦构建优质均衡的公共服务体系、加大住房保障力度和产业空间保障。根据实施情况来看，"'三旧'改造""十大专项行动""十三五"规划及土地整备考核任务均超额完成（表9.10）。

表9.10 深圳市2018—2020年城市更新和土地整备计划执行情况

任务		2018年 完成	2018年 完成率	2019年 完成	2019年 完成率	2020年 完成	2020年 完成率
省"'三旧'改造"考核任务	新增（亩）	9439	111%	8554	107%	10 833	120%
	完成改造（亩）	5579	109%	5812	104%	5602	112%
市"十大专项行动"考核任务	拆除重建供应用地（hm²）	257	105%	260	106%	303	129%
	旧工业区综合整治（万m²）	140	117%	130	108%	144	120%
城市更新"十三五"规划考核任务	城市更新单元计划（hm²）	841	98%	633	100%	945	139%
	人才住房、安居型商品房和公共租赁住房规划配建规模（套）	25 238	80%	46 115	143%	57 487	195%
	创新型产业用房配建规模（万m²）	22	89%	38	154%	31.7	134%
	独立占地公共配套设施配建规模（个）	61	153%	153	113%	189	138%
	非独立占地公共配套设施配建规模（万m²）	40	222%	59	350%	153	606%
城市更新固定资产投资（亿元）		1271	182%	—	—	—	—
土地整备（km²）		13	118%	24.2	151%	19.7	131%

资料来源：深圳市城市更新和土地整备局.深圳市2019年度城市更新和土地整备计划[EB/OL].（2019-08-09）[2022-01-21].http://www.sz.gov.cn/szcsgxtdz/gkmlpt/content/7/7019/post_7019457.html#19171；深圳市城市更新和土地整备局.深圳市2020年度城市更新和土地整备计划[EB/OL].（2020-10-15）[2022-01-21].http://www.sz.gov.cn/szcsgxtdz/gkmlpt/content/8/8175/post_8175196.html#19171；深圳市城市更新和土地整备局.深圳市2021年度城市更新和土地整备计划[EB/OL].（2021-12-06）[2022-01-21].http://www.sz.gov.cn/szcsgxtdz/gkmlpt/content/9/9429/post_9429650.html#19171.

9.1.3 上海城市更新目标及执行情况

上海在《城市更新实施办法》颁布后，目标明确地推进城市更新试点工作，中心城区的10个区共推出17个城市更新项目（表9.11），覆盖了城市中的各种用地类型，包括：①老旧小区更新，如杨浦区"两万户"改造、曹阳新村改造；

②历史保护区更新,如四川北路沿线地区更新研究;③商业区改造,如陆家嘴与世纪大道沿线地区研究;④产业园建设,如环同济战略研究;⑤交通枢纽地区提升,如共和新路沿线城市综合体、不夜城地区更新研究等。城市更新通过对更新类型与更新目标的整体统筹,推进工作开展:更新类型主要有区域整体更新、局部地区更新两种;更新目标重在从提升品质、创新政策、创新路径方面进行尝试,如探索学校、社区、企业的联动机制,区域整体更新的工作方法,创新社区治理、公众参与、城市更新基金建设等。

为了整合已有的城市更新试点项目,上海在2015年的工作基础上,将城市更新积极融入规划管理、土地管理之中。到2016年,上海之前开展的城市更新试点项目升级为四大城市更新行动计划,采用"12+X"的弹性管理方式,计划将持续3年时间。

表9.11 上海城市更新试点工作情况汇总表(2015年9月)

更新类型	试点项目	区域	创新机制
区域整体更新(6个)	环同济战略研究	杨浦区	学校、社区、企业联动机制探索;总规划师制度
	四川北路沿线地区更新研究	虹口区	区域整体更新的工作方法;社区治理
	陆家嘴与世纪大道沿线地区研究	浦东新区	区域整体更新的工作方法;公众参与
	徐家汇商圈地区更新研究	徐汇区	区域整体更新的工作方法
	南京西路地区更新研究	静安区	社区治理;设立城市更新基金
	不夜城地区更新研究	静安区	区域整体更新的工作方法;公众参与
局部地区更新(13个)	杨浦区"两万户"改造	杨浦区	建筑面积捆绑机制
	曹杨新村改造	普陀区	社区治理
	长征社区中环百联项目	普陀区	激发地区商业活力
	大柏树邯郸路沿线改造	虹口区	探索科创中心建设的政策机制
	上海戏剧学院改造	闵行区	学校、社区联动
	莘闵大酒店改造	闵行区	探索城市更新实施计划编制
	张江传奇广场	浦东新区	社区治理
	共和新路沿线城市综合体	宝山区	探索多方(政府、投资人、物权人、租户)合作的城市更新工作机制
	徐家汇第六百货商店	徐汇区	增加公共开放空间,奖励建筑高度
	港汇恒隆广场	徐汇区	增加公共开放空间,奖励建筑高度

续表

更新类型	试点项目	区域	创新机制
局部地区更新（13个）	风貌区联动机制	徐汇区	历史街区保护机制；建筑面积捆绑机制
	长江计算机厂、航站楼等	静安区	社区治理
	淮海社区123、124、132街坊	黄浦区	公共空间、绿地与开发量的补偿机制

资料来源：匡晓明. 上海城市更新面临的难点与对策[J]. 科学发展，2017（3）：32-39.

从改造的方式和主体来看，此时期上海的城中村和旧住宅区由政府主导以棚户区改造方式进行改造；旧商业区由物业权利人或市场主体进行改造；旧工业区可由政府收储后公开出让，也可由原权利人自行改造①。在《上海市城市更新实施办法》（以下简称《办法》）实施期间，上海城市更新工作相较于广州和深圳，适用的对象比较窄，市政府认定的旧区改造、工业用地转型、城中村改造的地区不在《办法》管控范围内，因此《办法》针对的实践主要聚焦在以上类型之外的一些老旧商业区、商办区、小区环境等的改造更新与重要公共空间提升活动上——对这些窄范围内容执行目标和情况的总结，并不能反映当时上海所有城市更新活动的全貌。上海通过政府选择和确定试点，来努力调动业主和市场力量的参与，推进城市更新实施。在当时，一些试点的进展并非一帆风顺或者效果尚未达到预期，另一些试点"一事一议"的项目特殊性比较多，经验推广的潜力空间小。如张江西北片区更新，意图实现整个片区从产业园区向综合城区的转变，但由于权属制约，最终只能进行小范围的公共空间改造和公共设施提升[48]。因此，如何逐步实现城市更新活动的全面统筹展开，总结推广试点探索的相关经验，是较长一段时间内上海面临的挑战所在。

2021年《上海市城市更新条例》出台后，上海不同类型的城市更新活动得以统一管理，通过同一个条例加以统筹协调。上海在"十三五"期间针对旧区改造开展诸多工作，中心城区共改造二级旧里以下房屋约281万 m^2，超额完成原定240万 m^2 的约束性指标，为原定目标的117%（表9.12）。2014年，上海启动第一批49个"城中村"改造项目，截至2021年年底，已经完成其中的27个，安置房开工率为80.4%[100]。

---

① 具体参见：深圳市规划和国土资源委员会2018年4月24日印发的《市规划国土委关于深圳市城市更新工作有关情况的报告》（深规土〔2018〕292号）。报告同时指出：广州的旧商业区改造、"工改居"，上海的城中村改造政府主导力度更强；而旧住宅区改造、综合整治三个城市均由政府主导，其他类型均可由市场参与。

表 9.12　上海"十三五"时期二级旧里以下房屋改造情况

年份	计划完成改造面积（万 m²）	实际完成改造面积（万 m²）	完成率（%）
2016 年	55	59	107
2017 年	48	49	102
2018 年	40	42.7	107
2019 年	50	55.3	111
2020 年	55	75	136

资料来源：上海市人民政府. 市政府新闻发布会介绍本市旧区改造工作相关情况[EB/OL]. (2021-05-26) [2022-01-21]. https://www.shanghai.gov.cn/nw12344/20210526/f1261282077f43d788fdefbfac1278b3.html.

2022 年，上海全面完成 30 年成片旧改历史性任务，彻底改善 165 万户居民的居住条件，同时带动解决了城市环境、交通等公共基础设施短板问题，实现城市空间物质形态改善和经济、社会、生态等多方面的整体提升。2023 年 3 月，在全面实施《上海市城市更新条例》，有序推进城市更新行动的背景下，上海制定了《上海市城市更新行动方案（2023—2025 年）》。方案聚焦区域，分类梳理，重点开展城市更新六大行动。

（1）综合区域整体焕新行动。目标任务是：到 2025 年，重点开展 10 个以上综合性区域更新项目，重点推进"一江一河"沿岸地区、外滩"第二立面"、衡复历史风貌区、北外滩、吴淞创新城、虹桥国际中央商务区等区域更新。

（2）人居环境品质提升行动。目标任务是：加快推进"两旧一村"改造工作，到 2025 年，全面完成中心城区零星二级旧里以下房屋改造，基本完成小梁薄板房屋改造等。

（3）公共空间设施优化行动。目标任务是：到 2025 年，加快补齐公共服务短板，盘活存量用地、用房用于各类公共设施建设等。

（4）历史风貌魅力重塑行动。目标任务是：到 2025 年，完成 3 个以上历史风貌保护区、风貌保护街坊、风貌保护道路项目，推进 3 个以上历史古镇保护修缮和更新利用示范项目，打造 15 个以上历史建筑保护修缮和活化利用示范项目。推进山阴路风貌保护区城市更新等项目。

（5）产业园区提质增效行动。目标任务是：到 2025 年，推进 3 个以上重点产业集聚区提质增效，盘活产业用地 3 万亩。

（6）商业商务活力再造行动。目标任务是：到 2025 年，推动 3 个以上市、区级传统商圈改造升级，打造 6 个国家级"一刻钟便民生活圈"和 100 个市级"一刻钟便民生活圈"，完成 5 个以上商务楼宇改造升级或转化利用项目。

为了探索可持续的城市更新模式，上海创新机制，推出责任规划师、责任建筑师和责任估价师"三师联创"机制，在外滩第二立面、老城厢地区、徐汇衡复地区、静安石门二路地区等10个更新单元中试点，截至2023年8月，10个更新单元已形成"三师联创"概念设计方案。在区级层面，各区结合自身情况开展城市更新工作，并形成各自的特色。如黄浦区启动"经典黄浦·城市更新"党建联盟；普陀区依托景观道路体系，同步推进架空线入地和杆箱整治，全面铺开"美丽道路"建设，打造高颜值"美丽街区"；徐汇区启动"5+1+X"城市更新计划，"5"即虹桥路—肇嘉浜路沿线、吴中路—中山西路—中山南二路沿线、漕宝路—龙漕路沿线、龙吴路沿线、桂林路—老沪闵路沿线，"1"即大徐家汇片区城市更新，"X"即"X"幅零星地块。

9.2 三地城市更新制度建设的经验与反思

9.2.1 广州

广州城市更新从"三旧"改造的试行探索到政策调整，再到"三旧"改造向综合城市更新的转型与发展，可以说制度建设的每个阶段都伴随着一些政策方向的根本性调整。在这个过程中，广州的城市更新制度不断稳定和日趋完善，取得的主要经验如下：

(1) 创新管理机构。2015年广州市城市更新局的成立具有特殊意义，专设独立机构统一管理城市更新工作意味着城市建设管理在分工上的深化与细化，是应对存量时代城市建设的一种创新尝试。受制于传统城市建设项目审查和审批的归口与相关权限分配等影响，这种机构创新面临着如何对接固有体制机制、如何持续厘清与规土等部门之间的权限边界等挑战。但总体上，那时候的广州城市更新局与规土部门的责权分工与互动机制已基本形成，双方的良性对接在不断加强。从"三旧改造办公室"转化而来的城市更新局继承了"三旧办"的制度经验、人员经验和具体做法经验，逐步形成了一支经验相对丰富、专业水平相对高且熟悉本地实践的管理队伍。城市更新局集政策研究、监管、运作等职能于一身——从城市更新的政策法规制定、资金安排、土地整备到项目实施与监督管理等，这种全流程体系有利于强化专责专权统一管理的优势。随着机构改革以及广州城市更新的深入推进，为应对新形势下的城市更新工作需要，自2019年以来，广州又将城市更新局的职能拆分和对应到其他各政府部门中，再次开启各部门协同推进城市更新工作的新局面。

（2）政府主导下的利益平衡。 广州注重更新改造的利益共享以激发城市更新的内在动力——特别是在"三旧"改造初期，政府、市场主体、产权主体及原农村集体经济组织等之间可以实现增值收益分配的共享与共赢[50]；但另一方面，广州也通过不断加强政府管控，来强化对更新利益分配关系和比例等的调控，防止市场逐利导致的城市贡献不足与公共收益流失。在长时间的城市更新制度建设与实践中，政府逐步抓住了平衡各方利益的关键要素，如收益、用途和容量等，并将这些要素细化为一系列要求来实现"政府主导"下的更新收益管理，以适应不同时期的城市发展环境、更新需求和目标导向等。这些要求包括无偿转让面积、公益贡献比、土地出让金补缴标准、容积率分段拆迁补偿标准等；从早期猎德村等项目中政府、开发商和村民对增值收益的均等分配，发展到后期政府对重要土地的"应储尽储"和择机出让，以及更后期大源村片区提升启动区的土地使用权竞得人需要负责并实施村居品质提升改造工程和安置房学校配建等，均体现了政府在利益平衡中的主导权[①]。

（3）相互衔接的政策与规划体系。 机构改革前，广州出台了一系列城市更新政策与相关配套文件，逐步建立起以"1+3"为核心的城市更新制度体系，并基于此形成与更新政策、传统法定规划相对接的"1+3+N"的城市更新规划体系。政策与规划在周期和内容上互相衔接、层层递进，既有助于明确各更新规划的管控层级和要点，又便于通过各层级规划与项目的审批程序等来保障更新活动契合预定目标，实现城市更新运作与传统城乡规划管理的融合发展。其中，城市更新总体规划遵照《广州市城市更新办法》编制，同时以城市总体规划为依据，形成中长期宏观引导；旧城保护更新规划纲要、旧厂房改造专项规划和城中村改造规划指引对应着三类用地的更新实施办法，衔接控规单元图则以分类指导片区的更新工作开展；

---

① 对于关键指标的管控与合理调整，有利于平衡各方利益诉求，并调动城市更新的参与积极性，但在政府财政紧张等特殊情况下，可能成为影响其他市场主体收益的工具。

为具体更新项目制定的地段更新规划要适应不同类型的规范性文件，对接控规的地块管理图则。机构改革之后，广州针对国土空间规划体系建立的新要求，顺应地方城市更新发展的新形势，调整并建构起了与国土空间规划体系相对应的城市更新规划体系，包括总体规划、专项规划和详细规划，配以相应的更新项目管理流程来保障更新活动的有序落地。

（4）源自"三旧"的专项制度安排。广州的城市更新制度体系由"三旧"改造体系发展而来，尽管当前城市更新工作的内涵和范畴越发广泛和综合，但旧城、旧厂、旧村这三类用地仍是城市更新制度管理的核心内容。源自"三旧"的广州城市更新管理经历了多年的探索与调整后，逐步构建起目标、对象、方法和路径等都更加清晰和完善的差异化子体系，三类专项制度安排之间也具有了更多的联系和统筹。2008年以来，广州逐步对全市范围内"三旧"用地的分布、容量和权属等关键信息进行存量摸底，有利于落实深化存量挖潜、政策调整和专项制度供给。2019年，广州在传统"三旧"改造基础上，又增加了"三园""三乱"的改造整治重点，形成城市更新的九项重点工作。

（5）微改造与全面改造并举。广州自2016年开始逐步探索"微改造"模式，并在制度安排上与"全面改造"相区别，为局部更新改造和整治修缮且产权变更相对简单的项目建立起快速、精简的实施路径。微改造注重空间活化利用，强调在建成区保留、保护基础上的人居环境改善与历史文化传承，如历史文化街区、老旧小区、人居环境较差的城中村、国企旧厂房等地区的"微小"更新动作。《广州市城市更新办法》明确要将微改造中符合控制性详细规划的整治修缮项目纳入年度城市更新项目计划，旧城镇和旧村庄的两类更新实施办法随后提出了更为具体的相关规定。政府的城市更新资金要求优先安排用于微改造项目，并鼓励相关权利人的主动参与。2018年，广州颁布了《广州市老旧小区微改造"三线"整治实施方案和技术指引（试行）》，有效加快了居住区微改造的速度。2018年5月《广州市城市更新年度计划（第二批）》发布的428个项目中，微改造项目达422个之多。2018年，广州出台了《广州市老旧小区微改造设计导则》，微改造工作提速、扩容，成为需求导向型城市更新的主要实现途径。2021年，《广州市城市更新条例（征求意见稿）》发布，增加了全面改造和微改造相结合的"混合改造"新类型。

（6）创新投融资机制。在政府支持下，广州通过国有银行、国有企业、其他社会资本等主体创新城市更新投融资机制，摆脱了单一的政府专项资金投入模式（图9.1）①。2017年，广州越秀集团、广州地铁集团等大型市属国资企业共同发起成了规模2000亿元的城市更新基金，多家民营地产类基金也瞄准存量更新市场，积极寻求合作。在PPP融资模式中，社会资本主要提供资金而不参与实施操作，如万科对永庆坊的更新改造；与此同时，广州也在积极探索引入企业直

图9.1 政府与社会资本合作项目建设（PPP）模式
资料来源：江苏省城乡发展研究中心. 广州城市更新实践路径与模式[EB/OL].（2018-04-10）[2018-10-23]. https://gz.focus.cn/zixun/06986f93ace1958d.html.

---

① 全面改造通常以引入市场资金为主，如珠海区琶洲村"城中村"全面改造项目引入央企进行运营改造。在微改造中，鼓励多方资金投入：有居民自筹资金模式，如广州市民提取个人住房公积金用于旧楼加装电梯，天河区德欣小区成立社区共建共治共享基金并建立资金管委会；有产权单位出资模式，如越秀区梅花路小区由产权单位投入300万元支持改造；以及引入市场资金模式，如荔湾区永庆坊项目引入企业投入改造资金建设运营。

接参与的 BOT（build-operate-tramsfer，建设—经营—转让）更新模式。为帮助更新主体拓展资金来源，以政府信用和项目土地价值为担保的信托模式也是选择之一。在通过创新投融资模式引入外部资本为政府财政减压的同时，多元参与的市场化融资渠道也对城市更新项目的经济可持续性提出了要求，需要政府持续探索如何有效平衡外部资本收益与公共利益保护之间的关系。

（7）城市更新的综合信息化管理平台。始于"三旧"改造时期的广州城市更新"标图建库"工作，逐步发展成为城市更新动态化管理的基础数据库。广州严格执行"标图建库"的相关规定，"入库"成为开展城市更新工作的必要条件，方便了主管部门对市域内所有潜在更新项目的统筹、统计与分析。当前，广州的标图建库工作正在不断拓展其内在职能，人口、经济、产业、历史遗存等更多的数据信息被纳入收集范围。随着广州国土空间规划"一张图"信息系统搭建完成，城市更新的核心成果在下一步将会纳入管理，建构起具备城市更新规划、审批、监管、应用服务等功能的城市更新信息化管理平台。信息化管理平台有望进一步推动广州城市更新的智慧化管理进程，在数据集成的基础上，发展成为支持政府开展城市更新规划编制、计划制订、项目审批等的决策平台，以及社会各界主体的参与平台。

随着城市更新工作的深入开展，广州面临的情况越来越复杂，当前城市更新中仍存在以下四点较为突出的问题尚待解决：

（1）项目总体进展迟缓。在政府收权并全方位主导城市更新进程之后，2012年以来广州的城市更新进展缓慢，市场和业主参与动力减退（表9.13）。到2016年、2017年，城市更新项目计划实施较慢的态势依然没有发生根本性变化[71]，如2016年，广州城市更新正式计划了58个项目、面积24.54km²，实际仅完成3个改造项目、8个实施动工①[70]。广州标图建库中的更新用地规模为590km²，截至2018年6月，全市已批城市更新（含计划下达）项目1070个，改造面积102km²。但从实施进度看，已完工项目144个，面积11.08km²，仅占标图建库总量的1.88%；已批政府安置房114万m²，其中建成11万m²，仅占10%；建成村民安置房和复建商业1061万m²，在建村民安置房和复建商业3147万m²，也都处于相对较低的水平（图9.2）[101]。

---

① 另外19个完成审批、26个编制方案。

表 9.13 2000—2017 年广州城市更新正式批复的改造项目数量

单位：宗

阶段	政府的危房改造和产业置换阶段	"三旧"改造试行阶段	"三旧"改造政策调整阶段	常态化更新阶段
时间	2000—2008 年	2009—2012 年	2012—2015 年	2016—2017 年
实施效率	计划性	快速推进	停滞	政府出资项目较快，业主与市场出资项目较慢
旧村	7 条城中村，109 万 m² 危旧破房改造	27	—	8
国有土地旧厂	—	222	30 多宗市属国资旧厂	14
旧城	—	1	0	3
污染性企业退二进三	123	100	87	—
村级工业园				6
旧社区微改造				117
特色小镇、产业升级、历史保护项目				15
片区策划				28

资料来源：姚之浩，田莉. 21 世纪以来广州城市更新模式的变迁及管治转型研究 [J]. 上海城市规划，2017（5）：29-34.

图9.2 广州城市更新实施项目统计及安置房建设情况（截至2018年6月）

资料来源：骆建云. 广州城市更新的实践探索[Z]. 广东省"三旧"改造政策梳理及各地市实施办法解读会议，深圳，2018-07-20.

（2）逐利导向下的更新失衡。广州当前的城市更新工作秉持"政府主导、市场运作"原则，但市场逐利对于更新项目的功能用途、城市区位、改造难易等的挑拣，造成了更新项目开展的失衡[①]，导致部分亟待更新的地区因为潜在收益不足而难以启动更新。功能上，市场主体偏好产权关系简单明晰、土地用途可以变更为居住的地块；区位上，中心城区的荔湾、越秀等区受到追捧，而花都、增城、番禺等外围地区则更新动力不足；模式上，很多地产企业偏好大投入、快回报的更新项目以便加快资金周转率，而无意于长期持有运营。为了扭转上述趋势，政府出台了诸如限制"工改居"等政策措施，但又陷入城市更新速度放缓的两难困境。政府对所有项目"一把尺子量到底"，更加剧了这种放缓现象，市场主体偏好外的更新项目更是不断积攒成为"老大难"。针对不同类型更新项目的个体化特点，政府需要进一步加强差异化的制度供给以调动市场积极性，打破"一统就死"的管理局面，从经济性分析和利益分配入手，平衡、调配或缩小各区位、各功能的市场介入的城市更新项目的收益差距。

（3）重指标轻质量。广州城市更新中，无论是政府还是市场为主体的项目均存在不同程度的重指标、轻质量现象，主要原因来自于质量的难以量化，以及长期收益的不确定性。政府主管部门以推进执行年度更新计划为目标，市场主体以获得可预期的楼面价格和最大收益为目标，二者均强调数量而非质量。这导致一些地块区域过于强调盘活存量土地，选点布局草率，制定过重的改造任务，致使规划区域过大，在强有力的行政推动下，规划实施、产权确定和利益分配等环节出现较多问题[102]。城市更新实施方案在与控制性详细规划的对接中，较好地保证了指标性要求的落实，但缺少对整体环境质量提升、后续运营的深度思考。为破解这种问题，可尝试建立起城市更新的质量评估体系，包括使用者满意度、后续单位土地经济产出等。对于市场实施主体，一方面应当加强以城市规划和城市设计为依据的方案审查，另一方面可以将更多引导性要求纳入土地出让条件，施行契约化管理。

（4）名木古树和历史文化的保护力度一度不足。2020年，"广州市绿化造林专项行动"推进，提出"疏林草地"的造景形式、"一路一主题树"的景观要求，旨在让全市树木"换然一新"。根据《广州市行道树技术工作手册》，该行动完成了白

---

① 广州城市更新项目很多是通过拆除重建进行的房地产开发，且改造对象主要为旧厂和旧村。

云大道等 8 条市管道路、183 条区管道路的绿化品质提升。其中，8 条市管道路共迁移或砍伐乔木约 7182 株（迁移和砍伐榕树最多，为 4046 株）；183 条区管道路的换树行动同步推进，仅白云区均禾大道、黄石西路、石井大道 3 条路就累计迁移和砍伐树木 1547 株（含榕树 690 株）[①]。广州大规模的迁移砍伐树木的做法在互联网上引起热议，引起众多群众与专家的不满，事件被严肃问责[②]。为响应国家要求，预防砍树、大拆大建等不当行为在城市更新中的出现，2021 年 12 月，《广东省人民政府办公厅关于科学绿化的实施意见》出台，提出：鼓励广州、深圳市通过建设用地腾挪等方式加大留白增绿力度，留足绿化空间；在城乡建设和城市更新中，最大限度避让古树名木、大树，禁止大拆大建。

（5）更新项目缺乏整体统筹。虽然"城市更新总体规划"从中长期和全市宏观层面对更新工作的推进进行了原则性指导，但从实施情况来看，广州依然缺乏综合全面的城市更新统筹，更新项目侧重个体作用的发挥，而非系统作用。"城、厂、村"三类旧空间的分布相对分散和破碎，分开管理虽便于操作，但若缺乏基于城市功能整合的统合考虑与三者的宏观协调，会使更新项目的效益发挥受到限制，造成更新改造良莠不齐，改造方向与周边需求不匹配等问题[70]。另外，用于具体执行的城市更新年度计划主要通报项目基础信息，欠缺对同一段时间内、同一区域内的更新项目的整合管理。此外，更新项目与周边地区常常缺乏统筹，仅以地块的控制性详细规划为依据，而忽略了片区级别的环境协调、基础设施增补或共用等。未来，在城市重点片区应以更新项目对区域的影响为出发点开展规划和城市设计工作，统一零散分布的项目地块的更新目标与共识，为区域发展形成合力；对各行政区或各城市功能组团中的城市更新项目进行综合影响评估，包括社会、经济、环境等方面，也有助于实现不同层面的更新统筹。

2018 年 11 月 2 日，广州市城市更新局研究制定的《关于深入推进城市更新工作的实施细则（征求意见稿）》（共三十三条）面向社会公开征求意见。细则针对广州现行城市更新政策进行了优化完善，在创新旧村改造区域内平衡、优化旧村改造成本核算、降低土地出让金缴纳标准、提高旧厂收储补偿标准等方面提出新举措，

---

① 具体参见：规划师笔记. 榕树被迫下岗：广州10名领导干部被严肃问责［OL］．（2021-12-14）［2023-01-03］．https://weibo.com/ttarticle/p/show?id=2309634714280858813262&sudaref=www.baidu.com&display=0&retcode=6102.
② 具体参见：广东召开领导干部大会通报广州市大规模迁移砍伐城市树木问题，真正做到敬畏历史敬畏文化敬畏生态，https://www.ccdi.gov.cn/yaowenn/202112/t20211214_158106.html。

以提升城市更新的吸引力以及社会和市场参与城市更新的积极性[①]。实施细则的主要措施涵盖六方面：①"三旧"改造地块数据库动态调整；②推进旧村庄全面改造；③加大国有土地上旧厂改造收益支持；④推进成片连片改造；⑤加大城市更新项目支持力度；⑥加快完善历史用地手续。

2020年9月15日，《中共广州市委广州市人民政府关于深化城市更新工作推进高质量发展的实施意见》提出了多项创新举措，主要涵盖规划统筹、规划流程、深化改革三个方面的内容（表9.14）。

表9.14 《中共广州市委广州市人民政府关于深化城市更新工作推进高质量发展的实施意见》中的改革创新具体事项

改革创新	具体事项
规划统筹 全面提质	新增城市更新单元规划，按照国土空间详细规划单元进行规划统筹；提出产业建设量比；落实公共服务均等化；强化历史文化保护；提高规划设计水平；智能建造，智能管理；储改结合、成片整备；整合项目，统筹实施
规范流程 稳步推进	简化前期工作，加快项目启动；加快方案编制，推行并联审批；分层分级管控，优化审批机制；分阶段施工许可，加快"三旧"用地报批；优化村民议事规则，提高集体表决效率
深化改革 全力攻坚	鼓励土地整合，支持成片连片改造；鼓励留用地改造，享受"三旧"改造红利；动态分期，以拆促改；强化社会治理，协调内部纠纷；强化行政司法保障，探索最优解决路径

资料来源：作者根据《中共广州市委广州市人民政府关于深化城市更新工作推进高质量发展的实施意见》（穗字〔2020〕10号）整理。

9.2.2 深圳

深圳的系统化城市更新制度建设较广州、上海更早，《深圳市城市更新办法》是全国首个城市更新的地方政府专项政策法规。在制度建设过程中，深圳高度重视市场化、规则化运作，坚持"政府引导、市场参与"，制度发展稳步推进、政策连续性好，其主要经验如下：

（1）政策体系持续完善。深圳更新制度创新根植于深圳独特的政治基因——深圳市作为经济特区，自主立法的权限相较于广州、上海等地更大。深圳城市更新

---

① 具体参见：广州市城市更新局. 广州市城市更新局关于《关于深入推进城市更新工作的实施细则（征求意见稿）》主要内容的说明［EB/OL］.（2018-11-06）［2018-11-20］. https://wenku.baidu.com/view/b8b10b7852d380eb63946d40.html.

284

在制度建设导向上不同于广州的政策反复，而是坚持不断推动市场放权，同时完善各类法规政策的持续供给，从而有效管理城市更新运作的各个领域，促进城市更新实施。深圳目前已经形成了以《深圳经济特区城市更新条例》核心文件为中心，政策引导、技术标准、操作指引相结合的制度体系。深圳强调对政策建设的定期检讨和更新，如《关于加强和改进城市更新实施工作的暂行措施》曾每两年进行一次修订，为适时调节城市更新的具体流程、操作方法，以及持续提升公共服务水平等提供支撑；《市规划国土委关于深圳市城市更新工作有关情况的报告》（深规土〔2018〕292号）等定期总结城市更新的经验得失，帮助明确下一步工作重点；《关于深入推进城市更新工作促进城市高质量发展的若干措施》（深规划资源规〔2019〕5号），及时针对城市更新存在问题给出优化调整策略等。

（2）强化规划的系统管控。深圳重视城市更新规划对空间管控的引领作用，且更新规划与计划的编制与国土空间规划体系深度融合，通过宏观的城市更新专项规划、微观的城市更新单元规划等，共同促进城市更新活动的有序开展。在全市层面，深圳依据城市总体规划、相关专项规划、国民经济和社会发展规划，以及《深圳市城市规划标准与准则》中确定的各区开发要求，制定中长期更新规划（至2035年）和五年规划（城市更新专项规划），"对各阶段更新目标、结构、规模、公共配套设施建设等进行统筹，并提出刚性要求"[103]。在分区层面，深圳根据分区规划制定区级城市更新专项规划，并明确"更新统筹地区规划"的相关要求。在微观层面，"城市更新突破了以单一宗地为改造对象的传统做法，以'城市更新单元'为基本管理单位，建立了城市更新单元规划制度"[103]，通过编制对接法定图则和详细建设蓝图的更新单元规划，作为行政许可的依据进行开发控制①。

（3）多元化改造模式。深圳市对于城市更新的多元模式探索较早，2009年颁布的《深圳市城市更新办法》中就明确了综合整治、功能改变和拆除重建三种更新模式。综合整治类更新不涉及产权、功能和容量的变更，仅对消防、公共服务设施、空间外观等进行提升，较少牵扯利益分配，更新流程较为简单；功能变更类涉及功能和容量的改变，实施难度相对较大；拆除重建类通常涉及产权与功能等的根本变更，在运作流程和实施进展等方面的要求复杂。深圳市根据实际需求和模式

---

① 城市更新单元规划根据上层次法定图则的各项控制要求，与交通、市政等专项规划相衔接，按照全市统一的技术规范编制，确定开发建设用地范围、用地功能和容积率等相关指标，经政府审批后作为行政许可依据。

特点，抓住三类更新中相关利益主体的核心关切，适度增减审批、管理环节，以实现差异化的制度供给。从客观实践来看，"拆除重建类城市更新是深圳目前主要采用的城市更新方式，能够在政府与市场之间更有效地实现利益平衡；综合整治类城市更新起步较晚，正在不断完善、加紧推进，其中城中村综合整治由政府主导，政府组织实施，旧工业区以政府主导为主，也鼓励企业参与；功能改变类城市更新则由于投资回报率低，市场积极性不高"[103]。《深圳经济特区城市更新条例》出台后将功能改变类型纳入综合整治范畴进行管理。

（4）尊重权益与市场需求。深圳市城市更新市场化程度高，政府作为"守夜人"主要是引导者和监督者，并早早打通了"需求端"自下而上的城市更新项目的申报、审批和实施途径。"城市更新在计划立项时充分尊重权利人的合法权益，每个项目均需进行意愿征集。城中村改造项目须经原农村集体经济组织继受单位的股东大会表决同意，而城市建设用地上单一地块和多个地块的拆除重建类项目，特别是居住功能项目分别有更高的表决比例。"[103] 市场主体可以全流程参与城市更新：在项目申报阶段，由开发商或者有能力的私人业主准备申报材料，围绕产权和经济补偿等关键要素达成可行方案；在立项阶段，根据相关法规和规范委托专业规划设计机构进行方案编制；在实施阶段，政府在保证诸如安置房、公共开放空间等公共利益外，将经济利益分配的谈判与协调权限交给市场，避免行政命令对市场的扭曲，使得更新项目在实施前和实施中虽然谈判艰难，但实施后很少出现因利益分配产生的纠纷。

（5）公益优先与保障①。深圳城市更新强调公益优先，通过无偿移交用地、配建公共设施与政策性用房等途径来保障公共利益。2016年年底，深圳又提出推行政府主导的"重点更新单元"开发②，意在借助政府力量加大一些市场难以实现的大型公共设施③的落实力度。深圳全市目前的实际土地无偿移交率平均约30%，按照政策规定配建的人才住房、保障性住房、创新型产业用房等由实施主体建成后以成本价移交给政府[103]。在公共配套设施配套上，城市更新不仅要落实法定图则

---

① 具体参见：深圳市规划和国土资源委员会于2018年4月24日印发的《市规划国土委关于深圳市城市更新工作有关情况的报告》（深规土〔2018〕292号）。
② 重点更新单元进一步强化政府主导，由政府组织申报立项，编制城市更新单元规划，在拆除用地面积上要求原特区内不小于15万m²、原特区外不小于30万m²。深圳要求"十三五"期间全市试点实施10个左右的重点更新单元。
③ 如占地5万m²以上的污水处理厂、占地4万m²以上的寄宿制高中、占地4万m²以上的综合医院。

的相关要求，还需结合具体情况增配一定的幼儿园、垃圾转运站、社康中心等，这些设施也由实施主体负责建设，建成后将产权无偿移交给政府。

（6）划定工业区块线，精细化管理产业空间。深圳划定了一、二级工业区块线，并从用途管制和调整审批程序（制定单独的调整程序）两方面对产业空间进行精细化管理，以防止工业用地无序改为非工业用途，造成城市产业空间的折损。同时，政策对"工改M1"和"工改M0"的结构进行了限定，要求新型产业用地面积原则上不超过工业区块线中工业用地面积的20%；规划建设也给出了建筑平面、布局、外观形态等管控要求，避免城市更新的"类地产化"。通过上述一系列措施，深圳加强了对城市产业空间总量和质量的保障，为城市产业发展提供了关键依托。

（7）市区联动推进。在"强区放权"改革中，深圳建立了城市更新的市区两级联动推进机制：市一级城市更新主管部门制定政策法规和宏观规划；区政府和区级城市更新主管部门制定差异化的审批与管理细则、编制分区城市更新五年规划、落实上级要求，并主导更新的立项和具体实施等。从各区实际情况出发，尊重各区在功能定位、发展阶段、土地供给等方面的差异性，强化区级行政主体的更新管理有利于促使更新工作更加符合城市功能片区的发展需要，在长远上逐步提高更新工作效率。

在市场化运作取得积极成效的同时，深圳城市更新工作也存在以下一些问题：

（1）市场逐利导致的更新方式与功能单一[①]。近年来，深圳房价持续上涨，市场逐利使得城市更新项目集中在整体拆除重建的新住宅区开发上，而且市场偏好区位条件好的改造项目，对区位较差、难度大的更新项目以及城市公共设施的配套升级等缺少主动投入。统计表明，截至2017年，深圳90%的城市更新项目采取了拆除重建方式，更新后功能为居住类的占到近50%，商业类占到近15%，仅有约12%的用地改造后作为工业用途（表9.15）[56]。居住和商业功能由此挤占了大量其他性质用地在城市更新中所释放出的指标。近年来，以华为研发总部因高房价外迁[②]为代表的多起事件，更是加剧了社会各界对于深圳用地功能结构的担忧。由于支撑深圳发展的内在基础仍是繁荣的实体经济，因此城市更新作为当前深圳市土地供给的主要渠道，需要守住用地管控底线，平衡好短期收益和长期可持续发展之间的关系。

[①] 具体参见：缪春胜，邹兵，张艳. 城市更新中的市场主导与政府调控：深圳市城市更新"十三五"规划编制的新思路［J］. 城市规划学刊，2018（4）：81-87.
[②] 具体参见：https://www.chinatimes.com/cn/newspapers/20181016000096-260309。

表9.15 深圳市已批更新单元计划项目规划功能占比分析

用地性质	居住用地	商业服务业设施用地	公共管理与服务设施用地	工业用地	新型产业用地	仓储用地	绿地与广场用地	交通用地	公共设施用地	特殊用地	其他用地	其他（路）
占比（%）	48.3	13.7	6.4	12.6	0.9	1.0	6.5	0.8	1.1	0.1	1.5	7.1

资料来源：缪春胜，邹兵，张艳. 城市更新中的市场主导与政府调控：深圳市城市更新"十三五"规划编制的新思路[J]. 城市规划学刊，2018（4）：81-87.

（2）政府统筹主导不足与更新碎片化。市场主导的更新活动更多聚焦于自身建设，缺少与周边及更大区域的协调与统筹，导致城市更新呈现出"碎片化"状态[104][105]，集中连片的规模化产业空间无法提供、公共服务设施配套完善的城市片区难以实现等，城市的整体完善升级与综合战略目标也因此难以达成。深圳相对缺少政府统筹下的"连片成区"的规模化改造，特别是工业用地更新规模偏小，不利于产业聚集和空间连续发展。过多的小地块城市更新①，也让部分区域在零散的拆除重建中更加趋于破碎，公共服务配套难以落位。市场主导的部分项目"吃肉吐骨头"，对区域和城市发展紧缺的大型公共设施落实能力有限。因此，深圳力图加强"片区统筹"的规划引导与管控，合理引导小地块更新，从而更好地实现统分有序、"整体入手、局部建设"的城市更新管理。

（3）更新带来建设规模过度增长。由于缺少多元化的利益调节机制，市场参与主体的更新收益主要来自容积率上浮和功能变更等，由此造成更新过程中城市建设规模的大幅度上升。截至2017年，深圳市已批立项的城市更新项目达500多个，未来将产生的开发建筑规模约1.5亿 m^2，这意味着深圳的建筑规模将在2014年10.2亿 m^2 的基础上再增加10%左右[56]，反映出深圳当前的城市更新仍高度依赖于容积率增加带来的刺激作用。深圳未来需不断探索引导市场主体通过提升空间质量获得收益的多元途径，如效仿日本的"种子基地"模式②，优化对原业主的安置以减少拆迁补偿成本；对开发商等通过财税优惠、政府补贴等方式，调控增

---

① 深圳更新项目的平均规模为8万 m^2。2014年，针对原特区内零散地块改造需求，深圳补充出台小地块政策，其拆除范围用地面积可以小于1万 m^2，但不小于3000 m^2。到2018年上半年，已列入城市更新单元计划的小地块项目37个，占全市计划总数的比例达6%，相对比较零碎。
② 具体参见本书第2章"2.3.3 都市再生的模式创新"。

量开发收益在综合收益中所占的比例等。

（4）综合整治类更新不足。深圳的综合整治类更新开展相对有限，且主要聚焦于旧建筑立面美化、消防改善和拆违等基本工作，综合性的治理提升和设施完善有待加大力度实现。工业区的升级改造由于违法建筑处理、消防、质检等环节相互制约，办理流程不畅，造成市场积极性不高；城中村的整治则以"穿衣戴帽"的外立面改善和消防安全隐患消除为主[103]。尽管原则上，综合整治要求不改变建筑主体结构和使用功能、不加建附属设施，但完善公共服务和市政设施配套的部分目标在现有规定下难以达成，对建筑和用途进行局部变更在一些情况下变得十分必要。因此，突出综合整治的"综合"性，打通城市更新规定与消防、人防、采光等建设规范和标准间的横向联系，适时出台适应综合整治类城市更新特点的补充政策和条款，是切实提高综合整治成效，加强综合整治类项目实施力度的关键。

（5）更新补偿缺乏相应的限制与标准。深圳市城市更新工作相对市场化，将更新项目中的安置与补偿主要交给参与主体自行协商，在货币或实物安置等方面缺乏相应的限制与标准。这虽然能促使开发商与原业主等在充分博弈后就补偿标准达成共识，避免了后续矛盾纠纷，但部分业主坐地起价的现象并不鲜见，而开发商考虑到时间成本进行妥协，从而推高了拆迁成本和更新后的物业售价。其不利影响表现在：一方面开发商可能因为成本的不确定性而导致参与更新的积极性降低；另一方面，相应成本会以多种形式转嫁给公众，例如房价上涨或是开发强度的突破。故而，在补偿标准上设定一定的限制措施，可能更加有助于更新成本的控制与收益的合理分配。

（6）权力下沉过程中的治理水平不足。"强区放权"虽然有利于市区两级联动，强化了区政府和区级城市更新主管机构的职权[①]，但各区之间的工作也因此呈现出政出多头、管理程序和标准缺乏统一与规范、为本区利益放宽用地功能和容积率管控，以及人手不足和业务技能不熟等治理问题。各区在"强区放权"之始便纷纷制定自己的规则，机构改革前深圳各区已经颁布了二十余份城市更新相关政策文件[②]。个别区还在法定规划之外制定区层面的更新规划，并将其作为审查审批的依据。各区之间的管理差异和规划编制差异增加了市场主体参与更新项目的难度。

---

① 原由市里承担的除地名、测绘、房产预售、房产登记及档案管理事项外的审批事项调整至各区。
② 由于要学习各区的政策和规划，导致城市更新的成本和实施难度无形之中加大。

从市场主体的实际感受来看，尽管"强区放权"在审批上精简了流程，但是目前项目申报等由于政策不确定、管理技能局限等而没有明显的效率提升，各区主管部门调整审批环节变相延长办理时限的情况也偶有发生。各区对政策的差异化执行会造成项目审批不公平和对违规审批的相互效仿，破坏规划和用地管理工作的严肃性与整体性。

  2018年11月5日，深圳市规划和国土资源委员会针对城市更新方式单一、综合整治不足等问题，发布了《深圳市城中村（旧村）总体规划（2018—2025）（征求意见稿）》，以落实城市政府"保留城中村的战略安排"，"有序引导各区开展以综合整治为主，融合辅助性设施加建、功能改变、局部拆建等方式的城中村更新"，"将城中村建设成安全、有序、和谐的特色城市空间"。依据该规划（图9.3，图9.4），深圳城中村纳入综合整治分区的对象总规模约99km^2，其中规划期内综合整治分区用地规模为55km^2，占比56%，并要求福田区、罗湖区和南山区综合整治分区划定比例不低于75%，其余各区不低于54%。这项总体规

图9.3 深圳城中村空间分布现状图
资料来源：深圳市规划和国土资源委员会.《深圳市城中村（旧村）总体规划（2018—2025）（征求意见稿）》[EB/OL].（2018-11-05）[2018-11-19]. http://www.szpl.gov.cn/xxgk/gggs/201811/t20181105_479731.html.

图9.4 深圳城中村综合整治分区范围图
资料来源：深圳市规划和国土资源委员会．《深圳市城中村（旧村）总体规划（2018—2025）（征求意见稿）》[EB/OL]．（2018-11-05）[2018-11-19]．http://www.szpl.gov.cn/xxgk/gggs/201811/t20181105_479731.html．

划征求意见稿的出台，是深圳城中村更新从"拆除重建"主导向"综合整治"转变的标志性节点，明确规定综合整治分区内的用地不得纳入拆除重建类城市更新单元计划、土地整备计划及棚户区改造计划[①]。规划要求城中村综合整治分区建立地理信息数据库并纳入规划"一张图"系统进行管理，在分区内有序推进城中村住房规模化统租改造，满足条件的可纳入政策性住房保障体系。征求意见稿发布后，也曾出现整治中的笋岗村村民反对综合整治、要求城市更新的举条幅呼吁行为[②]，折射出部分村民认为整治过程沟通不足、对整治的必要性及整治成效持有怀疑态度、期待更优城市更新收益等意见不一的复杂状况，也间接表征了总体规划实施可能面临的困境和挑战。

---

① 法定规划确定的城市基础设施、公共服务设施或城市公共利益项目的用地、清退用地及法律法规要求予以拆除的用地除外。具体参见：深圳市规划和国土资源委员会．《深圳市城中村（旧村）总体规划（2018—2025）（征求意见稿）》[EB/OL]．（2018-11-05）[2018-11-19]．http://www.szpl.gov.cn/xxgk/gggs/201811/t20181105_479731.html．
② 具体参见相关新闻报道：https://mp.weixin.qq.com/s/qMfh2HnTHQ-vhNSJJP99-A，http://www.sohu.com/a/273987984_440566等。

2023年以来，随着经济形势变化、城中村改造困境重重，以多样化途径推进超大特大城市城中村改造的新思考开始出现。2023年4月召开的中共中央政治局会议提出"在超大特大城市积极稳步推进城中村改造"的要求。2023年7月，国务院办公厅印发《关于在超大特大城市积极稳步推进城中村改造的指导意见》，要求要坚持稳中求进、积极稳妥，优先对群众需求迫切、城市安全和社会治理隐患多的城中村进行改造，成熟一个推进一个，实施一项做成一项，真正把好事办好、实事办实。2023年7月28日，超大特大城市积极稳步推进城中村改造工作部署电视电话会议指出，城中村改造是一项复杂艰巨的系统工程，要从实际出发，采取拆除新建、整治提升、拆整结合等不同方式分类改造。受这些政策引导的影响，深圳、广州等城市开始对城中村的改造路径开展新的探索与尝试。

（7）条例的配套实施细则有待出台。 《深圳经济特区城市更新条例》（以下简称《条例》）明确的创新规定需要实施细则的支持，才能在具体更新实践中落地应用。例如《条例》创设了"个别征收+行政诉讼"的异议解决制度，在"强区放权"背景下，各区都有项目申请施行行政调解和征收等，但由于市级层面还没有就调解的时间、频次、形式、标准等内容出台配套实施细则，导致各区在实际操作中对调解完成后可以直接开展征收的理解各有不同，并形成工作中的实际观望态势。这使得《条例》实施一段时间以来，并没有在实操层面取得突破性应用。在相关实施细则出台前，更新项目还需要往100%的签约目标上靠近方能得以落地推行。

9.2.3 上海

上海采取了城市更新制度建设与试点行动相结合的路径。《上海市城市更新条例》出台前，《城市更新实施办法》的适用范围较广州、深圳窄，主要针对物业权利人自发申请和政府倡导的更新项目，其他形式的更新改造未包含在内；《条例》出台后，整合的城市更新行动还在实践摸索中。概括起来，上海近期在城市更新工作上取得了如下进展：

（1）转型更新思路，建立城市更新政策体系。 上海在《上海市城市更新实施办法》出台前，就在反思20世纪90年代"旧改"工作大拆大建的不足，并逐步转变对城市更新的认识与实施思路。其间,城市规划对城市更新的引导作用趋于强化，突出城市更新工作对城市空间综合品质提升所具有的重要价值。以2009年《关于进一步推进本市旧区改造工作的若干意见》为代表的多项政策文件，逐步转变了更新方向指向，主张"拆、改、留、修"多措并举，探索政府与市场双管齐下的更新路径。《上海市城市更新实施办法》颁布后，为建立更为系统的城市更新制度体系，上海市规土局对城市更新政策规定进行了细化与完善，出台了《上海市城市更新规划土地实施细则》以及《上海市城市更新规划管理操作规程》《上海市城市更新区域评估报告成果规范》等配套文件，以全面保障城市更新实践的开展。2021年，《上海市城市更新条例》出台，推动了上海建立综合统一的城市更新管理体系的工作进展。

(2) 城市更新中的公众参与保障。上海城市更新形成了较好的公共利益保障机制，依据早期的《上海市城市更新实施办法》，这主要通过区域评估机制、公共要素清单、更新单元规划的"三步走"来实现。区域评估从城市功能、公共服务设施、历史风貌、生态环境、慢行系统、公共空间等方面入手，对更新地区明确提出"缺什么"和"补什么"的相关要求[1]。评估过程高度重视项目所在区域的公众意见，并制定了常态化的参与保障制度。在"区域评估—实施计划"的整体进程中[2]：区域评估阶段就地区发展目标、发展需求和民生诉求等广泛征询公众意见，以问卷调查、访谈、网上征询等方式开展公众参与；实施计划阶段力图搭建沟通协作的平台，通过项目意向性方案和更新单元建设方案的编制，实现物业相关权利人和政府相关部门的深度协作，逐步提高市民社区自治的能力。在城市更新的不断推进过程中，逐渐形成了以原权利人为核心，整合行政主管部门、自治组织、设计团队、专家等多方力量形成的社区共同体，通过培育权利主体参与城市更新的能力，使其获得长期进行自主更新的能力，如张园改造、创智农园、凌云街道417街坊水岸邻里汇、中环桥下篮球公园等城市更新项目。2021年出台的《上海市城市更新条例》强调"城市体检"在城市更新实践中的重要作用，这将过去倡导的"区域评估"上升到一个更加综合全面的工作维度上。

(3) 主题化的城市更新试点与微更新活动。上海市强调试点试行的更新探索，由政府组织制订的试点计划具有很强的主题策划性，例如：2016年上海提出开展

---

[1] 具体参见：http://www.huangpuqu.sh.cn/xw/001009/20180102/03930d6e-a469-4e4d-b243-1b07290be116.html。
[2] 具体参见：葛岩，关烨，聂梦遥. 上海城市更新的政策演进特征与创新探讨[J]. 上海城市规划，2017（10）：23-28.

的"共享社区计划、创新园区计划、魅力风貌计划、休闲网络计划"四大更新行动计划,每项行动计划都有着广泛的目标体系,12个试点项目也都具备各具特色的行动主题。这种一事一例的试点创新,成为更新政策制定与常规性城市更新活动的有益补充。近年来,上海积极推动城市微更新,各区开展了诸如"行走上海——社区微更新计划"、社区花园等诸多行动,以较小的成本实现了城市局部空间的激活与较大的社会影响与成效,其经验值得借鉴与推广。

(4) 公共要素清单与容积率奖励和转移。 上海城市更新在区域评估基础上明确的公共要素清单,涉及基础设施、生态保护、历史文化、公共空间等内容,体现了城市更新对公众利益的保障与维护,相关要素要求会落实到城市更新单元规划的编制中,从而能够作用于更新项目的实施过程。为了鼓励产权主体提供更多的公共设施或公共空间,上海城市更新在用地性质转变、高度增加、容量提升、地价补缴等方面设定了相应的奖励措施,允许容积率转移和捆绑开发,且制度安排相对灵活①。更新单元内因特色风貌和历史文化传承而被保护、保留的建构筑物,可全部或部分不计入容积率。同时,为激发多元化改造主体的参与热情,上海目前还在既有政策基础上适度放宽了物业持有比例、市区收入分成等要求[48]。

(5) "创新金融+"模式。 上海"创新金融+"的城市更新工作主要表现在两方面:一是加大金融政策对城市更新的支持力度;二是通过地方国企的牵头,推动市场资金进入城市更新领域。其中,城市更新基金的成立是上海完善城市更新金融政策体系的积极步伐。早在2012年,上海市政府就联合五大房企成立了100.02亿元的城市更新引导基金,注册成立上海城市更新引导私募基金合伙企业(有限合伙)(表9.16)。该基金投资的领域明确将聚焦城区的旧城改造、历史风貌保护、租赁住房等更新实践,主要通过投资这些领域的子基金以及被投资企业等来开展活动。2020年,为广泛吸引社会力量参与上海"旧改"来共同推进城市可持续发展,加快实现"旧改"资金平衡,上海市又成立800亿元的城市更新基金。上海地产集团牵头,与招商蛇口、中交集团、万科集团、国寿投资等国资地产、保险企业合作,组建了当前国内实际规模最大的城市更新基金(图9.5)。

---

① 容积率奖励与转移保证了上海城市更新优先实现"公共利益"的重要价值取向,但在实际实施中仍存在奖励力度不足,对市场缺乏吸引力的情况。

表 9.16　上海城市更新引导基金股东

合伙人名称	出资金额（亿元）	合伙人类型
国泰君安创新投资有限公司	0.01	普通合伙人
上海地产城市更新投资管理有限公司	0.01	普通合伙人
上海世博土地控股有限公司	40	有限合伙人
上海招商置业有限公司	20	有限合伙人
上海万科企业有限公司	20	有限合伙人
中交房地产集团有限公司	20	有限合伙人

参与主体	上海地产集团	**房企—产业投资** 万科集团、招商蛇口、中交集团、保利发展…… **保险资金—财务投资** 国寿投资、中国太保、中保投资……	
权责	基金管理人（GP），负责组建基金管理公司和基金日常经营管理	有限合伙人（LP），以其所投资的金额为承担有限责任，但不参与基金的日常经营管理	
收益	管理费和利润分成	利润分成	

图9.5　上海城市更新基金管理架构

　　从试点和其他更新实践的开展情况来看，上海城市更新制度建设与实施过程中出现的一些问题也值得反思，主要表现在：

　　（1）城市更新体系需统筹。《上海市城市更新实施办法》仅适用于"建成区中按照市政府规定程序认定的城市更新地区，已经市政府认定的旧区改造、工业用地转型、城中村改造地区，按照相关规定执行"，这造成当时上海各类城市更新政策和制度在适用范围上的分裂。《上海市城市更新条例》正式出台后，旧区改造、旧住房更新、城中村改造等城市更新活动均被纳入统一的更新制度管控范围，在法制建设上初步实现了城市更新体系的统合，但实践层面的统筹对接还需要持续的政策建设和行动努力。在上海，旧区改造、旧住房更新、城中村改造等城市更新活动的专项政策体系已有相当程度的发展，如2020年，上海专门印发了《关于加快推进我市旧区改造的工作意见》，通过上海市旧改办来推进实体化运作。因此如何充分发挥城市更新主管部门对多类别更新工作的全面管理与整体统合,处理好不同类别城市更新工作之间的联系和对接等,将是未来工作的重点。

(2)城市更新周期偏长。在实际运作中,城市更新不时存在周期相对偏长、工作比较烦琐的情况,尤其是评估、立项、规划编制和调整等流程耗时更是以年计,影响了城市更新的总体效率和参与积极性。长期以来,上海城市更新的协商过程同样耗时,议事过程需要在具体实践中摸索形成,缺少政府、组织实施机构、更新主体、相关利益人等之间的高效沟通机制,《条例》的出台虽然对此有所回应,但还需要政策的细化落地。由于更新主体难以承担此类时间成本[47],导致更新试点较为成功的项目一般仅限于国企背景为主的实践,民间资本介入困难,影响了更新活动的大范围推广展开[48]。可见,城市更新实现更好的跨部门对接与行政简政十分必要,需要通过部门协作整合不必要的更新流程、出台相关的审批与回复时限等细则规定,从而更好地提升城市更新效率和服务社会。对于涉及部门交接、协调的事项,要明确责权边界,避免相互扯皮。

(3)奖励措施力度有限,市场吸引不足。上海的实施办法细则提出了"建筑容量奖励"做法,但可以建筑容量奖励的公共要素类型比较少,试点下来较难操作,对更新主体缺乏吸引力[47]。事实上,尽管上海的城市更新政策十分关注城市品质、公共利益和社会公平等,规定可以通过补充公益性设施、提供开放空间等举措来换取一定比例的空间增容奖励,但实际容量的调整非常谨慎,调整的幅度也是严加控制①。这类规划奖励政策由于实现难度大,利益空间较少,对市场的激励作用没能完全发挥出来。《上海市城市更新条例》针对容积率奖励也给出了相关支持,但是配套的奖励计算方式还未更新,实施效果还有待观察。

(4)城市更新配套政策待完善。上海以试点推进城市更新已有一段时间,当务之急是要将试点中的成功经验进一步有效转变为法规政策与制度保障。上海城市更新的现有制度体系在政策配套、技术标准和操作指引层面上,如何实现更加精细化的制度供给还存在提升空间。例如:由于缺乏与相关规范的协调对接,城市更新项目时常会因为消防、配建标准、绿化等不符合法规而难以落地,特别是历史街区中的更新项目受现状客观条件制约大,这种困境更为常见。

---

① 调整幅度的设置体现以下四个方面差别:提供公共开放空间优于提供公共设施,提供产权优于不提供产权,按规划标准配置的优于超出规划要求的配置及中心城优于郊区城镇。参见:葛岩,关烨,聂梦遥. 上海城市更新的政策演进特征与创新探讨[J]. 上海城市规划,2017(10):23-28.

综合上述分析可以看出，广州、深圳、上海三地通过制度建设推动城市更新的实践开展与项目落地都取得了一定的成效，特别是在增值收益明显的拆除重建抑或全面改造类项目，以及政府积极投入和引导的微更新项目上。项目实施不仅实现了土地高效集约利用、优化了人居环境、提升了城市功能，在社会关系塑造、历史文化保护等维度也发挥着不同程度的作用。但总体上，三地项目完成的实际情况与更新计划的构想还存在一定差距，客观操作中经常会遇到不同类型的阻力和困境，导致项目周期加长甚至难以推进。因而总结这些项目建设过程中的得失，对于推进三地城市更新制度建设的进一步优化和完善具有重要的"检验"和"反馈"意义。虽然三地在更新制度建设中遇到了一些类似的问题，但广州、深圳和上海的更新制度体系表现出不太一样的建构思路和运作模式，也因为三地外部环境和内在需求的不同，使得制度实施难点和未来变革方向亦有所不同：广州和深圳需要设法提高改造整治类等更新实践的推进力度，上海则需思考如何进一步统筹不同类型更新项目，使城市更新实践从试点走向系统规范的政策体系引领。

广州

第10章

城市更新制度创新的关键领域与工作走向

广州、深圳、上海的城市更新制度建设探索表明，尽管城市更新是一个综合议题，涉及的相关因素多方多面，但其中有关主体保障、资金来源、空间利用（产权—用途—容量）、运作维护的规则设定最为重要。可以说，目前我国城市更新制度创新的诸多突破点和争议点正好聚焦于此，每一个或大或小的新制度变革都不可避免地触及这些关键领域，其背后折射的则是权力和利益等在不同利益相关者之间的再分配。

城市更新以建成环境的整治或迭代为基础，涉及的工作内容广泛且关系复杂，既强调结果能促进城市社会经济等领域的整体优化，又强调过程中的多元主体共治。因此，综合考量城市更新中的"人—财—物—事"要素，从"主体（Multiple Stakeholders）—资金（Capital Source）—空间（Physical Space）—运维（Operation Service）"维度构建城市更新的4S制度建设框架（图10.1），是保障城市更新落地实施的重要举措。在这个框架中，"空间"作为城市更新的物质载体，是红利与动力产生的核心，也是落实不同主体诉求、推进多元资金投入并获利、推动长效运维的具体作用对象；"主体""资金"和"运维"互为支撑、相互促进，可有效结成规则合力来保障城市更新活动开展。①

图10.1 城市更新制度建设的关键领域与要素
资料来源：唐燕，殷小勇，刘思璐. 我国城市更新制度供给与动力再造［J］. 城市与区域规划，2022（6）：1-18.

---

① 具体详见：唐燕，殷小勇，刘思璐. 我国城市更新制度供给与动力再造［J］. 城市与区域规划，2022（6）：1-18.

10.1 城市更新制度创新中的主体保障（Multiple Stakeholders）

随着城市更新制度建设逐步进入"深水期"，针对过往更新项目运作存在的主体责权边界不明、利益纠纷等情况，不同主体参与城市更新的权责界定越发成为不可回避的制度建设内容。制度建设可以提供多方主体参与城市更新的行为准则，建构起政府、市场与社会之间的协作和制约关系，通过明晰各主体的"责、权、利"来降低更新运作成本，促进改造共识的达成。在广州、深圳、上海的城市更新条例制定中，主体成为高频讨论词汇，有关约定旨在实现：在政府端，打破各层级政府及横向部门间的条块分割状况，明确政策制定、规划编制、实施管理等权责的任务归属及部门角色定位，推进面向城市更新复杂议题的政府内外部的管理协作；在市场端，鼓励社会资本参与城市更新，区分实施主体、市场主体、产权主体和其他相关方等在城市更新全流程中的权利与作用；在社会端，推动产权方和居民等发起自主更新，建构"自下而上"的城市更新路径和配套政策支持。对主体赋权和确权的意义，不仅在于能够清晰约定不同主体参与城市更新各环节的身份与作用，而且有助于对权利和义务施加规范，推进形成公平公正的利益分配机制。

10.1.1 政府

在城市中，明晰的市区两级政府分工和部门间协作是城市更新工作的重要保障。在广州、深圳和上海，政府在市级层面都设置了由主要市领导挂帅、主责部门参与的领导机构。广州和深圳的市级领导机构主要承担决策职能，即研究决定城市更新工作涉及的重大事项；上海的市级领导机构不仅开展研究决策，而且负责统筹、协调全市城市更新工作，将办公室设在市住房城乡建设管理部门以对接具体事务。三地均明确区人民政府是推进本辖区城市更新工作的主体，负责组织、协调和管理辖区内城市更新工作。广州赋予了区政府自由赋权下属部门的权力，规定区一级城市更新工作的负责部门由区人民政府指定。深圳则进一步明确了城市更新"两级政府，三级管理"的行政职责构成，指出街道办事处应当配合区城市更新部门做好城市更新相关工作，维护城市更新活动正常秩序，旧住宅区更新单元计划由辖区街道办事处负责申报。可见，三地的行政管理责权呈现出向区级政府等不断下放的整体趋势。以广州为例，区政府有权对城市更新范围内的国土空间详细规划单元的弹性指标进行修改批准；有权在规划可承载的前提下，对无偿提供政府储备用地、超出规定提供公共服务设施用地、对历史文化保护做出贡献的城市更新项目给予容积率奖励；同时，城市更新项目实施方案明确的建设量与国土空间详细规划明确的建设量相较溢出的节余量（建设指标），由区人民政府统筹安排，优先用于异地平衡、项目组合实施、城市更新安置房、保障性住房、重大基础设施等公益性项目。上述做法均表明，区级政府相较过去在实际工作中拥有了更大的自由裁量权，可通过区域统筹来合理调配建设指标，推进大范围的城市空间结构调整和项目优化。

广州、深圳、上海在机构改革中均明确界定了政府的部门间分工。例如：上海确定由规划资源部门承担城市更新相关的规划、土地管理职责，负责组织编制城市更新指引，依职责推进产业、商业商办、市政基础设施和公共服务设施更新等相关工作；住房城乡建设管理部门承担城市更新项目的建设管理职责，负责推进旧区改造、旧住房更新、"城中村"改造等城市更新相关工作；经济信息化部门根据本市产业发展布局，负责组织、协调、指导重点产业发展区域的城市更新相关工作；商务部门根据本市商业发展规划，负责协调、指导重点商业商办设施的城市更新相关工作；发展改革、房屋管理、交通、绿化市容、水务、文化旅游、民防、财政等其他有关部门在各自职责范围内，协同开展城市更新相关工作。总体而言，三地的行政管理分工日趋明确，大量一般性更新项目的实施流程管理主要涉及规划和住建两个责权部门。其中，涉及用地产权、功能和容量调整的项目主要由规划资源主管部门归口管理，并结合住房、产业、商务、发改等部门制定的相关政策进行行政许可；其他住区改造、综合整治、环境提升、微更新、基础设施改造等项目，则由住房和城乡建设主管部门归口管理；一些涉及历史遗留问题的更新项目或重大更新项目需要启动部门联席会议的会审、会办等特殊机制。

10.1.2 市场

市场主体通常是市场化城市更新项目中推进产权收拢和更新实施的操刀者，

如何保障市场主体权益来激发其参与城市更新的积极性，并合理约束其逐利性是更新制度建设的重点。以市场化程度高的深圳为例，其更新条例在总则中明确了城市更新项目由物业权利人、具有房地产开发资质的企业（以下简称市场主体）或者市、区人民政府组织实施（符合规定的也可以合作实施）。这意味着政府在更新过程中可以从项目"实施者"转变成"守夜人"角色；市场主体可以与物业权利人对接，向政府部门提出更新项目/单元计划申报，自下而上地开展更新活动——更新项目/单元计划获批后，市场主体可推进编制相关规划和建设方案并开展实施。条例规定，更新涉及多个物业权利人时，城市更新单元计划由共同委托的单一物业权利人或者单一市场主体申报，这使得城市更新中具有挑战性的民意集中、产权收拢过程可由权利主体和市场主体自发进行，这与传统的政府主导行为不同。

在市场主体选择方面，市场主体的能力直接关系到更新项目的实施效率与成败。城市更新项目所需的长周期资金投入、规划建设能力、产权收拢谈判能力、后期运营能力等是对市场主体的极大考验。为了避免市场主体的综合更新能力不足，以及可能存在的"吃肉吐骨头"、单纯攫取土地剩余收益而不愿改善更新区域公共服务和基础设施水平的情况，三地对于重要项目市场主体的选择标准普遍进行了明确：要求产权主体和政府主体公开选择市场主体；细化了市场主体的选定标准和方式，要求选定的市场主体应当与城市更新规模、项目定位等相适应，并具有良好的社会信用。在上海，政府还明确，属于风貌保护、产业园区转型升级、市政基础设施整体提升等情形的更新项目，市、区人民政府可以指定更新统筹主体，从而为讲求公益性的更新项目的市场主体确定预留路径。

国有企业是我国社会主义市场经济的中流砥柱。不同于其他一般的市场主体，国有企业可以承担更强的社会公益使命。上海市为缓解财政压力，正在全力探索以政府为主导、本地国企承担推动的城市更新模式。《上海市城市更新条例》明确："国有企业土地权利人应当带头承担国家、本市重点功能区开发任务，实施自主更新。国有企业应当积极向市场释放存量土地，促进存量资产盘活。国有资产监督管理机构应当建立健全与国有企业参与城市更新活动相适应的考核机制。"尽管国企在各地城市更新中均发挥着重要作用，但把国企职责和考核机制写入本地城市更新条例的，上海还是三地中的首例。这是因为《上海市城市更新条例》突出了统筹主体在城市更新实施中的重要性，提出："更新区域内的城市更新活动，由更新统筹主体负责推动达成区域更新意愿、整合市场资源、编制区域更新方案以及统筹、推进更新项目的实施。"而以上海地产集团为代表的市属国企,资金实力强,对于长周期、大投资的城市更新项目具备较强掌控能力,特别在上海当前致力推动的"连片区域"更新中,它们可以成为重要的"更新统筹主体"。在市属国资等背景支持下,这类主体还可以负责实施"低收益"甚至"负收益"的公益型更新项目,避免因为逐利带来的此类项目无人问津。此外,《上海市城市更新条例》明确了一些情形下,市、区人民政府也可以指定更新统筹主体,在一定程度上也保证了战略性更新项目落地时的国企优先参与的可能。

针对市场主体关注的利益分配问题,深圳在更新前后土地收益最大、原产权人与市场主体最可能发生纠纷的拆除重建类项目中,明确物业权利人可以通过签订搬迁补偿协议、房地产作价入股或者房地产收购等方式将房地产相关权益转移到同一主体上,进而形成单一权利主体。这样的制度安排拓宽了产权收拢的途径,包含货币补偿、实物安置、收益共享及三种方式的混合。其中,收益共享允许原产权人在更新项目的后期运营中,按照原产权作价入股的比例获得分红收益,解决大量失地、失房经营者的长期生计问题,其相较于一次性补偿,在维护城市整体发展上更具可持续性。同时,深圳为避免市场主体与产权主体之间的经济纠纷,要求市场主体将已签订的搬迁补偿协议报区城市更新部门备案;区城市更新部门应将备案信息推送给区住房建设部门和不动产登记机构,被搬迁住房属政策性住房的,区住房建设部门应当报市住房建设部门审核。这种备案要求可以在一定程度上规避以前企业利用信息不对称、产权主体法律知识储备不足等短板,在合同规定中剥夺产权主体权益、不正当获益的情况。

10.1.3 物业权利人

物业权利人指那些持有待更新土地或建筑的所有权或使用权的主体。三地的核心法规都对物业权利人在城市更新中的权利范围给予了保障,主要体现在"自主决定"权利上,包括:物业权利人可自发对不动产进行更新改造;拥有建筑物区分所有权的多产权主体可以联合对自身专有以及共有产权部分的建筑或周边环境进行更新改造;单独或多个物业权利人可以指定市场主体代为实施,将相关权利让渡给统一主体执行等。在城市更新的实施过程中,方案确定、补偿标准等须征得物业权利人的同意,政府城市更新主管部门需要对物业权利人的更新意愿进行核实，避免市场主体或部分政府主体，出于经济利益或政绩目的侵犯产权主体的权益。

无论是广州、深圳还是上海，物业权利人发起的自主更新行为均是城市更新实践重要的组成部分和项目类型。这种自主更新涉及的产权问题相对简单，其难度在于当更新地段涉及多个产权所有人的情况下，如何达成产权所有人对于更新方向和建设要求等的一致同意。深圳市为了更好地保护物业权利人的合法权益，更新条例从信息公开、补偿方式、补偿标准、产权注销等多方面开展了一系列规则设计，如通过加强城市更新信息系统建设、依法公开信息等，来保障公众对城市更新政策制定、计划规划编制、实施主体确认、搬迁补偿方案等关键环节和重要事项的知情权、参与权和监督权。在产权交易方面，深圳明确物业权利人可以自主选择产权置换、货币补偿或者两者相结合的搬迁补偿方式，充分尊重物业权利人的意愿和居民偏好。在更新前后的不动产确权程序方面，深圳明确：市场主体与区城市更新部门签订项目实施监管协议，并向区住房建设部门备案后，方可按规定拆除建筑物；建筑物拆除后，由物业权利人或其委托的市场主体依法办理不动产权属注销登记手续，最大限度保护物业权利人的合法权益[①]。上海规定：物业权利人以及其他单位和个人可以向区人民政府提出更新建议；区人民政府应当指定部门对更新建议进行归类和研究，并作为确定更新区域、编制更新行动计划的重要参考。这实际上是赋予了产权主体参与制定城市更新公共政策的权利，使自上而下的政府主导型城市更新行动与自下而上的需求得以结合。

当前，各地保障产权主体权利的制度建设已有长足进步，但对产权主体的责任界定依然不够明晰。《中华人民共和国民法典》规定，所有权主体对不动产的专有部分享有占有、使用、收益和处分的权利，同时也对专有和共有部分承担义务，不得以放弃权利为由而不履行义务。可见，合理界定物业权利人的更新义务十分重要，建筑物和环境的老化、破败等现象不仅影响物业权利人的自身使用，也会对周边其他使用者的公共利益造成冲击，因此在保障权益的同时如何要求物业权利人承担起必要的更新义务，应成为各地城市更新制度建设的下一步重点。

---

① 参见深圳市人大常委会法工委对《深圳经济特区城市更新条例》的解读。

10.1.4 其他新兴主体

近年来，聘请责任规划师、建筑师辅助城市更新工作逐渐成为越来越多城市的选择，也是三地更新制度建设中丰富参与主体的创新之举。上海在城市更新条例中明确了社区规划师的地位，广州、深圳在其他相关政策文件和实际工作中也已形成较为固定的社区规划师、总体设计师等工作机制。在总体设计师制度建设领域，《深圳市重点地区总设计师制试行办法》于2018年出台。2019年，深圳市《关于深入推进城市更新工作促进城市高质量发展的若干措施》提出要通过落实重点地区总设计师制度，加强对城市更新项目的协调把控。2020年，《盐田河临港产业带总设计师制实施细则（试行）》公布，对总设计师的工作内容、主体责权、咨询服务流程、团队架构、招聘方式等内容作出具体安排。该细则明确了总设计师团队的咨询成果形式及效力，要求将咨询意见作为主管部门行政审批和决策的重要技术依据[①]。2021年7月，深圳市龙岗区引入上海同济城市规划设计研究院有限公司、深圳市建筑设计研究总院有限公司、中国城市规划设计研究院分别作为"湾东智芯"片区、"信息数字核"片区和"低碳智造核"片区的总设计师团队，深度参与片区城市更新的服务支持[②]。广州兼顾片区和社区两个层级诉求，在广州国际金融城、南沙新区产业园区等地区建立了城市设计顾问总师制度，"总师"采取"会审"+"会办"的形式参与辖区内城市更新项目的规划与设计审查、规划条件协商等工作。

从实践效果看，通过新兴主体相关的制度探索，社区规划师、设计总师等半正式主体已经成为三地城市更新中不可或缺的专业力量。这类制度突出了新兴主体对辖地空间质量保障负有的长期责任和跟踪服务模式，有别于过去政府向专业技术人员采购一次性服务的常规做法。需要警惕的是，此类半正式主体的引入应当达成政府治理成本下降、治理成效提升的工作效果，因此半正式主体与政府之间属于互补关系，重在填补政府部门在专业技能、知识和沟通协调能力等方面的不足，而非将政府职责外包，隐性扩大公务员队伍。

10.1.5 多数原则与多主体参与

城市更新经常面临维护多数主体还是少数主体权益的困境，特别是当少数"钉

---

① 参见http://www.yantian.gov.cn/cn/zjyt/zcjd/ythlgcyd/。
② 参见https://baijiahao.baidu.com/s?id=1704507917280886953&wfr=spider&for=pc。

子户"的非合理诉求影响项目整体进展时。为此，香港、台北等地的城市更新制度都设立了基于多数原则的强制征收条款，如3/4物业权利人同意更新，就可以对剩余产权单位进行市场拍卖，以此保障多数人的权益得到维护，少数群体也可以获得市场公允价格下的相应补偿。广州、深圳和上海在条例建设过程中，同样形成了类似的"多数原则"制度安排。为保障绝大多数相关人的权益，三地针对政府强制征收和赔偿机制等出台了规定，如确定物业权利人的最低签约比例，并以此作为城市更新项目立项的前提；提出统一但非单一的赔偿标准和方式，包含本地回迁、异地安置、货币补偿、混合方案等方式；对于在已立项项目中拒不接受任何赔偿方式和标准的物业权利人，可以提请行政诉讼程序，从而提高城市更新的实施效率和缩短产权收拢周期。

深圳采取"个别征收+行政诉讼"的方式破解拆迁难题。深圳在制度中明确了旧住宅区的搬迁补偿标准：旧住宅区的合法建筑采用原地产权置换的，按照套内面积不少于1∶1的比例进行补偿；满足此标准后，经专有部分占建筑物总面积95%以上且占总人数95%以上的业主同意便可实施，俗称"双九五"政策。对于该比例之外坚持不同意实施的物业权利人，可采取"个别征收"和"行政诉讼"加以应对，由市、区政府对个别未签约业主的物业实施强制征收和补偿。在上海的旧住房拆除重建、成套改造中，达到规定签约比例后仍有业主拒不配合的，制度给出了"调解+裁决"的处理方式：如公房承租人拒不配合，公房出租人可以依法向人民法院提起诉讼[①]，需要达到的签约比例同样采取"双九五"约定。

广州规定：签订国有土地上房屋搬迁补偿协议的专有部分面积和物业权利人人数占比达到95%，市场主体与未签约物业权利人经过充分协商仍协商不成的，可以向项目所在地的区人民政府申请"调解"；经过区人民政府调解未能达成一致的，为维护和增进社会公共利益，推进城市规划的实施，区人民政府可以按照《国有土地上房屋征收与补偿条例》相关规定对未签约部分房屋实施国有土地上房屋征收。广州同时对物业权益固化采取了类似的比例限制措施。在旧村更新改造中，村民得到更新项目消息后，为得到更多的拆迁安置补偿而在宅基地上临时加建、扩建房屋的情况屡见不鲜。因此广州规定：对已纳入城市更新计划或者改造意愿表决比例超过80%的旧村庄全面改造项目，除鉴定为危房且证件齐全的房屋可以

---

① 参见http://www.spcsc.sh.cn/n8347/n8481/n9073/index.html。

原址、原状、原规模重建外，对村民的其他建房申请原则上不予审批。该规定类似国外的"权益冻结"程序，可为实施主体减少额外、不必要的产权收拢成本，保护多数产权主体与市场主体的权益。

大多数城市都鼓励城市更新项目的"多主体参与"，深圳更是程序性地明确了城市更新项目的"多主体申报"路径。《广州市城市更新办法》曾指出："城市更新可以由市政府工作部门或区政府及其部门作为主体，也可以由单个土地权属人作为主体，或多个土地权属人联合作为主体，综合运用政府征收、与权属人协商收购、权属人自行改造等多种改造模式。"《广州市城市更新办法》还提到："城市更新通过市场运作的，应当选取与更新规模、项目定位相适应，有资金实力、开发经验和社会责任感的诚实守信的企业。"依据2015年公布的《广州市旧村庄更新实施办法》《广州市旧厂房更新实施办法》和《广州市旧城镇更新实施办法》，旧村庄全面改造主要包括征收储备、自主改造、合作改造三种模式；旧厂房改造方式分为政府收储、自行改造以及政府收储和自行改造结合三种模式；城镇更新改造可以采取全面改造和微改造两种形式，"对于规模较大的旧城镇全面改造项目，可由政府先建设安置房后启动改造拆迁，并探索零星自愿申请改造、成片协商收储改造与国有土地上房屋征收相结合的更新方式"。

10.2 城市更新制度创新中的资金来源（Capital Source）

城市更新项目普遍存在实施周期长、资金投入量大等特点，随着城市扩展时期落地的大量建设逐步老化，诸如老旧小区改造等集中更新诉求不断涌现，给政府财政支出带来了巨大压力。如何为城市更新项目提供可持续的资金来源与金融财税等政策支持？如何吸引社会资本和社会力量参与城市更新，从而在缓解公共资金压力的同时形成多元化的资金共担机制？如何保障事关公共利益但盈利甚微的更新项目的有效实施？这些问题成为近年来广州、深圳、上海三地更新制度建设思考的重点。

城市更新的资金需求量巨大，除部分项目依托存量空间的区位优势、潜在资源等能对市场主体形成切实吸引外，大量公共空间、公共服务设施和基础设施的更新改造等项目都有赖于政府投入。在不拓展地方财税收入渠道的背景下，政府单纯依靠现有财政全面铺开城市更新工作的做法难以持续。因此三地通过更新政策的出台，逐步完善土地出让金补缴等相关规定，推动城市更新基金、城市更新债券、以空间资源换取红利等创新性做法的应用，为破解城市更新资金难题探索出路。

10.2.1 公共资金与社会资本

我国在计划经济时期长期采取统一划拨、统一建设、统一管理和统一分配的土地利用政策，这种土地和房屋的公有属性，也使得政府对城市建设负有无限责任[①]。直到现在，绝大多数地方政府面对破败的城市空间依然习惯于大包大揽，将大量财政资金投放到城市环境（包括一些私人产权空间）的修复和改造上。近年来，经济增速放缓造成地方政府财政压力不断增大，高速发展时期的海量建设逐步破败加之产业升级、空间结构调整等，造成城市更新需求高涨，单纯依靠政府公共资金推进城市更新的传统模式难以持续，以企业为代表的"社会资本"对城市更新的参与变得越来越重要。因此，城市更新制度建设需要充分调动市场力量，合理界定利益分配关系，秉持"谁投资，谁受益"的原则，最大限度吸引社会资本加入城市更新；财政资金在更新过程中则主要发挥杠杆作用，通过补贴、奖励、贴息等方式撬动社会资本投入。

10.2.2 弹性地价补缴

对于大量更新项目来说，能否从土地二次开发中获取收益，是保证城市更新资金来源的关键。城市更新普遍涉及土地或局部空间在功能用途和开发容量上的调整、土地使用权年限的续期和赎买、划拨和出让土地的转性，以及公房和私房产权的变更等——这往往需要产权人为更新行动开展而补缴土地出让金，以实现政府与市场共享存量空间资源提质增效的红利，其本质是城市更新管控过程对土地开发权的重新定价和交易。

可见，"存量补地价"是针对因土地用途改变等产生的增值收益而做出的一

---

① 1987年，我国开始践行以国有土地使用权有偿出让为核心的土地批租制度，土地所有权仍为国家所有，但建筑物的所有权开始被市场主体和其他业主等所掌握。

种利益分配制度，适用于未通过上市交易等途径实现收益缴费的更新情况。依据《深圳市城市更新办法》，"市规划国土管理部门批准功能改变的，应当与土地使用权人签订土地使用权出让合同补充协议或者补签土地使用权出让合同；土地使用权人应当按照相关规定缴纳地价"。《上海市城市更新实施办法》也规定："现有物业权利人或者联合体为主进行更新增加建筑量和改变使用性质的，可以采取存量补地价的方式。"[1]《广州市旧厂房更新实施办法》规定："旧厂房改变功能项目一般不增加建筑面积，因完善自身建筑使用功能确需加建附属设施的，应当按照相关规定取得规划许可文件并按照有关规定补缴土地出让金。"

广州、深圳、上海三地的城市更新核心法规均对土地出让金补缴的适用对象、征收责权单位、资金后续使用去向等做出了规定。相关配套法规又进一步明确给出具体的定价公式，如选取分区基准地价法、市场评估法等确定不同功能变化下的补缴地价标准，并引入容积率修正系数、剩余使用年限修正系数等优化计算结果。上海提出："城市更新涉及补缴土地出让金的，应当在土地价格市场评估时，综合考虑土地取得成本、公共要素贡献等因素，确定土地出让金。"其中公共要素贡献是指通过配建基础设施和公共服务设施等方式，可部分减免补缴土地出让金。《广州市城市更新条例》同样采取了相对弹性的补缴政策，规定："城市更新项目供地应当综合考虑实施主体承担的改造成本，按照规定确定应收土地出让金。"深圳城市更新的土地出让金补缴已形成统一算法，即"补缴地价＝土地的市场价格×新增对应建筑面积×基础修正系数×城市更新项目修正系数"。其中，"基础修正系数"包含建筑类型使用地价标准及系数、土地使用年期修正系数、产权修正系数、地上商业楼层修正系数、地下空间修正系数等；"城市更新项目修正系数＝各类用地类型或改造类型面积占可开发建设用地的比值×对应适用用途修正因子"。这种方法在尊重市场规律的基础上，实现了政府对不同类型城市更新的及时与精准调控。在算法中，征收对象不是所有土地，而是建筑物局部面积对应的土地面积，这有利于推动空间的渐进式更新，更新主体无需对产权地块内所有建筑物进行产权收拢方能进行更新，由此提升了城市更新的效率。

---

[1]《上海市城市更新实施办法》要求："城市更新按照存量补地价方式补缴土地出让金的，市、区县政府取得的土地出让收入，在计提国家和本市有关专项资金后，剩余部分由各区县统筹安排，用于城市更新和基础设施建设等。对纳入城市更新的地块，免征城市基础设施配套费等各种行政事业收费，电力、通信、市政公用事业等企业适当降低经营性收费。"

部分城市还将土地出让金减免作为鼓励特定地区自发更新、推进历史用地合法化的政策工具。深圳在《关于加强和改进城市更新实施工作的暂行措施（深府办〔2016〕38号）》中规定："对于通过综合整治进行升级改造的旧工业区，处置后的土地可以通过协议方式出让给继受单位，使用年期为30年，地上原有建筑面积按照原有功能和土地使用权使用期限以公告基准地价标准的60%计收地价（其中的10%为对历史用地行为的处理）。"这有助于解决长期以来困扰深圳的历史用地产权难题。为促进城市产业升级转型、推进产城融合，《广州市关于提升城市更新水平促进节约集约用地的实施意见》（穗府规〔2017〕6号）对产业转向高端化发展，国有旧厂房转向新产业、新业态等情况，给予5年"过渡期"（不增收地价，不补缴出让金等）支持，以缓解旧厂房在产业转型期间的资金压力和办证压力。过渡期后，经市政府批准，允许按照新产业性质办理用地手续。

三地制度在明确土地出让金怎么收的同时，还在一定程度上明确了出让金应该怎么用，即补缴土地出让金收入的后续管理要求。《上海市城市更新规划土地实施细则》规定，城市更新按照"存量补地价"方式补缴土地出让金的，在计提有关专项资金后，剩余部分由各区统筹安排，用于城市更新和基础设施建设等。这种制度安排能够保证城市更新专项资金的及时补充，减轻地方政府财政压力，使得城市更新中的土地出让金补缴有助于实现收益性项目对公益性项目的反哺。

10.2.3 金融工具支持

在传统银行信贷业务和金融产品难以满足市场需要时，"城市更新基金"作为市场化的专业性金融产品，可以为部分更新项目提供稳定的中长期资金来源。为发挥国有资本的杠杆作用，吸引更多社会资本投入本地城市更新，早在2017年，广州的地方国企越秀集团就牵头与广州地铁集团、珠江实业集团等企业联合宣布成立总规模2000亿元的"广州城市更新基金"，首期资金募集规模200亿元。同年，深圳市福田区依托区属国企福田区引导投资有限公司，与中国建设银行深圳分行共同发起成立"深圳市福田区城市更新基金"。2020年，上海市由上海地产集团牵头，与招商蛇口、中交集团、万科集团、国寿投资等国资地产、保险企业共同成立了当前全国实际规模最大的800亿元城市更新基金。在三地先行先试的带动下，天津、西安、无锡、佛山等地也陆续成立以国资为主的城市更新基金。

近年来，城市更新基金作为私募投资基金的管理逐渐成熟：基金管理公司（GP）募集机构投资者（LP）的资金，通常采用委托贷款或股权投资的方式向城市更新项目主体注入资金；项目主体以土地抵押、公司担保、项目权益等方式作为增信手段，从基金处获取投资；基金管理公司在城市更新项目完成后，通过出售所持物业或股权转让等方式退出，获得资产升值收益。然而，从城市更新基金的实际运作效果来看，资金回报率低、投资周期长且具有不确定性仍然是制约基金投资的关键桎梏。例如"钉子户"可能造成项目长期搁置，这对于采取风险控制策略的金融机构而言便是巨大的不确定性，意味着投入资金在财务成本和机会成本上的大幅提升。广州2000亿元基金中，最终只实际到位一期的200亿元，这与上述"收益—风险"的不对称性不无关系。因此，当前基金管理公司的资金来源通常主要来自央企和地方国企，并往往带有一定政治任务倾向。但随着三地城市更新路径的不断畅通、城市更新项目"投入—产出"比的日趋稳定和透明化，以及基金管理公司在风险控制方面能力的不断增强，城市更新基金仍然大有可为。

事实上，一些市场主导的城市更新基金近期也开始出现，如企石企城城市更新基金、银建国际城市更新基金等各地已备案的基金产品——这些基金通常规模较小，从亿元到十余亿元不等，但市场敏感度较高、风险控制能力较强。此类不含国资的完全市场化基金更加倾向于高收益的拆除重建项目，也是城市更新金融市场的有益组成部分。城市更新基金未来将越发成熟并分化为以国资和以市场资金为主的两类基金，二者有着截然不同的风险偏好和投资风格：前者可以更多投向微利但确定性高的城市更新项目，资金来源以银行、保险资金为主；后者青睐高收益性项目，资金来源以私企、金融机构自有资金以及市场融资为主。未来，现有大量传统房地产基金有可能转为城市更新基金，但亦需警惕房地产企业通过城市更新基金路径来规避国家和地方的房地产调控金融政策，从传统商业银行开发贷转向基金，进而大搞拆建型更新，加剧房地产的"脱实向虚"现象。

政府直接向市场借债、筹借城市更新资金时，"城市更新专项债券"是向投资者发行，同时承诺按一定利率支付利息并按约定条件偿还本金的债权债务凭证。近年来，全国多省市通过城市更新专项债券的方式补充财政资金，用于城市更新项目实施。专项债券能够保证资金的专款专用，对象可从具体项目到城市局部片区尺度等，如2018年深圳市设立的东周片区城市更新项目专项债券、2020年广州市设立的越秀区城市更新改造补短板专项债券，分别面向个体项目和行政区内统筹项目。城市更新专项债券一般偿债期限较长，能够较好地适应城市更新项目周期长的特点，以越秀区城市更新改造补短板专项债券为例，其期限长达20年。同时专项债券的票面利率较低，利率通常约为3%～4%，相较于银行借贷而言，政府的资金成本更低，有利于政府将资金投入收益有限、市场主体缺乏投资意愿的更新改造项目。

尽管城市更新专项债券具有周期长、成本低、投向明确的优势，但也存在资金规模有限、资金投向有限等不足。城市更新专项债的资金募集规模通常较为有限，如广州越秀区城市更新改造补短板专项债券仅募集4.7亿元，对于总面积33.8km^{2}的行政区划而言，资金量可谓杯水车薪；而深圳2018年同期打包发行的东周片区、万丈城、大丰安三项专项债总募集金额仅1亿元。有限的发行额度是因为全国自2015年到2020年的6年时间里，专项债额度从1000亿元快速攀升增至37 500亿元，为保证地方政府宏观杠杆率可控，各地方政府的交通基础设施、农林水利等各类政府专项债共同受到总额度限制。地方城市更新专项债实际上面临着国家、省市多级的指标争取。国家层面对专项债的投向有着明确的政策引导，也因此限制了其在城市更新中的可用范围。2021年，全国安排地方政府专项债券3.65万亿元，主要用于交通基础设施领域、能源领域、农林水利领域、生态环保领域、社会事业领域、城乡冷链物流设施领域、市政领域、国家重大战略项目和保障性安居工程领域。2020年，国家发布的《关于加快地方政府专项债券发行使用有关工作的通知》（财预〔2020〕94号）指出，专项债"坚持不安排土地储备项目、不安排产业项目、不安排房地产相关项目"。这些政策限制使当前各地发行的城市更新专项债券多用于市政基础设施的更新改造和老旧房屋的修缮，对本就不高的债券票面利率而言，这类项目仍旧投资回报较差。债券募集资金难以用在城市更新中真正耗时、耗资较多的产权收拢和土地整备过程中。

未来，政府在制度层面可进一步区分一般房地产项目与城市更新项目，允许专项债券逐步投向城市更新全流程，特别是早期的产权收拢环节而非单纯建设环节，扩大资金募集规模。与此同时，政府还应加强专项债券的风险控制，保证募集资金的项目投资与收益平衡，坚持能够还本付息的底线，避免地方政府盲目发债。针对投向的不同环节，政府需要合理确定债券期限，避免短债长投难以及时兑付，抑或是长债短投徒增政府资金成本。此外，地方政府应加强对发债支持项目的管理，建立可行的时间表，甚至是审批绿色通道，确保项目如期产生收益并及时退出。

10.2.4 增值收益分配

更新地块开发中增加的建设容量和相关增值收益，在很多情况下不应被开发者或者原业主独自享有，城市更新政策针对此类情况做出了相关规定。《广州市旧村庄更新实施办法》曾给出要求："旧村庄更新改造项目，经审定的项目实施方案确定的建筑面积（用地）与规划的建筑面积（用地）相较有节余的，按照4∶3∶3的比例由市政府、区政府、村集体进行分配；市、区政府用于增加公建配套或统筹建设城市更新改造安置房，村集体用于改造项目的统筹安排。"但总体上，现行财税体制仍不能支持城市更新形成一套保证空间增值收益有效还原公共财政的途径和机制；目前，城市更新的利益共享只是限于更新项目范围内，纳入更新范围就意味着能够享受财富增值的政策红利，而不能在更大范围内实现空间收益的公平分配[45]。为统筹地区发展，避免用地零散开发导致的更新目标偏差，广州的相关政策曾积极鼓励土地权属人交地收储，按照1∶1的比例分配增值收益，按时交地收储可额外奖励10%的增值收益（表10.1）。

表10.1 旧厂房政府收储补偿标准

旧厂房政府收储补偿标准	外围三区（花都、从化、增城）	中心八区（除花都、从化、增城外）
"工改居"由政府收储的	规划毛容积率2.0以内的，按60%（50%+10%）奖励	规划毛容积率2.0以内的，按50%（40%+10%）奖励
"工改商"由政府收储的	规划毛容积率2.5以内的，按60%（50%+10%）奖励	规划毛容积率2.5以内的，按50%（40%+10%）奖励
其他情形由政府收储的	一口价方式补偿，按毛容积率2.0商业市场评估价40%计算补偿款	

资料来源：广州市城市更新局. 广州市城市更新（"三旧"改造）主要政策简介[C]. 2018广东省"三旧"改造项目推介会，2018-06-28，广州.

10.2.5 财税政策优惠

在城市更新项目中，高额税率会大幅压缩本就不多的更新收益，成为阻碍市场主体参与更新的拦路虎。我国的一次房地产开发销售伴随着较高的税务支出，税种包括增值税（累进税率）、土地增值税（最高税率可达60%）、企业所得税（税率为25%）、城市维护建设税（通常为增值税税额的7%）、教育费附加（税率为实际缴纳的增值税、消费税、营业税税额之和的3%）、印花税（税率为0.05%）

等——这是地方政府在土地出让金之外的一项土地财政收入来源。在城市更新中，因为产权、功能、容量的改变，经常涉及重新签订土地出让合同进行二次开发并销售的情况，也就意味着再次征税。其中部分税种，如城市维护建设税、教育费附加，可能存在重复征税的问题。因为这些税种征收的根本目的是抵消城市开发建设带来的负外部性，即人口增加等因素为基础设施和公共服务设施造成的额外压力，所以在开发容量和承载居住和产业人口没有发生明显变化时，上述税种的二次征收就存在一定的合理性疑问[①]。

当前，各地的财税优惠政策主要针对产业用地更新，很大一部分是招商引资等优惠政策在存量用地盘活中的应用。深圳、广州、汕头等地在市级和区级层面，甚至不同开发区内都存在不同的财税支持，如对"工改工"项目施行的额外税收优惠、房租补贴、无偿拨款、贴息贷款、免征行政事业性收费等做法。此类政策发展重在通过精准的税收优惠措施供给，来提升城市的产业发展水平和完善地区经济结构——这使得产业类城市更新项目的财税优惠逐步从"普遍"优惠向"特定"产业类型等倾斜。能否享受到城市更新与产业招商的叠加优惠，往往取决于落地企业的技术水平、行业影响力，及其与地方经济发展方向的契合程度。财税政策还可能涉及城市更新项目"一二级联动开发"中的土地出让金返还，即政府将部分土地出让金返还给开发商作为其一级开发的成本补偿，或是公共服务设施、基础设施、保障房等代建补偿。

综上可见，科学合理的减税降费可以更好地调动社会资本参与城市更新的积极性。2021年，国家税务总局广州税务局联合广州市住房和城乡建设局印发《广州市城市更新税收指引（2021年版）》（穗税发〔2021〕93号），基于不同应用场景，以改造环节为时间链条，全税种、全周期梳理广州城市更新过程中涉及的增值税、土地增值税、契税、房产税、城镇土地使用税、印花税、企业所得税、个人所得税等税收处理规定，用于指导广州城市更新的涉税管理。但需要注意的是，税种、税率的调整往往不在地方政府的权限范围之内，特别是经过2018年的国税地税征管体制改革后，省级以下国税地税机构已经合并，因此如何根据各地城市更新实际情况出台有效、可行的财税优惠政策，还有赖于国家层面的许可与放权。

---

① 此外，增值税和土地增值税的较高税率在一定程度上是我国对"房住不炒"政策的回应，即通过"增值归公"手段来抑制房地产市场的投机现象，其政策的叠加影响可能导致一些必要的城市更新行为难以发生。

10.3 城市更新制度创新中的空间利用（Physical Space）

城市更新空间管控的底层逻辑集中在对产权、功能和容量变化的约定和限制上，是对土地使用权和开发权的重新定义（图10.2）。城市更新项目的开展，首先要面对的是如何处理已经存在的城市开发，以及这些现存建筑物、构筑物、景观环境和相关设施等建成环境实体的权利归属问题，亦即产权问题；在产权处置之外，其他重要工作则聚焦于建筑和土地功能的用途转换，以及根据新用途的开发容量增减上。

从广州、深圳、上海三地的城市更新制度建设来看：产权制度创新的关键，在于更新项目的历史遗留问题处理、土地协议出让、产权边界调整与产权年限设定等方面；土地用途变更方面的规定，主要涉及调整法定规划的相关程序，以及土地和建筑功能混合利用的规则创新；容量变更方面，三地普遍探索了以增加公共空间、服务设施和保护历史文化为导向的容积率奖励和转移制度等。

图10.2 城市更新制度创新的关键空间要素：产权—用途—容量

10.3.1 产权制度

城市更新讨论的产权通常是指财产所有权,即所有权人依法对自己的财产享有的占有、使用、收益和处分的权力。作为经济所有制关系的法律表现形式,产权又可细分为财产的所有权、占有权、支配权、使用权、收益权、处置权等。在客观现实中,城市更新活动处置任何一片土地、一组建筑物或是一栋建筑单体时,难免都会遇到因经年累月的物业流转、股权转移、历史变化和政策革新等所导致的复杂产权归属和产权期限情况——这在很大程度上制约乃至决定了更新进程中拆除、改造或整治等行动能否得以开展的可能性。

城市更新对象的产权复杂性既表现在"土地产权"和"建筑产权"的区别上,也表现在"单一产权"和"复合产权"的不同上,还存在于"公共产权""私人产权"与"产权不明"等多种情况中,以及40年、50年、70年等差异化的产权年限规定上。除产权人自主更新及类似情况之外,其他介入城市更新的项目实施主体只有在设法与各产权相关人达成一致同意的产权共享、让渡或补偿等处置协议之后,方能获得对现存物产进行盘活处理的权限。"产权"由此成为决定城市更新实践可否推进的首要因素之一:对于老旧住区和旧村来说,产权难点往往在于如何获取数量众多、需求不一的"个体"产权人的共同同意;对于大部分商业与办公区来说,其产权主体相对清晰和单一,处理的难点在于产权转移的议价空间上;对于工业区来说,产权问题则主要聚焦在工业用地产权地块是否可以分割、产权年限是否可以调整[①]、土地是否可以协议出让等方面。

(1) 房与地的历史产权整理

对城市更新范围内土地、建筑物与构筑物等历史产权现状的摸底及相关遗留问题的处理,是城市更新项目开展的前提。《深圳市城市更新办法》规定,在城市更新单元规划编制之前,主管部门要明确城市更新单元范围内土地的性质、权属、功能、面积,并核查和汇总地上建筑物的性质、面积等信息。并且,"城市更新项目范围内的违法用地、违法建筑应当依照有关法律、法规及广东省、本市有关规定接受处理后,方可作为权属确定的更新对象""城市更新项目范围内未办理房地产权登记、又不属违法用地或者违法建筑的建筑物、构筑物或者附着物,

---

① 依照已有相关规定,工业用地取得后的使用年限一般是50年,但在产业转型和产业更新换代日益频繁的当前,10—15年等更具弹性的工业用地产权年限管理往往成为政策变革的新趋势。

应当根据本市有关房地产权登记历史遗留问题处理的相关规定完善手续后，方可作为权属确定的更新对象"。

深圳以城市更新触动土地管理制度改革，理顺了产权关系，有效激发了社会各方参与城市更新的积极性，在一定程度上破解了困扰深圳多年的历史用地确权难题[106]。深圳尽管在2004年实现了名义上的土地国有化，但原农村集体经济组织仍然实际占用300多平方公里建设土地，建设了数亿平方米的违法建筑，延续着简单粗放的出租经济模式，陷入"政府拿不走、社区用不好、市场难作为"的困局。近年来，深圳突破性地探索此类"农地"的入市机制，"通过土地整备、整村统筹等一系列关于土地收益共享的机制设计"，推动政府、企业与社区合作，"在实现产业转型升级的同时推动社区彻底融入城市，完成原村民'人的城市化'"以及房地产权的历史整理①。

《广州市城市更新办法》曾明确，符合条件的土地要申请纳入省"三旧"改造地块数据库后，方可列入城市更新范围。广东省在推进"三旧"改造过程中通过土地政策改革，采用了多种途径处理房和地的产权历史遗留问题，即转合法、转性质、转地类②：①"转合法"指将一部分以往的违章占地转为合法。广东省农村建设用地很多，来源渠道不一，批准权限不同，手续档案不清，甄别难度大又烦琐。为支持"三旧"改造，国土资源部专门下达用地指标用于处理过去遗留的违章占地，当地政府根据违章情节轻重规定了处罚办法。②"转性质"是指将列入城市规划区的集体建设用地转国有，这些土地主要是补缴部分地价，办理转性手续。③"转地类"是指将一部分原有的工矿企业或公益用地转为商业、商住等经营性用地，这些地块若按照原来办法进行土地使用类型转换，则必须将原有土地交还政府，由政府重新通过"招拍挂"程序开发。

（2）更新地段的土地协议出让

城市更新的有效推动与土地政策的支撑密不可分。广州、深圳的城市更新在土地制度上的变革力度相对较大，影响最为深远的是在满足相应条件和程序的前提下，待更新土地可以协议出让，从而突破了市场运作中更新主体只能通过招拍

---

① 具体参见：徐强. 城市更新推动土地集约利用：深圳相关机制被纳入国家综合配套改革试验区改革成果在全国推广[N]. 深圳特区报，2016-05-31（A04）.
② 具体参见：陶然，王瑞民. 城中村改造与中国土地制度改革：珠三角的突破与局限[J]. 国际经济评论，2014（3）：28.

挂的"价高者得"这一形式获取土地开发权的制约。

《深圳经济特区城市更新条例》明确："拆除重建类城市更新单元规划经批准后，物业权利人可以通过签订搬迁补偿协议、房地产作价入股或者房地产收购等方式将房地产相关权益转移到同一主体，形成单一权利主体。属于城中村拆除重建类城市更新项目的，除按照前款规定形成单一权利主体外，原农村集体经济组织继受单位可以与公开选择的单一市场主体合作实施城市更新，也可以自行实施。"这些途径都为城市更新项目的土地协议出让提供了多种渠道保障，而出让的相关土地权益则可包括使用权、地役权、抵押权、租赁权、收益权等，能更好地满足市场运作的多样化需求。

(3) 产权地块边界调整与产权年限

地块产权边界是否可以调整，产权年限的设定和变更等规定会影响到城市更新项目实施的市场吸引力、更新模式等。《广州市城市更新条例（征求意见稿）》规定，"市、区人民政府应当依据国土空间规划，综合运用'三旧'改造、土地管理、规划管理等公共政策，推动城市更新土地整备，实现土地资源空间重组"，"城市更新项目涉及土地整合、成片连片开发的"，可"在集体建设用地之间、国有建设用地之间进行土地置换"。《上海城市更新规划技术要求（试行）》（2015）明确，同一街坊内的地块在相关利益人协商一致的前提下可以进行地块边界调整，包括：①更新地块与周边的边角地、夹心地、插花地等无法单独使用的土地合并；②相邻地块合并为一幅地块；③一幅地块拆分为多幅地块；④在保证公共要素的用地面积或建筑面积不减少的前提下，对规划各级公益性设施、公共绿地和广场用地的位置进行调整。

在产权年限上，《上海市城市更新条例》规定："城市更新以拆除重建和改建、扩建方式实施的，可以按照相应土地用途和利用情况，依法重新设定土地使用期限。"《关于加强上海市工业用地出让管理的若干规定（试行）》（2014）曾对上海工业用地的产权年限，产权边界的拆分、合并及其他调整等提出了具体要求。传统 50 年的工业用地出让年限，让许多土地利用效益低下甚至未真正进行工业开发的用地固化在一部分企业业主手中，无法得到有效的"市场释放"及后续的再次开发利用；一些企业业主充当"房东"以出租出让"地"或"房"来获利，导致土地流转的无序以及公共收益被侵占，由此形成的事实上的产权关系变化造成了管理上的种种障碍[7]。由于工业产权地块的面积通常较大，允许分割地块进行产变更可以保证厂区更新和再利用的流动性、灵活性与可操作性，但产权分割可能带来的过于细碎的切分风险又会造成地块产权的碎化和无序，带来管理隐患。因此，对于工业用地的产权年限、产权分割和边界调整，在不同城市的不同建设时期，通常会出现不一样的政策倾向和管控要求（表 10.2）。

表 10.2 国内各城市（省）工业用地盘活的不同政策比较（2015 年以前）

城市/省	用地出让年限	用地/房屋分割	用地/房屋租赁	开工建设保证	配套设施建设	用地收回	用地/房屋流转	其他
北京	缩短出让年限，一般不高于 20 年	—	直接租赁，期限 10 年	—	—	低效利用用地	有条件转让	代建厂房
上海	20 年/弹性出让 10~50 年	不得整体、分割转让	鼓励租赁	履约保证金	7% 可以用于配套设施建设	逾期不开工可收回土地	变向流转，受让人资格需审查	鼓励商务楼宇购买及定制；项目用地带方案出让
深圳	弹性年期制度	—	—	—	—	—	可约定自用或出售比例，转让增值收益交管理局	招商引资项目联合审查制度
杭州	最高年限 30 年，转让前需通过 6 年试用期	厂房可分幢、分层转让	—	—	配套用地不得超过 7%	—	—	鼓励发展产业用地。工业用地容积率不得低于 1.2，标准厂房用地容积率不得低于 1.8
广州	—	—	—	—	7%（单个项目）、14%（建筑）、15%（用地）	—	—	严禁建造成套住宅
湖南	五档出让年限（10~50 年）	—	租赁供应为常态，出让供应为特例	—	—	—	—	推广标准厂房模式

续表

城市/省	用地出让年限	用地/房屋分割	用地/房屋租赁	开工建设保证	配套设施建设	用地收回	用地/房屋流转	其他
青岛、临沂、中山	弹性年期最高不超过20年，续期不得超过20年（临沂）	分割后可以申请转变用途（青岛）	—	—	—	—	—	工业厂房开发实施准入审批（中山）

资料来源：唐燕. 新常态与存量发展导向下的老旧工业区用地盘活策略研究［J］. 经济体制改革，2015（4）：102-108.

10.3.2 用途制度

城市更新过程对已有建设在"用途（或功能）"上的变更会直接导致再开发进程中的收益增值等变化。土地用途，亦即法定规划管控的用地性质在改变后，如工改居、居改商等，更新主体通常可因此获得更多的经济收益，合理分配这些增值收益或涉及向政府补交地价，或需通过土地上市"招拍挂"来重新定价，又或者需要在不同利益相关方中达成利益分享协议。在我国目前的土地管理体系下，基本上变更规划用地性质就意味着地块变成一块"新地"，要开发必须重新上市。普遍地，一些原本有实力和有意愿的业主可能会选择不对自己的用地进行更新升级，这是担心一旦土地性质变更，则可能无法确保在这块土地新的招拍挂过程中再次取回使用权，因此宁愿通过简单出租地产或房产的方式来确保经济收益。广州和深圳的城市更新通过允许土地协议出让的土地制度改革设法解决这个难题。

那些通过修改控制性详细规划实现土地用途变化的做法，符合目前常规的规划管控要求；其他一些全新的程序要求和增值收益处理规定，则是对现有规划管理的突破和变革。按照传统城市规划建设管理程序，改变土地用途首先需对土地的控制性详细规划进行依据法定流程的修订，这对于一些不拆除重建而是弹性改作他用的已有建筑的再开发来说，如工业建筑的保护型更新利用，带来了很高的制度门槛和实现困境。控规管理的固化和调整的复杂性等，使得类似北京798这种享誉国内外的文化创意厂区，从法律角度来看依然是不满足规划管理要求的"非正式"更新行为，也加剧形成房东套房东、租户换来换去等不稳定状况。工业（制造业）用地出现的文创业态显然与原用途规定并不吻合，调整控规一方面会涉及产权和利益界定上的纠缠，以及用途改变基础上的土地重新上市；另一方面则也可能因难以预测文创产业的发展需求和特征等，造成用地性质调整的方向难以确定。对此，通过尝试一些更新制度的创新变革，如放宽"用地兼容性"、推行"弹性用地"、设定部分用途可相互转化、给予工业"转型期"优惠等，可在避免频繁调整控规的同时，借助城市更新实现城市新用途和新功能的植入与升级，以降低原有用地性质转变的复杂度和程序挑战，强化城市建设法制化管理的权威性，减少不必要的行政干预和调控。

（1）用途变更与法定规划的用地性质管控

在广州，城市更新地块的用途变更通常需要按照常规程序，调整详细规划中的用地性质方能进行地段的再开发和再利用。《广州市城市更新条例》要求："城市更新范围内的国土空间详细规划单元实施刚性指标与弹性指标相结合的管控模式。国土空间详细规划经市人民政府批准后，涉及修改刚性指标的，应当按照前款的规定办理；涉及修改弹性指标的，由区人民政府批准，其中位于城市更新重点管控区域范围的，批准前应当征求市规划和自然资源部门意见。"

《上海市城市更新条例》提出："鼓励既有建筑在符合相关规定的前提下进行更新改造，改善功能。经规划确定保留的建筑，在规划用地性质兼容的前提下，功能优化后予以利用的，可以依法改变使用用途。"用途变更主要由更新统筹主体在编制需求更新方案时提出，并由所在区人民政府或者市规划资源部门予以认定。"涉及既有建筑结构改造或者改变建筑设计用途的，应当开展质量安全检测。"

深圳在更新项目的实际操作中，拆除重建类项目的土地功能变更较为常见，而综合整治类项目原则上不得改变土地规划用途。依据《深圳经济特区城市更新条例》，"城市更新单元规划是城市更新项目实施的规划依据，应当根据城市更新单元计划、有关技术规范并结合法定图则等各项控制要求进行编制"。编制城市更新单元规划是用途变更的依据，地段的城市更新单元规划基本可以等同视之为地段的法定图则，因此减少了通过法定程序调整老规划和认定新规划的烦琐流程与成本投入，加大了项目实施力度与市场吸引力。但是，这样做也导致部分更新项目对法定图则合理规定的突破与建设失序，因此深圳在城市更新政策的不断调整过程中，越发强化法定图则的管控作用，要求更新项目必须遵守法定图则的核心要求，法定图则的强制性内容不能变等，从而实现全市统筹，防止过度放宽导致的更新失控与公共设施配套不足。

（2）弹性用地与用地兼容性规定

通过修改和调整控规实现土地用途变更的做法，由于时间周期长、过程复杂，会在一定程度上增加项目的成本投入，降低市场参与的热情和积极性。设定用地兼容性及确定一些弹性用地，是减少城市更新过程中因用途改变而频繁调整法定规划的有效途径，三地均对此进行了制度探索创新。

《广州市城市更新条例》明确："微改造项目符合区域发展导向的，允许用地性质兼容、建筑使用功能转变。涉及用地以及建筑功能业态的，可以制定正、负面清单进行管理。"《上海市城市更新实施办法》曾规定："在符合区域发展导向和相关规划土地要求的前提下，允许用地性质的兼容与转换，鼓励公共性设施合理复合集约设置。"《上海城市更新规划技术要求（试行）》（2015）针对用地兼容性和转换，提出："公益性设施可按《上海控制性详细规划技术准则》规定的混合用地引导表，与各类用地兼容或混合设置，鼓励公益性设施合理混合设置；住宅用地可以全部或部分转换为公益性设施或公共租赁房（宿舍、人才公寓等）用地；在满足地区规划导向的前提下，办公用地与商业用地可以相互转换；非住宅用地不得调整为住宅用地。"《上海市城市更新规划土地实施细则》中规定："根据风貌保护要求确认的保护、保留历史建筑，因功能优化再次利用的，其用地性质可依据实际情况通过相应论证程序进行转换。"在深圳，城市更新办法提出"根据保障性住房建设及产业用房建设的有关要求，可以在拆除重建类项目中配建一定比例的政策性用房"；"功能改变类更新项目可以根据消除安全隐患、改善基础设施和公共服务设施的需要加建附属设施，并应当满足城市规划、环境保护、建筑设计、建筑节能及消防安全等规范的要求"等。

10.3.3 容量制度

就容量而言，"容积率"是地块开发容量的表征指标，也是城市更新过程平衡成本—收益、决定开发增值等的重要指标，是城市更新进程中最为敏感的要素之一。许多城市更新项目看似在做存量或减量规划，实质上却是减量上的"增量"——通过提升容积率来产生更多的收益以平衡成本和增加开发吸引力，从而推进方案实施。因此，容量变更依然是现在大量城市更新得以实现的"支柱性"力量，更是开发商介入的城市更新项目开展利益博弈的焦点。

离开容积率支持就无法实现的城市更新从长远来看是不健康、不可持续或难以为继的。倘若不能通过提升品质来确保更新收益，只是一味借助盖更高的楼房和提供更多的楼地板面积来吸引更新开发，则很可能导致城市建设在强度和密度上的失控。为此，部分城市在更新制度的创新设置上采取了一些积极的应对方法：设定容积率调整的上限；提出获得容积率提升或奖励的前提是项目为城市做出公共贡献，如增加公共空间、建设公共设施、提供公共住房等[①]。

（1）容积率奖励与转移

根据城市更新项目对城市建设做出的"额外"公共贡献，来确定容积率提升数量的奖励措施在发达国家的规划管理中十分常见，我国目前还处在探索期。各城市出台的控制性详细规划相关管理文件和技术规范中，常常涉及容积率奖励方面的规定和创新，这些通行规则同样适用于城市更新项目。

《上海市城市更新规划土地实施细则》规定：商业商办建筑容量调整，"在建设方案可行的前提下，规划保留用地内的商业商办建筑可适度增加面积，增加的商业商办建筑面积按所提供各类公共要素面积的规定倍数计算"；"提供的公共要素面积超出相关标准规范要求的，增加的商业商办建筑面积按规定系数予以折减。能同时提供公共开放空间和公共服务设施的，按上述分类测算方法的叠加值给予建筑面积奖励"（表10.3）。

表10.3 符合相关标准规范要求时的商业商办建筑额外增加的面积上限

情形	提供公共开放空间（按用地面积/㎡）			提供公共服务设施（按建筑面积/㎡）	
	能划示独立用地用于公共开放空间，且用地产权移交政府的	能划示独立用地用于公共开放空间对外开放，但产权不能移交政府的	不能划示独立用地但可用于公共开放空间24小时对外开放，产权不能移交政府的（如底层架空、公共连廊等）	能提供公共服务设施，且房产权能移交政府的	能提供公共服务设施，但房产权不能移交政府的
倍数	2.0	1.0	0.8	1.0	0.5

资料来源：上海市规划和国土资源管理局．上海市城市更新规划土地实施细则[EB/OL]．(2018-11-23)[2022-06-05]. https://www.shpt.gov.cn/guituju/zw-zcyj/20181123/355958.html.

---

① 增加容积率已成为推进城市更新实施的常见手段，但缺少容量上限管控和容积率增加的条件设定等，容易导致高强度建设带来的城市空间承载力破坏以及老旧公用设施不堪重负。在深圳，市场驱动的城市更新以拆除重建方式为主，不断提高的项目拆赔比最终都要转化为容积率和建设增量，导致深圳城市空间不断增高加密和人口的进一步集聚。因此，城市更新制度建设需要通过科学设定容积率上限、容积率奖励与转移机制，来实现更大区域的建设统筹及公共利益维护，并通过合理的分配机制实现收益共享。

2019年公布的《深圳市拆除重建类城市更新单元规划容积率审查》规定，城市更新单元规划容积是指城市更新单元内开发建设用地各地块规定建筑面积之和，由基础容积、转移容积、奖励容积三部分组成。符合以下条件的项目可以进行容积率奖励：①开发建设用地中，依据《关于加强和改进城市更新实施工作的暂行措施》《深圳市城市更新项目保障性住房配建规定》和《深圳市城市更新项目创新型产业用房配建规定》等规定配建的人才住房、保障性住房、人才公寓及创新型产业用房等政策性用房，除明确规定计入基础建筑面积的，其余建筑面积作为奖励容积（增配的不作为奖励容积）。②开发建设用地中，按已生效规划及《深圳市城市规划标准与准则》《关于加强和改进城市更新实施工作的暂行措施》等要求落实的附建式公共设施、交通设施及市政设施，其建筑面积作为奖励容积。③依据已批法定规划中相关城市设计要求，城市更新单元内，为连通城市公交场站、轨道站点或重要公共空间，经核准设置24小时无条件对公众开放的地面通道、地下通道、空中连廊，并由实施主体承担建设责任及费用的，按其对应投影面积的1倍作为奖励容积。④城市更新单元拆除用地范围内，保留已纳入市政府公布的《深圳市历史建筑名录》或市主管部门认定有保留价值的历史建筑但不按照第五条相关要求移交用地的，按保留建筑的建筑面积及保留构筑物的投影面积之和1.5倍面积作为奖励容积。⑤市政府规定的其他奖励情形。总体上，上述奖励容积之和不应超出基础容积的30%。因配建人才住房、保障性住房所核算的奖励容积超出基础容积20%的部分可不受该限制。

在容积率转移方面，深圳规定城市更新单元拆除用地范围内经核算的实际土地移交用地面积（含无偿移交的历史建筑及历史风貌区用地面积、不含清退用地面积）超出基准土地移交用地面积的，超出的用地面积与城市更新单元基础容积率的乘积作为转移容积。此外，根据《深圳市城市更新外部移交公共设施用地实施管理规定》，可转移至城市更新单元开发建设用地范围内的建筑面积作为城市更新单元拆除用地范围外的转移容积进行核算。

（2）容积率统筹平衡

城市更新实践中，单一项目、单一地块内普遍存在资金难以平衡、配建难以落地等难题，故广州、深圳、上海三地通过在更大范围内的容积率转移、项目打包、联动开发等方式加以破解，并在制度上明确统筹类项目的立项标准、指标转移规则等内容。广州提出对高投入、低回报的城市更新项目采取异地平衡机制以吸引社会投资，通过项目打包、联动改造、开发权益转移、储备用地支持等方式实现平衡；一般项目在区级政府层面进行统筹，市重点项目可在全市统筹平衡。《广州市城市更新条例（征求意见稿）》等指出："城市更新项目建设规划划定的实施片区应当开展片区策划。……统筹协调成片连片更新。""城市更新项目因用地和规划条件限制无法实现盈亏平衡"时，可"由实施主体通过与该主体的其他城市更新项目或者建设用地统一规划等方式，将经项目实施方案批准的开发权益等价值转移"。

此外，《广州市人民政府关于提升城市更新水平促进节约集约用地的实施意见》（穗府规〔2017〕6号）规定："国有土地上旧厂房自行改造的，应当按照控制性详细规划要求，将不低于该项目总用地面积15%的用地用于城市基础设施、公共服务设施或其他公益性项目建设，建成后无偿移交政府。"2019年1月，《广州市提高工业用地利用效率实施办法》公示，进一步推进工业用地的管理改革。办法新增"新型产业用地（M0）"，要求其容积率一般不低于3.0，不超过30%的建筑面积可用于建设配套行政办公及生活服务设施，且可按幢、层、间等固定界限为基本单元分割登记，由此推进创新产业在广州的发展。

（3）容积率限制

为防止更新过程中城市建设容量的过度增长，各地对容积率增加或者奖励的上限通常都会给出明确约束。近年来，深圳城市更新的容积率越来越高，原特区内更新项目中毛容积率高达10的情况并不少见，甚至原特区外较容易更新的地区在更新后也建成了超高层住宅群、200～300m超高层办公群[75]。深圳通过分区的方法来管控城市更新的容积率上限，2018年《深圳市城市规划标准与准则》的密度分区进行了修订并延续至今，对原特区外密度一区、二区的范围进行了增加，并将各级中心区的核心地区分别纳入密度一区、二区和三区，这实质上提高了原特区外地区的开发强度上限和更新操作空间[108]。《上海市城市更新规划土地实施细则》对"更新单元总量平衡和地块容积率奖励"进行了规定，要求："实施计划阶段，增加各地块建筑面积必须以增加公共设施或者公共开放空间为前提，各种情形对应的建筑面积调整一般不超过本规定设定的上限。各更新单元内部，可在现有物业权利人协商一致后，进行各地块建筑面积的转移补偿。"

10.4 城市更新制度创新中的运作维护（Operation Servic）[①]

存量规划正在迫使一些传统的短周期、重资产类更新逐步向"建设+运营+维护"的长周期运营转变。改造建设阶段的红利减少甚至负盈利现状，可以通过高效"运维"形成的长期收益来加以平衡。相应的更新制度供给，一方面需要借助"简政放权"等变革，优化政府的组织管理以降低更新项目实施的交易成本，提升运作效率；另一方面需要为富于活力的建筑功能植入和空间经营（包括渐进微盈利）提供合理的用途许可和使用权限保障。

10.4.1 交易成本和运作程序

政府近年推动的简政放权、优化营商环境等变革是通过制度创新降低更新管理"交易成本"的有效路径。交易成本是除直接生产成本、间接外部成本之外的城市更新总成本的重要构成内容，主要用于沟通多元主体（具有有限理性和机会主义倾向）、获取必要信息、协调复杂利益诉求及完成规划管理流程等。

城市更新运作的"程序性"制度供给在很多地方长期不足，为使政府、业主、开发商参与城市更新的行动变得途径清晰和有据可依，未来亟需针对不同类型城市更新项目由谁发起、如何立项、如何编制规划、怎样纳入年度计划、如何审批和建设等做出明确规定并合理精简环节。

为避免不同利益主体的谈判冲突和协调困难，在制度层面明确城市更新协商谈判的秩序、规则和流程，并适时引入专业力量促进共识结果的达成不可或缺。信息不对称及由此引发的行为不确定亦是推高交易成本的关键，更新制度供给应通过搭建信息公开平台和公众参与平台来实现信息的透明化。此外，跨部门政策对接不畅造成的管理实施困境，如执照申请难和项目审批慢等，则需强化部门之间的协同与合作，破除条块分割管理形成的更新阻力。

[①] 具体详见：唐燕，殷小勇，刘思璐. 我国城市更新制度供给与动力再造［J］. 城市与区域规划，2022（6）：1-18.

10.4.2 空间维护和运营使用

"运营体系缺失、维护主体不清、经费保障不力"等空间更新问题，已成为诸多更新项目面临的生存挑战。城市更新运维涉及项目运作的统筹管理，以及对建成空间的持续使用、维护和修缮等，需要强化空间运营、提高项目收益与激发场所活力。明确空间运作维护的责任主体、引入企业提供专业化的运维服务等是当前发展方向，但确定运营主体、创造运营经费来源、吸引专业管理团队入驻等均需要持续的制度设计支持，包括推进专业化运作、引入市场力量、提供技术平台支持、完善物业管理、创新街巷长负责制、鼓励居民志愿经营和维护等。三地政府下发的经验总结、模式推广、指导意见等各类文件中对此多有提及。

寻找新的功能需求点和开展专业化运营有助于更新空间获利的实现，制度供给应从激发业态活力、保障使用权限（租用年限、使用权持有等）、培育长期收益等方面给予支持。广州、深圳、上海等城市通过明确产业准入门槛、提供新兴产业优惠制度等措施推动城市功能和空间运营的转型升级；通过引进"专业化"运营团队接管物业或产业空间的管理运作，来产生可靠的后期运营收入，反哺前期改造投入；通过在历史街区、文创园区、公共空间等更新区域中引入艺术展览、文化活动等，来增强空间吸引力，实现空间使用模式的多样化。

我国老旧小区、工业区、老旧商业楼宇等空间缺乏专业公司管理的现象十分普遍，物业企业、园区运营服务企业的准入权可以为更新项目换来宝贵的资金和人力支持。部分新基建和公共服务设施，如充电桩、智能快递柜、自动售卖机等设施的落地权利，可以为市场主体参与带来长期利润。对于老旧小区改造等低收益甚至负收益更新项目，广州、深圳、上海三地探索了通过运营空间资源和空间权益来实现"变现"的具体路径，如借助停车位收益、物业管理收益、电梯广告收益、充电桩服务收益、空间使用权等吸引社会资本参与。空间功能错位在老旧小区是常见现象，如一些早期建设的公共自行车库和车棚逐步沦为低效空间，将其使用权授予市场主体进行利用经营，改作商店、超市、理发店等便民设施，有利于补足公共服务设施短板。但相关行动应取得全体业主或绝大多数业主的同意，制度上应明确程序并予以支持——允许市场主体合理获利，又保证全体产权人的权益不被强制剥夺。总体上，这些做法需要从"个例"和"一事一议"走向稳定的规则提供，合理测算市场主体对城市更新项目的短期投入和空间资源带来的长期收益之间的平衡点，兼顾市场主体的积极性与产权主体的权益保障；同时明确空间资源变现过程中的公众告知、公众参与、组织实施、契约制定、后续监管等内容。

10.5 我国城市更新制度创新的工作走向

未来，我国各地的城市更新制度建设可以在顶层设计、流程再造、明确主体、利益界定、目标引导和多元机制引入等方面重点着力。

10.5.1 顶层设计

城市更新是通过物质空间提质，实现社会经济进步，促进城市竞争力提升和全面可持续发展的重要路径。近年来，一系列国家层面的政策发布和权威发声，使得城市更新俨然成为新常态下城市发展与建设的核心工作。2021年，住房和城乡建设部副部长在成都召开的2020/2021中国城市规划年会上表示，"我国将推进中央层面城市更新政策文件起草出台，研究制定城市更新相关法规条例，加强城市更新的顶层设计""国家层面将开展城市更新试点，推出示范项目，总结可复制推广的经验做法；并会同相关部门，针对城市更新难点问题，探索完善适用于城市存量更新的土地、规划、金融、财税等政策体系"。可见，经过广州、深圳、上海等地十多年的制度探索，国家层面的城市更新顶层设计已经开始逐步提上日程，这将对各地更新制度建设形成引领，并对地方层面难以解决的主体权责、资金使用、土地利用等问题给出破局路径。

10.5.2 流程再造

清晰的工作流程和相关要求设定，是帮助城市更新主体快速找到更新项目工作起始点，按照步骤逐步推进项目进程，最终实现项目落地与后期维护的前提和基础。城市更新作为特殊的城市建设类型，其制度建设需要对项目更新全过程进行新的设计和规划，以实现高效明晰的更新"流程再造"，并在流程再造基础上搭建出城市更新事务的大致框架和环节，完善更新的细节要求与相关规定。

2016年，由世界银行出版的《更新城市用地：借助民间力量的指导手册》（Regenerating Urban Land: A Practitioner's Guide to Leveraging Private Investment）将城市更新分为"调查—规划—融资—实施"四个阶段（图10.3）：①调查阶段。调查阶段是城市更新工作开展的第一个阶段，通过调查了解城市的历史和独特的"DNA"，为城市更新的战略决策提供分析基础。②规划阶段。通过规划确立长期规划愿景与规划原则，通过有效的规划框架促进政府、私营部门和社区居民之间的合作，并与监管流程相结合。规划阶段应详细说明城市更新项目的所有重要内容，包括土地、社区和环境问题。③融资阶段。大规模的城市更新项目比较复杂，很少有城市拥有足够的资源来为城市更新实施提供资金，城市更新需要与私营部门分担成本，同时分担风险和技术；④实施阶段。实施阶段需要将长期的更新愿景转化为公共和私营部门之间的财

图10.3 城市更新管理流程图
资料来源：AMIRTAHMASEBI R，ORLOFF M，WAHBA S，et al. Regenerating urban land: a practitioner's guide to leveraging private investment[M]. World Bank Publications，2016.

务、合同和体制关系。这一阶段包括构建健全的制度和可行、可持续的组织机构，通过多政府部门合作来实现[107]。当前，城市更新的管理方式越来越精细化（表10.4），如：在调查阶段，更加关注城市的经济、社会和文化，以及城市更新的可实施性；在规划阶段，强调规划与法规的结合，与私营部门如何合作；在融资阶段，实现丰富的政府融资渠道和金融监管工具；在实施阶段，关注公私关系、实施风险、实施过程等。

表 10.4 城市更新管理"工具箱"

序号	阶段		内容
1	调查阶段 Scoping	微观层面	目标愿景，地形，经济增长动力，现状地图，市场分析，现状调查；发展障碍，潜在的项目成本和资金来源，社交地图和社区发展动力，社会经济因素
		宏观层面	经济成分，经济数据，社会经济和人口数据，物质空间分析，资产/网络/社会媒体地图，基础设施，发展动态，住房，财政分析，政治分析，市场评估和私营机构，历史文化，实践案例，政府机构
2	规划阶段 Planning	规划体系和工具	规划框架（规划大纲、规划计划、规划法规） 总体规划（可行性研究，战略框架，城市空间） 开发设计
		规划实施计划	设置规划场景 制定实施过程和制度设置 与私营部门合作的计划
3	融资阶段 Financing	政府融资工具	资本投资计划 政府间转移支付
		金融监管工具	公共用地（出售或长期租赁、土地交换、作为实物支付、作为产权资本） 私有土地（金融工具：非资本/资本市场；监管工具：政策/财政）
4	实施阶段 Implementation	政府部门管理	建立美好的愿景 建立民主、透明、开放、公平的过程 设置分配稀缺的资源的优先级 资本利用
		公私关系	公共土地的使用/收益分享/竞争过程/基础设施建设/保障公共利益/过程和结果监管
		分期实施	分阶段实施城市更新项目
		降低风险	风险评估框架

资料来源：AMIRTAHMASEBI R，ORLO M，WAHBA S，et al. Regenerating urban land: a practitioner's guide to leveraging private investment[M]. World Bank Publications，2016.

上海曾经提出"全生命周期"的特色工作流程，城市更新重点包括前期的策划协商过程和后期的实施过程。在"区域评估—实施计划（控规调整）—全生命周期管理"的更新试点项目实施程序中，政府的严格管控有效规范了城市更新项目的开展，但也因为控规调整环节复杂、城市更新协商过程长且烦琐，政府、组织实施机构、更新主体、相关利益人等之间的有效沟通平台缺乏等，导致更新项目的交易成本过高，社会参与热情受到制约。

图10.4展示了深圳现行城市更新中占据主流的更新项目的更新流程[①]：①在项目前期阶段，业主发起城市更新并选择开发商进行更新项目申报，核心是就拆赔事项达成一致；②在项目立项阶段，项目被纳入城市更新计划后，业主与开发商需要组织编制城市更新专项规划并通过政府审批，核心是明确规划技术指标和涉及公共利益的用地；③在项目实施阶段，按照更新规范确定实施主体后，由其出资主导拆迁、征地、补偿及建设等事宜，并按规定补缴地价；④在项目收益分配阶段，补缴地价、根据前期协议分配安置房之后，开发商获得商品房和按规定配建的保障性住房的出售收益。这个过程中，业主有发起更新和选择合作开发商的权力，有效保障了业主参与更新的兴趣和权益；城市更新规划编制权和增值收益的超额部分基本属于开发者一方，极大地激发了市场参与的积极性[109]，但这种"轻政府"的流程设计也对城市建设有序约束和更新规划的整体调控提出了挑战。在一些更新项目中，甚至出现了多家房地产企业在同一旧区各自设置开发办公室并与业主分头谈判的激烈竞争局面，不断推高拆赔标准和更新成本，引发了市场混乱、业主波动以及"钉子户"的出现。

图10.4 深圳市场主体独立实施更新项目的基本流程
资料来源：苏海威，胡章，李荣. 拆除重建类城市更新的改造模式和困境对比［J］. 规划师，2018（6）：123-128.

[①] 具体参见：苏海威，胡章，李荣. 拆除重建类城市更新的改造模式和困境对比［J］. 规划师，2018（6）：123-128.

概括来讲，我国当前城市更新的制度设计在流程上通常包括更新立项与计划阶段、现状评估与整理阶段（可能是立项阶段的组成部分）、更新单元/片区规划制定阶段、项目审批和建设管理阶段、项目实施与利益分配阶段五大环节。不同城市更新流程设计的利弊各不相同，具体效果又会因为更新项目发起的主体不同、类型不一而表现出不同的实际工作进展。

10.5.3 明确主体

城市更新活动涉及的利益相关者和项目介入者的角色非常多元，通过制度设计明确更新项目的运作主体极为重要，这是确定更新项目主导力量和运作机制的关键所在。城市更新的运作主体可以是单一的，也可以是混合的（如政府与企业、业主与企业等）。过去，在早期快速城镇化背景下，城市更新受到土地财政的强力推动，政府与开发商往往通过形成"开发联盟"，以拆除重建的"运动式"更新来快速推进城市的改造和空间面貌的提升[110]。

若简单将城市更新依照主导力量的不同分为"政府主导""社会主导"和"市场主导"三种类型，不同类型的更新方式和利益分配模式差异明显。"政府主导"的城市更新在我国已经具有相当长时期的实践，政府借助其公权力，在全面控制更新的成本、进度、规划方案等情形下，实现对更新地块的人员安置、再规划与再开发。"社会主导"的城市更新，重在强调通过"业主方"的自主改造来实现地段建设的提质增效，因而对资金来源、利益相关者的共识、长时期的更新维护、成本控制等问题的突围，是社会主导型更新能够得以有效运作的前提。社会主导的城市更新项目在我国尚不是主流，但随着社区营造、微改造等新活动的倡导、带动和示范，这类城市更新实践将变得越来越重要和普遍。以开发商为代表的"市场主导"的城市更新，一直是城市再开发的常见模式，其优势在于市场资本的强力注入，但也带来开发商一味追求利益最大化的弊端。

城市更新的整体制度设计也往往会在政府、社会（业主）、市场（开发商）之间做出责权利的划分。广州的城市更新在经历了曾经市场运作的弊端之后，政府扮演着越来越重要的角色，规定"城市更新应当注重土地收储和整备，按照片区策划方案确定的发展定位、更新策略和产业导向的要求，加强政府土地储备，推进成片连片更新"。深圳城市更新更多地将政府角色设定为"守夜人"，政府与企业、业主形成裁判员和运动员的关系，政府承担规则制定者和执行监督者的责任，在持续推进更新的过程中研究深化更新政策和制度，完善城市更新的规则体系；业主与开发企业则在政府制定的更新规则下负责更新项目的各类具体事项、推进城市更新项目的建设落地并获得相应利益[81]。

10.5.4 利益界定

城市更新制度建设中关于产权、用途和容量的制度安排，涉及更新项目中的相关利益界定，是从细处明确责权边界和收益分配的规则设定；而城市更新的项目流程设置，特别是协商环节等，亦界定了社会各方在更新过程中进行利益博弈的可能性和空间大小，以及博弈阶段和参与博弈的主体构成等。

在政府强主导的城市更新体系中，各方进行利益博弈的环节和空间相对较小，而在以深圳为代表的"市场运作"的城市更新体系下，各方博弈成为更新项目达成利益界定的重要途径。深圳城市更新采用了综合整治、拆除重建的多模式并举方式，过程重视对原权利人权益的保障和维护。大部分更新项目的实施要求通过协商实现原产权人一致同意（通常为2/3以上人数），这有利于将矛盾化解在项目建设之初，避免后期拆迁过程中暴力和维权等冲突事件的发生，实现各方利益和责任的分担。但由于拆迁协商中没有明确的拆赔标准，业主和开发商等之间可以就拆迁赔偿进行充分博弈。过去，原产权人常常因为权利和信息不对等在协商中处于弱势地位，如今物业升值的市场诱惑以及更新制度对原产权人利益的充分维护，导致部分产权人的博赔心理空前膨胀，通过违法抢建争取更多赔偿、对拆迁补偿漫天要价和层层加码等现象层出不穷，致使城市更新陷入"拆不动，赔不起，玩不转"的困境，引发社会对更新利益分配正义性与公平性的质疑。此外，政府将城市更新单元规划的编制权交给业主及开发商——经政府审批后的更新专项规划可"替代"原有法定图则，这也体现出要求业主、开发商和政府三方博弈的制度设计特点[81]。

10.5.5 目标引导

设定明确的更新目标和价值导向，是城市更新制度引导更新建设有的放矢的指路明灯，也是帮助政府和社会各方在更新过程中对更新决策做出判定的价值基石。《广州市城市更新条例（征求意见稿）》明确提出："城市更新应当贯彻落实新发展理念，强化系统观念、全生命周期管理，推进成片连片更新，坚持政府统筹、多方参与，规划引领、系统有序，民生优先、共治共享的基本原则……城市更新的总体目标是建设宜居城市、绿色城市、韧性城市、智慧城市、人文城市，不断提升城市人居环境质量、强化城市功能、优化空间布局、弘扬生态文明、保护历史文化，实现产城融合、职住平衡、文化传承、生态宜居、交通便捷、生活便利。"

《深圳经济特区城市更新条例》提出："城市更新应当遵循政府统筹、规划引领、公益优先、节约集约、市场运作、公众参与的原则……城市更新应当增进社会公共利益，实现下列目标：（一）加强公共设施建设，提升城市功能品质；（二）拓展市民活动空间，改善城市人居环境；（三）推进环保节能改造，实现城市绿色发展；（四）注重历史文化保护，保持城市特色风貌；（五）优化城市总体布局，增强城市发展动能。"

《上海市城市更新条例》则指出上海城市更新要"践行'人民城市'重要理念，弘扬城市精神品格，推动城市更新，提升城市能级，创造高品质生活，传承历史文脉，提高城市竞争力、增强城市软实力，建设具有世界影响力的社会主义现代化国际大都市"。城市更新"坚持'留改拆'并举、以保留保护为主，遵循规划引领、统筹推进，政府推动、市场运作，数字赋能、绿色低碳，民生优先、共建共享的原则"。

10.5.6 多元机制

城市更新制度为创建多元化的更新运作机制提供了良好契机，应在制度创建过程中有意识地开发和培育，如城市更新导向下的土地管理机制变革、更新模式创新、公众参与、社区规划师制度建立等。

深圳通过政策联动，以城市更新促进土地管理制度改革（图10.5），在土地出让方式、地价差异化标准、地价与容积率联动等方面进行了政策创新[84]，权利人可自行改造以及自行改造的项目不需要以"招拍挂"方式出让土地使用权明确之后，极大促进了原权利人进行改造的积极性[111]。粤府〔2009〕78号文件指出，广东省"三旧"改造对国土资源政策有六大突破：一是简化了补办征地手续；二是允许按现状完善历史用地手续；三是允许采用协议出让供地；四是土地纯收益允许反拨支持用地者开发改造；五是集体建设用地改为国有建设用地，可简化手续；六是边角地、插花地、夹心地处理有优惠。此外，在土地制度没有突破性变革的上海等地，城市更新亦实现了规划和土地政策的有效对接和并进（图10.6）。

图10.5 深圳城市更新规划和土地管理流程
资料来源：林华．城市更新规划管理与政策机制研究：以上海和深圳为例[C]//中国城市规划学会．持续发展 理性规划——2017中国城市规划年会论文集．北京：中国建筑工业出版社，2017．

图10.6 上海城市更新规划和土地管理流程（工业转型、城中村、"旧改"另行规定）
资料来源：林华．城市更新规划管理与政策机制研究：以上海和深圳为例[C]//中国城市规划学会．持续发展 理性规划——2017中国城市规划年会论文集．北京：中国建筑工业出版社，2017．

再者，从社区规划师的制度建设来看，上海杨浦区等地的实践做出了很好的尝试，其经验应该进一步转化为城市更新制度体系的重要组成部分。"社区的更新需要通过'社区规划师'作为媒介来联系自上而下的发展要求和自下而上的发展需求，通过社区规划师制度推进社区规划实施：对政府主导的区域整体更新、公共空间更新，社区规划师由政府选聘或第三方机构担任；对物业权利人主导实施的更新项目，政府退至协调监督角色，社区规划师由物业权利人选聘或第三方机构担任"[47]。

10.6 城市更新制度创新的工作内容与步骤建议

综上所述，从广州、深圳、上海的相关经验出发，我国其他城市的城市更新制度建设过程可以遵循以下步骤（表10.5）：

表 10.5 城市更新制度创新的实施步骤

编号	实施步骤	主要内容	具体要点
1	标图建库	基础数据入库	摸清更新用地的总体规模、空间特征、用地权属、建设现状等基础情况，纳入数据库
2	总体引导	总体目标与要求	通过宏观层面的更新专项规划、近中期更新计划等，确定城市更新的整体目标、原则和统筹建设要求
3	空间管控	规划设计/政策工具	通过更新地段的具体管控型规划设计和配套政策工具，对更新项目建设进行空间管控和指引，主要包括开发强度、政策性住房提供、公共要素清单、开发激励等
4	制度创新	政策/机制/机构	设立制度，合理突破现有的一些体制、机制障碍，为城市更新提供政策支持和实现路径
5	项目试点	多主体、多类型、多模式的试点实践	有针对性地选取代表性地区进行项目试点，开展城市更新实践，检验、反馈和优化城市更新制度设计，积累城市更新经验
6	深化推广	成功经验全面推广	将试点以及其他相关探索积累的经验，在更大范围进行全面推广

（1）标图建库，对全域或者城市建成区的存量土地资源和应该开展城市更新的地段进行区位、范围、规模、权属等方面的全面信息摸底，建立相应的数据库用于更新管理。

（2）总体引导，通过宏观层面的更新专项规划、近中期更新计划等，确定城市更新的总体思路、整体目标、主要原则、类别区分和统筹建设要求等。积极对接市、区层面的城市总体规划与分区规划，制定与法定规划相衔接的城市更新专项规划。

（3）空间管控，通过更新地段的具体管控型规划设计和配套政策工具，对更新项目建设进行空间管控和指引，空间管控的重点：一是密度、强度、高度等关键性指标的要求确定；二是保障性住房、公益用地等配建规定；三是交通、市政设施、公共服务设施等的配套完善清单；四是容积率奖励和转移等潜在开发激励措施。

（4）制度创新，基于上述工作形成的城市更新规划引导思路，结合城市相关政策法规的建设现状，分步骤、分阶段、从易到难地推进城市更新的制度建设，突破现行体制、机制对城市更新进程造成的阻力，逐步颁布和形成城市更新的法规文件。

（5）项目试点，在政策思路明晰的前提下，有针对性地选取代表性地区进行项目试点，开展项目实施与更新机制建设实践，不断总结试点过程中出现的问题和经验，检验和优化城市更新制度设计，推进调整完善。

（6）深化推广，总结试点以及其他相关探索中积累的成功经验，在更大范围进行全方位的运作推广，完善城市更新的制度架构和政策体系。

根据上述城市更新制度建设步骤，不同城市可以深化、细化城市更新在规划政策引导方面的技术规定，通过项目实施探索政府主导、公私合作、市场主动、自主更新等不同类型的更新模式与途径。土地制度、规划管理、金融财税制度、监督维护等配套制度的创立创新，是城市更新实施的有力保障，需要找到切实可行的改革突破点为更新实践护航。在更新政策或整体制度大面积推行之前，选取代表性地区进行试点实践可以有效规避改革风险，探索建立政府、产权主体、市场等的联合工作平台，就产权调整、利益划分、开发形式等关键问题进行大胆尝试和创新，进而扬长避短，不断反馈、修正和完善城市更新制度体系。

附 录

附录1

广州市城市更新条例
（征求意见稿）

第一章　总则

第一条【立法目的】

为了规范城市更新活动，优化城市空间布局，完善城市功能，转变城市开发建设方式，改善人居环境，传承历史文化，提升城市品质和城市发展质量，根据有关法律、法规，结合本市实际，制定本条例。

第二条【适用范围】

本条例适用于本市行政区域内的城市更新活动。

本条例所称城市更新，是指对市人民政府按照规定程序和要求确定的地区进行城市空间形态和功能可持续改善的建设和管理活动。经确定的城市更新地区应当具有下列情形之一：

（一）历史文化遗产需保护利用；

（二）城市公共服务设施和市政基础设施急需完善；

（三）环境恶劣或者存在安全隐患；

（四）现有土地用途、建筑物使用功能或者资源利用方式明显不符合经济社会发展要求；

（五）经市人民政府认定的其他情形。

第三条【基本原则】

城市更新应当贯彻落实新发展理念，强化系统观念、全生命周期管理，推进成片连片更新，坚持政府统筹、多方参与，规划引领、系统有序，民生优先、共治共享的基本原则。

第四条【总体目标】

城市更新的总体目标是建设宜居城市、绿色城市、韧性城市、智慧城市、人文城市，不断提升城市人居环境质量、强化城市功能、优化空间布局、弘扬生态文明、保护历史文化，实现产城融合、职住平衡、文化传承、生态宜居、交通便捷、生活便利。

第五条【政府职责】

市人民政府应当加强全市城市更新工作的领导，成立城市更新领导机构，研究审定城市更新重大事项、作出重大决策。

区人民政府负责统筹推进本行政区域内的城市更新工作。

第六条【部门职责】

市住房城乡建设行政主管部门是本市城市更新工作的主管部门，负责组织实施本条例。

市规划和自然资源部门负责本市城市更新规划和用地管理工作。

区人民政府负责城市更新工作的部门（以下简称区城市更新部门）由区人民政府指定，负责组织本行政区域内的城市更新工作。

发展改革、工业和信息化、财政、生态环境、交通运输、水务、农业农村、商务、城市管理综合执法、林业园林等相关部门在各自职责范围内负责城市更新相关工作。

第七条【城市更新分类实施】

城市更新包括微改造、全面改造、混合改造。

城市更新项目可以由权利主体、市场主体或者政府组织实施；符合规定的，也可以由权利主体与市场主体合作实施。

城市更新项目涉及多个权利主体、市场主体的，应当通过收购归宗、作价入股或者权益转移等方式形成单一主体实施。

第八条【资金保障】

市、区负责城市更新工作的部门应当将城市更新工作经费纳入部门预算管理，市、区财政部门按照规定统筹保障有关资金需求。

第二章　规划管理

第九条【规划引领】

城市更新以国民经济和社会发展规划、国土空间规划为引领，精准配置空间资源，提供高质量产业发展空间，配建高标准公共服务设施，并以国土空间详细规划作为规划许可、改造实施的法定依据。

第十条【总体规划】

市级国土空间总体规划应当明确城市更新的总体目标、重点区域、分区目标、规模和实施策略。

区级国土空间总体规划应当对市级国土空间总体规划提出的城市更新目标、规模进行分解落实，划定国土空间详细规划单元，细化实施策略，明确市、区统筹级和重要公共服务设施、市政基础设施规划布局要求。

第十一条【专项规划】

市规划和自然资源部门会同市住房城乡建设等有关部门，可以结合实际需要组织编制城市更新专项规划，报市人民政府批准。

城市更新专项规划应当以国土空间总体规划为基础，并与国土空间详细规划做好衔接。

第十二条【详细规划编制】

城市更新范围内的国土空间详细规划由市规划和自然资源部门统筹，区人民政府具体负责组织编制，明确国土空间详细规划单元的主导属性、用地功能布局、建筑总量、产业发展和建设量占比、城市设计、历史文化遗产保护、公共服务设施和市政基础设施用地配套规定等内容，以及明确规划地块的用地性质、容积率、绿地率、产业发展和建设量占比、历史文化遗产保护、公共服务设施和市政基础设施等内容。

国土空间详细规划修改必要性论证和修改方案编制可以合并开展。

第十三条【详细规划审批和修改】

城市更新范围内的国土空间详细规划经市规划委员会审议通过后，由市规划和自然资源部门报市人民政府批准。

城市更新范围内的国土空间详细规划单元实施刚性指标与弹性指标相结合的管控模式。国土空间详细规划经市人民政府批准后，涉及修改刚性指标的，应当按照前款的规定办理；涉及修改弹性指标的，由区人民政府批准，其中位于城市更新重点管控区域范围的，批准前应当征求市规划和自然资源部门意见。

市规划和自然资源部门应当明确刚性指标、弹性指标的具体内容和城市更新重点管控区域范围。

第十四条【详细规划实施评估】

市规划和自然资源部门应当定期组织有关部门和专家对城市更新范围内的国土空间详细规划实施情况进行评估，并根据评估情况和城市更新需求对国土空间详细规划进行动态调整。

第十五条【保护规划】

城市更新涉及历史城区、历史文化街区、历史文化名镇、历史文化名村、历史风貌区、传统村落、文物古迹、古树名木、历史建筑（含线索）、传统风貌建筑（含线索）和预先保护对象等历史文化遗产的，应当按照已批准的保护规划和相关法律、法规等对保护保留对象进行保护利用，并依法办理审批手续。

第十六条【容积率奖励】

在规划可承载条件下，对无偿提供政府储备用地、超出规定提供公共服务设施用地或者对历史文化保护作出贡献的城市更新项目，市、区人民政府可以按照有关政策给予容积率奖励。

第三章　策划实施

第十七条【项目建设规划】

市住房城乡建设行政主管部门负责组织编制城市更新项目建设规划。城市更新项目建设规划应当依据国民经济与社会发展规划和国土空间总体规划，划定城市更新实施片区，明确重点项目，指导项目实施，明确近中远期实施时序。

市住房城乡建设行政主管部门应当通过项目储备库、实施计划，合理调节城市更新开发节奏，实现项目有序管理。

第十八条【基础数据】

市住房城乡建设行政主管部门应当建立常态的基础数据调查制度，建立并定期更新城市更新基础数据库，纳入全市统一数据资源目录管理。

市相关部门、区人民政府应当建立数据共享和交换机制，按照城市更新基础数据调查和完善城市基础数据库的工作需要，提供职责范围内的基础数据。

第十九条【片区策划】

城市更新项目建设规划划定的实施片区应当开展片区策划。片区策划以基础数据为工作基础，开展专项评估和经济测算，明确片区改造范围、发展策略、产业方向、更新方式、利益平衡、实施时序以及规划和用地保障建议等内容，统筹协调成片连片更新。

市住房城乡建设行政主管部门或者区人民政府应当按照有关技术规范要求组织编制片区策划方案。片区策划方案由市住房城乡建设行政主管部门提交市城市更新领导机构审定；涉及国土空间详细规划调整的，应当先书面征求市规划和自然资源部门意见。

经审定的片区策划方案需要调整的，应当报原审定机构重新审定。

第二十条【项目实施方案】

区人民政府应当以城市更新基础数据调查成果为工作基础，依据国土空间详细规划、片区策划方案组织编制项目实施方案，报市城市更新领导机构审定后作为项目实施的依据。

经审定的项目实施方案需要调整的，应当报原审定机构重新审定。

第二十一条【建设量节余】

城市更新项目实施方案明确的建设量与国土空间详细规划明确的建设量相较的节余量，由市、区人民政府统筹安排，优先用于异地平衡、项目组合实施、城市更新安置房、保障性住房、重大基础设施等公益性项目。

第二十二条【同步联审】

片区策划方案和项目实施方案可以同步编制、同步联审，同步提交市城市更新领导机构审定。市城市更新领导机构可以按照规定委托区人民政府审定片区策划方案和项目实施方案。

未经划定城市更新实施片区，纳入城市更新项目储备库的单个项目，可以直接编制项目实施方案。

第四章　用地管理

第二十三条【土地整备】

市、区人民政府应当依据国土空间规划，综合运用"三旧"改造、土地管理、规划管理等公共政策，推动城市更新土地整备，实现土地资源空间重组、产权重构和利益共享，盘活存量低效建设用地。

第二十四条【土地整合】

城市更新项目涉及土地整合、成片连片开发的，应当将改造范围内多个权利主体、市场主体的房地产相关权益转移到单一主体；或者在集体建设用地之间、国有建设用地之间进行土地置换。

按照经批准的项目实施方案，以前款方式实现土地整合的，属于政府征收（收回）房产、土地并出让的行为。

第二十五条【异地平衡】

城市更新项目因用地和规划条件限制无法实现盈亏平衡，符合条件的，可以按以下方式进行统筹平衡：

（一）由实施主体通过与该主体的其他城市更新项目或者建设用地统一规划等方式，将经项目实施方案批准的开发权益等价值转移；

（二）由政府采取储备用地支持用作融资的，应当将城市更新项目和储备用地进行整体评估后，通过招标、拍卖、挂牌等公开方式确定实施主体，按照规定办理供地，但储备用地用作安置房、公共服务设施、市政基础设施的除外。

城市更新项目统筹平衡的具体条件由市人民政府另行制定。

第二十六条【土地置换】

城市更新项目涉及将省"三旧"改造地块数据库范围内的"三旧"用地与其他建设用地实施置换，或者以复垦方式与本项目范围内非建设用地实施置换的，置换后地块按规定纳入省"三旧"改造地块数据库，适用"三旧"改造政策。

第二十七条【留用地统筹利用】

旧村庄全面改造或者混合改造项目可以将村留用地或者留用地指标纳入一并实施，并按照留用地管理规定的用途计算留用地开发权益并在改造范围内落实；改造范围内地块可以结合改造需求统筹确定建设用途，包括居住、商业、商务、工业等。

第二十八条【"三旧"用地审批】

城市更新涉及"三旧"改造用地审批包括：

（一）集体土地完善转用、征收审批；

（二）旧村庄集体建设用地转为国有建设用地审批；

（三）"三地"以及其他用地办理转用、征收审批；

（四）国有土地完善转用审批。

区人民政府指定部门负责按照"三旧"改造用地审批相关政策组织报批材料，经区人民政府审核同意后按程序报有批准权的机关批准。

涉及其他用地办理转用、征收审批的按相关规定办理。

第二十九条【土地供应】

市、区人民政府组织实施的城市更新项目涉及土地供应的，应当公开出让，但符合规定可以划拨或者协议方式出让的除外。旧厂房用地改为商品住宅的，应当由政府组织实施。

区人民政府组织实施城市更新项目征收、补偿工作，可以在确定开发建设条件前提下，将征收搬迁工作及拟改造土地的使用权一并通过公开方式确定实施主体，并在达到供地条件后办理协议出让，由规划和自然资源部门与实施主体签订土地出让合同，根据城市更新项目需要，一次或者分期供应土地。

除本条第一款规定的情形外，城市更新项目涉及以下用地的，可以划拨或者协议出让给符合条件的实施主体：

（一）"三旧"用地、"三地"和其他用地，以及与上述用地置换后纳入省"三旧"改造地块数据库的用地。其他用地只能用于复建安置和公共服务设施、市政基础设施建设。

（二）经农村集体经济组织依法表决通过后，纳入旧村庄全面改造或者混合改造项目范围且转为国有性质的留用地。

第三十条【土地出让金计收】

城市更新项目供地应当综合考虑实施主体承担的改造成本，按照规定确定应收土地出让金。

第五章 监督管理

第三十一条【实施时序】

城市更新项目可以按照民生先行、灵活分片、动态分期的原则，依据经批准的项目实施方案分地块申请办理规划、用地、建设等许可事项，最小分片应当不小于国土空间详细规划的导则地块。

涉及房屋搬迁安置的，实施主体应当坚持先安置、后搬迁，优先保护历史文化遗产，先行建设复建安置房、公共服务设施和市政基础设施，并优先移交投入使用。公共服务设施和市政基础设施未在规定的时限内启动建设的，其他建设项目（安置房除外）不得启动。

城市更新项目组合实施的，应当优先实施老旧小区改造项目、历史文化遗产保护利用项目以及其他特殊控制区内的项目。

第三十二条【项目实施监督】

区城市更新部门或者其委托的单位应当在项目实施方案批复后三个月内与符合条件的实施主体签订项目实施监管协议。涉及土地供应的，应当在土地供应前签订。

项目实施监管协议应当包括实施主体履行历史文化遗产保护、公共服务设施和市政基础设施建设和移交、补偿安置、产业导入、社会风险防范、安全生产、运营管理、投保工程质量潜在缺陷保险等义务。

区城市更新部门或者其委托的单位应当按照项目实施监管协议的约定，对改造项目实行动态监管。区人民政府应明确城市更新改造项目相关拆卸工程的安全监管部门，依法开展安全监督管理。

第三十三条【复建安置资金监督】

涉及复建安置的城市更新项目，应当开设复建安置资金监管账户，但由政府征收储备的城市更新项目除外。

实施主体应当与开户银行、区城市更新部门等主体签订复建安置资金监管协议，并按照规定缴存资金。

复建安置资金监管账户的资金应当专款专用。

第三十四条【物业权益固化】

涉及搬迁补偿的城市更新项目，市场主体应当与权利主体签订搬迁补偿协议，并在拆除房屋前将搬迁补偿协议报区更新部门或者其委托的单位备案。搬迁补偿协议应当明确补偿标准和方式，办理不动产注销登记、预告登记的主体等内容。

对已纳入城市更新计划或者改造意愿表决比例超过百分之八十的旧村庄全面改造项目，除鉴定为危房且证件齐全的房屋，可以原址、原状、原规模重建外，对村民的其他建房申请原则上不予审批。

第三十五条【建设移交管理】

实施主体应当按照项目实施监管协议明确的公共服务设施、市政基础设施和新型基础设施项目或者其他公益性项目（含用地）的类型、规模、建设标准、移交方式和移交期限等要求进行移交。

由实施主体移交给政府的土地、建（构）筑物，可以由市、区人民政府根据需要统筹调配使用。

第三十六条【微改造技术标准特殊规定】

微改造项目在保持城市肌理和传统风貌的前提下，建筑退让、退界标准不低于现状。建筑间距可以按照现行规划技术规定折减百分之十，或者不低于原有建筑的建筑间距。

微改造项目的环境保护、消防安全、卫生防疫等应当按照法律、法规和现行技术标准执行。受条件限制确有困难的，可以综合运用新技术、新设备、加强性管理等保障措施，经行业主管部门会同相关部门组织专家评审论证通过后实施。

鼓励微改造项目实施节能改造提升建筑绿色低碳水平，采用可再生能源技术开展绿色化改造。

第三十七条【资源整合】

在不违反规划且征得相关利害关系人同意的前提下，鼓励整合利用微改造项目范围内以及周边可利用的空地、拆除违法建设腾空用地等空间资源优先增加绿地、开敞空间、加装电梯和建设公共服务设施；鼓励利用行政事业单位和国有企业用地、用房（含公房）增设公共服务设施。

第三十八条【用地和建筑使用功能兼容】

微改造项目符合区域发展导向的，允许用地性质兼容、建筑使用功能转变。涉及用地以及建筑功能业态的，可以制定正、负面清单进行管理。

实施主体可以按照前款规定对原有建筑物进行多种功能使用，不改变建筑结构、不增加建筑面积、不办理产权登记的，可以免予办理规划报建手续。不办理不动产登记的，不影响实施主体办理商事登记。

第三十九条【历史文化遗产活化利用】

鼓励不可移动文物、历史建筑进行活化利用、功能拓展，完善公共服务设施和市政基础设施，引入图书馆、博物馆、美术馆、实体书店、非遗传承场所等文化和服务功能，合理控制商业开发规模。

国有历史建筑可以通过公开招租等方式进行合理利用。对因特殊情况不适宜公开招租的，经市、区人民政府批准可直接协议出租。

引导、鼓励历史建筑、传统风貌建筑，以及历史文化街区、历史文化名镇、历史文化名村、历史风貌区和传统村落保护范围内其他房屋的所有权人、使用人，自愿腾退房屋，交由政府实施保护利用。

第六章 权益保障

第四十条【村民与村集体权益保障】

旧村庄更新改造涉及改造意愿、选择合作企业、项目实施方案、搬迁补偿安置方案、集体建设用地转为国有建设用地等事项应当按照规定公开征集村民意愿、组织表决，保障村民合法权益。

第四十一条【居民权益保障】

区人民政府对旧城镇实施全面改造，应当征求改造区域内权利主体的意见，经改造区域内百分之九十以上的权利主体同意的，方可启动改造。

在经批准的项目实施方案规定时间内，签订房屋搬迁补偿安置协议的权利主体达到百分之八十以上的，实施主体方可启动房屋拆除工作。

第四十二条【利害关系人权益保障】

城市更新项目涉及房屋承租人、建设出资人、旧厂股东、抵押权人等利害关系人的，实施主体应当对权利主体给予补偿，由权利主体依法对利害关系人进行补偿。

城市更新项目涉及公有房屋的，应当保障公有房屋承租人合法权益，依法补偿、安置。

第四十三条【统筹住房保障】

城市更新应当通过多主体供给、多渠道保障、租购并举方式增加公共租赁住房、共有产权住房等保障性住房建设和供应，引导集体建设用地按照规划建设集体宿舍等租赁住房。

第四十四条【村民自治】

项目实施方案生效后，农村集体经济组织可以依据《中华人民共和国土地管理法》报经原批准用地的机关批准收回集体土地使用权。

宅基地使用权人拒不交回土地使用权，且旧村庄更新改造项目搬迁安置补偿协议签订人数占比达到百分之九十五的，农村集体经济组织可以向人民法院提起诉讼。

第四十五条【搬迁补偿】

签订国有土地上房屋搬迁补偿协议的专有部分面积和物业权利人人数占比达到百分之九十五，市场主体与未签约物业权利人经过充分协商仍协商不成的，可以向项目所在地的区人民政府申请调解。经过区人民政府调解未能达成一致的，为了维护和增进社会公共利益，推进城市规划的实施，区人民政府可以按照《国有土地上房屋征收与补偿条例》相关规定对未签约部分房屋实施国有土地上房屋征收。

被征收人对征收、补偿决定不服的，可以依法申请行政复议或者提起行政诉讼。被征收人在法定期限内不申请行政复议或者提起行政诉讼，又不履行征收决定确定的义务的，区人民政府应当自期限届满之日起三个月内向人民法院申请强制执行。

区人民政府征收取得的物业权利，由相关部门按照有关规定与市场主体协商签订搬迁补偿协议。

第四十六条【行政裁决】

权利主体对搬迁补偿安置协议不能达成一致意见，符合以下情形的，权利主体可以向项目所在地的区人民政府申请裁决，要求限期搬迁：

（一）土地或者地上建筑物为多个权利主体按份共有的，占份额不少于三分之二的按份共有人已签订搬迁补偿安置协议；

（二）建筑物区分所有权的，专有部分占建筑物总面积不少于百分之九十五且不少于百分之九十五的权利主体已签订搬迁补偿安置协议；

（三）属于旧村庄改造项目的，农村集体经济组织以及不少于百分之九十五的村民或者户代表已签订搬迁补偿安置协议。

区人民政府进行裁决前，应当先进行调解。

对区人民政府裁决不服的，可以依法申请行政复议或者提起行政诉讼。当事人在法定期限内不申请行政复议或者提起行政诉讼且不履行裁决的，由作出裁决的区人民政府申请人民法院强制执行。

第七章 法律责任

第四十七条【行政机关及其工作人员法律责任】

行政机关及其工作人员在城市更新工作中不履行本条例规定的职责，滥用职权、玩忽职守、徇私舞弊的，依法给予处分；给他人造成损害的，依法承担赔偿责任；构成犯罪的，依法追究刑事责任。

第四十八条【相关组织和个人法律责任】

自然人、法人和其他组织参与城市更新活动时，有欺诈、胁迫、虚构事实、伪造变造文件、散布虚假信息、侵害个人隐私、泄露商业秘密、受贿、行贿等行为的，由相关部门依法查处，并纳入公共信用信息管理，五年内禁止参与城市更新活动；构成犯罪的，依法追究刑事责任。

第四十九条【搬迁补偿相关法律责任】

贪污、挪用、私分、截留、拖欠搬迁补偿有关费用的，由相关部门责令改正，追回有关款项，限期退还违法所得，对有关责任单位通报批评、给予警告；对直接负责的主管人员和其他直接责任人员依法给予处分；造成损失的，依法承担赔偿责任；构成犯罪的，依法追究刑事责任。

采取暴力、威胁或者违反规定中断供水、供气、供电，阻碍道路通行等方式迫使权利主体搬迁，造成损失的，依法承担赔偿责任；构成违反治安管理行为的，依法给予治安管理处罚；构成犯罪的，依法追究刑事责任。

第五十条【实施主体的法律责任】

实施主体违反本条例第三十一条第二款规定，未先行建设复建安置房、公共服务设施和市政基础设施的，由区城市更新部门责令限期改正；逾期不改正的，处以复建安置资金缴存金额百分之五的罚款。

实施主体违法出租、销售、抵押、交付复建安置房、保障性住房、共有产权住房、人才公寓的，由区城市更新部门责令停止违法行为，没收违法所得，并处以房屋价款百分之三十以上百分之五十以下的罚款。

第五十一条【市场主体的法律责任】

市场主体未按照本条例第三十四条第一款规定，将搬迁补偿协议报区城市更新部门或者其委托的单位备案的，由区城市更新部门给予警告，并责令限期改正；逾期不改正的，处五十万元以上一百万元以下罚款。

第八章 附则

第五十二条【名词解释】

微改造，是指在维持现状建设格局基本不变的前提下，通过局部拆建、保留修缮、完善基础设施以及建筑物功能置换等方式，进行城市功能修补、环境品质提升、历史文化遗产保护活化利用的城市更新活动。

全面改造，是指以拆除重建方式对城市更新地区进行再开发，或者实施生态修复、土地复垦的城市更新活动。

混合改造，是指全面改造和微改造相结合的城市更新活动。

"三旧"用地、"三地"和其他用地，根据本省旧城镇旧厂房旧村庄改造管理的相关规定确定。

权利主体，包括城市更新用地及其地上、地下建筑物、构筑物的所有权人、使用权人，以及按照有关规定处理后的实际用地人。

第五十三条【施行时间】

本条例自 X 年 X 月 X 日起施行。

附录2

深圳经济特区城市更新条例

第一章 总则

第一条 为了规范城市更新活动，完善城市功能，提升城市品质，改善人居环境，根据有关法律、行政法规的基本原则，结合深圳经济特区实际，制定本条例。

第二条 深圳经济特区城市更新活动适用本条例。

本条例所称城市更新，是指对城市建成区内具有下列情形之一的区域，根据本条例规定进行拆除重建或者综合整治的活动：

（一）城市基础设施和公共服务设施急需完善；

（二）环境恶劣或者存在重大安全隐患；

（三）现有土地用途、建筑物使用功能或者资源、能源利用明显不符合经济社会发展要求，影响城市规划实施；

（四）经市人民政府批准进行城市更新的其他情形。

根据市住房发展规划，旧住宅区拆除重建后优先用于公共租赁住房、安居型商品房和人才住房等公共住房建设，由市、区人民政府按照有关规定组织实施。具体办法由市人民政府另行制定。

第三条 城市更新应当遵循政府统筹、规划引领、公益优先、节约集约、市场运作、公众参与的原则。

第四条 城市更新应当增进社会公共利益，实现下列目标：

（一）加强公共设施建设，提升城市功能品质；

（二）拓展市民活动空间，改善城市人居环境；

（三）推进环保节能改造，实现城市绿色发展；

（四）注重历史文化保护，保持城市特色风貌；

（五）优化城市总体布局，增强城市发展动能。

第五条 市人民政府负责统筹全市城市更新工作，研究决定城市更新工作涉及的重大事项。

市城市更新部门是城市更新工作的主管部门，负责组织、协调、指导、监督全市城市更新工作，拟订城市更新政策，组织编制全市城市更新专项规划、年度计划，制定相关规范和标准。

市人民政府相关部门在各自职责范围内负责城市更新相关工作。

第六条 各区人民政府（含新区管委会，下同）负责统筹推进本辖区城市更新工作。

区城市更新部门负责本辖区城市更新组织实施和统筹管理工作，区人民政府相关部门在各自职责范围内负责城市更新相关工作。

街道办事处应当配合区城市更新部门做好城市更新相关工作，维护城市更新活动正常秩序。

第七条 城市更新项目由物业权利人、具有房地产开发资质的企业（以下简称市场主体）或者市、区人民政府组织实施。符合规定的，也可以合作实施。

第八条 城市更新一般按照下列程序进行，本条例另有规定的除外：

（一）城市更新单元计划制定；

（二）城市更新单元规划编制；

（三）城市更新实施主体确认；

（四）原有建筑物拆除和不动产权属注销登记；

（五）国有建设用地使用权出让；

（六）开发建设；

（七）回迁安置。

市人民政府因优化营商环境以及行政审批制度改革的需要，可以按规定优化相关工作程序。

第九条 市城市更新部门应当建立统一的城市更新信息系统，将全市城市更新项目范围内的土地、建筑物、历史文化遗存现状、相关行政许可等信息纳入城市更新信息系统，实施全流程覆盖、全方位监管，并依法公开政府信息。

第十条 城市更新应当与土地整备、公共住房建设、农村城市化历史遗留违法建筑（以下简称历史违建）处理等工作有机衔接，相互协调，促进存量低效用地再开发。

第十一条 城市更新应当加强对历史风貌区和历史建筑的保护与活化利用，继承和弘扬优秀历史文化遗产，促进城市建设与社会、文化协调发展。

城市更新单元内的文物保护工作，应当严格执行文物保护相关法律、法规规定。

第十二条 市城市更新部门、各区人民政府应当建立健全城市更新公众参与机制，畅通利益相关人及公众的意见表达渠道，保障其在城市更新政策制定、计划规划编制、实施主体确认等环节以及对搬迁补偿方案等事项的知情权、参与权和监督权。

第二章 城市更新规划与计划

第十三条 市城市更新部门应当按照全市国土空间总体规划组织编制全市城市更新专项规划，确定规划期内城市更新的总体目标和发展策略，明确分区管控、城市基础设施和公共服务设施建设、实施时序等任务和要求。

城市更新专项规划经市人民政府批准后实施，作为城市更新单元划定、城市更新单元计划制定和城市更新单元规划编制的重要依据。

第十四条 城市更新单元是城市更新实施的基本单位。一个城市更新单元可以包括一个或者多个城市更新项目。城市更新单元的划定应当执行有关技术规范，综合考虑原有城市基础设施和公共服务设施情况、自然环境以及产权边界等因素，保证城市基础设施和公共服务设施相对完整，并且相对成片连片。

第十五条 城市更新单元实行计划管理。

城市更新单元计划依照城市更新专项规划和法定图则等法定规划制定，包括更新范围、申报主体、物业权利人更新意愿、更新方向和公共用地等内容。其中，更新方向应当按照法定图则等法定规划的用地主导功能确定。

城市更新单元计划实行有效期管理，不符合有效期管理规定的，由城市更新部门确认并公告后失效。

第十六条 综合整治类城市更新项目有下列情形之一的，可以不申报城市更新单元计划：

（一）仅增加不超过现状建筑面积百分之十五的电梯、连廊、楼梯、配电房等辅助性公用设施；

（二）仅对建筑物外立面进行改造。

第十七条 城市更新单元计划申报主体按照下列规定确定：

（一）城市更新单元涉及单一物业权利人的，由物业权利人或者其委托的单一市场主体申报；

（二）城市更新单元涉及多个物业权利人的，由其共同委托的单一物业权利人或者单一市场主体申报；

（三）城市更新单元用地属于城中村、旧屋村或者原农村集体经济组织和原村民在城中村、旧屋村范围外形成的建成区域的，由其所在原农村集体经济组织继受单位或者其委托的单一市场主体申报；

（四）城市更新单元由市、区人民政府组织实施的，由市、区人民政府相关部门申报；

（五）旧住宅区更新单元计划由辖区街道办事处负责申报。

根据前款规定确定的申报主体在申报城市更新单元计划之前，应当组织开展更新改造现状调研、城市更新单元拟订、意愿征集、可行性分析等工作。

第十八条 申报城市更新单元计划时，城市更新单元内物业权利人更新意愿、合法用地比例、建筑物建成年限等应当符合规定要求。

物业权利人更新意愿、建筑物建成年限按照本条例规定执行，合法用地比例由市人民政府另行规定。

第十九条 区城市更新部门负责对城市更新单元计划草案进行审查。经审查通过的，由区城市更新部门按规定向社会公示后报区人民政府审批，公示时间不得少于十个工作日。

城市更新单元计划经区人民政府批准后，由区城市更新部门将该单元计划向社会公告，并报市城市更新部门备案。

第二十条 城市更新单元规划是城市更新项目实施的规划依据，应当根据城市更新单元计划、有关技术规范并结合法定图则等各项控制要求进行编制，并明确下列事项：

（一）城市更新单元的目标定位、更新模式、土地利用、开发建设指标、道路交通、市政工程、城市设计、利益平衡方案等；

（二）学校、医院、养老院、公安派出所、消防站、文化活动中心、综合体育中心、公交首末站、变电站等公共服务设施建设要求；

（三）创新型产业用房、公共住房等配建要求；

（四）无偿移交政府的公共用地范围、面积；

（五）其他事项。

市、区城市更新部门应当加强对城市更新单元规划编制的指导、监督，加强规划刚性管控，确保社会公共利益的实现。

第二十一条 城市更新单元规划草案由城市更新单元计划申报主体委托具有相应资质的机构编制，报区城市更新部门审查。经审查通过的，区城市更新部门应当将城市更新单元规划草案向社会公示，公示时间不得少于三十日。

城市更新单元规划草案符合法定图则强制性内容的，由区人民政府批准；城市更新单元规划草案对法定图则强制性内容进行调整或者相关地块未制定法定图则的，由区人民政府报市人民政府或者市人民政府授权的机构批准。

城市更新单元规划经批准后视为已完成法定图则相应内容的修改或者编制。

第二十二条 除因公共住房、城市基础设施和公共服务设施建设外，城市更新单元规划自批准之日起两年内不得对其强制性内容进行修改。

对城市更新单元规划进行修改，修改事项属于非强制性内容的，由区人民政府批准；属于强制性内容的，由市人民政府或者其授权的机构批准。

城市更新单元规划的强制性内容包括单元主导功能、开发强度、公共配套设施等，具体按照相关技术规范执行。

第二十三条 区人民政府可以根据需要确定重点城市更新单元，实施差别化城市更新策略。重点城市更新单元的计划和规划经市城市更新部门审查后，由区人民政府提请市人民政府批准。

第三章　拆除重建类城市更新

第二十四条 拆除重建类城市更新是指通过综合整治方式难以改善或者消除本条例第二条第二款规定的情形，需要拆除全部或者大部分原有建筑物，并按照规划进行重新建设的活动。

第二十五条 申报拆除重建类城市更新单元计划时，拆除范围内物业权利人更新意愿应当符合下列要求：

（一）用地为单一地块的，应当经全体共同共有人或者产权份额四分之三以上的按份共有人同意，建筑物区分所有权的，应当经专有部分面积占比四分之三以上的物业权利人且占总人数四分之三以上的物业权利人同意，其中旧住宅区所在地块应当经专有部分面积占比百分之九十五以上且占总人数百分之九十五以上的物业权利人同意；

（二）用地包含两个或者两个以上地块的，每一地块物业权利人更新意愿应当符合前项规定，且物业权利人同意更新的面积不少于总用地面积的百分之八十；

（三）用地属城中村、旧屋村或者原农村集体经济组织和原村民在城中村、旧屋村范围以外形成的建成区域的，应当经原农村集体经济组织继受单位的股东大会表决同意进行城市更新，或者符合前两项规定，经原农村集体经济组织继受单位同意。

申请将旧住宅区纳入拆除重建类城市更新单元计划，自发布征集意愿公告之日起十二个月内未达到前款物业权利人更新意愿要求的，三年内不得纳入城市更新单元计划。

第二十六条 申请将旧住宅区纳入拆除重建类城市更新单元计划的,建筑物建成年限应当在二十年以上,且满足下列条件之一:

(一)需要根据规划建设重大城市基础设施和公共服务设施的;

(二)年久失修或者经维修后仍无法满足使用要求,或者存在严重安全隐患危及业主、物业使用人以及公共安全,只能通过拆除重建方式解决的;

(三)使用功能不齐全、配套设施不完善,经评估后需要拆除重建的。

第二十七条 申请将旧工业区、旧商业区纳入拆除重建类城市更新单元计划的,建筑物建成年限不得少于十五年;建成年限未满十五年,但是因规划统筹或者社会公共利益需要的,可以按照本条例规定纳入拆除重建类城市更新单元计划。

第二十八条 拆除重建类城市更新单元规划经批准后,物业权利人可以通过签订搬迁补偿协议、房地产作价入股或者房地产收购等方式将房地产相关权益转移到同一主体,形成单一权利主体。

属于城中村拆除重建类城市更新项目的,除按照前款规定形成单一权利主体外,原农村集体经济组织继受单位可以与公开选择的单一市场主体合作实施城市更新,也可以自行实施。

第二十九条 拆除重建类城市更新项目的市场主体与物业权利人应当遵循平等、公平的原则签订搬迁补偿协议。

市城市更新部门应当制定并发布搬迁补偿协议示范文本,包括协议生效时间、生效条件、搬迁补偿标准和方式、协议有效期、权利义务、预告登记约定、不得加改扩建、违约责任等内容。

市场主体应当将已签订的搬迁补偿协议报区城市更新部门备案。区城市更新部门应当将备案信息推送区住房建设部门和不动产登记机构。被搬迁住房属政策性住房的,区住房建设部门应当报市住房建设部门审核。

第三十条 区城市更新部门负责对物业权利人更新意愿进行核实。属于本条例第二十五条第一款第三项规定情形的,区城市更新部门应当在物业权利人更新意愿核实阶段组织区规划土地监察机构、辖区街道办事处和原农村集体经济组织继受单位对历史违建物业权利人进行核实,由经核实的物业权利人与市场主体签订搬迁补偿协议。

第三十一条 搬迁补偿协议签订后,市场主体可以按照约定向不动产登记机构申请办理被搬迁房屋的相关预告登记。

预告登记的期限由双方当事人约定。约定登记有效期间,双方当事人可申请注销预告登记。期限届满或者城市更新项目调出城市更新单元计划的,预告登记失效。预告登记有效期内,未经预告登记权利人一致同意,不动产登记机构不受理被搬迁房屋的不动产转移、抵押或者变更等登记业务。

第三十二条 属于旧住宅区城市更新项目的,区人民政府应当在城市更新单元规划批准后,组织制定搬迁补偿指导方案和公开选择市场主体方案,经专有部分面积占比百分之九十五以上且占总人数百分之九十五以上的物业权利人同意后,采用公开、公平、公正的方式选定市场主体,由选定的市场主体与全体物业权利人签订搬迁补偿协议。

被选定的市场主体应当符合国家房地产开发企业资质管理的相关规定,与城市更新规模、项目定位相适应,并具有良好的社会信誉。

第三十三条　城市更新项目实施过程中，需要变更计划申报主体的，应当按照本条例第二十五条第一款的规定，重新征集物业权利人更新意愿，并在厘清经济利益关系后将变更情况报区城市更新部门备案。区城市更新部门负责对物业权利人更新意愿达成情况和变更后市场主体的资质要求等进行核实。

第三十四条　城市更新搬迁补偿可以采用产权置换、货币补偿或者两者相结合等方式，由物业权利人自愿选择。政策性住房原则上采取产权置换方式，补偿与被拆除住房产权限制条件相同的住房。

已登记的商品性质住宅物业采用原地产权置换的，按照套内面积不少于一比一的比例进行补偿；产权置换的实际面积不得少于约定面积，因误差导致超出面积在百分之三以内的，物业权利人可以不再支付超出面积部分的房价。安置补偿费最迟应当在物业权利人搬离之日起按约定给付。

前款规定以外的其他合法建筑和历史违建的搬迁补偿标准，由市场主体与物业权利人参照本市房屋征收相关规定协商确定。

第三十五条　已签订搬迁补偿协议的专有部分面积占比或者物业权利人人数占比不低于百分之九十五时，市场主体与未签约业主经充分协商仍协商不成的，可以向项目所在地的区人民政府申请调解，区人民政府也可以召集有关当事人进行调解。

第三十六条　旧住宅区已签订搬迁补偿协议的专有部分面积和物业权利人人数占比均不低于百分之九十五，且经区人民政府调解未能达成一致的，为了维护和增进社会公共利益，推进城市规划的实施，区人民政府可以依照法律、行政法规及本条例相关规定对未签约部分房屋实施征收。

城中村合法住宅、住宅类历史违建部分，已签订搬迁补偿协议的物业权利人人数占比不低于百分之九十五的，可以参照前款规定由区人民政府对未签约住宅类房屋依法实施征收。

第三十七条　依照本条例规定对未签约房屋实施征收的，可以不纳入全市年度房屋征收计划，由区人民政府参照国家和本市国有土地上房屋征收与补偿的有关规定，依法分别作出征收决定。

被征收人对征收决定或补偿决定不服的，可以依法申请行政复议或者提起行政诉讼。

被征收人在法定期限内不申请行政复议或提起行政诉讼，又不履行征收决定确定的义务的，区人民政府应当自期限届满之日起三个月内向人民法院申请强制执行。

第三十八条　在区人民政府依法作出征收决定前，尚未签订搬迁补偿协议的物业权利人与市场主体协商签订搬迁补偿协议的，市场主体应当在签订搬迁补偿协议后三个工作日内告知区人民政府。区人民政府对该房屋的征收程序终止。

第三十九条　区人民政府征收取得的物业权利，由相关部门按照有关规定与市场主体协商签订搬迁补偿协议。

第四十条　城市更新项目拆除范围内形成单一权利主体或者合作实施主体的，应当向区城市更新部门申请确认实施主体。

区城市更新部门应当与实施主体签订项目实施监管协议，按照有关规定明确下列事项：

（一）实施主体按照城市更新单元规划要求应当履行的无偿移交公共用地、城市基础设施和公共服务设施、创新型产业用房、公共住房等义务，以及相应接收部门；

（二）实施主体按照搬迁补偿协议应当履行的义务；

（三）城市更新项目实施进度安排及完成时限；

（四）设立资金监管账户或者其他监管措施；

（五）违约责任；

（六）双方需要约定的其他事项。

涉及产业项目的，实施主体还应当与区产业主管部门签订产业发展监管协议，明确监管要求，并将产业发展监管协议作为土地使用权出让合同附件。

第四十一条 确认实施主体后，区城市更新部门应当及时通过城市更新信息系统通知各有关部门和不动产登记机构，暂停办理涉及城市更新项目拆除范围内物业的审批、登记等事项。

第四十二条 无偿移交给政府的公共用地中，用于建设与城市更新项目配套的城市基础设施和公共服务设施的，应当优先安排，与城市更新项目同步实施。相关部门也可以委托实施主体代为建设。

第四十三条 除提前向政府无偿移交公共用地，且经区人民政府同意拆除该用地上建筑物的情形外，城市更新单元拆除范围内建筑物应当在区城市更新部门与实施主体签订项目实施监管协议后，方可按规定拆除。实施主体应当在拆除施工十五日前，向区住房建设部门办理备案手续。

建筑物拆除后，由物业权利人或者其委托的实施主体依法办理不动产权属注销登记手续。

第四十四条 不动产权属注销登记完成后，实施主体应当先按照规划要求向政府无偿移交公共用地，再申请以协议方式取得更新单元规划确定的开发建设用地使用权，并签订国有建设用地使用权出让合同。项目拆除范围内的原土地使用权自动终止，出让后的土地使用权期限重新起算。

国有建设用地使用权出让合同应当明确城市更新单元规划和项目实施监管协议的相关内容。

拆除范围内土地涉及未完善土地征转用补偿手续的，在签订国有建设用地使用权出让合同前，由原农村集体经济组织继受单位自行厘清经济关系后与相关部门签订完善手续的协议，政府不再另行补偿。

第四十五条 被搬迁人选择产权置换的，置换物业按照经区城市更新部门备案的搬迁补偿协议约定登记至被搬迁人名下，依法免征契税。

第四章 综合整治类城市更新

第四十六条 综合整治类城市更新是指在维持现状建设格局基本不变的前提下，采取修缮、加建、改建、扩建、局部拆建或者改变功能等一种或者多种措施，对建成区进行重新完善的活动。

第四十七条 综合整治类城市更新主要包括下列内容：

（一）修缮建筑物外观；

（二）加建电梯、连廊、楼梯和遮蔽通道等辅助性设施；

（三）完善道路交通、给排水、供电、燃气、消防、安防、垃圾分类、通信等公共服务设施；

（四）增设或改造养老、文化、教育、卫生、托育、体育、快递、停车场、充电设施、社会治安等各类社区服务设施；

（五）保护、活化利用不可移动文物或者历史风貌区、历史建筑；

（六）改变建筑物功能；

（七）其他加建、改建、扩建或者局部拆建行为。

第四十八条 实施综合整治类城市更新不得影响原有建筑物主体结构安全和消防安全，原则上不得改变土地规划用途。涉及加建、改建、扩建、局部拆建的，所在区域应当未被列入土地整备计划、拆除重建类城市更新单元计划。

第四十九条 综合整治类城市更新项目涉及加建、改建、扩建、局部拆建等活动的，应当按照本条例第八条规定的程序实施。相关计划规划制定、实施主体确认、原有建筑物拆除和不动产权属注销登记、国有建设用地使用权出让等环节参照拆除重建类城市更新相关规定执行。

第五十条 旧住宅区和旧商业区因配套设施不完善或者建筑和设施建设标准较低的，可以采取整饰建筑外观、加建电梯、设置连廊、增设停车位等措施实施综合整治类城市更新。

实施前款所列综合整治措施的，可以按规定启用物业专项维修资金。

第五十一条 鼓励旧工业区开展融合加建、改建、扩建、局部拆建等方式的综合整治类城市更新。

旧工业区开展综合整治类城市更新的，应当符合本市产业发展导向，并按要求向政府无偿移交一定比例的用地、用房。

旧工业区综合整治类城市更新拟由物业权利人以外的市场主体实施的，市场主体被确认为实施主体后，可以申请对原土地使用权合同进行变更或者签订补充协议。旧工业区经综合整治类城市更新后新引进的企业其产业类型等应当符合相关产业政策要求。

第五十二条 因消除安全隐患、完善产业及配套功能、改善空间环境品质等目的对旧工业区开展综合整治类城市更新，增加面积不超过现状建筑面积百分之十五的电梯、连廊、楼梯、配电房等辅助性设施的，可以适当简化相关程序。

第五十三条 市城市更新部门负责组织划定城中村综合整治分区范围。划入综合整治分区范围的城中村，不得开展以拆除重建为主的城市更新活动。

城中村内的现状居住片区和商业区，可以由区人民政府组织开展综合整治类城市更新活动。

第五章 保障和监督

第五十四条 市、区城市更新部门应当将城市更新工作经费纳入部门预算管理，市、区财政部门按照规定统筹保障有关资金需求。

第五十五条 城市更新项目依法免收各项行政事业性收费。

第五十六条 鼓励实施主体参与文物、历史风貌区、历史建筑的保护、修缮和活化利用以及古树名木的保护工作。

对于城市更新单元内保留的文物、历史风貌区和历史建筑或者主管部门认定的历史风貌区和历史建筑线索等历史文脉，应当实施原址保护。

第五十七条 实施主体在城市更新中承担文物、历史风貌区、历史建筑保护、修缮和活化利用，或者按规划配建城市基础设施和公共服务设施、创新型产业用房、公共住房以及增加城市公共空间等情形的，可以按规定给予容积率转移或者奖励。

第五十八条 经批准纳入城市更新单元计划的城市更新项目，更新单元内存在用地手续不完善的建成区的，应当按照尊重历史、公平合理、利益共享的原则和有关规定进行处置后完善用地手续。

第五十九条 城市更新后用地功能规划变更为居住用地、商业服务业用地、公共管理与公共服务用地或者新型产业用地的，实施主体应当对建设用地开展土壤污染状况调查，调查后按照土壤污染防治规定满足使用要求并且未列入建设用地土壤污染风险管控和修复名录的，方可向政府无偿移交公共用地和申请办理国有建设用地使用权出让手续。

第六十条 城市更新单元计划经批准后，由区人民政府发布公告，禁止在城市更新单元范围内擅自加建、改建、扩建，禁止改变房屋和土地用途。违反规定的，依照《深圳经济特区规划土地监察条例》等法规规定处理。

第六十一条 城市更新项目以产权置换方式进行补偿的，实施主体在办理房地产销售时，应当向区住房建设部门告知用于产权置换房屋的数量、面积和位置。区住房建设部门根据实施主体的报告以及经备案的搬迁补偿协议将用于产权置换的房屋预先保留，不予销售。

第六十二条 城市更新项目配建的创新型产业用房、公共住房等，实施主体不得销售或者用作抵押。

实施主体未按照要求完成创新型产业用房、公共住房等配建的，不予通过规划核实。

第六十三条 市、区城市更新部门应当加强对城市更新项目的实施监督。在项目申请房地产销售、规划核实时，应当核实项目搬迁补偿方案和项目实施监管协议的执行情况。

第六章 法律责任

第六十四条 相关部门及其工作人员在城市更新工作中不履行职责或者不正确履行职责的，对直接负责的主管人员和其他直接责任人员依法给予处分；构成犯罪的，依法追究刑事责任。

第六十五条 违反本条例第三十条规定，市场主体与未经核查确认的物业权利人签订搬迁补偿协议的，由区城市更新部门给予警告，并责令限期改正；逾期不改正的，处五十万元以上一百万元以下罚款。

第六十六条 未经本条例第十七条第一款规定确定为城市更新单元计划申报主体，擅自在旧住宅区开展现状调研、意愿征集等城市更新单元计划申报前期工作的，由区城市更新部门责令限期改正；逾期不改正的，处一百万元以上五百万元以下罚款；构成犯罪的，依法追究刑事责任。

第六十七条 违反本条例第四十三条第一款规定，拆除建筑物之前未进行备案的，由区住房建设部门责令限期改正，并按拆除部分建筑面积每平方米处以二千元罚款，未按要求备案造成损失的，依法承担赔偿责任；构成犯罪的，依法追究刑事责任。

第六十八条 违反本条例第六十一条、第六十二条规定销售、抵押置换房屋或者配建用房的，由市、区住房建设部门责令停止违法行为，没收部分或者全部保证金，没收违法所得，可以并处已销售商品房价款百分之三十以上百分之五十以下的罚款。

第六十九条 有关单位和个人在开展物业权利人更新意愿征集、城市更新单元计划申报、城市更新单元规划编制、签订搬迁补偿协议等城市更新工作中，有欺诈、胁迫、侵犯个人隐私、伪造或者变造文件、传播虚假信息等行为的，五年内禁止参与城市更新活动，相关部门应当及时查处，责令改正，并纳入诚信档案管理；构成犯罪的，依法追究刑事责任。

第七章　附则

第七十条 本条例中下列用语的含义：

（一）城市建成区，包括旧工业区、旧商业区、旧住宅区、城中村和旧屋村等类型；

（二）历史风貌区，是指传统建筑风貌格局基本完整，历史街巷和历史环境要素真实，体现了传统文化思想、民系特色、地域特征或者时代风格，并且未公布为历史文化街区的地区；

（三）历史建筑，是指反映深圳城市建设历史和文化传统或者在深圳经济特区改革开放史上具有重要意义，具有时代特征和地域特色，并且未公布为文物保护单位，也未登记为不可移动文物的建（构）筑物。

第七十一条 本条例有关旧住宅区未签约部分房屋实施征收的具体办法，由市人民政府另行制定。

本条例实施之前，城市更新单元计划已经批准的旧住宅区和城中村拆除重建类城市更新项目，签订搬迁补偿协议比例符合第三十六条规定要求的，可以适用本条例有关征收的规定。

第七十二条 本条例自2021年3月1日起施行。

附录3

上海市城市更新条例

第一章 总则

第一条 为了践行"人民城市"重要理念,弘扬城市精神品格,推动城市更新,提升城市能级,创造高品质生活,传承历史文脉,提高城市竞争力、增强城市软实力,建设具有世界影响力的社会主义现代化国际大都市,根据有关法律、行政法规,结合本市实际,制定本条例。

第二条 本市行政区域内的城市更新活动及其监督管理,适用本条例。

本条例所称城市更新,是指在本市建成区内开展持续改善城市空间形态和功能的活动,具体包括:

(一)加强基础设施和公共设施建设,提高超大城市服务水平;

(二)优化区域功能布局,塑造城市空间新格局;

(三)提升整体居住品质,改善城市人居环境;

(四)加强历史文化保护,塑造城市特色风貌;

(五)市人民政府认定的其他城市更新活动。

第三条 本市城市更新,坚持"留改拆"并举、以保留保护为主,遵循规划引领、统筹推进,政府推动、市场运作,数字赋能、绿色低碳,民生优先、共建共享的原则。

第四条 市人民政府应当加强对本市城市更新工作的领导。

市人民政府建立城市更新协调推进机制,统筹、协调全市城市更新工作,并研究、审议城市更新相关重大事项;办公室设在市住房城乡建设管理部门,具体负责日常工作。

第五条 规划资源部门负责组织编制城市更新指引,按照职责推进产业、商业商办、市政基础设施和公共服务设施等城市更新相关工作,并承担城市更新有关规划、土地管理职责。

住房城乡建设管理部门按照职责推进旧区改造、旧住房更新、"城中村"改造等城市更新相关工作,并承担城市更新项目的建设管理职责。

经济信息化部门负责根据本市产业发展规划,协调、指导重点产业发展区域的城市更新相关工作。

商务部门负责根据本市商业发展规划,协调、指导重点商业商办设施的城市更新相关工作。

发展改革、房屋管理、交通、生态环境、绿化市容、水务、文化旅游、应急管理、民防、财政、科技、民政等其他有关部门在各自职责范围内,协同开展城市更新相关工作。

第六条 区人民政府(含作为市人民政府派出机构的特定地区管理委员会,下同)是推进本辖区城市更新工作的主体,负责组织、协调和管理辖区内城市更新工作。

街道办事处、镇人民政府按照职责做好城市更新相关工作。

第七条 本市设立城市更新中心,按照规定职责,参与相关规划编制、政策制定、旧区改造、旧住房更新、产业转型以及承担市、区人民政府确定的其他城市更新相关工作。

第八条 本市设立城市更新专家委员会（以下简称专家委员会）。

专家委员会按照本条例的规定，开展城市更新有关活动的评审、论证等工作，并为市、区人民政府的城市更新决策提供咨询意见。

专家委员会由规划、房屋、土地、产业、建筑、交通、生态环境、城市安全、文史、社会、经济和法律等方面的人士组成，具体组成办法和工作规则另行规定。

第九条 本市建立健全城市更新公众参与机制，依法保障公众在城市更新活动中的知情权、参与权、表达权和监督权。

第十条 本市依托"一网通办""一网统管"平台，建立全市统一的城市更新信息系统。

城市更新指引、更新行动计划、更新方案以及城市更新有关技术标准、政策措施等，应当同步通过城市更新信息系统向社会公布。

市、区人民政府及其有关部门依托城市更新信息系统，对城市更新活动进行统筹推进、监督管理，为城市更新项目的实施和全生命周期管理提供服务保障。

第二章 城市更新指引和更新行动计划

第十一条 市规划资源部门应当会同市发展改革、住房城乡建设管理、房屋管理、经济信息化、商务、交通、生态环境、绿化市容、水务、文化旅游、应急管理、民防、财政、科技、民政等部门，编制本市城市更新指引，报市人民政府审定后向社会发布，并定期更新。

编制城市更新指引过程中，应当听取专家委员会和社会公众的意见。

第十二条 编制城市更新指引应当遵循以下原则：

（一）符合国民经济和社会发展规划、国土空间总体规划，统筹生产、生活和生态布局；

（二）破解城市发展中的突出问题，推动城市功能完善和品质提升；

（三）聚焦城市发展重点功能区和新城建设，发挥示范引领和辐射带动作用；

（四）注重历史风貌保护和文化传承，拓展文旅空间，提升城市魅力；

（五）持续改善城市人居环境，构建多元融合的"十五分钟社区生活圈"，不断满足人民群众日益增长的美好生活需要；

（六）强化产业发展统筹，促进重点产业转型，提升城市创新能级；

（七）加强城市风险防控和安全运行保障，提升城市韧性。

第十三条 城市更新指引应当明确城市更新的指导思想、总体目标、重点任务、实施策略、保障措施等内容，并体现区域更新和零星更新的特点和需求。

第十四条 区人民政府根据城市更新指引，结合本辖区实际情况和开展的城市体检评估报告意见建议，对需要实施区域更新的，应当编制更新行动计划；更新区域跨区的，由市人民政府指定的部门或者机构编制更新行动计划。

确定更新区域时，应当优先考虑居住环境差、市政基础设施和公共服务设施薄弱、存在重大安全隐患、历史风貌整体提升需求强烈以及现有土地用途、建筑物使用功能、产业结构不适应经济社会发展等区域。

第十五条 物业权利人以及其他单位和个人可以向区人民政府提出更新建议。

区人民政府应当指定部门对更新建议进行归类和研究，并作为确定更新区域、编制更新行动计划的重要参考。

第十六条 市人民政府指定的部门或者机构、区人民政府（以下统称编制部门）在编制更新行动计划的过程中，应当通过座谈会、论证会或者其他方式，广泛听取相关单位和个人的意见。

第十七条 更新行动计划应当明确区域范围、目标定位、更新内容、统筹主体要求、时序安排、政策措施等。

第十八条 更新行动计划经专家委员会评审后，由编制部门报市人民政府审定后，向社会公布。编制部门应当做好更新行动计划的解读、咨询工作。

更新行动计划主要内容调整的，应当依照本章有关规定，履行听取意见、评审、审议和公布等程序。

第三章 城市更新实施

第十九条 更新区域内的城市更新活动，由更新统筹主体统筹开展；由更新区域内物业权利人实施的，应当在更新统筹主体的统筹组织下进行。

零星更新项目，物业权利人有更新意愿的，可以由物业权利人实施。

根据前两款规定，由物业权利人实施更新的，可以采取与市场主体合作方式。

第二十条 本市建立更新统筹主体遴选机制。市、区人民政府应当按照公开、公平、公正的原则组织遴选，确定与区域范围内城市更新活动相适应的市场主体作为更新统筹主体。更新统筹主体遴选机制由市人民政府另行制定。

属于历史风貌保护、产业园区转型升级、市政基础设施整体提升等情形的，市、区人民政府也可以指定更新统筹主体。

第二十一条 更新区域内的城市更新活动，由更新统筹主体负责推动达成区域更新意愿、整合市场资源、编制区域更新方案以及统筹、推进更新项目的实施。

市、区人民政府根据区域情况和更新需要，可以赋予更新统筹主体参与规划编制、实施土地前期准备、配合土地供应、统筹整体利益等职能。

第二十二条 更新统筹主体应当在完成区域现状调查、区域更新意愿征询、市场资源整合等工作后，编制区域更新方案。

区域更新方案主要包括规划实施方案、项目组合开发、土地供应方案、资金统筹以及市政基础设施、公共服务设施建设、管理、运营要求等内容。

编制规划实施方案，应当遵循统筹公共要素资源、确保公共利益等原则，按照相关规划和规定，开展城市设计，并根据区域目标定位，进行相关专题研究。

第二十三条 编制区域更新方案过程中，更新统筹主体应当与区域范围内相关物业权利人进行充分协商，并征询市、区相关部门以及专家委员会、利害关系人的意见。

市、区相关部门应当加强对更新统筹主体编制区域更新方案的指导。

第二十四条 更新统筹主体应当将区域更新方案报所在区人民政府或者市规划资源部门，

并附具相关部门、专家委员会和利害关系人意见的采纳情况和说明。

区人民政府或者市规划资源部门对区域更新方案进行论证后予以认定，并向社会公布。具体分工和程序，由市人民政府另行规定。

第二十五条 更新统筹主体应当根据区域更新方案，组织开展产权归集、土地前期准备等工作，配合完成规划优化和更新项目土地供应。

第二十六条 区域更新方案经认定后，更新项目建设单位依法办理立项、土地、规划、建设等手续；区域更新方案包含相关审批内容且符合要求的，相关部门应当按照"放管服"改革以及优化营商环境的要求，进一步简化审批材料、缩减审批时限、优化审批环节，提高审批效能。

第二十七条 零星更新项目的物业权利人有更新意愿的，应当编制项目更新方案。项目更新方案主要包括规划实施方案和市政基础设施、公共服务设施建设、管理、运营要求等内容。

项目更新方案的意见征询、认定、公布等程序，参照本章规定执行。

第二十八条 开展城市更新活动，应当遵守以下一般要求：

（一）优先对市政基础设施、公共服务设施等进行提升和改造，推进综合管廊、综合杆箱、公共充电桩、物流快递设施等新型集约化基础设施建设；

（二）按照规定进行绿色建筑建设和既有建筑绿色改造，发挥绿色建筑集约发展效应，打造绿色生态城区；

（三）按照海绵城市建设要求，综合采取措施，提高城市排水、防涝、防洪和防灾减灾能力；

（四）对地上地下空间进行综合统筹和一体化提升改造，提高城市空间资源利用效率；

（五）完善城市信息基础设施，推动经济、生活、治理全面数字化转型；

（六）通过对既有建筑、公共空间进行微更新，持续改善建筑功能和提升生活环境品质；

（七）按照公园城市建设要求，完善城市公园体系，全面提升城市生态环境品质；

（八）加强公共停车场（库）建设，推进轨道交通场站与周边地区一体化更新建设；

（九）国家和本市规定的其他要求。

第二十九条 更新项目建设单位应当按照规定，建立更新项目质量和安全管理制度，采取风险防控措施，加强质量和安全管理；涉及既有建筑结构改造或者改变建筑设计用途的，应当开展质量安全检测。

更新项目建设单位应当统筹考虑更新区域的实际情况，组织制定抗震、消防功能整体性提升方案，综合运用建筑抗震、消防新技术等手段，提升更新区域整体抗震、消防性能。

第三十条 在城市更新过程中确需搬迁业主、公房承租人，更新项目建设单位与需搬迁的业主、公房承租人协商一致的，应当签订协议，明确房屋产权调换、货币补偿等方案。

第三十一条 在城市更新过程中，为了促进国民经济和社会发展等公共利益，按照国家和本市有关房屋征收与补偿规定确需征收房屋提升城市功能的，应当遵循决策民主、程序正当、结果公开的原则，广泛征求被征收人的意愿，科学论证征收补偿方案。

作出房屋征收决定的区人民政府对被征收人给予补偿后，被征收人应当在补偿协议约定或者补偿决定确定的搬迁期限内完成搬迁。被征收人在法定期限内不申请行政复议或者不提起行政诉讼，在补偿决定规定的期限内又不搬迁的，由作出房屋征收决定的区人民政府依法申请人民法院强制执行。

第三十二条　对于建筑结构差、年久失修、功能不全、存在安全隐患且无修缮价值的公有旧住房，经房屋管理部门组织评估，需要采用拆除重建方式进行更新的，拆除重建方案应当充分征求公房承租人意见，并报房屋管理部门同意。公房产权单位应当与公房承租人签订更新协议，并明确合理的回搬或者补偿安置方案；签约比例达到百分之九十五以上的，协议方可生效。

对于建筑结构差、功能不全的公有旧住房，确需保留并采取成套改造方式进行更新，经房屋管理部门组织评估需要调整使用权和使用部位的，调整方案应当充分征求公房承租人意见，并报房屋管理部门同意。公房产权单位应当与公房承租人签订调整协议，并明确合理的补偿安置方案。签约比例达到百分之九十五以上的，协议方可生效。

公房承租人拒不配合拆除重建、成套改造的，公房产权单位可以向区人民政府申请调解；调解不成的，为了维护和增进社会公共利益，推进城市规划的实施，区人民政府可以依法作出决定。公房承租人对决定不服的，可以依法申请行政复议或者提起行政诉讼。在法定期限内不申请行政复议或者不提起行政诉讼，在决定规定的期限内又不配合的，由作出决定的区人民政府依法申请人民法院强制执行。

第一款、第二款规定的拆除重建、成套改造项目中涉及私有房屋的，更新协议、调整协议的签约及相关工作要求按照前款规定执行。

第三十三条　本市开展既有多层住宅加装电梯工作，应当遵循民主协商、因地制宜、安全适用、风貌协调的原则。

既有多层住宅需要加装电梯的，应当按照《中华人民共和国民法典》关于业主共同决定事项的规定进行表决。表决通过后，按照国家和本市有关规定，开展加装电梯工作。对于加装电梯过程中产生争议的，依法通过协商、调解、诉讼等方式予以解决。

街道办事处、镇人民政府应当做好加装电梯相关协调、推进工作。

第三十四条　在优秀历史建筑的周边建设控制范围内新建、扩建、改建以及修缮建筑的，应当在使用性质、高度、体量、立面、材料、色彩等方面与优秀历史建筑相协调，不得改变建筑周围原有的空间景观特征，不得影响优秀历史建筑的正常使用。

第四章　城市更新保障

第三十五条　市、区人民政府及其有关部门应当完善城市更新政策措施，深化制度创新，加大资源统筹力度，支持和保障城市更新。

第三十六条　市、区人民政府应当安排资金，对旧区改造、旧住房更新、"城中村"改造以及涉及公共利益的其他城市更新项目予以支持。

鼓励通过发行地方政府债券等方式，筹集改造资金。

第三十七条　鼓励金融机构依法开展多样化金融产品和服务创新，满足城市更新融资需求。支持符合条件的企业在多层次资本市场开展融资活动，发挥金融对城市更新的促进作用。

第三十八条　城市更新项目，依法享受行政事业性收费减免和税收优惠政策。

第三十九条　因历史风貌保护、旧住房更新、重点产业转型升级需要，有关建筑间距、退让、密度、面宽、绿地率、交通、市政配套等无法达到标准和规范的，有关部门应当按照环境改善和整体功能提升的原则，制定适合城市更新的标准和规范。

第四十条 更新区域内项目的用地性质、容积率、建筑高度等指标，在保障公共利益、符合更新目标的前提下，可以按照规划予以优化。

对零星更新项目，在提供公共服务设施、市政基础设施、公共空间等公共要素的前提下，可以按照规定，采取转变用地性质、按比例增加经营性物业建筑量、提高建筑高度等鼓励措施。

旧住房更新可以按照规划增加建筑量；所增加的建筑量在满足原有住户安置需求后仍有增量空间的，可以用于保障性住房、租赁住房和配套设施用途。

第四十一条 根据城市更新地块具体情况，供应土地采用招标、拍卖、挂牌、协议出让以及划拨等方式。按照法律规定，没有条件，不能采取招标、拍卖、挂牌方式的，经市人民政府同意，可以采取协议出让方式供应土地。鼓励在符合法律规定的前提下，创新土地供应政策，激发市场主体参与城市更新活动的积极性。

物业权利人可以通过协议方式，将房地产权益转让给市场主体，由该市场主体依法办理存量补地价和相关不动产登记手续。

城市更新涉及旧区改造、历史风貌保护和重点产业区域调整转型等情形的，可以组合供应土地，实现成本收益统筹。

城市更新以拆除重建和改建、扩建方式实施的，可以按照相应土地用途和利用情况，依法重新设定土地使用期限。

对不具备独立开发条件的零星土地，可以通过扩大用地方式予以整体利用。

城市更新涉及补缴土地出让金的，应当在土地价格市场评估时，综合考虑土地取得成本、公共要素贡献等因素，确定土地出让金。

第四十二条 市住房城乡建设管理部门会同相关部门，建立全市统一的市政基础设施维护及资金保障机制，推进市政基础设施全生命周期智慧化运营和管理。

第四十三条 在本市历史建筑集中、具有一定历史价值的地区、街坊、道路区段、河道区段等已纳入更新行动计划的历史风貌保护区域开展风貌保护，以及对优秀历史建筑进行保护的过程中，符合公共利益确需征收房屋的，按照国家和本市有关规定开展征收和补偿。

城市更新因历史风貌保护需要，建筑容积率受到限制的，可以按照规划实行异地补偿；城市更新项目实施过程中新增不可移动文物、优秀历史建筑以及需要保留的历史建筑的，可以给予容积率奖励。

第四十四条 本市探索建立社区规划师制度，发挥社区规划师在城市更新活动中的技术咨询服务、公众沟通协调等作用，推动多方协商、共建共治。

第四十五条 鼓励在符合规划和相关规定的前提下，整合可利用空地与闲置用房等空间资源，增加公共空间，完善市政基础设施与公共服务设施，优化提升城市功能。

鼓励既有建筑在符合相关规定的前提下进行更新改造，改善功能。

经规划确定保留的建筑，在规划用地性质兼容的前提下，功能优化后予以利用的，可以依法改变使用用途。

鼓励旧住房与周边闲置用房进行联动更新改造，改善功能。

第四十六条 本市加强对归集优秀历史建筑、花园住宅类公有房屋承租权的管理。经市人民政府同意，符合条件的市场主体可以归集优秀历史建筑、花园住宅类公有房屋承租权，实施城市更新。

经区人民政府同意，符合条件的市场主体可以归集除优秀历史建筑、花园住宅类以外的公有房屋承租权，实施城市更新。

公有房屋出租人可以通过有偿回购承租权、房屋置换等方式，归集公有房屋承租权，实施城市更新。

第四十七条 城市更新活动涉及居民安置的，可以按照规定统筹使用保障性房源。

第四十八条 市、区人民政府加强产业统筹发展力度，引导产业转型升级。

鼓励存量产业用地根据区域功能定位和产业导向实施更新，通过合理确定开发强度、创新土地收储管理等方式，完善利益平衡机制。

鼓励产业空间高效利用，根据资源利用效率评价结果，分级实施相应的能源、规划、土地、财政等政策，促进产业用地高效配置。

鼓励更新统筹主体通过协议转让、物业置换等方式，取得存量产业用地。

第四十九条 国有企业土地权利人应当带头承担国家、本市重点功能区开发任务，实施自主更新。

国有企业应当积极向市场释放存量土地，促进存量资产盘活。

国有资产监督管理机构应当建立健全与国有企业参与城市更新活动相适应的考核机制。

第五章 监督管理

第五十条 本市对城市更新项目实行全生命周期管理。

城市更新项目的公共要素供给、产业绩效、环保节能、房地产转让、土地退出等全生命周期管理要求，应当纳入土地使用权出让合同。对于未约定产业绩效、土地退出等全生命周期管理要求的存量产业用地，可以通过签订补充合同约定。

市、区有关部门应当将土地使用权出让合同明确的管理要求以及履行情况纳入城市更新信息系统，通过信息共享、协同监管，实现更新项目的全生命周期管理。对于有违约转让、绩效违约等违反合同情形的，市、区人民政府应当依照法律、法规、规章和合同约定进行处置。

第五十一条 市、区人民政府应当加强对本行政区域内城市更新活动的监督；有关部门应当结合城市更新项目特点，分类制定和实行相应的监督检查制度。

市、区人民政府可以根据实际情况，委托第三方开展城市更新情况评估。

第五十二条 财政、审计等部门按照各自职责和有关规定，对城市更新中的国有资金使用情况进行监督。

第五十三条 对于违反城市更新相关规定的行为，任何单位和个人有权向市、区人民政府及其有关部门投诉、举报；市、区人民政府及其有关部门应当按照规定进行处理。

第五十四条 市、区人民代表大会常务委员会通过听取和审议专项工作报告、组织执法检查等方式，加强对本行政区域内城市更新工作的监督。

市、区人民代表大会常务委员会应当充分发挥人大代表作用，汇集、反映人民群众的意见和建议，督促有关方面落实城市更新的各项工作。

第六章　浦东新区城市更新特别规定

第五十五条　浦东新区应当统筹推进城市有机更新，与老城区联动，加快老旧小区改造，打造时代特色城市风貌。支持浦东新区在城市更新机制、模式、管理等方面率先进行创新探索；条件成熟时，可以在全市推广。

第五十六条　浦东新区人民政府可以指定更新统筹主体，统筹开展原成片出让区域等建成区的更新。

第五十七条　浦东新区人民政府编制更新行动计划时，应当优化地上、地表和地下分层空间设计，明确强制性和引导性规划管控要求，探索建设用地垂直空间分层设立使用权。

第五十八条　浦东新区应当通过保障民生服务设施、共享社区公共服务设施和公共活动空间、构建便捷社区生活圈等方式推进城市更新空间复合利用。

第五十九条　浦东新区探索将建筑结构差、年久失修、建造标准低、基础设施薄弱等居住环境差的房屋，纳入旧区改造范围。

第六十条　浦东新区应当创新存量产业用地盘活、低效用地退出机制。

支持浦东新区深化产业用地"标准化"出让方式改革，增加混合产业用地供给，探索不同产业用地类型合理转换。

第七章　法律责任

第六十一条　违反本条例规定的行为，法律、法规已有处理规定的，从其规定。

第六十二条　有关部门及其工作人员违反本条例规定的，由其上级机关或者监察机关依法对直接负责的主管人员和其他直接责任人员给予处分。

第八章　附则

第六十三条　旧区改造、旧住房更新、"城中村"改造等城市更新活动，国家有相关规定的，从其规定。

对旧区改造、旧住房更新、"城中村"改造的计划、实施等方面，本条例未作具体规定的，适用本市其他相关规定。

第六十四条　本条例自 2021 年 9 月 1 日起施行。

参考文献

[1] 翟斌庆,伍美琴. 城市更新理念与中国城市现实[J]. 城市规划学刊,2009(2):75-82.
[2] 吴良镛. 北京旧城与菊儿胡同[M]. 北京:中国建筑工业出版社,1994.
[3] 张杰. 探求城市历史文化保护区的小规模改造与整治[J]. 城市规划,1996(4):14-17.
[4] 张杰. 论以社区为基础的城市小规模改造[J]. 城市规划汇刊,1999(3):64-66.
[5] 吴敬琏. 经济改革新征程[J]. 中国经济和信息化,2014(12):14-18.
[6] 厉以宁. 当前经济形势的几个前沿问题[J]. 当代社科视野,2014(11):33.
[7] 唐燕. 新常态与存量发展导向下的老旧工业区用地盘活策略研究[J]. 经济体制改革,2015(4):102-108.
[8] 田莉,姚之浩,郭旭,等. 基于产权重构的土地再开发:新型城镇化背景下的地方实践与启示[J]. 城市规划,2015(1):22-29.
[9] 广州市城市规划勘测设计研究院. 广州市"三旧"更新改造近期实施计划[Z]. 2012.
[10] 宋娟. 关于深圳市城市更新问题的探讨[J]. 特区经济,2015(8):24-27.
[11] 马丽. 深圳城市化困境[J]. 法人,2010(5):34-40.
[12] 庄少勤. "新常态"下的上海土地节约集约利用[J]. 上海国土资源,2015(3):1-8.
[13] 郑德高,卢弘旻. 上海工业用地更新的制度变迁与经济学逻辑[J]. 上海城市规划,2015(3):25-32.
[14] 周怀龙. 建设用地瘦身 城市发展增效[N]. 中国国土资源报,2015-12-16(1).
[15] 卢为民,唐扬辉. 城市更新,能从香港学什么[N]. 中国国土资源报,2017-01-11(005).
[16] 殷晴. 香港《市区更新策略》检讨过程及对内地旧城更新的启发[C]//中国城市规划学会. 城市时代 协同规划——2013中国城市规划年会论文集. 青岛:青岛出版社,2013.
[17] 刘贵文,易志勇,刘冬梅,等. 我国内地与香港、台湾地区城市更新机制比较研究[J]. 建筑经济,2017(4):82-85.
[18] 钟澄. 以政策更新破解城市更新中的难题:由香港土地"强制售卖"制度引发的思考[J]. 中国土地,2017(5):27-30.
[19] 郎嵬,李郁,陈婷婷. 从社会因素角度评估香港城市更新模式的可持续性[J]. 国际城市规划,2017(10):1-9.
[20] 香港发展局. 市区重建策略[Z]. 2011.
[21] 李婷,方飞. 我国台湾省都市更新发展历程研究[J]. 吉林建筑大学学报,2015(6):53-56.
[22] 唐艳. 产权视角下台湾都市更新实施方法研究及对大陆的启示[D]. 哈尔滨:哈尔滨工业大学,2013.
[23] 王雨. 基于土地制度差异的城市更新比较研究:以大陆与台湾地区的比较为例[D]. 南京:南京大学,2013.
[24] 张孝宇,张安录. 台湾都市更新中的容积移转制度:经验与启示[J]. 城市规划,2018(2):91-96.
[25] 金广君,戴铜. 台湾地区容积转移制度解析[J]. 国际城市规划,2010(8):104-109.
[26] 杨友仁. 金融化、城市规划与双向运动:台北版都市更新的冲突探析[J]. 国际城市规划,2013(8):27-36.
[27] 敖菁萍. 公私协力型都市更新研究:以台湾都市更新为例[D]. 重庆:重庆大学,2017.

[28] 尹霓阳,王红扬. 多元协同下的城市更新模式研究:以台北URS为例[J]. 江苏城市规划,2016(9):8-13.
[29] 孔明亮,马嘉,杜春兰. 日本都市再生制度研究[J]. 中国园林,2018(8):101-106.
[30] 内阁官房之内阁公关办公室. Basic policies for urban renaissance[EB/OL]. (2004-04-16)[2018-05-12]. http://japan.kantei.go.jp/policy/tosi/kettei/040416kihon_e.html.
[31] 于海漪,文华. 国家政策整合下日本的都市再生[J]. 城市环境设计,2016(8):288-291.
[32] 城所哲夫. 日本城市开发和城市更新的新趋势[J]. 中国土地,2017(1):49-51.
[33] 施媛. "连锁型"都市再生策略研究:以日本东京大手町开发案为例[J]. 国际城市规划,2018(8):132-138.
[34] 胡俊雄. 都市更新条例释义[M]. 台北:营建杂志社,2000.
[35] 高舒琦. 日本土地区划整理对我国城市更新的启示[C]//中国城市规划学会. 规划60年:成就与挑战——2016中国城市规划年会论文集. 北京:中国建筑工业出版社,2016.
[36] 王才强,沙永杰,魏娟娟. 新加坡的城市规划与发展[J]. 上海城市规划,2012(3):136-143.
[37] 唐子来. 新加坡的城市规划体系[J]. 城市规划,2001(1):42-45.
[38] 黄春明. 借鉴新加坡经验保证城市持续更新[N]. 珠海特区报,2014-04-27.
[39] 黄大志. 新加坡中心区的转化:从贫民窟到全球商业中枢(上)[J]. 北京规划建设,2007(11):102-104.
[40] 刘宣. 旧城更新中的规划制度设计与个体产权定义:新加坡牛车水与广州金花街改造对比研究[J]. 城市规划,2009(8):18-25.
[41] 王世福,卜拉森,吴凯晴. 广州城市更新的经验与前瞻[J]. 城乡规划,2017(12):80-87.
[42] 姚之浩,田莉. 21世纪以来广州城市更新模式的变迁及管治转型研究[J]. 上海城市规划,2017(5):29-34.
[43] 王世福,沈爽婷. 从"三旧改造"到城市更新:广州市成立城市更新局之思考[J]. 城市规划学刊,2015(3):22-27.
[44] 耿延良. 深圳城市更新路在何方(一)[J]. 住宅与房地产,2015(3):58-62.
[45] 邹兵. 存量发展模式的实践、成效与挑战:深圳城市更新实施的评估及延伸思考[J]. 城市规划,2017(1):89-94.
[46] 苏甦. 上海城市更新的发展历程研究[C]//中国城市规划学会. 持续发展 理性规划——2017中国城市规划年会论文集. 北京:中国建筑工业出版社,2017.
[47] 匡晓明. 上海城市更新面临的难点与对策[J]. 科学发展,2017(5):32-39.
[48] 葛岩,关烨,聂梦遥. 上海城市更新的政策演进特征与创新探讨[J]. 上海城市规划,2017(10):23-28.
[49] 庄少勤. 上海城市更新的新探索[J]. 上海城市规划,2015(10):10-12.
[50] 赖寿华,吴军. 速度与效益:新型城市化背景下广州"三旧"改造政策探讨[J]. 规划师,2013,29(5):36-41.
[51] 杨廉,袁奇峰,邱加盛,等. 珠江三角洲"城中村"(旧村)改造难易度初探[J]. 现代城市研究,2012(11):25-31.
[52] 深圳城市更新工作全面提速提效[N/OL]. 深圳特区报,2017-01-09(A13)[2018-03-22]. http://sztqb.sznews.com/html/2017-01/09/content_3704743.htm.
[53]《上海市城市更新实施办法》相关情况新闻发布会[EB/OL]. (2015-04-30)[2018-03-22]. http://www.scio.gov.cn/xwfbh/gssxwfbh/fbh/Document/1432931/1432931.htm.

[54]陈映雪．公益优先、共建共享：上海城市更新技术要求解读［EB/OL］．（2018-04-10）［2019-04-02］．http://www.shgtj.gov.cn/bmzx/zcjd/201804/t20180410_828592.html.

[55]中华人民共和国中央人民政府．国务院机构改革方案［EB/OL］．（2021-03-17）［2021-08-24］．http://www.gov.cn/xinwen/2018-03/17/content_5275116.htm.

[56]人民网．中央经济工作会议在北京举行　习近平李克强作重要讲话［EB/OL］．（2019-12-12）［2021-08-24］．http://finance.people.com.cn/n1/2019/1212/c1004-31503693.html.

[57]中华人民共和国中央人民政府．中共中央关于制定国民经济和社会发展第十四个五年规划和二〇三五年远景目标的建议［EB/OL］．（2020-11-03）［2021-08-24］．http://www.gov.cn/zhengce/2020-11/03/content_5556991.htm.

[58]中华人民共和国中央人民政府．政府工作报告［EB/OL］．（2021-03-05）［2021-08-24］．http://www.gov.cn/guowuyuan/zfgzbg.htm.

[59]中华人民共和国中央人民政府．中华人民共和国国民经济和社会发展第十四个五年规划和2035年远景目标纲要［EB/OL］．（2021-03-13）［2021-08-24］．http://www.gov.cn/xinwen/2021-03/13/content_5592681.htm.

[60]中华人民共和国中央人民政府．2021年新型城镇化和城乡融合发展重点任务［EB/OL］．（2021-04-08）［2021-08-24］．http://www.gov.cn/zhengce/zhengceku/2021/04/13/content_5599332.htm.

[61]中华人民共和国中央人民政府．住房和城乡建设部办公厅关于开展第一批城市更新试点工作的通知［EB/OL］．（2021-11-04）［2021-12-24］．http://www.gov.cn/zhengce/zhengceku/2021-11/06/content_5649443.htm.

[62]广州市人民政府办公厅．广州市人民政府关于印发广州市国民经济和社会发展第十四个五年规划和2035年远景目标纲要的通知［EB/OL］．（2021-05-19）［2021-09-21］．http://www.gz.gov.cn/zt/jjsswgh/ghgy/content/post_7338078.html.

[63]深圳市人民政府．深圳市国民经济和社会发展第十四个五年规划和二〇三五年远景目标纲要[EB/OL]．（2021-06-09）[2021-09-21]．http://www.sz.gov.cn/cn/xxgk/zfxxgj/ghjh/content/post_8854038.html.

[64]上海市人民政府．上海市国民经济和社会发展第十四个五年规划和二〇三五年远景目标纲要［EB/OL］．（2021-01-30）［2021-09-22］．https://www.shanghai.gov.cn/nw12344/20210129/ced9958c16294feab926754394d9db91.html.

[65]广州市人民政府．中共广州市委十一届十一次全会闭幕［EB/OL］．（2020-08-30）［2021-09-08］．http://www.gz.gov.cn/xw/gzyw/content/post_6518364.html.

[66]广州市人民政府．广州城市更新配套新政出炉［EB/OL］．（2020-09-28）［2021-09-08］．http://www.gz.gov.cn/xw/jrgz/content/post_6736201.html.

[67]广州市住房和城乡建设局．广州市住房和城乡建设局关于对《广州市城市更新条例（征求意见稿）》公开征求意见的公告［EB/OL］．（2021-07-07）［2021-08-24］．http://www.gzcsgxxh.org.cn/page131.html?article_id=834.

[68]深圳市城市更新和土地整备局．《深圳经济特区城市更新条例》解读［EB/OL］．（2021-03-22）[2021-08-24]．http://www.sz.gov.cn/szcsgxtdz/gkmlpt/content/8/8614/post_8614137.html#19170.

[69]上海市人民政府．上海市国民经济和社会发展第十四个五年规划和二〇三五年远景目标纲要［EB/OL］．（2021-01-30）［2021-08-24］．https://www.shanghai.gov.cn/nw12344/20210129/ced9958c16294feab926754394d9db91.html.

[70]上海市住房城乡建设管理委．《上海市城市更新条例》9月1日起正式施行［EB/OL］．（2021-08-27）［2021-09-24］．https://www.shanghai.gov.cn/nw31406/20210830/758e20855571455699a43dafe8b184aa.html.

[71] 范伟擎. 老城区改造快得想不到，原因就是改革放权［N］. 晶报，2017-02-15（A04）.
[72] 广州市住房和城乡建设局. 广州市住房和城乡建设局关于对《广州市城市更新条例（征求意见稿）》公开征求意见的公告［EB/OL］.（2021-07-07）［2021-09-22］. http://www.gzcsgxxh.org.cn/page131.html?article_id=834.
[73] 深圳市规划和自然资源局. 深圳市规划和自然资源局机构概况［EB/OL］.（2020-10-10）［2021-09-21］. http://pnr.sz.gov.cn/xxgk/jgzn/jggk/.
[74] 深圳市城市更新和土地整备局. 深圳经济特区城市更新条例［EB/OL］.（2021-03-22）［2021-09-22］. http://www.sz.gov.cn/szcsgxtdz/gkmlpt/content/8/8614/post_8614017.html#19169.
[75] 深圳市城市更新和土地整备局. 关于深入推进城市更新工作促进城市高质量发展的若干措施［EB/OL］.（2019-06-11）［2021-12-23］. http://www.sz.gov.cn/szcsgxtdz/gkmlpt/content/7/7019/post_7019446.html#19178.
[76] 上海市人民代表大会常务委员会. 上海市城市更新条例［EB/OL］.（2021-8-26）［2021-09-20］. http://www.spcsc.sh.cn/n8347/n8467/u1ai238031.html.
[77] 缪春胜，邹兵，张艳. 城市更新中的市场主导与政府调控：深圳市城市更新"十三五"规划编制的新思路［J］. 城市规划学刊，2018（4）：81-87.
[78] 吴智刚，符晓. 广州猎德城中村改造模式对我国城市更新的借鉴与启示［C］//中国城市规划学会. 生态文明视角下的城乡规划——2008中国城市规划年会论文集. 大连：大连出版社，2008.
[79] 牛通，谢涤湘，范建红. 城中村改造博弈中的历史文化保护研究：以猎德村为例［J］. 城市观察，2016（4）：132-140.
[80] 王帅. 城市更新中的增长联盟运作机制研究：基于广州的案例观察［J］. 城市，2017（12）：47-58.
[81] 冯晓静. 恩宁路敲定"拆迁图""补偿价"［N］. 羊城晚报，2008-05-14.
[82] 刘垚，田银生，周可斌. 从一元决策到多元参与：广州恩宁路旧城更新案例研究［J］. 城市规划，2015，39（8）：101-111.
[83] 朱志远，宋刚. "微改造"落地之时：恩宁路永庆片区改造设计回顾［J］. 建筑技艺，2017（11）：66-75.
[84] 广州市人民政府. 大源村将打造广州城市更新改造示范村［EB/OL］.（2019-09-20）［2022-01-22］. http://www.gz.gov.cn/qxzy/byqrmzf/zfxxgkml/zwdt/content/post_2949453.html.
[85] 广州市城市更新局. 市城市更新局近期主要工作［EB/OL］.（2016-08-12）［2018-03-22］. http://www.gz.gov.cn/550590033/8.1/201608/61f4773cb8144a3ab95bbccda5fe8ac6.shtml.
[86] 深圳市人民政府. 深圳市人民政府办公厅印发关于加强和改进城市更新实施工作暂行措施的通知［EB/OL］.（2017-01-17）［2019-05-21］. http://www.sz.gov.cn/zfgb/2017/gb988/201701/t20170117_5938393.htm.
[87] 深圳市城市更新和土地整备局. 《关于深入推进城市更新工作促进城市高质量发展的若干措施》解读文件［EB/OL］.（2019-06-11）［2022-01-19］. http://www.sz.gov.cn/szcsgxtdz/gkmlpt/content/7/7019/post_7019451.html#19170.
[88] 舒宇翔，侯楠，谭琛. 沙井古墟生长的力量：城市更新背景下的古墟活化［EB/OL］.（2020-05-08）［2022-01-20］. https://mp.weixin.qq.com/s/rnIBuT-QX9Rj1-fReWfrAg.
[89] 张宇星，韩晶. 沙井古墟新生：基于日常生活现场原真性价值的城市微更新［J］. 建筑学报，2020（10）：49-57.
[90] 上海地产（集团）有限公司. 国企赋能，上海旧改再提速，上海市城市更新中心今成立挂牌［EB/OL］.（2020-07-13）［2022-01-19］. https://www.shdcjt.com/news_detail.php?cid=3&id=368.

[91]陈成．行走上海2016：社区空间微更新计划［J］．公共艺术，2016（4）：5-9．
[92]俞泓霞，古小英，李飞宇．城市更新实施策略与机制研究：以"上海西岸"城市更新为例［J］．住宅科技，2017，37（10）：18-23．
[93]刘晓云．全国首家城市更新协会成立，助力城市更新［N］．中国房地产报，2014-06-02（A02）．
[94]张程．深圳成立城市更新专业委员会［N］．深圳特区报，2017-08-01（A04）．
[95]广东省人民政府国有资产监督管理委员会．广州市城市更新协会成立［EB/OL］．（2017-11-14）［2018-03-22］．http://zwgk.gd.gov.cn/758336165/201711/t20171117_731456.html．
[96]广州市城市更新局．广州市城市更新局2016年工作总结和2017年工作计划［EB/OL］．（2017-01-05）［2018-03-22］．http://www.gzuro.gov.cn/csgxjxxgk/7.2/201701/953a1b13b76449dfadf0d9be29722e22.shtml．
[97]广州市城市更新局．广州市城市更新局2017年工作总结和2018年工作计划［EB/OL］．（2018-03-16）［2018-03-22］．http://www.gzuro.gov.cn/csgxjxxgk/7.2/201803/690cde20218241c2acc7ad36a9b16405.shtml．
[98]张玲，刘晴．616个项目列入深圳城市更新涉及用地48.92平方公里［EB/OL］．（2017-08-23）［2018-03-22］．http://www.sznews.com/news/content/2017-08/23/content_17090728.htm．
[99]徐强．"房博会"启幕，城市更新成焦点［N/OL］．深圳特区报，2017-08-23（A05）［2018-03-22］．http://sztqb.sznews.com/PC/content/201708/23/c153029.html．
[100]上海市人民政府．上海"城中村"集体迈入"焕新期"［EB/OL］．（2022-01-14）［2022-01-21］．https://www.shanghai.gov.cn/nw4411/20220114/62983f2b68ab4f31a6b356cc52c4729e.html．
[101]骆建云．广州城市更新的实践探索［R］．广东省"三旧"改造政策梳理及各地市实施办法解读会议，深圳，2018-07-20．
[102]王思砚．广州"三旧"改造政策反思与城市更新方向探索［J］．国土资源情报，2018（5）：51-56．
[103]深圳市规划和国土资源委员会．市规划国土委关于深圳市城市更新工作有关情况的报告（深规土〔2018〕292号）［Z］．2018-04-24．
[104]赵若焱．对深圳城市更新"协商机制"的思考［J］．城市发展研究，2013（8）：118-121．
[105]樊华，盛鸣，肇新宇．产业导向下存量空间的城市片区更新统筹：以深圳梅林地区为例［J］．规划师，2015（11）：111-115．
[106]徐强．城市更新推动土地集约利用：深圳相关机制被纳入国家综合配套改革试验区改革成果在全国推广［N］．深圳特区报，2016-05-31（A04）．
[107]AMIRTAHMASEBI R，ORLOFF M，WAHBA S，et al．Regenerating urban land：a practitioner's guide to leveraging private investment［M］．World Bank Publications，2016．
[108]深圳市规划和自然资源局．深圳市城市规划标准与准则条文说明（2021年）[Z/OL]．（2021-12-30）［2022-06-05］．http://pnr.sz.gov.cn/attachment/1/1133/1133902/9950746.pdf．
[109]苏海威，胡章，李荣．拆除重建类城市更新的改造模式和困境对比［J］．规划师，2018（6）：123-128．
[110]张帆．城市更新的"进行性"规划方法研究［J］．城市规划学刊，2012（5）：90-104．
[111]冯杰，李诗男，虞海霞．市规划国土委员会有关负责人介绍《深圳市城市更新办法》五大政策性突破：城市更新项目用地出让不必招拍挂［N］．深圳特区报，2009-11-13（A06）．